U0712051

本书获得2015年国家社科基金一般项目
“法律证据推理的归纳概率逻辑研究”（15BZX084）的资助

THE COLLECTED TRANSLATIONS
OF WESTERN CLASSICS ON LEGAL LOGIC

西方法律逻辑经典译丛

熊明辉　丁　利　主编

Springer

〔荷〕弗洛里斯·贝克斯　著　Floris J. Bex

杜文静　兰　磊　周　兀　译

Arguments, Stories and Criminal Evidence:
A Formal Hybrid Theory

论证、故事与刑事证据

——一种形式混合理论

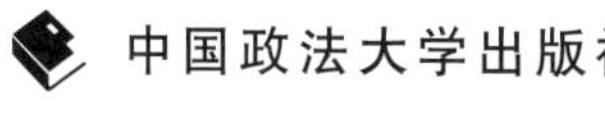

中国政法大学出版社

2020·北京

Translation from the English language edition:
Arguments, Stories and Criminal Evidence
A Formal Hybrid Theory
by Floris J. Bex

版权登记号：图字 01-2016-6497 号

图书在版编目（C I P）数据

论证、故事与刑事证据：一种形式混合理论 / （荷）弗洛里斯·贝克斯著；杜文静，兰磊，周兀译.—北京：中国政法大学出版社，2020.10
书名原文：Arguments, Stories and Criminal Evidence: A Formal Hybrid Theory
ISBN 978-7-5620-9618-4

Ⅰ.①论… Ⅱ.①弗… ②杜… ③兰… ④周… Ⅲ.①刑事诉讼—证据—研究 Ⅳ.①D915.313.04

中国版本图书馆CIP数据核字(2020)第154582号

出版者	中国政法大学出版社
地　址	北京市海淀区西土城路 25 号
邮寄地址	北京 100088 信箱 8034 分箱　邮编 100088
网　址	http://www.cuplpress.com (网络实名：中国政法大学出版社)
电　话	010-58908289(编辑部) 58908334(邮购部)
承　印	固安华明印业有限公司
开　本	880mm × 1230mm　1/32
印　张	12.25
字　数	345 千字
版　次	2020 年 10 月第 1 版
印　次	2020 年 10 月第 1 次印刷
定　价	55.00 元
声　明	1.版权所有，侵权必究。 2.如有缺页、倒装问题，由出版社负责退换。

出版说明

“西方法律逻辑经典译丛”是由教育部普通高校人文社会科学重点研究基地中山大学逻辑与认知研究所、中山大学法学院以及广东省普通高校人文社会科学重点研究基地中山大学法学理论与法律实践研究中心共同策划，由中国政法大学出版社出版的系列图书翻译项目。“译丛”所选书目均为能够体现西方法律逻辑的经典著作，并以最高水平为标准，计划书目为开放式，既包括当代西方经典法律逻辑教科书，又包括经典法律逻辑专著。第一批由广东省“法治化进程中的制度设计与冲突解决理论：理论、实践与广东经验”项目资助出版，到目前为止已出版：《法律与逻辑：法律论证的批判性说明》《法律逻辑研究》《法律推理方法》《论法律与理性》《前提与结论：法律分析的符号逻辑》《建模法律论证的逻辑工具》《虚拟论证：论律师及其他论证者的论证设计助手》《对话法律：法律证成和论证的对话模型》

《平等的逻辑：非歧视法律的形式分析》《法律谈判简论》《诉答博弈——程序性公正的人工智能模型》等。他山之石，可以攻玉，相信本译丛之出版不仅有助于推动我国法律逻辑教学和研究与国际接轨，而且为法治中国建设提供一种通达法律理性和实现公正司法的逻辑理性工具。

熊明辉　丁　利

2014 年 5 月 31 日第一版

2018 年 1 月 1 日修订

总　序

法律逻辑有时指称一组用来评价法律论证的原则或规则，其目的是为法律理性和法律公正提供一种分析与评价工具；有时意指一门研究法律逻辑原则或规则的学科，即一门研究如何把好的法律论证与不好的法律论证相区别开来的学科。

自古希腊开始，法律与逻辑就有着密不可分的联系，甚至可以说，逻辑学实际上就是应法庭辩论的需要而产生的，因为亚里士多德（Aristotle）《前分析篇》中的“分析方法”后来演变成“逻辑方法”，它实际上是针对当时的智者们的论证技巧而提出来的，这些智者视教人打官司为基本使命之一。亚里士多德把逻辑学推向了对普遍有效性的追求，这导致了这样的结果：论证的好坏与内容无关，而只与形式有关。19世纪末，亦即在弗雷格（Frege）发展出了数理逻辑之后，“形式逻辑”一度成为“逻辑”的代名词。法律与逻辑的关系似乎渐行渐远。因此，有人说逻辑就是形式逻辑，根本不存在特殊的法律逻辑，故法律逻辑至多是形式逻辑在法律领域中的应用。事实上，法律推理确实有自己的逻辑，并且这种逻辑指向的是与内容相关的实践推理。正因如此，如佩雷尔曼(Perelman) 所说，在处理传统上什么是法律逻辑的问题时，有人宁愿在其著作中使用“法律推理”或“法律论证”之类的术语，而避免使用“逻辑”一词。

20 世纪 50 年代，以图尔敏 (Toulmin) 和佩雷尔曼为代表的逻辑学家们开始把注意力转向实践推理，特别是法律推理领域，开辟了法律逻辑研究的新领域。特别是非形式逻辑学家与论证理论家们把语境因素引入到日常生活中真实论证的分析与评价上来，这为法律逻辑研究找到了一个很好的路径。如今，法律逻辑研究需要面对“两个大脑”：一是“人脑”，即法官、律师、检察官等法律人是如何进行法律论证的；二是“电脑”，即为计算机法律专家系统中法律论证的人工智能逻辑建模。前者的逻辑基础是非形式逻辑，而后者的逻辑基础是形式逻辑。如果说形式逻辑对论证的分析与评价仅仅是建立在语义和句法维度之上的话，那么，非形式逻辑显然在形式逻辑框架基础之上引入了一个语用维度，因此，我们不再需要回避“法律逻辑”这一术语了。

熊明辉　丁　利

2014 年 5 月 31 日

译者引言

在司法实践中，由于案件的客观事实总是发生在事实认定之前，并且许多案件的客观事实由于时间的不可逆性难以还原其本来面貌，因此案件的客观事实具有不可直接观察的特征，司法人员只能收集、组织并分析各种证据和假设情节来证明案件事实。所以，由证据得出事实，绝对不是不证自明的。因为证据并不等于事实，必须针对证据进行理性推理。

本书的研究主题就是用以构建刑事案件事实的证据推理。证据推理是一种证明过程，而且是理性证明过程，它可以最佳结构化案件中的证据并理清某些特定问题。这个过程涉及用观察到的证据及我们身边的一般世界知识进行推理，以帮助我们确定某种情形现在或者曾经是否属实，即构建案件事实。理性证明过程以及该过程中运用的推理正是本书研究的核心对象。

在当前证明过程的理性理论研究中，本质上

可以区分出两种方法。第一种是基于论证的方法，主要源于威格摩尔的图表法，这种方法包含绘制详细的由大量节点及其间的联系所构成的图表，其中节点表示命题（如证据材料、待证项），联系表示命题之间的推论。图表法旨在帮助使用者有意识和理性地结构化案件中的事实和推论，以便清晰呈现它们对最终待证项产生的影响。遵循威格摩尔的进路，新证据理论家安德森、特文宁和舒姆提出了修正版威格摩尔分析（MWA）和七项协议以及简化的图表法与概要法和故事之间的关系，他们关于理性刑事证据推理的研究成果也对本书产生了重要的影响。

这种证据推理的方法主要关注了从证据到最终待证项的论证。论证以实施连续性推理步骤的方式进行构建，基于一项证据材料或者一般知识，朝着某个待证项进行推理。论证方法的每个推理步骤均具有证据性概称陈述，而且通过论证的论辩性质不仅考察了支持某个结论的论证，还考察了攻击该结论的反论证，从而对知识库形成理性的认知共识。基于论证方法可对案件中的单项证据和假设情节进行可靠的分析，故此证据性推理也被称为原子推理。

第二种是基于故事的方法，从20世纪80年代起，有关调查人员和决策者如何在刑事案件语境中进行证据推理，故事彰显了尤为关键的作用。由班尼特和费尔德曼提出的关涉故事完备性及故事要素间关联性概念，构成运用故事推理的其他著述的基础。他们关于刑事法律领域中分析故事的理念得到彭宁顿和黑斯蒂的进一步发展，其提出了证据评价的故事模型，包括故事构建和评价、裁决类型构建以及故事分类三个阶段。这一模型比班尼特和费尔德曼模型更加复杂也更加明晰，但均属于描述性的模型。克劳姆巴格、瓦格纳尔等人也采用以故事为基础的方法，并发现“不符合证据的好故事胜过与符合证据的坏故事”产生的危险，为克服这一问题，克劳姆巴格及其同事提出他们的锚定叙事理论（ANT），这一理论本质上是首个基于故事的理性证明过程的规范理论。

这种证据推理的方法主要关注如何构建有关某个案件中发生了何事的故事，以此解释证据材料。一个故事是事件序列，而且是具有因果关系的事件序列。所以，一个故事中各种事件之间的关系均具有因果性概称陈述。与论证方法一样，故事方法也具有论辩性质，因为根据证据覆盖率及故事融贯性可以评价和比较故事与选择故事。然而，在基于故事的方法中，故事中的各种要素是作为一个整体加以考虑，故此因果性推理也被称为整体推理。

根据证据推理的两种独立方法的特点可以得出如下主张，即运用刑事证据和犯罪情节进行推理时，论证和故事都是必须的。本书主要贡献在于，它将论证和故事完整整合成一个关于刑事证据推理的混合理论。该理论不仅保留两种方法各自的优势和灵活性，还填补了修正版威格摩尔分析和锚定叙事理论之间的缺口。以此方式，促进了证据、论证和故事之间的互动，即论证如何支持和抵触故事，以及评判故事质量的标准如何依赖证据性论证，这也是混合理论的独具匠心之处。

形式的混合理论是首个允许运用形式论证构建和讨论某个因果模型的理论。以此方式，通过明确讨论因果模型的似真性，改进了基于传统模型的建模技术。本书同时还提供了混合理论的非形式逻辑版本，以使其核心思想与概念尽可能面向更广的受众群体，包括律师、法学理论家、心理学家及人工智能与法领域中形式化导向的研究者。混合理论除了在学术上发展成一种证据推理的理论学说，还促成了人工智能与法领域中含义理清工具的实现。作为含义理清系统自然且具有理性良好基础的逻辑模型，混合理论特别考虑了含义理清工具的概念、认知和计算目的，从而为司法实践的各种调查和决策语境中进行正确和理性推理提供所需的指引和启发。因此，本书对于法学、逻辑学、哲学、心理学和人工智能等各个学术领域具有重要的贡献，是逻辑推理与法学相得益彰的难得佳作。在此，我要深深感谢中山大学熊明辉教授，他给我提供了宝贵的机会翻译此佳作，并在翻译过程中受到他的帮助，使我获益良多。

本书的翻译分工如下，杜文静负责序言、索引、第一、二、三、五章，周兀负责第四、五章，兰磊负责第六、七、八章。全书由兰磊负责一校，杜文静负责二校及统稿。

杜文静

2019 年 8 月 22 日于上海

中文版序

您面前的这本书是2011年版《论证、故事与刑事证据——一种形式混合理论》的中译版。该书英文版出版8年来发生了很多变化。最重要的发展之一是为论证和故事方法加入概率分析,[1]以及仍在持续的对各种证据和证明方式优缺点的讨论。[2]

多年来，我在故事、论证、证据和证明领域曾与很多人有过合作。首先，我要感谢我过去的指导老师帕肯（Henry Prakken）、维赫雅（Bart Verheij）以及范柯本（Peter van Koppen）。我还要感谢其他同行向我提供的各种评论以及与我进行的有趣讨论，他们是：艾伦（Ron Allen）、本奇-卡鹏（Trevor

〔1〕 B. Verheij, F. J. Bex, S. T. Timmer, C. Vlek, J. J. -Ch Meyer, S. Renooij, & H. Prakken (2016), "Arguments, Scenarios and Probabilities: Connections between Three Normative Frameworks for Evidential Reasoning", *Law, Probability & Risk*, 15, 35-70.

〔2〕 See R. J. Allen & M. S. Pardo (2019), "Relative Plausibility and Its Critics", *International Journal of Evidence & Proof*, 以及同一期《国际证据和证明期刊》刊登的几篇评论 Allen 和 Pardo 著述的论文。

Bench-Capon)、达尔曼（Christian Dahlman)、芬顿（Norman Fenton)、哈恩（Ulrike Hahn)、凯彭斯（Jeroen Keppens)、拉格纳多（David Lagnado)、迈科尔（Anne Ruth Mackor)、内尔（Martin Neil)、惹怒基(Silja Renooij)、蒂默尔（Sjoerd Timmer)、弗莱克（Charlotte Vlek）以及沃尔顿（Douglas Walton)。最后，感谢中国读者对我著述的兴趣，希望他们在（借用威格摩尔的术语）“证据科学”方面取得巨大的智慧。

弗洛里斯·贝克斯

2019年1月于乌得勒支

序 言

本书是在我2009年完成的博士学位论文《好故事的证据——论证、故事与刑事证据的混合理论》（Evidence for a Good Story—A Hybrid Theory of Arguments, Stories and Criminal Evidence）的基础上完善而成。博士学位论文是在我参与“理清证据”（Making Sense of Evidence）这一项目期间撰写的，该项目旨在为荷兰警察分析师研发一种理论上可靠的含义理清及可视化工具。项目期间，我工作于格罗宁根大学法律与ICT中心。对于我的三位导师帕肯（Henry Prakken）、维赫雅（Bart Verheij）以及范柯本（Peter van Koppen），我深表感谢，这些年间他们与我分享了大量知识及建议。我还要感谢梅耶（John-Jules Meyer）、斯蒂曼（Arend Soeteman）以及特文宁（William Twining）在百忙之中拨冗阅读、评价与评论我的博士学位论文。此外，我要感谢在乌得勒支大学从事该项目的范·登·布拉克（Susan van den Braak）、弗雷斯维克（Gerard Vreeswijk）以及范奥斯滕多普（Herre van Oostendorp），他们通过实施和检验含义理清系统（sense-making system）AVERS并提供了重要的反馈意见。

这里，我要感谢多年来对我的工作产生浓厚的兴趣并做出评论的每个人。我还要感谢论证、证据以及人工智能与法学界举办的多次有趣且硕果累累的会议和讨论。我尤其要提及的是，阿特金森（Katie Atkinson）、本奇-卡鹏（Trevor Bench-Capon）、范恩格尔斯（Tom van Engers）、戈登（Tom Gordon）、凯彭斯（Jeroen Keppens）、里德（Chris Reed）、谢弗（Burkhard Schafer）以及沃尔顿（Douglas Walton）。

弗洛里斯·J. 贝克斯

2010年7月

于英国邓迪大学

目　录

第 1 章 引 言 1

本书的研究主题是用以构建刑事案件事实的证据推理。在法律语境下，证据研究常常被等同于**证据法**研究，如调整哪类证据在法律上有效或可采的证据法律规则。[1] 然而，对证据中的一大部分研究，特别是证据推理（reasoning with evidence），构成对**理性证明过程**（*rational process of proof*）的研究。这个过程涉及用观察到的证据及我们身边的常识知识进行推理，以帮助我们确定某种情形现在或者曾经是否属实，即构建案件事实。理性证明过程以及该过程中运用的推理正是本书研究的核心主题。

1.1 证明过程的理性理论

在 20 世纪初，威格摩尔（Wigmore）阐述了证据法研究和证明过程研究之间的如下区别：“证据原则的研究［……］分为两个不同部分。一部分是一般意义上的证明——这部分关于进行争议性说服的推理过程——［……］。另一部分则是可采性——法律制定的程序规则”（Wigmore，1931，p. 3）。证明过程中采用的推理形式不是法律推理，而是常识推理，即“律师担负起这样一个任务［……］说服陪审团应当或不应当相信某个事实［……］。为了完成该任务，他必须像所有人推理时所做的那样，进行自然地推理［……］”（Wigmore，1931，§ 1-

〔1〕在《荷兰刑事诉讼法典》（DCCP）和《美国联邦证据规则》（FRE）中均可以找到关于证据的法律有效性或可采性规则的例子。

2）。威格摩尔倡导发展“司法证明科学”。这种证明科学应当制定一套独立于法律规则的运用证据和证明进行推理（reasoning with evidence and proof）的理性原则。为此，他本人开始研究这样一套理性理论，即用于构建和分析基于大量证据的论证。

2 在讨论证据学界的理性主义传统时，特文宁（Twining）也区分了证据研究的法律特征与理性特征、常识特征。[2] 特文宁认为，理性主义传统在过去250年间是多数英美司法证据研究的基础。这一传统的基本原则是诉讼法的主要目标，是将法律正确适用于被视为已得到证明的事实，并且这些事实应当以理性方式证明。该传统背后的假设可以表达为两种模型：理性主义裁判模型和包含理性主义证明论假定的模型。第二种模型假定知悉世界上特定的过去状态和事件是可能的，并且有必要运用证据理性地进行推理，要确定我们认为该等事件为真的信念是否证成。

这种理性和常识的“为真追问”正是本书最感兴趣的内容，理性主义的证明模型中所包含的假定也是本研究的基础。更具体地说，关于理性的当前观点可以描述为**有限程序理性**（Rescher，1977；Simon，1982）：如果一个信念或决定与在适当程序中已经考虑（或应当被考虑）的知识相一致，那么它是理性的。这种理性是有限的，因为人类在考虑知识方面会受到认知与实践约束因素的制约；它是程序的，因为一个信念的理性依赖于用于获得该信念之过程的品质。请注意，理性证明过程并非专属于法律领域。我们不仅在科学领域而且在日常生活中都会持续运用证据并通过证据推理推论出结论；舒姆（Schum）提到“证据产生的语境”，如科学证据、医学证据或者法律证据（Schum，1994，p. 1）。

继威格摩尔之后，人们对证明的理性理论的兴趣逐渐减弱。大部

---

[2] 特文宁的大多数证据著作均包括介绍理性主义传统的一节。概括介绍，参见（Anderson et al.，2005，pp. 78-86），更为深入的讨论，参见Twining（1994，Chapter 3 and 2006，Chapter 3）。

分法律理论家继续从事他们的研究，但更多集中于裁判模型而不是事实性推论。不过，在过去30年间，一场被称为“新证据学”[3]的运动成为证据研究领域的一支重要影响力量。新证据学坚定地以理性主义传统为基础，由具有相同兴趣的研究者组成，即共同专注于在法律语境下的事实证据和基于这种证据的推理。其研究主题至少包括关于事实的推论逻辑以及在评估证据时如何运用形式概率的方法。新证据理论家们如安德森（Anderson）、舒姆、特勒（Tillers）和特文宁在构建**修正版威格摩尔分析**（*Modified Wigmorean Analysis*）的理论时明确以威格摩尔的观点为基础。[4]这一分析的核心是从证据到待证命题的推理 3
以及运用详细的图来逻辑构建和分析这种从证据到结论的推理。上述作者们认为在调查阶段和决策阶段均可使用该类型的分析，因为通过以彻底的威格摩尔分析检验案件中的证据和推理能够识别怀疑源。因此可能出现的冤假错案——比如著名的萨科与万泽蒂案（Sacco and Vanzetti case），以及刑事侦查中犯下的错误——安德森及其同事提到情报部门关于911事件的错误也许能够避免。

与英美法律共同体中兴起的新证据理论相比，荷兰法律共同体对于证明的理性和非法律方面缺乏长期而广泛的研究传统。[5] 然而，过去几十年间，人们对于证据推理背后的心理学背景的兴趣不断增加。这种日益增长的兴趣一定程度上是由一些（被认为的或可能的）冤假

[3] 该术语由理查德·伦伯特（Richard Lempert，1986）提出。

[4] 据我所知该术语首次是由特文宁（2007）使用。关于修正版威格摩尔分析的研究包括有关许多不同主题的有趣材料。“常被引证的章句”（locus classicus）是威格摩尔（1931）的著作。代表该学派重要思想的新著作是由安德森、特文宁和舒姆所著的《证据分析》（*Analysis of Evidence*，2005）。该书包括关于证据推理和证明众多主题的内容，我在发展自己的思想时广泛使用了该书。其他关于新证据理论的开创性著作是《反思证据》（*Rethinking Evidence*，Twining，2006）。最后，彼得·蒂勒（Peter Tiller）的网站（Tillers，2006）也可作为新证据理论关于证据（法）的宝贵资源。

[5] 然而，尼泊尔（Nijboer，2000，p.28）认为刑事案件中的侦查和证明可以刻画为“经验性调查和证明的特殊形式”，并认为荷兰法理学家基本上支持知识的理性主义观念。

错案驱动的，它们的产生原因不是由于错误地解释或适用法律，而是心理方面的错误。例如，在一些案件中，警方调查活动受到著名的确认偏见的毒害。确认偏见（confirmation bias）是指这样一种倾向，即以一种符合自己先前信念（如嫌疑人有罪）的方式寻找和解释证据，而拒绝可能指向其他假设（如嫌疑人无罪）的证据。

1993 年，法律心理学家克劳姆巴格（Crombag）、范柯本（van Koppen）和瓦格纳尔（Wagenaar）出版了一本很有影响的书，名为《可疑案件——刑事证据的心理学研究》（*Dubious Cases—The Psychology of Criminal Evidence*）。他们在该书中通过典型案例探讨了人们在证明和进行证据推理时可能犯下的各种错误。[6] 他们还提供了一种理性的、规范性的刑事证据推理理论。该理论的基础是班尼特和费尔德曼（Bennett and Feldman，1981）以及彭宁顿和黑斯蒂（Pennington and Hastie，1986，1992，1993b）的早期实证研究和理论；其主张调查人员和陪审员在案件中运用关于“发生了何事”的故事来组织和分析可得证据。为了避免出现人们相信“好故事”胜过“真故事”的问题，克劳姆巴格、范柯本和瓦格纳尔的锚定叙事理论（Anchored Narratives Theory）提出故事应当植根于有关我们周围世界的常识知识之中。

4

1.2 理清证据

以上提到的证据推理和证明的理论几乎全都同时具有描述性和规范性：一方面，这些理论试图为证明过程中使用的推理模式建模；另一方面，它们试图表明当运用大量证据进行推理时人类存在的缺点以及所犯的错误，并提出一些避免这些错误的方法。在某种程度上，证据推理理论指明了我们如何能够并应当理清证据。换句话说，面对大

---

〔6〕 该著作的英文改编版以（Wagenaar et al.，1993）的名字出版。其他具有相同传统的著作是瓦格纳尔和克劳姆巴格（2005）和德伯特等（De Poot et al.，2004）的著作，它们把锚定叙事理论运用于警方的调查活动。

量证据时，我们如何最佳地结构化并呈现这些证据？

在任何（更大的）案件中，明确呈现推理路线以及推理中使用的证据、假设和背景知识具有重要的意义。通过这种方式可以揭示推理中的怀疑源并对其进行推理。更进一步讲，明确识别并结构化所有的假设有助于减少所谓的**隧道视野**危险，即把最可能的情节作为主要假设而没有充分考虑其他的情节。

含义理清过程（sense-making process）中可以运用各种工具，如图表、故事或可视化辅助工具。例如，安德森及其同事（2005）主张，为了揭示推理中的怀疑源，有必要使用图表表示从证据到结论的推理过程。瓦格纳尔与同事们（1993）以及帕尔多与艾伦（Pardo and Allen，2007）主张，在讨论大量证据时，故事自然是人们应当运用的一个工具。霍耶尔（Heuer，1999）使用的分析假设的程序包含这样一个步骤，它把各种各样的选择情况放在一个矩阵中进行排序。含义理清与（刑事）证据领域中的一个相对较新的发展是，出现了面向调查人员和决策者的计算机支持工具。该等支持工具是一种计算机程序，它能够为案件中的证据和情节提供电子化管理。[7] 通过电子表格和（时间表的）可视化功能，这些工具允许用户给出案件的证据和情节概览并把该证据与具体的人或地点相联系。

在证明过程的所有阶段中，运用各种工具理清证据都很重要。在调查阶段，证据和假设的数量迅速增加，假设和证据的各种呈现方式可起到提醒作用并且促进调查人员之间的交流。因此，在调查阶段，这些含义理清工具（sense-making tools）用于一般性地跟踪所有新收集的信息以及与此信息相关的推理。在决策阶段，含义理清面向一个特定目的。例如，安德森与同事们主张律师可以运用可视化技术识别自己论证以及反方论证中的弱点。在对抗制中，这种技术使得一方能

〔7〕 这方面的例子有 CaseMap（http://www.casesoft.com/casemap/casemap.asp; accessed on 26 July 2010）以及 Analyst's Notebook（http://www.i2.co.uk/Products/Analysts_Notebook/default.asp; accessed on 26 July 2010）.

5 够通过预测反论证来加强自己的主张,并且通过攻击反方最薄弱环节来弱化其主张。尼泊尔和森纳弗（Nijboer and Sennef, 1999）认为，在荷兰纠问制体系中，法官对判决提供的证成不仅应着眼于能够让上级部门核查并控制该判决的法律优点，而且能够让公众理解法官关于案件事实的判决及其证成。〔8〕

1.3 人工智能与法中的证据推理

前文所述的关于理性证据推理的一般观点主要源于法律理论和法律心理学，而本书坚实的基础是**人工智能与法**领域。人工智能是一个多学科领域，它结合了来自不同学科的洞见如认知心理学、计算机科学与哲学。由于这种多学科背景，在人工智能领域中人们怀着不同的目标构建知识和推理的逻辑模型。例如，一个推理模型可能旨在作为描述真实人类推理的认知模型，作为形成自动推理程序之基础的计算模型，或者作为对知识和推理作概念分析的理论模型。〔9〕对于计算模型而言，逻辑模型的优点在于，相比其他语言如自然语言表达的模型，它更易于被计算机理解。〔10〕在描述性认知或理论模型中，形式逻辑带来一定程度的细节和具体化，有助于消除模糊性，并进而便于发现遗漏、错误以及不一致。

在人工智能与法领域，人工智能一般理论方面的洞见被应用到法律和法律理论是通常研究的主题，因此人工智能与法中被形式化建模的推理涉及了法律推理。例如，路易和诺曼（Loui and Norman, 1995），帕肯和萨托尔（Prakken and Sartor, 1996），维赫雅、哈格和范德赫克（Verheij, Hage and van den Herik, 1998）运用形式逻辑为法律规则建模，阿什莉（Ashley, 1991）为法律案例提供形式模型。人工智能与

〔8〕在荷兰日益提高的判决公开性（cf. van Lent, 2008）迫使法官必须更加全面、清晰地解释其判决。

〔9〕这三个目的改编自维赫雅（1996）就形式建模论证之目的的讨论。

〔10〕参见帕肯（1997, 第1章），关于人工智能领域逻辑所起作用的简要讨论。

法中的大多数形式研究都集中于运用法律规则和案例进行推理。但在
过去十年间，人们对运用证据和犯罪情节进行推理的形式理论也产生
了兴趣。例如，维赫雅（2000）将锚定叙事理论与刑事论证逻辑进行
比较，贝克斯、帕肯、里德和沃尔顿（Bex, Prakken, Reed and Walton,
2003）运用一种形式论证逻辑为威格摩尔的图表建模。凯彭斯及其同
事（例如，Keppens and Schafer, 2006）为运用犯罪情节的推理提供一
种逻辑的基于模型的方法。还有一些建模证据推理的形式方法，它们
并未运用符号逻辑而是运用定量方法。撒加德（Thagard, 2004, 6
2005）在联结主义“融贯网络”中为故事和证据建模。受统计学启
发并运用威格摩尔图表进行推理的贝叶斯网络理论已经被多名学者研
究，如卡登和舒姆（Kadane and Schum, 1996），莱维特和拉斯基
（Levitt and Laskey, 2000）以及赫普勒及其同事（Hepler and colleagues,
2007）。

在人工智能与法中，法律推理或证据推理的形式模型可以服务于上述提及的任何一个人工智能中逻辑模型之目的。例如，帕肯（1997）指出，人工智能与法研究一项关注是提供用于计算机程序之基础的形式理性理论。比如，撒加德的解释融贯论，其已经作为一个名为ECHO的自动推理系统付诸实施（Thagard, 1989）。哈格（1996）提出一个法律推理的理论逻辑模型：他主张逻辑可以作为法律推理的法理解释与法律推理的计算解释之间的媒介。该逻辑抽象掉了具体法律体系的特征，并且没有致力于给出一个必然计算可行的模型。维赫雅（2000）对锚定叙事理论的解释和贝克斯及其同事（2003）对威格摩尔图表的处理均属于这一类。

除了热衷于自动推理的计算机系统，如经典的基于知识的专家系统，人工智能（与法）最近对**含义理清系统**（*sense-making systems*）的兴趣也在增长。含义理清系统并不包括知识库也不能进行自动推理，但通过允许用户从逻辑上结构化其知识而有助于该用户理清某个特定

问题。论证可视化工具的出现是这方面的一个发展。[11] 基于批判性思维和论证理论的观点，这些工具允许用户根据某种具体的基础逻辑推理理论结构化并可视化案件中运用的推理。[12] 这个基础理论服务于多种目的。其中一个目的是要求用户在逻辑系统之内进行推理，以此执行理性标准。基础理论的另一个用途是使得含义理清工具能够进行一些计算，例如，它告诉用户根据当前假定哪些论证可以接受，哪些论证应当拒绝。

一个含义理清系统基础的逻辑理论本质上应当在逻辑模型的三种目的（即概念性、认知性与计算性）之间找到一个中间立场。为了提供理性标准，一个理论模型应当准确定义运用于特定推理模式的各种核心概念。然而，出于含义理清的目的，该模型还应当符合推理的认
7 知模型，以此确保它所运用的概念对于每个日常用户都很自然，因为不能指望他们对形式推理模型有深入的了解。最后，该模型应当具有计算性，以使该工具能够通过运行计算来帮助用户。

1.4 研究目的

第 1.1 节讨论了刑事证据的理性理论思想。有关该等理论的研究实质上可区分为两种趋势。新证据理论家如安德森、舒姆、特勒和特文宁基本上专注于使用详细的威格摩尔论证图表，以此结构化和分析大量证据并揭示推理中的怀疑源。[13] 相反，克劳姆巴格、范柯本和瓦格纳尔的锚定叙事理论运用故事组织并分析可用的证据。这两种方法有很多共通的想法，并且论证与故事的核心概念在两种方法中都发挥

---

〔11〕 例如 Araucaria（http://araucaria. computing. dundee. ac. uk; accessed on 26 July 2010）以及 Rationale（http://rationale. austhink. com; accessed on 26 July 2010）. 对它们的介绍，参见（Verheij，2005b；van den Braak，2010，pp. 35-45）.

〔12〕 Rationale 之类的工具中，使用的基础逻辑是基本的，并且主要是隐性的（cf. van Gelder，2007）；而 Argumed 之类的其他工具本质上允许用户运用明示的论证逻辑来构建论证（cf. Verheij，1999）。

〔13〕 一个值得注意的特例是帕尔多和艾伦（2007），他们提倡使用故事解释证据。

着（常常默示的）作用。新证据理论家的修正版威格摩尔分析得到了概要、时序和故事的补充。例如,《证据分析》（第6章和第10章）和《反思证据》（第10章和第11章）讨论了故事的几个方面并将故事用于如下情形：为案件提供概览、识别案件中的缺口以及法庭上有说服力的案件。虽然克劳姆巴格、范柯本和瓦格纳尔在选择措辞和研究背景方面均侧重于故事的视角，但其几个核心主张具有更多的论证特质而非故事特质。特别是，概称陈述（或者锚）的作用，该等概称陈述的例外以及案件中发展与改进证据分析的动态互动，这些在克劳姆巴格、范柯本和瓦格纳尔方法中倾向于论证的特征。

尽管修正版威格摩尔分析和锚定叙事理论中均出现了论证与故事，但这些理论都没有把故事与论证完全整合在一个简洁的证据推理理性理论之中。例如，故事及其理性分析能够并应当在分析大量证据中发挥更大的作用，尤其是对于它们在产生假设与发现“缺口”方面具体扮演什么角色，修正版威格摩尔分析目前尚未做出澄清。在锚定叙事理论中，证据材料没有清楚的位置，并且对于从证据材料到结论的各种论证推理方法也没有进行详细的讨论。

本书的主要目的是提出一种基于故事和论证的混合理论，将运用论证的推理和故事的推理组合起来。本书将同时提供该理论的形式逻辑和非形式版本，以使其核心思想与概念尽可能面向更广的受众群体，包括律师、法学理论家、心理学家及人工智能与法领域中形式化导向的研究者。本书将构建一个一般性概念框架，其中，既要讨论运用故 8
事的推理又要讨论运用论证的推理。这一讨论把源于各个研究领域〔14〕的洞见与新思想加以融合，形成一种非形式的证据推理的混合理论。除了试图在学术上发展一种证据推理的理论学说，该混合理论还打算拟定一系列在各种调查和决策语境中进行正确和理性推理所需的指南或启发，从而为调查和司法实践提供经验。运用形式逻辑为该混合理论建模迫使我们确切和详细地定义非形式理论中提出的各种思想，并

〔14〕 特别是法律理论、法律心理学、哲学、论证理论、认知建模及人工智能。

迫使我们对于应当如何定义各种概念做出清楚的选择。

需要强调逻辑理论发展的必要性，因为它促使该理论在含义理清工具中的实现。在理清证据项目[15]，这本著述的协同研究项目中，我们为荷兰警察分析师研发了一种理论可靠的含义理清及可视化工具。这个工具，名叫 AVERS [基于故事的证据推理之论证可视化（Argument Visualization for Evidential Reasoning based on Stories），参见 van den Braak, 2010; van den Braak et al., 2007; Bex et al., 2007b]，它整合了运用论证的推理及运用情节的推理，并以本书阐述的逻辑理论为基础。如上所述，一个逻辑模型或理论要作为含义理清系统的基础，本质上应当满足以下三个标准：首先，该理论应当**自然**，即它运用的概念对于日常推理者如犯罪分析师或法官而言是自然的。我们不能指望调查者和决策者具有深厚的数学模型或形式模型方面的知识，因此该理论应当基于实践中运用的推理形式。其次，该理论应当具有**理性良好基础**，即它应当提供一个清晰的理性框架，且该框架与当前流行的（法律或哲学的）理性证据推理理论相符。另外，理想状态下，该理论应当鼓励发展一种正确和一般的理性推理标准。正如各种各样的常识推理一样，刑事证据推理中也会出错；由于这样的错误会对个人生命（如认定无辜者有罪）或者社会整体（如无罪释放杀人犯）造成重大影响，应当避免这种错误。在目前的程序理性概念背景下，该理论应当便于并促进形成一种关于刑事案件中围绕证据展开考察的适当程序，进而促进针对证据进行理性推理。最后，该理论应当具有**形式特性，**着眼于软件开发，使其能够成为 AVERS 的适当基础。这意味着，在理想状态下，该推理模型具有计算特点，使其可以帮助调查人员，比如
9 通过计算哪个可能情节可以得到证据最佳支持。然而，由于仅有一小部分自动推理由 AVERS 执行，该混合理论并不必然需要具有计算可

---

[15] 这个课题是法律和信息与技术通信中心（格罗宁根大学）、人工智能系以及智能系统小组（乌得勒支大学）之间开展的一项合作。更多信息参见 http://www.cs.uu.nl/research/projects/evidence/（最后一次访问于 2010 年 7 月 19 日）。

行性。

概括地说，本书的研究问题可以总结如下：

- 运用刑事证据推理的理论具有什么形式？
  —论证和故事在证据推理中各自扮演什么角色以及它们如何组合成一种混合理论？
  —一种自然且具有理性良好基础的理论必须具备的要素是什么？
  —鉴于目前的程序理性（页码第 2 页）概念，如何规定某种证据推理的理性标准？
- 运用故事和论证进行的推理在形式逻辑中是如何具体规定？反之，关于运用故事和论证进行的推理，形式逻辑的洞见会告诉我们什么见解？
- 为构建一种兼用故事和论证的逻辑理论，需要具有何种形式的形式程序和协议？

回答这些问题的方法首先包括，利用源自文献的各种洞见以提出一种广泛的概念理论。这一概念理论已经运用了形式推理理论中的概念和观点，为形式化做好了铺垫。另外，该概念理论以一种“半形式”的风格进行可视化表述，这种风格与 AVERS 非常匹配。然后，我们对该理论进行形式化，并且将形式化过程中产生的任何新观点或错误或不一致性整合到一般理论中或在其中加以修正。最后，我们进行一个案例研究，运用该混合理论对一个真实案例进行建模。这个案例研究的目的在于检验该混合模型，因为通过分析一个大案中的大量证据，可以揭示该理论的各种可能性与局限性。

1.5　本书大纲

本书的结构大体上与上述研究方法一致。第 2 章是对刑事证据与证明过程的一般介绍。该章引入运用于当前语境的各种基本概念、过程及推理模式。第 3 章讨论论证和故事及它们在证据推理中各自所起的作用。该讨论采取如下形式：对证据推理的两种独立方法——基于论

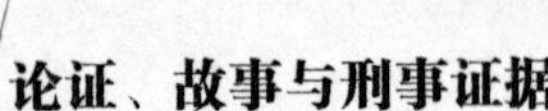

证的方法和基于故事的方法——进行比较，这两种方法均不是基于某一个或一群特定作者的论述，而是基于对前述讨论的关于证据研究的两种趋势的抽象概括。因此，不应该把第 3.1 节和第 3.2 节视为修正版威格摩尔分析与锚定叙事理论的对比，更应当视为一种旨在澄清论
10 证与故事在证明过程中所起的作用的广泛讨论。第 4 章发展了非形式混合理论并探讨了把前面章节讨论的论证与故事组合起来的方法。第 5 章包括逻辑混合理论，对源于第 3 章与第 4 章的各种观点进行深入的形式化阐述。与发展非形式理论时一样，第 5.2 和 5.3 节首先分别对待论证和故事；然后类似于第 4 章，它提出了形式混合理论。第 5.5 节提出了针对证据作理性询问型对话时适用的协议。第 6 章的内容是案例研究，它把形式混合理论适用于一个真实案例。第 7 章阐述了本书与其他研究之关系，第 8 章对本书作出结论。

第2章 刑事证据推理[11]

本书的主要主题是理性**证明过程**的研究。这个过程涉及运用观察到的证据和我们生活中的一般常识知识进行推理以构建案件事实。本章主要探讨了证明过程中所使用的基本的假定和概念。由于不同领域［例如一般法理学、（法律）哲学、（法律）心理学及人工智能等］都在进行（法律）证据推理的研究，不同领域中的作者使用的概念有时会发生意义和准确定义方面的混淆。例如，一位逻辑学家对“规则”这一概念的看法与律师就有所不同：逻辑学家可能把“规则”定义为，比如，推论规则（如分离规则），律师则可能认为规则是指法律规则（如“盗窃被判处n年监禁的处罚”）。另外，一些术语可能具有多个不同的含义：“论证”可以指用来支持命题的一个或一系列理由，也可以理解为发生于意见相左的人之间的舌战或辩论。本章接下来的目的是澄清在证据推理和证明过程中使用的多个术语的含义。第2.1节将讨论事实、证据与世界知识这三个基本概念。第2.2节通过一般术语描述证明过程的不同阶段概括介绍这一过程。第2.3节讨论了与证明过程中使用的各种推理和推论类型相关的某些一般概念背景。以上章节的观点可以视为关于证据和证明的一般观点，广泛适用于进行证据推理的任何语境。不过，书中将提到某些法律细节，并且使用的例子也带有明显的法律风格。

2.1 事实、证据与一般知识

在理性证明过程中，**案件事实**必须通过**证据**证明。由证据得出事

实，这往往绝对不是不证自明的。在一个复杂案件中，要运用证据证
明事实需要我们运用证据进行推理。这样的推理可以视为常识推理，
12 因为除了运用从具体案例特有的证据中获得的知识，我们还在推理中
运用**一般常识知识**。事实、证据和一般知识的概念是证明过程的核心，
因此接下来本节将对这三者进行简要的介绍。

2.1.1 待证事实和待解释事实

案件事实往往是指（至少暂时）假定已经发生或存在的事件或者事态（Anderson et al., 2005, p. 382）。追随哲学对事实的常见定义，哈格与维赫雅（1999）将事实定义为用真命题表达的世界上成立的事态。事实的例子，比如约翰·肯尼迪是美国第35任总统，杰克·鲁比射杀了李·哈维·奥斯瓦尔德，事态不是一定成立的。比如，利物浦是荷兰的一个城市，这一事态显然不成立，因此命题“利物浦是荷兰的一个城市”为假，它不是一项事实。证据推理中往往不能确凿地证明一个事态是否在过去（现在或将来）属实，因此一个命题的真并不是总能以绝对确定性证明。正因为如此，表达这种事态的命题要作限定，如“明天**可能**下雨”或“OJ可能杀害了妮可·辛普森”。

案件事实也可以指真未知的命题。此类命题经常等同于需要证明的事实，即**待证事实**（*facta probanda*）（Wigmore, 1931, p. 8; Anderson et al., 2005, p. 384）或简称为**待证项**（*probanda*）（即“需要证明的事实”）。[1] 安德森及其同事（2005）对最终待证项（ultimate probanda）、次终待证项（penultimate probanda）和中间待证项（interim probanda）进行了区分。**最终待证项**是一个案件中存在争议的主要事实命题，即为了给被告人定罪检方需要证明的命题。因此，在一起谋杀案中，检方必须证明被告人故意杀害被害人。最终待证项通常可以分解为多个单独命题，即**次终待证项**，它们代表最终待证项的个体要素。

[1] 《荷兰刑事诉讼法典》显然采用了对事实这一术语的这种理解，它规定“法庭评议……是否证明了这些事实由嫌疑犯实施……”（《荷兰刑事诉讼法典》第350条）

证明过程中遇到的另一种事实类型是**待解释事实**（*facta explananda*）［或简称为**待解释项**（*explananda*），即“需要解释的事实”］。在刑事程序的调查阶段，警方寻找证据并寻求各种调查途径时，这些待解释事实发挥着重要作用。面对一些反常的或指向发生犯罪行为可能性的事态或事件，警方调查人员将努力解释这些初步线索或待解释事实。解释与证明（即待解释项与待证项）之间的区分和相互作用对证明过程至关重要，我们将在第 2.2 节对此作进一步讨论。目前而言，事实这一术语代表用一个已证成的命题表达成立事态，而需要解释或证明 13
的命题称为**待解释项**或**待证项**。

2.1.2　证　据

证据这一术语代表可获得的大量信息，表明对于某个命题的信念是否得到证成。人们讨论“案件证据”时经常所指的是**证据材料**（Anderson et al.，2005，p. 382），即证据的原始来源。证据材料这里也称**证据条目**、**证据项目**或**证据来源**。证据材料通过威格摩尔所谓的“以观察为基础证据”这一过程作用于推理者（Wigmore，1931，p. 10）。“以观察为基础证据”是指以自己的感官观察为准。尽管推理者可能有感官缺陷，但证据材料本身的存在不能被理智地否认。换句话说，如果我们听到某个证人证言，说他看到某个貌似嫌疑人的人跳进一辆红色汽车，那么表达证据材料存在——“存在一项看到某个貌似嫌疑人的人跳进了一辆红色汽车的证人证言”——这一事态的命题可认为已得到证成。

除了指称证据材料，证据这一术语也可以指称已被接受为真并且可能由证据材料本身推出的其他命题。比如，“某个貌似嫌疑人的人跳进一辆红色汽车”这一命题是从上述证言中推论出的，其本身是“嫌疑人跳进一辆红色汽车”这一命题的证据。证据材料与从中推论出的命题二者不能混淆，这点尤为重要。安德森等（2005，p. 60）将其表示如下：E^* 代表关于事件 E 的证据材料；在上述例子中，E^* 是证言本身，E 是事件“某个貌似嫌疑人的人跳进一辆红色汽车”。正如已经指出的，这个事件E可以是另一事件F“嫌疑人跳进一辆红色汽车”的证据。一个事件与从中推论出该事件的证据材料的分离至关重要，因为证据材料的存在并不意味着该事件实际发生过。在上述例子中，证人有可能撒谎或者他可能记错了或者貌似嫌疑人的那个人根本不是嫌疑人。总而言之，证据这一术语代表着（积极或消极地）影响我们关于一个特定命题之信念的信息。该信息可以是一份证据材料，也可以是一个本身从证据材料推论而出的命题。

普通法常常区分**直接证据**和**情况证据**。直接证据有时称为实物证据，通常被视为“如果可信的话，不需要进行推论或推定便可证明争议事实存在的证据”[2]。直接证据经常等同于证人证言：“由证人所
14 作的直接指向争议问题的，或者证明争议事实和受审事实本身的证据，这些证人能够作证他们看到了构成待证事实的行为被实施，或者作证他们听到了构成待证事实的话语被说出。”[3] 另一方面，情况证据是“法官或者陪审团可以从中推论争议事实之存在，但不能直接证明该事实之存在的证据”[4]。直接证据和情况证据的这种区分受到了批评。在安德森及其同事看来（2005，pp. 76，77）不存在直接证据这样的事物，因为从证据材料 E^* 到事件E的推理总是涉及至少一个推论。相反，他们区分了直接相关证据和间接相关证据或者附属证据（Anderson et al.，2005，pp. 62，63）。如果从证据到某命题可以直接构建一个推理链，那么证据材料 E^* 与命题P**直接相关**。因此，在上述男子进入车内的例子中，材料 E^* 与事件E和F均直接相关。关于某一命题P的**附属证据**对于决定P是否得到证成而言仅具有间接的相关性；

〔2〕 *State v. Famber*, 358 Mo. 288, 293, 214 S. W. 2d 40, 43.

〔3〕 *Stern v. Employers' Liability Assur. Corp., Ltd. Of London, England*, 249 S. W. 739, 741.

〔4〕 “circumstantial evidence”, *Oxford Dictionary of Law*. Ed. Elizabeth A. Martin and Jonathan Law. Oxford University Press, 2006. *Oxford Reference Online*. Oxford University Press. Accessed on 15th July 2008. http//www. oxfordreference. com/views/ENTRY. html? subview = Main&entry = t49e613.

安德森及其同事将其界定为“有关其他证据及其证明力量的证据”（Anderson et al.，2005，p. 380）。附属证据包含两种类型：强化性和弱化性附属证据。前述例子中强化性附属证据的一个例子是，众人皆知该证人是一个诚实的人。弱化性附属证据的一个例子是，该证人部分失明，因此他不可能看到过该人进入汽车。

证据材料本身可以被视为整个证明过程最为重要的基础；因此有必要简要讨论各种类型的证据材料。证据材料可以划分为许多类型，例如，证人证言或专家证言、书证、照片、视频、实物，等等。安德森及其同事（2005，pp. 63-70）主张，存在两大类证据：言词证据和实物证据。言词证据涉及证人、专家、嫌疑人等提供的证言，而实物证据涉及可算作某物之证据的所有其他物品（如实物、文书、视频）。以下章节将讨论某些最为常见的证据类型及其特征。

证人证言是最为重要的证据材料类型之一。由于其在证据推理中具有的重要性，证人证言在心理学领域已经得到深入研究（Loftus，1996；Crombag et al.，1994，第9、10、11、14章；Wagenaar et al.，1993，第8章），并且在一般证据理论中也占有显著的位置（Wigmore，1931，第III部分；Anderson et al.，2005，pp. 65-70）。证人可以划分为各种各样的类型，对于每一类证人都存在众多询问、讯问和审问证人的方式。例如，性虐待案件中的儿童必须要与带有性器官的仿真娃娃做游戏，目击证人有时被要求从一排嫌疑犯中进行指认，并且审问作为嫌疑犯的证人时使用的方式也不同于作为受害人的证人。对于证言，需 15
要考虑众多重要问题。证人是否有能力知道发生了何事？证人仅仅描述其所见所闻，还是假设出了一系列事件？证人作证的内容是否具有内在一致性，并与其他证据一致？证人是否存在某种偏见；例如，以某种方式作证是否会给其带来好处？追随舒姆（1994，p. 325）的原创成果，安德森等（2005，pp. 66-68）对于证人证言可信性应具有的各种特征进行了概括。他们指出，证人证言具有三大特征：①诚实性，即证人本人是否相信自己的作证内容，易言之，他是否在撒谎；②客观性，即证人对于其观察到的事物是否记忆正确；以及③观察敏感性，即证人是否正确观察到了发生之事。他们提出了强化或弱化证人证言可信性的几种方法。某些方法针对某个具体特征，例如，如果证人具有感官缺陷，其观察敏感性受到削弱。其他强化或弱化方法的针对性则要弱一些，例如，另一位证人提供的抵触性证言会削弱我们对某位证人的信念，但并不会弱化某个具体特征。

某种程度上，法律决定着证人证言能够以何种方式使用。例如，《荷兰刑事诉讼法典》明确规定，证人证言仅包括“**证人**本人觉察或者经历的事实和情况”（《荷兰刑事诉讼法典》第342条），《美国联邦证据规则》规定，证人仅能够就其拥有亲身知识的事项作证（规则602）。**传闻**证据总体上在许多司法管辖不可采，（例如《美国联邦证据规则》规则802）。所谓传闻证据即证人对于非亲自经历而是从其他人处了解到的事情作证。在荷兰，根据1926年12月20日上诉法院的一项裁决（NJ 1927，p. 85，“de auditu”），传闻证据可以得到采信，尤其是因为这样可以允许运用警察起草的包含有证人证言的文件。不可采的或者法律上无效的言词证据对于证明过程而言仍然具有意义。例如，明显指控某嫌疑人或开脱某嫌疑人的证人很可能存有偏见，在评估全部证据时应该将此情况考虑在内。安德森及其同事（2005，p. 66）指出，在调查阶段总是可以运用传闻证据，这时运用传闻证据可能有助于找到亲自目击犯罪事实的人。

另一种形式的言词证据是**专家证言**（参见 Anderson et al.，2005，p. 270；Wagenaar et al.，1993，第9章；Hielkema，1999）。事实调查过程中以及法院作出决定时使用的许多信息，都是基于只有专家才知道的专业知识。例如，普通警察、法官或陪审员对于DNA分析涉及的具体技术并不拥有详细的知识，需要法医专家告知他们两个DNA样本是否匹配以及为何匹配。在某些方面，专家证言有别于普通证人证言。例如，目击证人就某事项提出意见往往并不可取（他应该仅仅描述自己看到的情况），但是专家作证的性质本身就决定了其证言是一种意见。我们邀请专家为我们解释某项证据材料，该等解释涉及专家从我

16 们提供的证据材料中推出结论。事实上，由于专家作证的事项复杂，

我们期待其以简洁的语言发表意见，以免造成调查人员或者决策者错误解读专家结论的危险。

调查人员和决策者应该认真考虑专家证言及专家证据，因为专家证人有可能像其他人一样有意或无意地犯错。例如，专家也很可能存在偏见。另外，专家可能以错误的方式解读某些认定，或者专家使用的收集和测试证据材料的程序质量不高。由于专家证言涉及的主题对于调查人员或者决策者而言往往过于复杂，其难以亲自进行充分的讨论，一项重要的制约机制就是确保专家的作证内容与该领域其他专家的看法相一致。在某些案件中，仅仅审查该专家是否在其特定领域内受到尊重就足够了，因为我们可以安全地接受一个有能力的专家做出的认定。而在其他更为复杂的案件中，仅仅知道某个特定专家有能力还不够，我们可能希望该领域的其他专家运用相同证据材料进行检验，以此检查结果是否一致。我们并不能总是期待会得到毫不含糊的结果，因为专家肯定也会发生分歧。正如英国发生的萨利·克拉克案以及荷兰发生的露西亚案表明的那样，这两起案件中，统计专家对于所作的计算在当时（现在仍然）存在分歧。

证人证言和专家证言是两种重要的言词证据类型。法律上还存在其他子类型的言词证据，它们与这两种主要类型存在些许不同的特征。例如，警察的证言有时被视为比普通证人证言更加可信。嫌疑人（本质上也是证人）的陈述也可以被视为不同于普通证人证言，因为嫌疑人比普通证人对于案件拥有更大的利益。本书对于这些其他类型的言词证据不再讨论；就当下目的而言，认识到如下两点就够了：对于任何证言都能够并且应该分析诚实性、客观性和观察敏感性三个要素；对于专家证言，确定本领域其他专家的观点非常重要。

除了言词证据材料，安德森及其同事（2005，pp. 64-65）还区分了**实物证据**，它包括所有非言词证据材料，例如法律文书和非法律文书、物体及影像。一种重要的实物证据类型是**文书**。不但证言以及对物体的描述，而且调查人员和法官做出的决定均可以记载于文书之

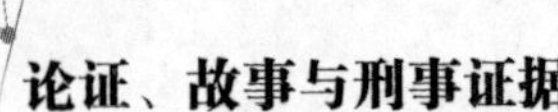

中。[5] 并且如果调查人员或决策者在任何时候想要检查前一阶段做出的认定或决定，他均将能查阅这些文书。除了文书以外，还存在其他形式的实物证据，例如视频（如来自闭路电视摄像头的视频）和录音带（如证人的作证录音）；所有种类的印迹和痕迹，如指纹和脚印；源于人体的材料，例如血液、毛发和精子；物体，如子弹、手套、汽车等。这些非文书实物证据往往需要首先进行解释，才能够从中得到
17 任何有意义的信息。例如，在犯罪现场发现嫌疑人的毛发并不自然意味着该嫌疑人在犯罪发生时位于犯罪现场。同样的，在法庭上展示的带血刀具并不必然是杀害受害人的刀具。

实物证据最为重要的特征是其真实性。证据有可能是伪造的，旨在有目的地误导他人，例如，证据可能是被放在现场的栽赃物（例如O. J. 辛普森案中的手套），或者一份文书是伪造的。处理证据的过程中也可能发生非故意的错误：血液样本可能被贴上了错误的标签，或者DNA样本被其他DNA污染。此时，我们需要考虑所谓的“保管链”，即记载了从收集到在法庭上使用这两个时刻之间证据材料被如何处置之文件。

本节旨在简要介绍刑事法律语境中证据的含义。第3.1.1节将进一步讨论证据的直接和间接支持这两个概念。第5.2.1节将进一步讨论各种类型的证据以及质疑它们的方式。

2.1.3 一般知识与概称陈述

证据材料是证据性推理使用的最为重要的知识来源；源于这些材料的知识提供了构建的“根基”。然而，证据推理还涉及使用**一般知识**或者**经验知识**的推理；这类知识是并非基于证据材料的知识。**一般知识**是指特定共同体广泛接受的知识。例如，大象比老鼠体型更大，圣诞节是12月25日，在荷兰大多数店铺可以使用银行卡支付，均是一般知识。基于经验知识，顾名思义，源于第一手经验。根据我的经

[5] 事实上，荷兰刑事司法程序几乎完全依赖文书。

验，我知道在荷兰交通中人们应当注意自行车，荷兰乌得勒支市（Utrecht）土耳其果菜市场街（Kanaalstraat）的某些小店铺只接受现金。需要注意的是，一般知识和经验知识可能会发生重叠，例如，我还从经验中得知在许多荷兰店铺可以使用银行卡支付。对于一般知识和经验知识而言，通常难以确定其具体来源。这并不总是必要的：大多数司法管辖都存在类似于“司法认知”（judicial notice）的做法，即不需要证明的某些事实，因为他们广为知悉或者属于常识之类的事项（参见《美国联邦证据规则》规则 201）。《荷兰刑事诉讼法典》也规定，能够被视为一般知识的事实和情况不需要证据支持（《荷兰刑事诉讼法典》第 339 条第 2 款）。

尽管往往难以给出一般知识的确切来源，但我们通常假定该等信息存储于一种被隐喻性地称为**知识库**（*stock of knowledge*）的地方，所谓知识库即“存储于”推理者头脑中的关于世界的一般常识知识。这种世界知识可能体现为简单事实（例如阿姆斯特丹是荷兰的首都）， 18
但也可能体现为**概称陈述**（*generalization*）。[6] 概称陈述是关于我们认为周围世界如何运作、关于人类行为及意图、关于环境以及关于人类与其环境互动的概括化的陈述（Cohen，1977，pp. 274-276）。它们可能基于经验研究，也可能来源于日常经验或者一般知识。概称陈述的例子包括“锤子的作用力能够致人颅骨破裂”“经过宣誓的证人通常讲真”“人们通常不撒谎”“神志正常的人不会拿锤子打击自己的脑袋”“十点前亨利通常在工作”以及“来自苏里南的人比土生土长的荷兰人更容易参与犯罪活动”。概称陈述几乎从来不是普遍为真，往往存在例外。例如，经过宣誓的证人并非总是做出为真的陈述，他们可能撒谎或者记忆错误；塑料玩具锤并不会导致人的颅骨破裂。由于概称陈述并非总是普遍为真，人们往往以诸如**通常、往往和有时**等术语对概

〔6〕“概称陈述”这一术语也得到安德森、舒姆及特文宁的采用（例如 Anderson，1999；Anderson et. al.，2005；Twining，1999）。瓦格纳尔及其同事（1993）使用“常识规则”一词。

称陈述加以限定；以舒姆的话说（1994，pp. 81-82），需要对概称陈述进行“对冲”。在本书中通常不以某个确切的术语或概率指示词来限定概称陈述；而是假定概称陈述仅仅具有可废止性成立的特征（参见第2.3节和第5.1节）。最后，前文列举的那些概称陈述可以改写为具有“如果……那么……”形式的条件规则；例如：“如果存在作用力，那么这会导致某人颅骨破裂”，“**如果**某人 w 是经过宣誓的证人并且 w 说发生了事件 e，**那么**通常发生了 e。”在这种意义上，概称陈述可以与图尔敏（Toulmin，1985，2003）所说的**保证**（*warrants*）、沃尔顿所说的**论证图式**（*argumentation schemes*）以及瑞特所说的**缺省**（Reiter，1980）相提并论。[7]

安德森及其同事（2005，p. 102）指出概称陈述具有几种特征。概称陈述的**具体性**有所不同，即从一般到具体不等。其中一般的概称陈述通常表达语境独立的知识和信念，而具体的概称陈述代表更详细的领域性知识或者语境依赖的信念。例如，“如果某人通过其感官感知到 p，那么（似真地）p 属实”，这一概称陈述表达了一个一般的认知原则；而“如果一个视力良好的年轻人看到 p，那么（似真地）p”，这一概称陈述表达了一个更加详细的知识；而“如果一个具有正常视力的人在正常情况下，站在离这个具体公寓楼门口 2 米的地方看着门口，感知到一个尖叫的红头发女人跑出门口，那么（似真地）一个尖叫的
19 红头发女人跑出门口”，这一概称陈述表达了一个非常具体的语境依赖的知识。安德森及其同事（2005，pp. 266-267）还讨论到**个案概称陈述**：有关个人习惯或品格或者有关地方性做法的一般化描述。该等个案概称陈述例子包括“本案中的雇主-被告人在雇用实践中通常歧视女性”“本案中的被告人通常在其卧室橱柜中放置安眠药”或者“十点之前亨利通常在工作”。

---

〔7〕在本书以下部分，“概称陈述”一词同时用于指代具有条件句形式和非条件句形式的常识陈述；请记住，理论上总是可以把一个概称陈述改写为一个条件规则（另见第5.1节）。

概称陈述的**可靠性**也存在差异，从具有良好的科学依据（例如“石油的比重通常低于水”）和一般接受的知识（例如“荷兰大多数店铺均接受银行卡支付”），到即便没有提供证据材料支持仍然被人持有的偏见或者成见（例如“男人比女人更会开车”）。概称陈述的另一项特征是其**普遍性**，衡量这一特征的标准是共同持有这种知识或信念的人数；从仅有少数人持有的概称陈述，例如复杂的科学概称陈述或者世界上仅有少部分人持有的某种信念，到受到多种文化广泛接受的概称陈述。在这方面，科恩（Cohen，1977）认为在某个群体内部（如警方调查人员、陪审员、法官），我们的知识库中存在某种关于概称陈述的**认知共识**。只要相关群体具有文化上的同质性，对于概称陈述本身将不会存在分歧，因为它们构成该群体文化的一个至关重要的部分。分歧主要存在于某个特定概称陈述是否适用于特定的情形。

特文宁认为（1999，另见 Anderson et al.，2005；Twining，2006），表达一般知识的概称陈述“必要但危险”：在运用证据和常识知识进行推理时，它们是必要的，但是它们也是危险的，因为概称陈述有可能是基于成见或者错误的信念，并且它们在特定共同体内未必得到每一个人的赞同。安德森等认为（2005，pp. 273-276），科恩关于我们知识库中认知共识的观点是有问题的。在任何一个既定的人群中，对于接受哪些知识总会存在分歧，而在一个动态、多元文化和多层阶级的社会中，几乎不可能达成一般共识。他们还认为如下观念是错误的，即将知识库作为一个组织良好的概称陈述数据库。相反，我们的知识库是“一汪复杂的原汤，里面含有各种拥有或多或少良好基础的信息、深化的模型、奇闻轶事的记忆、印象、故事、荒诞观念、谚语、希望、旧框框、猜测和偏见”（Twining，1999，p. 91）。这种复杂的结构导致我们难以区分事实与虚构、经验性概称陈述（empirical generalizations）与价值判断。概称陈述经常以某种不定的、模糊不清的或者充满价值的方式被表述（参见 Anderson et al.，2005，pp. 276-277）。例如，一个概称陈述可能在普遍性方面是不定的（“证人有时/通常/总是讲

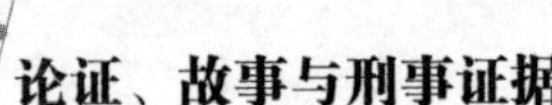

真”），或者使用充满价值的词语进行表述（例如“那些来自格罗宁根大学的乡下土包子对于法律推理通常并不是很在行”）。另外，概称陈述的来源也可能是不定的，例如，前述有关来自苏里南之人的概
20 称陈述是基于研究还是成见？安德森（1999）对“经验性概称陈述”一词的使用提出警告，因为它蕴涵着概称陈述已得到经验检验的含义，而事实上绝大多数时候并非如此。

总而言之，概称陈述以及有关这些概称陈述存在一个清晰认知共识的概念都是危险的。概称陈述可能是无效的，因为它们可能是关于世界的可疑观念。认为存在一个界定清晰的有关我们知识库的认知共识，也是有问题的。另外，这个知识库还可能包含其他更加复杂的知识结构，例如故事。我们面临的主要危险之一是，概称陈述（或者知识库的内容）在推理过程中往往是**默示**的。因此，在手头处理的个案中无法检查出某个概称陈述或其任何例外的有效。安德森及其同事（2005，pp. 279-282）对于如何评估概称陈述和故事的似真性提出一些协议（protocols）。同样，克劳姆巴格等（*Anchoring Process*，1994；Wagenaar et al.，1993，参见第 3. 2. 1 节和第 7. 1. 2 节）致力于将概称陈述明示化，并尽可能清晰地将其载明。对于概称陈述以及推理者知识库的一般分析，在本书中扮演着重要角色；运用一般知识进行推理以及通过理性讨论就该等知识形成认知共识是第 4、5 章所提的混合理论的重要用途之一。本书其他具体章节也讨论到一般知识，其中第 3. 1. 3 节讨论了使用论证分析概称陈述的方法，第 5. 1 节提出对概称陈述的有效及例外进行推理的简要逻辑方法，第 3. 2. 2 节提出**故事图式**的概念，认为它是构成知识库一部分的更加复杂的知识结构。

2. 2　证明过程：发现、追问与证成

证明过程包含发现、检验和证成关于具体案件中发生了何事的假设。这一过程通常开始于某些初始观察，即发现某些初始证据之时。根据这些初始证据，可以想象一个或多个初始假设。其中某些初始假设可以因为不似真而被立即放弃，而其他初始假设将通过寻找更多的

证据付诸检验，然后再决定哪一些与新证据相符合。选定一个最有可能的具体假设之后，将通过明确表明它与这些证据最为相符，对这一选择进行证成。

作为说明这一过程的事例，假设我们面对一具男尸，我们假设他
发生了意外、自杀、被他人或者动物杀害；我们还可以假设他被外星
人杀害，但这种情节（scenario）通常因为具有内在的不似真性而被放
弃。经过寻找更多证据，我们可能发现该人死于过度服用安眠药。这
一证据可能与“意外”情节不符，因为人们通常不会意外地大剂量服
用安眠药。现在，假设的自杀情节最有可能。然而，仍然存在如下可
能，即该人被他人投毒。进一步的证据可以帮助在这两种假设之间做 21
出选择，例如发现了一份自杀笔记，或者这个男人的心理医生作证
他已经长期具有自杀倾向。如果我们选择了自杀情节，我们将会说自
杀笔记和安眠药相结合明显指向一个自杀案件，以此为这一选择提供
理由。

科学哲学领域经常区分**发现**和**证成**这两个语境。这一区分通常被认为归因于德国知识论学家赖兴巴赫（Reichenbach，1978），他使用这两个语境主要为了区分科学的逻辑方面和心理方面：证成涉及一套证据和一个理论之间客观和逻辑的关系，而发现涉及发现这一理论及其与该套证据之间关系的主观和心理过程。哲学家和逻辑学家仅对证成语境感兴趣，而分析发现过程属于心理学家的研究领域。后来的哲学家，例如汉森（Hanson，1962）区分了三种语境：**发现、追问**和**证成**。我们可以按照这三种语境刻画证据推理的过程：发现涉及形成各种假设，[8] 追问涉及检验各种假设并选择其中最为可能的一个，而证成涉及论证为何应该接受这一具体假设。这一过程中，每一部分的结果构成下一部分的输入（input）。发现语境中发现的假设构成检验阶段的

---

〔8〕 这里使用“假设”这一一般性术语。该等假设可能表现为不同的形式（如，一个假设情节，血液样本的来源人身份等）。下文将简要介绍犯罪调查中的具体证明过程。

输入，在检验阶段这些假设被证明或反证，并最终选择最佳假设。在这一“追问”最佳假设的过程中，建立起证据和假设之间的关系，并提出赞成和反对不同假设的各种论证。被明确提出后，这些联系和论证可以在该过程的下一阶段用于证成为何应该接受某一个具体假设。

表 2.1 展示了不同语境之间的过渡关系。该表改编自尼泊尔和森纳弗（1999），他们对于各语境的构成要素使用了不同的术语。在发现语境中，分析的起点是**待解释项**（*explananda*），终点是多个可能的假设，即**解释项**（*explanans*），它们用于解释这些初始观察。这些假设构成该过程下一阶段（追问语境）的输入，在此阶段他们被视为**待证项**（*probanda*），即需要加以检验和证明的命题。在一个案件中各种可用假设之间做出一项选择，为我们提供了一个可视为已经证明的具体假设，即**已证项**（*probans*）。该**已证项**以及选择它的理由共同构成一个**证明**（*proof*）。易言之，一项证明由一个被选定的假设（它被视为最有
22 可能）以及选定这一特定假设的证成共同组成。[9] 在追问语境中，我们致力于试图证成（证明）一项假设的过程，而在证成语境中，我们将这一证成（证明）明示化。证明过程不仅关注理性地证成某人选择一项假设的理由，而且关注这些理由的澄清。在此意义上，尼泊尔和森纳弗（1999）使用**解释性证成**（*explanatory justificaton*）这一术语。根据证成的这一目的，恰当的证成不仅要符合某种理性标准，还要清晰地阐释选择这一假设的理由，并且这种阐释不仅对于推理者而且对于第三方而言都能够讲得通。

---

〔9〕 威格摩尔将证明刻画为“一系列证据事实的总体相对于一个待证项发挥的说服功能”（Wigmore，1931，p. 9）。这一观点与本文采纳的证明观念之间共同点在于，证明中要考虑与某个假设相关的一系列证据的总体。

表 2.1　证明过程（改编自 Nijboer and Sennef，1999）

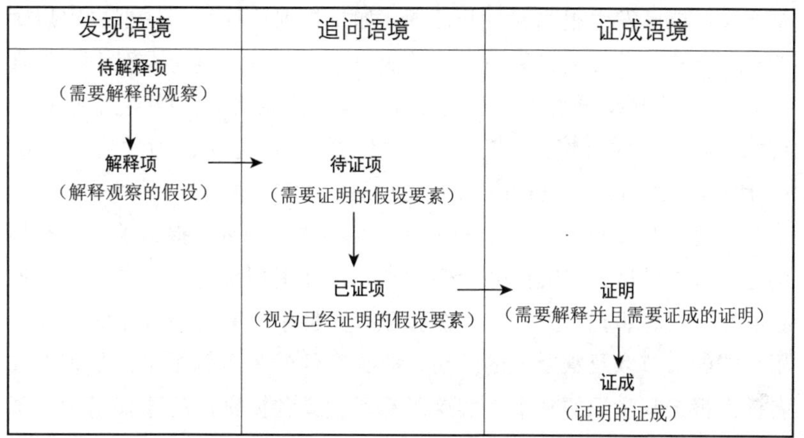

证明过程中通常要折返重做之前的步骤。例如，如果在追问语境中无法为某个假设找到证明，必须重新启动发现阶段，以寻找一项新的假设。总体的证明过程还包含多个“子过程”，在其中，构成一个较大假设的几个较小假设得到独立检验，并随后纳入该主假设。最后，各个语境之间还存在重叠，一个语境为另一个语境提供输入。正是由于证明过程的这种复杂结构，文献中对于每一个语境的构成成分并未达成明确的共识。例如，撒加德（1988）主张，发现仅仅是构建新假设的过程，而检验这些假设是证成语境的一部分，其他学者（例如 Josephson and Josephson，1994；Walton，2001）似乎认为发现既包括新假设的形成也包括对它们的检验。就本书目的而言，每一个语境下确切包含哪些内容并不重要，只要我们认识到证据推理可以被刻画为一个包含发现、检验（“追问”）和证成假设的反复过程即可。

2.2.1　调查、审判和证明过程 23

正如证据并不局限于（刑事）法律领域一样，包含发现、追问和证成语境的证明过程也不局限于刑事法律语境中的证据推理。然而，我们可以指出刑事证明过程的一些特殊之处。在刑事语境中，证明过程的起点是一些初始线索，它们指向发生了某些反常的事情；这通常是指向可能已发生犯罪的某些证据。如果根据这种初始证据决定启动调查，调查人员必须想象一些初始假设进行尝试并重建本案中“发生了何事”。在刑事分析中，这些假设表现为**假设情节**，[10] 它们描述了可能曾经发生的事情，即犯罪行为以及围绕该犯罪行为的情况（De Poot et al., 2004；Kerstholt and Eikelboom，2007）。

德普特及其同事（De Poot and colleagues，2004）提出了一种有趣的犯罪调查模型，将案件分为四大类。在**清晰型案件**中，警察当场抓获罪犯，或者罪犯投案自首。在**验证型案件**中，案件一开始时就知道了可能的情节以及嫌疑人的身份。此类案件的一个例子是，受害人或者证人报告其认识的某个人实施了犯罪，或者警察在犯罪现场发现了一位可疑人物。在**调查型案件**中，在案件一开始就知道了可能的情节，但必须追查嫌疑人。这种案件的一个例子是，证人举报其不认识的某个人实施犯罪。最后，在**搜查型案件**中，在案件开始时指出既不知道情节也不知道嫌疑人。这类案件的一个例子是，仅仅发现了物理证据，如一起成功实施的入室盗窃案。在调查过程中，案件转变成上述各种类型。例如，如果在调查型案件中发现了嫌疑人，案件便转变成验证型案件。从中可以看出，这种刻画刑事调查中证明过程的方法与发现、追问和证成语境在一些方面相契合。在搜查型案件中，首先发现了假设情节，然后在追问语境中对其进行调查并加以验证。理想状态下，然后对于某个具体情节提供了清晰型证明，从而可以结束调查，并启动审判阶段。

前述讨论仅涉及刑事调查，而没有考虑法律案件中的决策阶段。一旦案件进入法庭程序，我们实质上就进入到一个具体追问语境；在此语境中有待证明的待证项已被事先确定。在美国法上，这些待证项

[10] 在刑事调查的总体证据过程中，假设可以等同于情节。然而，在任何“子证明过程”之中，其他假设也很重要。例如，某个假设还可能涉及可能犯罪人员的身份，或者死亡的具体时间，每一个该等具体假设都需要经过检验之后才可以纳入主情节。

就是重要事实，可以被视为实体法所定法律规则的各项条件。在荷兰法上，最终待证项由起诉状决定，而次终待证项是该起诉状的各个组 24
成部分。[11] 虽然法官或陪审团有可能进行新的调查行为，但通常情况下，绝大多数这些调查行为（如发现新假设、收集证据）均已在审前阶段完成。在这种方式下，从初始线索到定罪或无罪释放，整个刑事和法律程序就是一个证明过程（Nijboer，2000，p. 61），在这一过程中，审前阶段属于发现语境，审判和评议阶段属于追问语境。由于美国陪审团无需明确陈述其作出最终决定的理由，尼泊尔主张美国法律程序中不存在证成语境。然而，荷兰法官有陈述作出定罪理由的法定义务，因此荷兰法律程序结束于证成语境。

2.3　证明过程中的推理

发现、追问和证成假设的过程中会用到各种类型的推理，本节对此加以介绍。几乎所有利用刑事证据的推理都可以被刻画为**可废止推理**（*defeasible reasoning*）。[12] 在这种推理中，新信息将会对先前被视为真的命题提出质疑。这种推理还被称为**非单调推理**（*nonmonotonic reasoning*），与单调推理（monotonic reasoning）相对应，在后一类推理中，新的知识并不能减弱被视为真的命题。可废止推理主要关注我们目前是否有理由相信某个命题，以及哪些新知识可能改变这种信念。在可废止推理语境下曾提出的一种有影响的观点是，如果一个命题能够在论辩探究中经受住批评，我们就有理由相信该命题为真。[13] 例

---

〔11〕 荷兰法（DCCP 第338、350条）规定，法官应决定嫌疑人是否如起诉状记载的那样从事了犯罪行为。

〔12〕 “可废止性”一词似乎最早由哈特引入法律哲学领域（参见 Loui，1995），他认为一个法律概念（如“合同”）不仅包括必须满足的积极条件（例如必须存在要约和对该要约的承诺），而且包括可废止如下主张的条件，即我们正在处理该恰当的法律概念（即当事人对于事实持有错误的信念）。

〔13〕 范·爱默伦及其同事（Van Eemeren and colleagues，1996）将论辩术刻画为“为赞成和反对而辩论的艺术”。

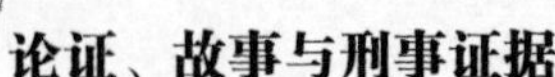

如，雷歇尔（Rescher，1977）说，如果科学推理中的主张——经常通过归纳推理的方式建立——在适当的科学争论中无法被成功质疑，则可以接受。本书其余章节将进一步讨论这种对话设置在证据推理、运用论证和故事推理中具有的重要性。

正如雷歇尔一样，安德森及其同事（2005，p. 100）也将可废止推理等同于**归纳推理**，并将它们与演绎推理和回溯推理相对立（参见下文）；这三种推理类型构成哲学上非常著名的“三角形”。[14] 然而，25 归纳推理和回溯推理也可以仅仅被视为是可废止推理的子类型。因此，在本书以下部分，我将在狭义上使用归纳推理和回溯推理这两个概念，易言之，它们分别是指从具体例子到全称陈述推理，以及从观察到假设推理。可废止的、非单调的或者推定的推理，这些术语将被用于描述所有类型的非演绎推理（参见 Walton，2001）。

2.3.1 回溯推理与最佳解释推论

赖兴巴赫主张，发现过程是心理学家分析的对象，哲学家和逻辑学家应该仅仅关注证成。因此，他主张不应该存在“发现的逻辑”这样的事物。然而，其他作者（例如 Hanson，1962；Schum，1994，第 9 章；Thagard，1988，第 4 章）主张，皮尔士（Peirce，1931）提出的回溯推理的概念具有某些特征，这些特征标志着它是一种想象型推理，允许我们从中发现新假设或理论。描述回溯推论基本理念的最好方法是将其与演绎和归纳进行比较。有关回溯推理的一些教科书引用了如下事例（例如 Burch，2008；Walton，2001）。

> 演绎推理：假设一个袋子中只装有红色弹珠，从中随机取出一个特定样本。你可以通过演绎推理推论出该样本中所有弹珠都是红色。
>
> 归纳推理：假设你不知道这个袋子中的弹珠是什么颜色，你从中取出（足够大数量的）随机样本，并且这些样本中的弹珠全是红色。

---

〔14〕 通常认为这种三角形的说法是由皮尔士提出的，参见（Burch，2008）和（Peirce，1931）。

你可以通过归纳推理推论出该袋子中所有弹珠都是红色。

回溯推理：假设你看到一装红色弹珠的袋子附近有一些红色弹珠。你可以通过回溯推理推论出这些弹珠来自这个袋子。

在这个例子中，三种推论形式之间的差异相当明显：演绎推论是从一个全称量化前提到某个结论的严格推理，归纳推论是从某个具体例子到某个全称量化结论的可废止推理，回溯推论是从某种观察到某个可能假设的可废止推理。按照图式，回溯推理可以表示如下（改编自 Josephson and Josephson，1994）：

D 是一组材料（事实、观察、既定内容）
假设 H 解释 D（如果其为真将能够解释 D）
因此，H 可能属实

从这一图式中可以看出，为什么回溯推理被刻画为**解释性推理**，在其中，某人观察到某些事态，并试图解释它们可能如何从某些假设的事件或事态得出。例如，我们可以说某人的死亡是由其服用安眠药导致的。然而，在其他案例中，确切的因果关系并没有如此清晰。在上述红色弹珠的例子中，并不清楚具体是什么导致了这些弹珠位于袋
子旁边，但我们仍然可以说，这些弹珠来自这个袋子这一假设解释了 26
这些弹珠位于该袋子附近。还可以通过如下方式进一步明确这一假设，即指出这些弹珠来自这个袋子，并且这个袋子倒落导致这些弹珠从袋子中滚出。

解释性回溯的一个重要特征是，它向我们提供**新**假设。在这种意义上，回溯推理被以各种方式称呼为想象性的、创造性的以及能够避免无知的。[15] 伊科（在 Eco and Sebeok，1983，第 10 章）主张，回溯推理具有不同程度的创造性。在创造程度最低的形式中，某人运用其

〔15〕 最后一个术语出自加比和伍兹（Gabbay and Woods，2006），其还将回溯推理称为与演绎推理和归纳推理进行比较，并把演绎推理称为具有保真的性质，把归纳推理称为具有提高似然率的性质。

先前有关某个具体情形的经历，对于当前情形如何发生推论出一个假设。在创造程度最高的形式中，回溯涉及形成某个真正新颖的假设，它并非基于任何先前的经历。尚克（Schank，1986）也主张，实际上存在三种解释观察的方式。第一种方式是参考类似案例。如果我们想知道为什么荷兰足球队输给俄罗斯足球队，我们可以将前者失败的另一场或多场比赛作为参考，并试图找出最后一场比赛与这些比赛之间的相似性（例如“在所有的比赛中，一个关键后卫受伤”）。第二种解释某个事件的方式是为该事件找到一个更加一般性的解释模式。在荷兰足球队这个例子中，我们可以询问，为什么即便表面上看起来较强的球队有时也会输掉。可能是因为过度自信？当不存在适合目前情况的具体案例或模式时，我们面临第三种、也可能是最为困难的解释事件的方式，就是我们必须从头开始构建一个新解释。在足球例子中，这可能包含分析比赛过程中发生的所有事情，并因此形成一种有关荷兰为何输球的解释。

一旦通过回溯推理推论出一个假设，按照舒姆（2001）的话说，该假设将被“触发”：在假定这一新假设的基础上，如果该假设为真，那么我们应该试图预测将可能观察到其他什么。此时我们进行**预测推理**，即进行某种观察或者假定某个假设，并试图预测该观察或假设将会导致什么结果出现。请注意，解释性推理和预测推理密切相关：如果一个假设正确地预测到某些观察，那么该假设解释了这些观察。我们可以试着不仅预测最初导致该假设的那些观察，从而试着预测新的可观察物。例如，如果我们假定第 2.2 节开头例子中的人自杀，应该能够找到某个自杀字条。因此该预测能够指引我们寻找新的证据。因此发现语境不仅涉及在给定某种证据的情况下发现新假设，而且涉及在给定某些假设的情况下发现新证据。

沃尔顿（2001）主张，可以把回溯推论刻画为一种“智慧的猜想”。然而，对由此形成的假设进行彻底检验之后，这种智慧的猜想可能成为对某种被观察现象的似真解释。通过预测潜在的可观察物并试
27 图为其寻找证据，我们在某种意义上启动了追问语境，即在考察当下

追问的假设是否能够解释更多的观察。在这一语境中，我们还应该考察，可能新证据是否能够与当下假设一致以及如何一致；可能最为重要的是，我们应该考察是否存在能够比当下假设更好地解释该证据的其他假设。例如，如果我们发现袋子附近还有一个装有红色弹珠的罐子，这些弹珠同样可能来自于这个罐子而非袋子。

检验和比较各种假设在文献中被称为**最佳解释推论**（*inference to the best explanation*，IBE）〔16〕。不应该把 IBE 视为一个单一的推论步骤，而应该将其视为一个一般术语，用于描述关于假设几种推理方式的组合。本质上，IBE 涉及证明过程中使用的所有重要的推论类型：构建假设，检验这些假设并将其互相比较，最终选择其中最佳的一个。至于如何比较不同假设并选择某个具体假设作为对于观察的最佳解释，这是一个存在很大争议的话题。撒加德（1988）以及约瑟夫森和约瑟夫森（Josephson and Josephson，1994）均主张，一个假设要被视为最佳解释，它应该更好地符合案件中的证据，易言之，该假设能够比其他选择假设更好地解释本案中的观察。在确定最佳假设时还需要考虑其他因素，例如，该假设本身是否具有内在的似真性，存在多少似真的选择假设，以及寻找选择假设的彻底程度。在第 3.2.4 节和第 4.4 节，我们将进一步讨论各种检验方法和选择解释的标准。

2.3.2　运用证据的因果性推理

在证据推理的所有阶段，运用因果信息进行推理均是一个重要的方面。发现某些线索时，调查人员会试图找出是什么导致这些观察（解释），以及针对这些观察提出的假设可能还导致了其他什么结果（预测）。另外，证明往往以如下方式进行构建，即指出某个被观察事实（证据）成立，因为发生了导致其出现的其他事实（犯罪）。

运用因果关系推理时，可能要区分**因果性推理**和**证据性推理**两种

---

〔16〕 我并不将回溯和 IBE 视为同一概念。回溯仅涉及形成新假设，而 IBE 还涉及检验和比较不同的假设。

类型（Pearl，1988a）。[17] 因果性推理（casual reasoning）是指运用“c 是 e 的原因”这种形式之因果性概称陈述的推理，而证据性推理（evidential reasoning）是指运用“e 是 c 的证据”这种形式之证据性概
28 称陈述的推理。因果性推理和证据性推理密切相关：如果我们已有一项因果性概称陈述“c 导致 e”，那么我们通常也会接受“e 是 c 的证据”。[18] 例如，火能够导致可见烟雾，因此观察到烟雾可以作为有火的证据。对此，撒加德（2004）主张，我们在接受证言 E^* 是事件 E 的证据时，实际上默示地做出了一项因果判断，即证人之所以陈述 E^* 是因为该证人真的相信 E 发生。同样，帕尔多和艾伦（2007）也主张，“解释具有‘自我证明’的性质，即被解释的事物（证据）提供了相信该解释正确的理由”。需要注意的是，这两种形式的推理均是可废止的：火并不必然导致（可见的）烟雾，因为某些类型的火（例如煤气火焰）并不会导致烟雾；同样，观察到烟雾并不必然意味着有火，因为其他原因也会导致烟雾（例如烟雾机）。**解释**关系中也明显体现着因果性推理和证据性推理之间的紧密关系，我们在第 2. 3. 1 节讨论回溯推理图式时已经提到这一点。撒加德（2004，p. 237）主张，如果命题 c 描述的事态是导致命题 e 描述的事态发生的“因果过程”之一部分，则命题 c 解释命题 e。随后撒加德引用了奎恩和尤里安（Quine and Ulian，1970）的观点，这一观点认为某项解释及其所解释命题之间存在相互强化的关系。如果对于我们相信为真的命题 e 存在一个似真的解释 c，那么命题 e 将更加可信；与此同时，如果解释 c 能够解释我们相信为真的命题 e，则解释 c 将更加可信。另外，西蒙（Simon，2001）主张，“……［人们］不服从单向推论的语法规则……”，易言之，因果性推理和证据性推理需要结合使用。

---

〔17〕 请注意普尔、麦克沃斯和戈贝尔（Poole，Mackworth and Goebel，1997）对于因果性推理和证据性推理的区分不同于此处。他们所谓的证据性推理实际上是指本文所谓的解释性推理，他们所谓的因果性推理实质是指本文提出的预测性推理。

〔18〕 可以争论，只有 c 是 e 的典型原因，这一点才成立。

在形式的人工智能模型中，预测推理几乎总是被建模为运用因果性概称陈述的推理。然而，解释性推理则可以采用两种方式建模。运用证据性概称陈述，解释性推理可具有分离规则的风格：如果前件（结果，如“烟雾”）已知，则可以推论出后件（原因，如“火”）。因此当可以推导出选择解释时，应该运用某种优先排序机制进行选择。运用因果性概称陈述，预测也可以具有分离规则的风格，但是解释必须通过“肯定后件式”做出：给定后件（结果）可以推论出前件（原因），因为如果原因为真，则它通过因果性概称陈述的分离规则蕴涵该结果（参见第 2.3.1 节对于解释与预测之间关系的介绍）。当然，通过同样的方式也可以发现选择解释，必须通过某种优先排序机制对作为该结果之解释推论出的各种原因进行考察，以确定最佳解释。图 2.1 展示了建模解释性推理的两种不同方式（即因果性概称陈述和证据性概称陈述）。

$$\frac{\text{原因}\rightarrow\text{结果，结果}}{\text{原因}}\qquad\frac{\text{结果}\rightarrow\text{原因，结果}}{\text{原因}}$$

图 2.1　建模解释性推理的两种方式

还存在第三种建模解释性推理的方式，即使用如下关系：该等关 29
系可以表达为具有“a 解释 b”之形式的解释性概称陈述。由于这种解释关系具有对称性，有关烟雾和火的知识事实上既可以建模为“烟雾**解释**火”，也可以建模为“火**解释**烟雾”。这种建模解释性推理的方式主要为撒加德（1989，参见第 7.3.1 节）和约瑟夫森（2002，参见第 7.3.2 节）使用。

运用因果性概称陈述的解释性推理（即图 2.1 左半部分显示的建模方式）往往等同于回溯（Shanahan，1989；Console et al.，1991）。但如果广义解释回溯这一术语，这种等同关系不一定成立，因为此时它仅仅是指从观察到假设的推理，并且这种推理还可以运用证据性概称陈述或者解释性概称陈述进行建模。不过，在人工智能领域，解释性推理往往被建模为运用因果性概称陈述的推理（参见 Shanahan，1989），因此该术语“回溯”等同于某个因果性概称陈述肯定后件式的推理。沃尔顿（2001）也主张，回溯可以被视为从某个结论出发进行回溯，到寻求作为该结论之基础的前提［英文回溯（abduction）一词源自于拉丁语 *ab* 和 *duco*，即指向从前］。因此，本书以后部分将对回溯作狭义解释，即意指运用因果性概称陈述的解释性推理；而从观察到一个假设的推理（无论采用何种方式）将被简单地称为解释性推理。在人工智能研究领域，由前提到结论的推理（即运用因果性概称陈述的预测推理，或者运用证据性概称陈述的解释性推理）被刻画为“演绎”（Shanahan，1989）。然而这种推理并不总是具有演绎有效：火并不必然导致（可见的）烟雾，观察到烟雾并不必然构成有火的证据。因此，本书中该等由前提得到一个结论的推理方式并不被称为“演绎”，而被称为“分离规则风格的推理”。

2.3.3 关于动机与行为的推理

在进行关于因果关系的推理时，我们可以从**物理立场**和**故意立场**两个视角区分因果关系（Dennett，1978）。犯罪涉及理性人，因此我们在观察事件时不但要将其视为物理因果规律运作的结果，而且还要将其视为人类选择的结果；因此，必须确定什么类型的动机和目的可能导致了（涉嫌）犯罪人的行为。需要注意的是，这里“理性”并不意味着涉及犯罪的人总是做出有意识的理性决定，而是指这些人的行为受到某种（或许是非理性的）动机或目的的指引。

在讨论关于动机和行为的推理时，区分**动机和目的**这两个不同概念是有益的。广义上的动机是指一个人的价值和情绪以及与某种外部触动事态或事件的结合整体。例如，一个抢劫者没有钱，这一事实与
30 其要满足毒瘾的冲动相结合构成其抢劫超市的动机。狭义上的动机本质上是指某一人或一群人持有的抽象概念、原则。可以期待人们会积极或消极地推动其认为重要的动机。动机的例子包括“财富”“爱”和

“诚实”，但是也包括像满足毒瘾或者寻求复仇这样的冲动。[19]

一个动机（无论在何种意义上）可能导致不同的目的，该动机可以通过多种方式得以满足。例如，“金钱”动机可以通过抢劫超市或者寻找一份工作得到满足。沃尔顿和谢弗（Walton and Schafer，2006）主张动机是指主体强烈致力于其中的当前目的，因此他们并没有区分动机和目的。他们遵循了威格摩尔（1931）的思想，后者把动机界定为“有相当可能导致某个具体行为的具体情感或激情”。（广义上的）动机区别于目的，因为前者包含外在于主体的某些因素。（狭义上的）动机与目的之间的区分则要模糊得多；就当下的目的而言，我们假定目的是受到积极并立即追求的事物，而（狭义的）动机是一个主体所遵循的但无需总是得到其积极推动的更加抽象的原则。

与动机相关的一个概念是**品格**。沃尔顿和谢弗指出，品格证据在审理中往往不具有可采性。然而，如果证明了某人的动机，品格证据则是可采的。有关某人品格的陈述往往被表达为有关特定人员的、个案的概称陈述。例如，“约翰是那种永远不会抢劫超市的人”或者“约翰绝对不会谋财害命”。贝克斯等（2009）把品格建模成某人各种动机的**排序**（*ordering*）；例如，我们可以说约翰是这样一种人，他在满足毒瘾和诚实之间更偏好前者；或者可以说在金钱和他人生命之间他并不偏好前者。

在证明过程的所有阶段，动机均发挥着重要作用。在发现阶段，一个所谓的动机在构建临时假设时可能扮演着重要角色。在第 2.2 节开头的例子中，可以构建出意外、自杀和谋杀这几种情节：在此构建过程中，可以考虑各种各样的谋杀或自杀动机。例如，如果受害人没有自杀的任何动机，则可以暂时无需再考虑这种假设。如果发现了实施谋杀的似真动机（例如“金钱”，因为死者非常富有），则可以努力寻找能够从其死亡中获得金钱利益的人，以此充实这些假设。如果找

---

〔19〕 在贝克斯等（2009）中，动机和价值被等同视之（参见 Bench-Capon，2003），价值也是可以被促进或者贬低的抽象原则。

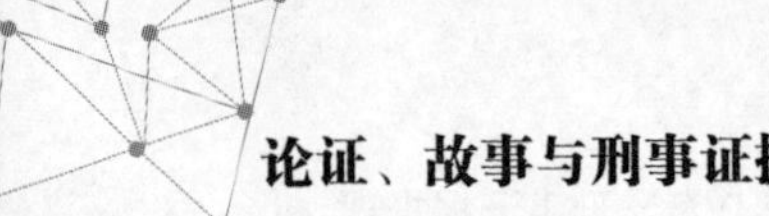

到了这样的人（例如，受害人的妻子将继承其大部分财产），则必须决定就嫌疑人的品格来看这是否属于正确的动机。例如，受害人的妻子是否是这样一种人，即受到金钱利益的驱动而杀害其丈夫。最后，为了正确证成该推理，还必需考虑嫌疑人也许能够通过其他行为方式满足其动机。例如，也许可以争辩，嫌疑人通过与丈夫离婚并获得其一半财产，可以更容易地达到目的。

31 总之，关于行为的动机和目的推理在证明过程中扮演着重要作用。这是一个值得重视的话题，特别是因为有关嫌疑人的动机和目的往往并不存在直接证据：最终，只有行为人本身才确切知道其为何如此行事。需要注意的是，无动机犯罪这一概念本质上可以被涵盖在目前对动机和品格所做的广义定义之下：某人仅仅因为感觉想要这样而将他人捅死，这个人也拥有一种“动机”，即在当时他感觉到想要捅死他人。这也许是一种奇怪或者难以置信的动机，但是如果能够以似真的方式表明行为人是如下一种人，即他把杀害他人这一病态冲动置于他人生命之上，则另当别论。

第 3 章 证据推理的两种方法：论证与故事 33

第 1 章指出，在当前有关证据推理分析的研究中，本质上可以区分出两种趋势。第一种分析证据的方法源于威格摩尔（1931）的证据图表（Wigmore's evidence charts），并主要得到新证据理论家（New Evidence Theorists）的发展（Anderson et al.，2005；Tillers，2005）；这种方法主要关注从证据到最终待证项的**论证**。这些论证可用于结构化和分析某个案件中有关证据的推理。第二种分析证据的方法由班尼特和费尔德曼（1981）提出，并得到彭宁顿和黑斯蒂（1986）以及瓦格纳尔等（1993）的发展，主要使用**故事**结构化和分析可得证据。

虽然论证和故事的核心概念在前述绝大多数研究中均扮演着某种（默示的）角色，但是在目前任何有关使用刑事证据进行推理的理论当中，它们均未得到充分的整合。本章的目的是要澄清论证和故事在证明过程中各自扮演的角色。它们各自的优缺点将因此变得明显，并且如何将它们整合进一个自然且具有理性的良好基础的混合理论之中，也将得到探讨。我们讨论论证和故事采用的形式如下，对两种独立的证据推理方法加以比较，即基于论证的方法（the argument-based approach）和基于故事的方法（the story-based approach）。

在**基于论证的方法**中，通过实施一系列连续的推理步骤来构建论证，其起点是一条证据，推理指向某个结论。这其中每一个推理步骤均具有潜在的“e 是 p 的证据”这种形式的**证据性概称陈述**（*evidential* *generalization*)，以此证成从前提到结论这一步骤。因此这种方式的推理可以被刻画为**证据性推理**（*evidential reasoning*)。运用论证的推理是**论辩的**，即它不仅考察支持某个特定待证项的论证，而且要考察反对该待证项的论证以及其他种类的反论证。最后，论证性推理被称为**原子方法**，因为一个案件的各种要素（即假设、证据材料）均得到单独考察，而案件并不被"作为整体"加以考察。

基于故事的方法涉及构建有关某个案件中发生了（或者可能发生了）何事的故事，以此解释证据材料。运用故事的推理详细描述犯罪发生前、过程中以及随后发生的一系列事件过程，这种推理可以被刻
34 画为**因果性推理**（*causal reasoning*)；一个故事中各种事件之间的关系以及该故事与观察（即证据材料）之间的关系可以被表述为具有"c是e的原因"之形式的**因果性概称陈述**（*causal generalizations*)。这种方法也具有论辩成分，即关于该案件的不同故事要根据其能够解释的证据材料数量以及其内部融贯性加以比较。基于故事的方法还被称为**整体方法**（而非原子方法)，因为案件中的各种成分（即假设、证据材料）被作为一个整体加以考察，各个成分自身受到的独立考察较少。

需要指出的是，这两种方法的提出并非分别基于一个特定作者或者一群作者，而是正如本节开头指出的那样，属于对证据研究领域两种趋势的抽象描述。因此，本章以下各节的叙述不应该被视为对以下两组著述的比较：一方面是由新证据理论家撰写的修正版威格摩尔分析方面的著述，另一方面是由彭宁顿和黑斯蒂、克劳姆巴格及其同事以及帕尔多和艾伦撰写的有关（解释性）故事和锚定叙事方面的著述。相反，本部分的讨论旨在对论证和故事作出抽象描述，以此澄清它们之间的关系。第 7 章将对相关研究与随后提出的故事和论证混合理论进行全面的比较。

在本章其余部分，我将使用一个特定的示例性案件。该例子取材于《锚定叙事》(*Anchored Narratives*，Wagenaar et al.，1993，pp. 35，71-

72）一书中讨论的哈克纳特案件（Haaknat case）。[1] 该案涉及荷兰某小镇上发生的一起超市抢劫。10月21日警察接到报警，某个超市刚刚被一个头戴盔式大绒帽的男人抢劫。此人持枪对店主实施威胁，店主将保险柜中的物品交给该抢劫犯。该抢劫犯离去后，店主报警。警察到达超市时，某个目睹该事件的证人告知警察说，一个可疑人物跳进一辆红色汽车高速驶向公园。警察驱车前往公园，发现外面停着一辆红色汽车。于是他们搜查了公园，并在公园一处充满水的深沟中发现一个名叫约翰·哈克纳特（John Haaknat）的男人。由于哈克纳特行为可疑，警察将其拘捕并带回警局询问。

3.1　证据性论证

论证的基本理念可以追溯到古希腊哲学家。亚里士多德提出的**三段论**本质上就是一个论证，由前提（一个前提是条件陈述）推出某个结论；他提出的**论辩术**（*dialectic*）可以被视为一个由论证和反论证组成的基本过程。“论证”（argument）这一术语存在多种解释：例如，一个论证是支持某个结论的单个理由，或者得出某个结论的一个理由链；但是也可以指支持和反对某个结论的各种理由的组合，或者试图说服彼此的双方之间的对话（参见 Wyner et al.，2008）。 35

斯蒂芬·图尔敏在其开创性著作《论证的运用》（*the Uses of Argument*，Toulmin，2003）一书中引导人们关注日常常识性推理的许多特征，在他看来，逻辑学家忽视了这些特征。通过区分各种独立的要素，例如证据材料（前提）、主张（结论）、保证（推论步骤的潜在许可证）以及保证的支持，图尔敏提出了更加丰富的论证结构。另外，他允许以对保证提供例外的陈述来攻击论证，并据此主张论证具有可废止性。最后，通过把逻辑解释为“法学一般化”，图尔敏（默示地）主张，在一个攻击和防卫诸主张的批判性程序中，逻辑扮演着一种论

---

〔1〕 此处对该案的描述进行了简化，并且在某些方面不同于瓦格纳尔及其同事对该案的描述。

辩角色。

约翰·波洛克（John Pollock，1987，1995）对图尔敏提出的论证结构图表模型提供了必要的形式逻辑基础。尽管波洛克最初提出其理论的明示目的并不包括形式化图尔敏或者可废止论证，但其有关论证之形式化结构和行为的许多基本理念都得到了保留。有关形式论证的另一个开创性的著述是路易的论述。此后，形式论证领域（参见Prakken and Vreeswijk，2002；Chesñevar et al.，2000，总体讨论）又发展了几种观点，包括可废止推理的形式论证-理论语义学。与此同时，论证理论和非形式逻辑领域对于理解和建模论证也做出了贡献（参见van Eemeren and colleagues，1996，所做的总体介绍）。例如，范·爱默伦和格鲁顿道斯特在其语用论辩方法中提出批判性讨论论证的规则（van Eemeren and Grootendorst，2004），弗里曼（Freeman，1991）和里德和罗伊（Reed and Rowe，2004）讨论了论证的图表结构，而沃尔顿在不同语境下（包括法律证据）广泛讨论了各种论证形式（Walton，1996，1998，2002）。

从前提到结论的推论之基本观点还出现于威格摩尔的著作中。在《司法证明原则》（*The Principles of Judicial Proof*，Wigmore，1931）一书中，威格摩尔着手发展一种理性理论，用于结构化和分析基于大量证据的推论。这些链状复杂推论可以被描述成树状图表，树叶是各种证据项目，树根是一个主要待证项（例如参见Anderson et al.，2005，p. 139；Bex et al.，2003；Dingley，1999；Kadane and Schum，1996）。威格摩尔将关于证据和证明的推理视为一种运用论证图表的常识推理。威格摩尔关于证据和推论的著述得到安德森等人（2005）的进一步发展。遵循图尔敏的研究思路，他们引入常识性概称陈述的理念作为推论的保证，并且明确将图表称为“论证”。

威格摩尔和新证据理论家关于常识推理的理念基本上与可废止论证方面的（形式和非形式的）著述相一致。例如，菲特丽丝（Feteris，1999）将语用论辩方法应用于荷兰著名的圆珠笔案，贝克斯（2003）明确探讨了威格摩尔图表结构与更加形式化的论证模型之间的对应情况。本书以下章节可视为对其（Bex et al.，2003）的扩充研究。

3.1.1　证据性论证的结构 36

前文（第2.1节）指出，通过以观察为基础证据，我们只能接受证据材料的存在本身，要运用这些材料做进一步的推理则需要构建从这些证据材料到某个结论的论证。在一个论证中，一个可废止推论从前提到某个结论；与这一可废止推论相联系的是一个**概称陈述**（*generalization*），它通常表现为条件形式，用以证成联系前提与结论之间的推论。安德森及其同事（2005，p. 62）认为概称陈述能够保证推论，因此可以与图尔敏（2003）所谓的**保证**相提并论。舒姆（1994）将概称陈述称为把各种证据性论证黏合在一起的“胶水”。请注意，证据性论证中的推论具有证据性质：利用一项证据e以及一个证据性概称陈述“e是p的证据”，我们可以推论出p。例如，一位证人“证言”即“10月21日我看到某个貌似哈克纳特的人进入此车”，并且存在一项概称陈述“证人证言‘p’是p的证据”（其中p是世界的某种事态），据此我们就可以推论出该证人看到某个貌似哈克纳特的人进入了此车。图3.1展示了如何从一项证据推论出一个命题：通过证据材料e（以灰色框表示）和概称陈述g（以圆角框表示），我们可以推论出结论c；在这里，推论本身以实心头的箭头表示。

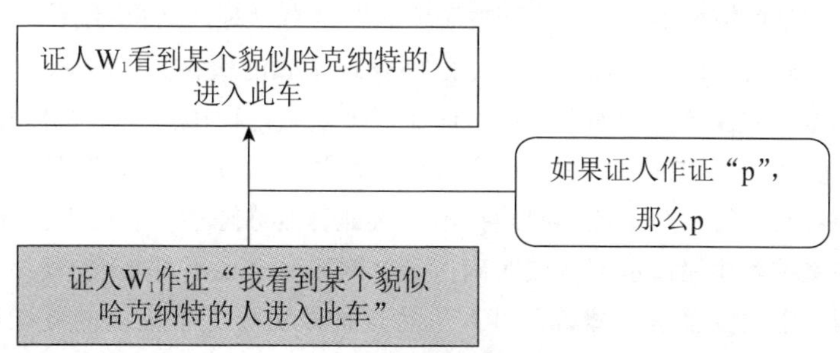

图3.1　从证据材料推论结论

图3.1向我们展示了一个简单的论证，其成分包括前提（本案中

是证言)、结论以及证成从前提到结论这一推论过程的概称陈述。请注意这个概称陈述中并没有包含限定词（即通常、推定）；但这并不表示该推论应该被视为决定性的。请注意，论证无需一定以证据材料为基础，还可以以假定（assumptions）为基础。这种方式，使得从一般知识或者个人经验出发进行推理成为可能。第 3.1.3 节将进一步讨论这一点。请注意，这里使用的是一个针对证人证言的证据性概称陈述。这一概称陈述可以以多种方式进行表述，例如“经过宣誓的证人通常说真话”，“如果证人作证 p 属实，那么通常 p 属实”（Bex and Prakken, 2004)，“如果一个证人处于知道 p 是否为真的位置并且证人断言 p，那
37 么可以似真地认为 p 为真”（Bex et al., 2003)。确切的概称陈述可能引起争论；是否只有经过宣誓的证人才会说真话？如果某个证人作证 p，那么 p 通常属实，或者也许是有时，也或者是 60%是这种情况？“处于知道的位置”是什么含义？然而，大多数人都会同意，从证人证言可以得出结论。荷兰法律明确提及证人证言属于合法证据材料，尼泊尔（1993，p. 314）认为《荷兰刑事诉讼法典》有关证据类型的规则可以在某种意义上被视为“论证规则”。因此我们可能证成地接受某种形式的证人规则，否则我们将无法从证人证言推论出任何结论。这并不意味着证人证言总为真；推论是可废止的并且推理是论辩的，因此可以对一般规则提供例外；我们将在下文继续讨论。

在某些情形下，一个论证被简单地界定为一对“前提-结论”，并没有明确指出证成从前提到结论之间推理步骤的概称陈述（图 3.2)。这种做法往往出现于如下情形，即在一个复杂论证中同一个概称陈述出现多次，例如，在对一个包含多项证言的大型案件进行建模时，并不会对其中每一个论证都明确指出证人证言概称陈述。表面上显而易见的概称陈述往往也不会被明确指出，例如一个人不可能同一时间处于两个空间位置这一概称陈述。虽然这种做法降低了论证的复杂度，但是不明确指出证成推理步骤的概称陈述也具有危险，因为这种情况下无法检查其可靠性和有效。我们将在第 3.1.3 节和第 5.2.1 节进一步讨论这一话题。

多个推论可以链接在一起，形成带有中间结论的更加复杂的论证。威格摩尔（1931，p. 13）将这种推论链称为“链状推论”（catenate inferences），安德森及其同事（2005）谈到“推理链”，维内尔及其同事（Wyner and colleagues，2008）主张这种论证可视为“理由链［或者］理由的理由”。在我们的例子中，只有一项证人证言，即某个**貌似**哈克纳特的人进入此车。然而，从中我们可以推论出哈克纳特事实上进入此车（参见图 3.3）。

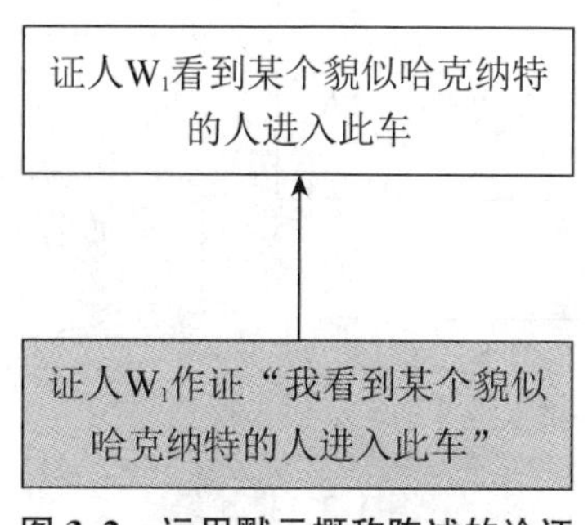

图 3.2　运用默示概称陈述的论证

安德森及其同事指出推理链中存在**中间待证项**（*interim probanda*），它们是从证据材料推导出最终待证项这一推理链中的中间结论。这里必须指出，根据定义，可废止推论（无论是否与演绎推论相结合）不 38
具有传递性。例如，我们有以下两个概称陈述：“大学生通常是成年人”，“成年人通常受雇于一份全职工作”。现在已知露西是一名大学生，我们可以相当安全地推论她是成年人，但是我们并不能说她受雇于一份全职工作。

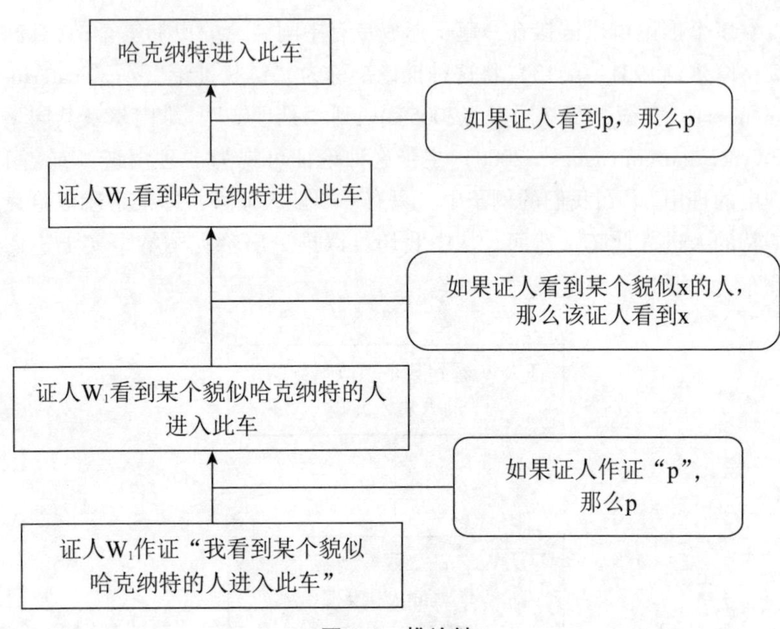

图 3.3　推论链

论证还可以表示为线性序列（linear sequence，Pollock，1995，p. 87），该序列的顺序代表着作出推论的顺序。在哈克纳特例子中，警察在公园附近发现汽车时，他们取得了在汽车座位上发现的一些毛发。他们还取得并分析了哈克纳特的 DNA，并且结果表明该 DNA 与汽车中发现的毛发 DNA 图谱匹配。根据这一新证据，我们可以推论哈克纳特曾经在某个时候位于此车。

（1）专家证言“汽车中的毛发 DNA 图谱与哈克纳特的 DNA 匹配”（**输入**）

（2）如果一位 DNA 专家作证“DNA 图谱 A 和 B 匹配”，那么 DNA 图谱 A 和 B 匹配（**输入**）

（3）汽车中的毛发 DNA 图谱与哈克纳特的 DNA 匹配（**1，2**）

（4）如果 x 人的 DNA 图谱与在地点 l 发现的毛发匹配，那么 x 曾

经位于地点1（**输入**）

（5）哈克纳特曾经在某时刻位于此车（**3，4**）

每行论证后面都标注了该信息来源于“输入”（证据材料或者已接受的一般知识，参见第2.1节），抑或该行是从该论证中的其他行推论出的。请注意，这里使用了一个“专家证言”概称陈述，以此从该专 39
家证言推论出某个结论。正如我们在图3.1论证中对于证人证言所说的那样，我们也可以说专家证言拥有自己相联系的概称陈述。因此可以说，每种类型的证据材料（参见第2.1.2节）都拥有自己联系的概称陈述，它们在从该证据材料得出结论时得以应用。在这种意义上，克尼格（Knigge，2001，第6章）的如下主张是正确的，即形式（证据材料的类型，如证言）和内容（证言的内容）不能分离，并且证据材料的类型和得出结论的推论亦不可分开考察。在考虑可能的怀疑源时，证据材料的类型及其联系的概称陈述是重要的信息，例如，第2.1.2节指出，对于证人证言必须检查其诚实性、客观性及观察敏感性，而对于专家证言，我们可以考察该专家拥有的专长是否属于相关领域。第3.1.3节将进一步讨论证据性推理中反复出现的概称陈述理念及其怀疑源。

可以将多个论证加以组合，以此从多项证据中推论出某个结论。在哈克纳特例子中，可以争论说，“哈克纳特进入此车”这一结论并不是特别强，因为可能存在其他貌似哈克纳特的人。因此，如果我们想推论出进入此车的人是哈克纳特，理想的做法是我们拥有证明这一点的多项证据。除了在汽车中发现毛发以外，在这辆汽车中还发现了“Runner”品牌的鞋子留下的脚印。哈克纳特被拘捕时就穿着这样的鞋子。因此通过这项新证据，我们可以推论哈克纳特曾经位于此车。这一结论可以与如下结论组合起来，即某个貌似哈克纳特的人进入此车（图3.4，页码第49页）。在该图中，多项论证被组合成一个图或者树状结构，它与威格摩尔图表具有许多相似之处。例如，证据材料位于底部，结论位于顶部。人们使用各种各样的名称来称呼这样的图，如

论证图（*argument graph*）、**论证图表**（*argument diagram*，Reed et al.，2004）、**推论图**（*inference graph*，Pollock，1995）。该图可以被视为支持如下结论的一个论证，即哈克纳特是进入此车的人。这一论证包含多项**子论证**，例如，图 3.1 中的论证是图 3.4 中总论证的一个子论证。同样，页码第 46 页的线性论证也是图 3.4 中论证的一个子论证。贝克斯、帕肯、里德和沃尔顿（2003）使用线性论证重构了一张威格摩尔图表。

图 3.4 的论证表明，可以采用以下两种方式以个体论证证实或累积强化某个结论。在 g_{corr} 方式下出现一个新的概称陈述，可以说它比推论这一结论的如下的先前概称陈述能够导出更强有力的结论，即“如果证人看到某个貌似 x 的人，那么该证人看到 x”。帕肯（2005a）将此称作“知识表示方法”的论证累积，这种累积可以“形式化地写作”一个条件句，其前件由参与累积的多个理由之合取构成。在图 3.4 论证中出现的另一种累积方式下，两个独立的子论证分别导出相同的结论（5），即哈克纳特曾经在某时刻位于此车。帕肯将这种方式称作“推论方法”的论证累积：在基于个体理由的所有相关论证均构
40 建起来之后，以某种方式将它们进行聚集。具体如何聚集这些论证不是现在所要讨论的问题；对于当下的目的而言，只要知道存在多种对印证或累积进行建模的方式就够了。

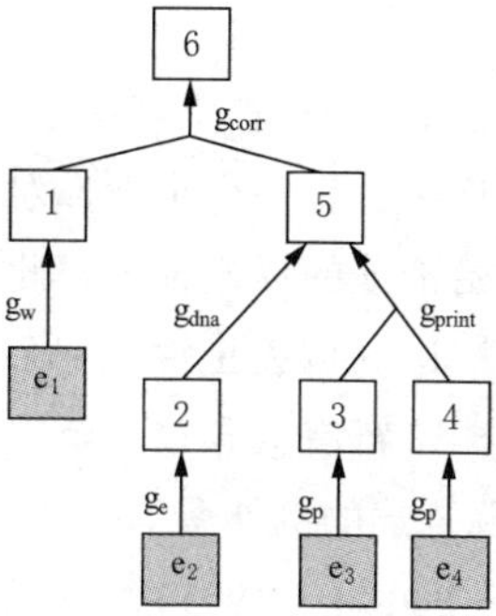

e_1：证人 W_1 作证“我看到某个貌似哈克纳特的人进入此车”。

e_2：专家 E_1 作证“车内毛发的DNA图谱与哈克纳特的DNA匹配”。

e_3：警察报告“车内发现的鞋印是Runner鞋留下的”。

e_4：警察报告“哈克纳特被捕时穿着Runner鞋”。

g_w：如果证人作证“p”，那么p。

g_e：如果一位DNA专家作证“DNA图谱a和b匹配”，那么DNA图谱a和b匹配。

g_p：如果警察报告“p”，那么p。

g_{dna}：如果x人的DNA图谱与地点l发现的毛发匹配，那么x曾经位于地点l。

g_{print}：如果留下在地点l被发现鞋印的鞋与x人的鞋相同，那么x曾经位于地点l。

g_{corr}：如果证人 W_1 看到某个貌似x的人进入此车并且x曾经在某时刻位于此车，那么x进入此车。

1：证人 W_1 看到某个貌似哈克纳特的人进入此车。

2：车内毛发的DNA图谱与哈克纳特的DNA匹配。

3：车内发现的鞋印是Runner鞋留下的。

4：哈克纳特被捕时穿着Runner鞋。

5：哈克纳特曾经在某时刻位于此车。

6：哈克纳特是进入此车的人。

图3.4　支持哈克纳特进入此车这一结论的一张复杂论证图

综上所述，可以运用个体证据材料推论出结论，可以把所运用的概称陈述明示化，并且可以质疑论证的每一个步骤（参见第3.1.2节和第3.1.3节）。在这种论证方法中，分析的重点在于个体证据材料，从这些证据条目中可以推论出的结论，以及以这种方式从一项证据到结论的推理过程之中可能产生的怀疑源。正是由于这种关注点，（威格摩尔式的）基于论证的方法也被刻画为**原子方法**（参见Twining，2006，pp. 306-311；Malsch and Freckelton，2009）。

运用证据性论证推理被描述为原子方法的第二个原因是，其结论在绝大多数情况下都不是一套复杂的命题及它们之间的关系，而是某个单一命题，因此基于各种证据材料的多个推理实质上汇集于单个结论。在大多数威格摩尔图表和证据性论证的例子中，其结论均是某个单一命题，例如“抢劫和枪击发生之时，萨科位于现场”（Kadane and

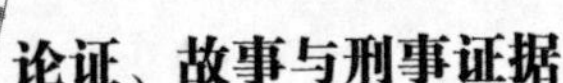

Schum，1996，pp. 288-294），或者“谢鲁斯克对于乌米丽安拥有报复性谋杀情绪”（Wigmore，1931，p. 64）。第 3. 1. 4 节将进一步讨论论证这种原子性质。

41 3. 1. 2　论证的论辩性质：攻击与击败

前一节介绍了如何通过复杂程度不等的论证以证据材料支持结论。安德森及其同事（2005）主张，在一个复杂论证中，每一个步骤都对应着一个可能的怀疑源。我们可以提出攻击初始论证的反论证，以此积极地质疑该等怀疑源。这种攻击可能性关涉推论的**可废止性**：一个支持某个结论的论证可以被新信息推翻，例如，该新信息导致一个支持相反结论的论证，或者引出一个适用某个概称陈述的例外。

在文献中通常区分两种类型的攻击（参见 Pollock，1995）。可以通过提出一个反论证来**反驳**（*rebutted*）一个论证，该反论证的结论是原始论证中某个命题的否定（图 3. 5）。例如，假设哈克纳特作证他没有进入此车。我们可以从中推论出哈克纳特没有进入此车，即对图 3. 4 论证之结论的否定。请注意，反驳是一种对称的攻击关系：以 p 为结论的论证攻击以非 p 为结论的论证，反之亦然。

对于哈克纳特是否进入此车的这一问题而言，哈克纳特自己的证言以及图 3. 4 中论证使用的证据材料均可以被视为**直接相关证据**（参见第 2. 1. 2 节）。易言之，在以 p 或者非 p 为根的论证树之中，构成树叶的所有证据材料对于确定 p 是否得到证成而言，均是**直接相关的**。请注意，我们还可以反驳中间结论或中间待证项。例如，支持“车内发现的鞋印不是 Runner 鞋留下的”这一结论的论证，攻击图 3. 4 论证中的中间结论 3。帕肯和弗雷斯维克（Prakken and Vreeswijk，2002）区分了直接攻击和间接攻击，后者攻击指向某个子论证的结论。请注意，如果某论证的一个子论证受到攻击，主论证也会受到攻击。

除了反驳性攻击以外，还可以通过一个论证**底切**（*undercut*）另一个论证，以此表明为何不允许作出某个特定结论。易言之，该论证中的命题没有被否定，而是否定命题间的推论步骤。这通常是由于证成

该推论的概称陈述不适用于给定情况，因为在这一特定语境下一般规
则存在一个例外。例如，我们有证据表明，分析 DNA 图谱的专家使用 42
了过时的 DNA 分析方法（图 3.6，页码第 51 页）。尽管通常情况下我
们会说关于 DNA 的专家意见值得信任，但在本案中我们可能会争论使
用过时方法的某个专家的意见不值得信任。因此，我们相信车中毛发
DNA 图谱与哈克纳特图谱匹配的理由受到底切，但并没有否认两个图
谱匹配。实际上，以信息源（本案中即证人证言）为起点的可废止推
论受到阻碍。这种攻击关系是不对称的：底切性论证攻击原始的专家
证言论证，但反之不成立。

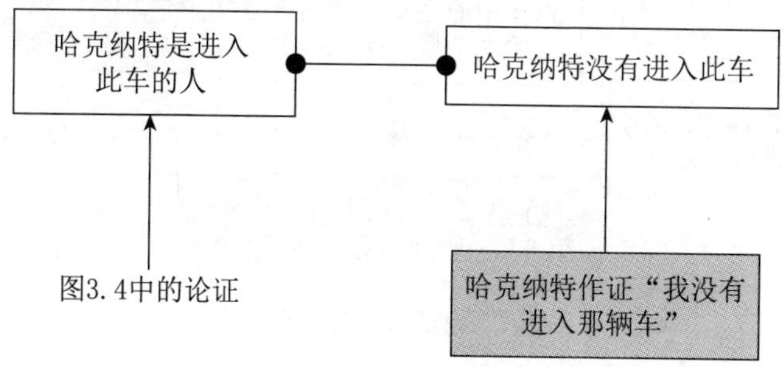

图 3.5　两个反驳性论证

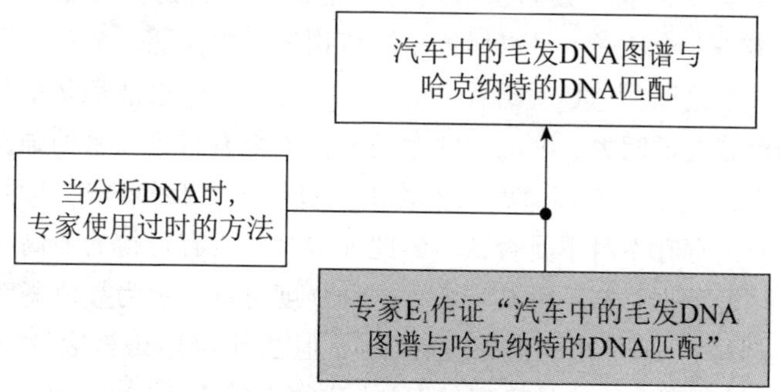

图 3.6　底切性论证

如果证据材料导致的一个论证底切另一个结论为 p 的论证，则该证据材料可被视为 p 的弱化附属证据，或者反对 p 的附属证据（参见第 2.1.2 节）。如果第二个专家作证第一个专家使用过时的方法，则该专家证言就是针对 DNA 图谱匹配这一结论的弱化附属证据的例子。强化附属证据也可以使用论证进行建模（参见图 3.9）。

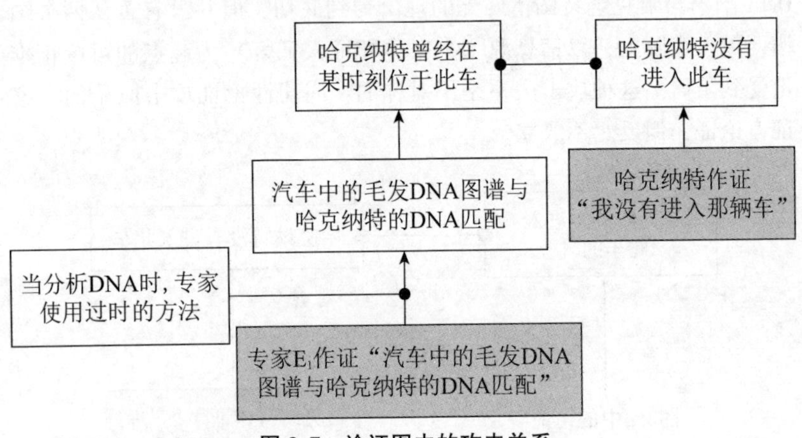

图 3.7　论证图中的攻击关系

综上所述，攻击一个论证的方式有多种（图 3.7）。每个攻击实质上都对应着安德森及其同事所谓的“论证中暴露的怀疑源”。然而，仅仅攻击一个论证尚不足以保证击败该论证。为保证一个攻击性论证击败另一个论证，它必须比后者更强。对每个具体论证都联系某种程
43 度的**强度或者证明力**。论证中的命题和推论都有自己联系的强度，它表示我们证成相信该等命题或推论的程度。正如已经讨论过的那样，证据材料的存在本身不受否认，因此证据材料具有可得的最高程度的强度，因此证据材料不可被击败。这种强度可以表示为数值概率（例如“证据材料 D 存在的概率是 1”），但往往也用语言表述（例如“证据材料 D 存在，这是确定的”）。安德森等人（2005，p. 230）简要介绍了表达该等概率的不同方法。

计算推论和中间结论的强度并非易事。一项证据赋予某个结论的

支持程度，取决于联系该证据与该结论之推论的强度；而这一推论的强度取决于我们对于证成该推论的概称陈述所具有的信念程度。我们这里面临的第一个问题是，这一程度往往难以用数字表达。例如，如果我们说经宣誓的证人**通常**说真话，我们能够认为他们在 75%的情况下说真话吗？抑或在 85%的情况下？另外，支持程度应当是该证据的强度与该推论的强度之乘积，还是我们应该对这两个强度做进一步的运算？我们考虑如下复杂论证时，这种困难还会进一步增加：从一个推论链得出某个结论，或者两个子论证相累积。

由于该等困难，表达论证或概称陈述强度的最简单方式通常是表达其相互关系，即一个概称陈述或论证相对于另一个概称陈述或论证来说更优先，而不提及任何一个概称陈述或论证的确切强度。帕肯和萨托尔（1997）曾建模概称陈述（他们称之为“规则”）之间的优先关系。例如我们可以争论，“基于亨利之目击证人证言的论证比基于巴特之目击证人证言的论证更加可靠，因为巴特戴眼镜而亨利不戴眼镜”。在帕肯和萨托尔的框架下，可通过如下表达为其建模：亨利的证人证言概称陈述（即如果亨利说“p”，那么 p）强于巴特的证人证言概称陈述，因此，基于“亨利的概称陈述”之论证强于基于“巴特的概称陈述”之论证。阿姆古德和凯罗尔（Amgoud and Cayrol，2002）也曾为优先关系建模，但其著述讨论的是一个论证框架下整体论证之间的优先（参见下文），而非个体概称陈述之间的优先。优先关系本身可以成为被讨论的对象。例如，如果新证据表明亨利戴着隐形眼镜，那么在帕肯和萨托尔的可废止优先框架下，可以攻击前述“亨利的概称陈述”和“巴特的概称陈述”之间的优先关系。同样，莫德吉尔（Modgil，2007）界定了一个“元层次”，据此可对论证之间的优先关系进行推理。

在确定哪些论证比其他论证更强并因此确定哪些论证击败其他论
证之后，便可以考察论证之间的**论辩状态**了（参见 Prakken and
Vreeswijk，2002，第 4 节）。在此方面，论证可划分为三种类型：**已证** 44
成论证（即那些在与其他论证竞争中获胜的论证），**已推翻**论证（即那些在与其他论证竞争中失败的论证）以及**可防卫**论证（即那些陷于平局之中的论证）。例如，我们这里有两个相互攻击的反驳性论证，即图 3.8。

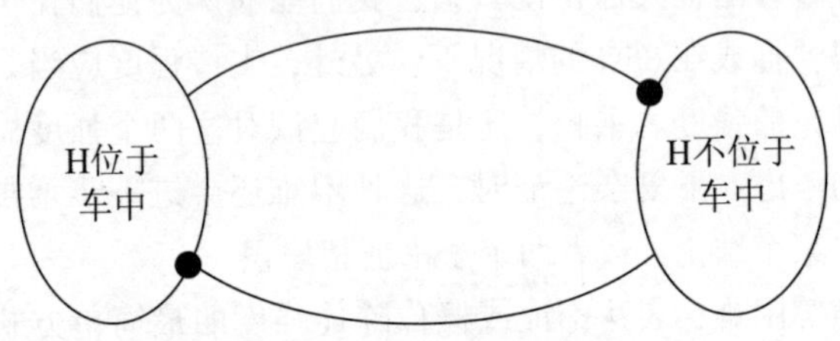

图 3.8　互相攻击的论证

遵循董番明（Dung，1995）的做法，上图仅展示了两个论证之间的攻击关系，而抽象掉了这些论证的内部结构。这种做法允许我们更清楚地观察不同论证及其攻击关系的概况。那么，如果没有界定任何一项论证更优先，那么它们都是可防卫的。然而，如果出于某种原因我们更青睐左半部分“哈克纳特位于车中”这一论证，那么该论证是已证成论证，右半部分的论证则是已推翻论证。

一个论证的论辩状态取决于它与所有其他可用论证之间的互动关系。这里要介绍的一个重要现象是**恢复**（*reinstatement*，图 3.9）：假定论证 B 击败论证 A，但是论证 B 本身被第三个论证 C 所击败；这时 C 恢复了 A。在图 3.9 的例子中，假设一个论证攻击“哈克纳特位于此车”（例如图 3.6 中的底切性论证）。由于最左边的论证本身没有遭到攻击，它是已证成论证，并且（假设其足够强）击败了“哈克纳特位于此车”这一论证，因此该论证是已推翻论证。右边的论证“哈克纳特不位于此车”也是已证成论证，因为其唯一的攻击者被推翻。利用恢复性论证这一概念，我们可以为强化附属证据建模。例如，假设在图 3.6 和图 3.9 的论证中，有证据表明专家受雇于一个高度现代化和受人尊重的机构，那里采用最新方法和设备。这一证据实际上为支持 DNA 图谱匹配这一结论的原始论证提供“防卫”，使其免受支持如下命题之其他论证的攻击，即该专家使用过时的方法，或者该专家是不具有 DNA 分析技术方面知识的骗子。与此同时，这一新证据与图谱匹配的这一结论并不具有直接相关性，因此它可以被视为强化专家位置的附属证据。

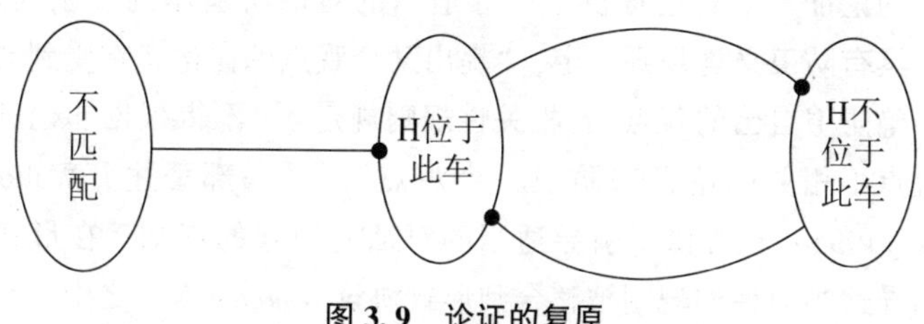

图 3.9　论证的复原

因此，本质上存在两种以论证支持或攻击某个结论的方式。正如前文已经指出（图 3.5），如果从一个论证的结论到命题 p 之间存在一个推论链，那么该论证**直接支持**命题 p；例如，图 3.9 中左边论证直接 45
支持图 3.4 中论证的结论，因为前者是后者的一个子论证。同样的，如果从该论证的结论到非 p 之间存在一个推论链，则该论证**直接攻击**命题 p。如果一个论证攻击以 p 为结论的另一论证的攻击者，则该论证**间接支持**命题 p。能够对面临的攻击者进行防卫的一系列论证，可以被视为一种融贯且可防卫的立场。[2] 最后，如果一个论证底切以 p 为结论的论证，则该论证**间接攻击**命题 p。

第 2.3 节第一段指出，理想状态下，一个命题可以在一个论辩探究中经受住批评。易言之，如果一个论证在一个**引导适当的对话**中没有被成功质疑，那么它可以被接受。在这方面，图尔敏（2003）提出了其“逻辑作为法学一般化”的观点：正如法学提供法律程序的必备要素一样，论证的逻辑应该提供如下过程的必备要素，即用于分析论证的一般理性过程。雷歇尔（1977）、路易（1998）等学者的著述更

〔2〕 在第 5 章，我们将通过一系列形式定义进一步澄清能够“防卫”进攻者的一系列论证这一概念。

加明确地阐述了论证以及一般推理的程序成分和对话成分。学术著述还提出了适当对话的结构和规则，例如范·爱默伦和格鲁顿道斯特（2004）。他们的语用-论辩理论提供了一个典型讨论的结构，并界定了讨论的每一阶段能够做何种论证；该理论旨在用于分析和评估现实实践中的论证。学者还提供了引导适当的对话所适用的一系列规则。例如，**具有防卫义务规则**规定，“提出某个观点的讨论者在受到要求时不得拒绝防卫自己的观点”；**相关性规则**规定，“不得根据非论证或者与该观点不相关的论证来防卫一个观点”。另一部著述（Walton and Krabbe，1995）也提供了引导适当的对话应遵守的规则。在形式论证中，引导适当对话的规则被整合到形式**协议**（*protocols*）之中。在文献中为说服型对话已经形成了多种该等协议（总体介绍参见 Prakken，2006），但也为谈判型对话提供了该等协议。这些非形式和形式的协议不仅具有分析功能（该讨论是否理性，即遵循了这些规则？），而且具有启发功能（如果我们想开展一场理性讨论，我们的选择是什么？）。

解释以对话作为理性分析一个论证的手段的这一基本观点的最好办法是，举出一个更加简单并且更倾向于数学分析的对话事例。许多作者（如 Vreeswijk，1993；Loui，1998；Prakken，1997）均以程序性方式来明确建模对论证的分析。[3] 所谓的**对话博弈**（*dialogue games*）的基本理念是，两个博弈者（正方和反方）进行一个简单的博弈。正
46 方移动一个需要进行检验的论证，以此开始博弈，随后每一个行动（无论由正方还是反方提出）均包含一个论证，以此攻击对方的一个论证。博弈规则决定论证的内容，例如，一个博弈者是否可以重复其先前的行动，是否只能移动底切性论证或者反驳性论证。例如，我们有这样一个博弈，正方通过移动一个论证开始博弈，并且不得重复其行动，反方行动中的所有论证均必须击败正方的行动，而正方后续行动的论证均必须底切反方先前行动中的论证。[4] 现在，正方移动

---

〔3〕 第 5 章为混合论证故事理论提供了一个形式对话博弈。

〔4〕 这一论证博弈本质上改编自（Prakken，1997）的版本。

“哈克纳特不位于此车”这一论证，以此开始博弈。反方必须攻击该论证，因此要移动“哈克纳特位于此车”。正方必须底切这一论证；其方法可以是移动“不匹配”。这时不再有其他论证，反方也没有提出其他有效行动，因此正方获胜。在这里可以看到，该论证博弈本质上提供了关于论证的论辩证明理论：如果正方能够攻击（并且击败）反方提出的每一个行动，那么可以说最初的论证是（可废止地）可证明的。在现在这个博弈中，“哈克纳特位于此车”不是可证明的：反方可以通过移动“哈克纳特不位于此车”来攻击这一论证，并且鉴于正方不能重复自己的行动，他无法攻击这一论证，所以反方获胜。

3.1.3　证据性推理中的概称陈述与一般知识

在运用证据性论证进行推理时，源自人类共同知识库的概称陈述扮演着至关重要的角色。它们能够为从证据材料到结论的推论提供保证，因此被视为将论证黏合在一起的胶水。概称陈述并不总是条件的、“保证”类型，表现为非条件形式的其他一般假设也是概称陈述。第2.1.3节有关一般知识的讨论，已经简要介绍了概称陈述具有的危险。通过如下方式可以降低概称陈述的这些危险，即具体列明使用了哪些概称陈述，使用这些概称陈述的方式，以及这些概称陈述的来源是什么。知识愈发明确，就愈能够对其进行分析和批判。以此方式，通过第3.1.2节结尾处载明的批判性论辩程序，可以就我们使用的概称陈述达成实际上的认知共识。

科恩（1977）认为文献未对法律推理中运用的概称陈述类型进行
讨论，唯一的讨论涉及一个特定概称陈述是否适用于特定案例。安德
森及其同事有效指出在一个多元社会中无法轻易地假定存在这样的共
识。但我主张，存在相当多的如下概称陈述，它们在证明过程的所有
阶段被所有类型的推理者以这样或那样的方式得到一致运用。放眼证 47
据性推理（事实上是一般推理），我们可以看到，许多论证及其攻击
者都是一些反复出现之模式的事例，例如源自证人证言或专家证言的

推论。

贝克斯及其同事（2003）曾主张，在这种意义上，**论证图式**（*argumentation schemes*）在证据推理中扮演着重要角色。论证图式就像概称陈述一样，是一些论证形式，它们以条件形式呈现定型化人类推理模式。通过论证图式或者概称陈述界定反复出现的推理模式，这种思路在当前的论证理论、人工智能与法是一个炙手可热的话题。沃尔顿将运用论证图式的推理应用于范围广泛的多种主题，其中包括一般证据推理（Walton，2002）以及刑事案件中所作的运用动机的推理和关于动机的推理（Walton and Schafer，2006）。其他作者（例如 Bex et al.，2003；Verheij，2003b；Gordon et al.，2007）也在更加形式化的、人工智能导向的著述中广泛运用论证图式。欲了解推理模式的一般介绍，请参阅沃尔顿等（2008），它实质上是对沃尔顿（1996）的更新。作为论证图式的一个例子，请考虑诉诸专家意见论证的这一著名图式（Walton et al.，2008，p. 244）：

来源 e 是领域 d 的专家。
e 断言命题 a 已知为真（假）。
a 属于领域 d。
因此，a 可以似真得被认为真（假）。

显然，论证图式与概称陈述这两个概念存在非常密切的联系：论证图式是基于世界知识的条件规则，这些知识可用于推论。相对于页码第 47 页列出的 DNA 专家概称陈述，前述论证图式是一个稍微更加一般的版本。在该概称陈述中，领域 d 是“DNA 分析”，并假定“图谱 a 和 b 匹配”是一个属于 DNA 分析领域的陈述。

第 3. 1. 1 节提出，每种证据类型都有与自己相联系的概称陈述，它允许我们从该具体证据类型出发进行推论。各种证据类型均以这种方式指向证据推理中经常运用的概称陈述。前文已经讨论了适用于证人证言和专家证言的概称陈述。另一个概称陈述例子适用于以文书证据为出发点的推论：“如果一份文书陈述‘p’，那么（推定）p”。我们以这种方式便可以承认（至少在法律和哲学界）存在共识的典型推理方法，并因此承认可以在有关证据的理性推理中使用的某些有效概称陈述。由于每种证据类型都有自己相联系的概称陈述，法律也可能将我们指向作为缺省状态被接受的概称陈述，例如，荷兰法律明确规定，证人证言属于法官可作为判决基础的一种证据类型（《荷兰刑事诉讼法典》第 339 条第 3 款和第 342 条）。这意味着，立法者默认相信证人证言概称陈述是假的这一点极不可能。其他被普遍接受的推理模 48
式来源还包括上述作者提出的论证图式以及波洛克（Pollock，1995）提供的众多认知推理的定型化模式，这些作者提供了众多认知推理的定型化模式，例如，源自感知或记忆的推理规则。

考察定型化推理模式的主要原因之一是，对每一个概称陈述都可以给出某些典型的怀疑源。例如，通过质疑证人诚实性、客观性和观察敏感性的论证，可以底切证人证言概称陈述。波洛克（1987）把其感知规则中的一个标准底切者定义为“在当前情况下，具有内容为 p 的感知并不是 p 的可靠标志”，这一底切者可用于质疑证人的观察敏感性。同样，专家证言概称陈述也有几个典型的怀疑源。沃尔顿为每一个论证图式提供了一系列**批判性问题**，在以图式为基础的论证中，它们指向可能的怀疑源。这些批判性问题同样契合论证的论辩观点，因为它们可在问答型对话中运用。诉诸专家意见，沃尔顿等（2008，p. 246）提出了以下六个基本的批判性问题：

（1）**专业问题**：e 作为专家来源的可信程度如何？
（2）**领域问题**：e 是否 d 领域的专家？
（3）**意见问题**：e 断言的什么内容蕴涵 a？
（4）**可信赖问题**：*e* 作为来源是否本身可靠？
（5）**一致性问题**：*a* 与其他专家的断言是否一致？
（6）**支持证据问题**：*a* 这一断言是否具有证据基础？

对这些批判性问题的回答可带来各种类型的反论证。例如，对“领域问题”的否定回答将底切诉诸专家意见论证，而对“一致性

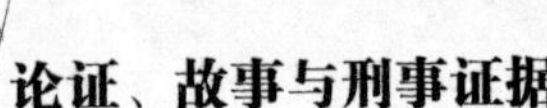

问题”的否定回答可能得出具有相反结论的反驳性反论证。图 3.6（页码第 51 页）例子中的底切性攻击可能是对另一个批判性问题的回答，该问题具有如下形式：“专家是否使用了正确的方法确定 A 为真”?

在证明过程中（尤其在发现语境中）发挥重要推理作用的一种论证图式是**诉诸征兆论证**（*argument from sign*），但它不涉及一项具体的证据。沃尔顿（1996）提出如下例子：“雪地里有一些熊的足迹，因此有熊从这里经过”。基于这一论证图式的概称陈述可以表述为“如果 P 是 Q 的征兆并且观察到 P，那么能够假定 Q”。伊科（in Eco and Sebeok，1983）主张存在多种征兆类型，它们可以是与其产生原因（如鞋子或者手指）多少具有直接对应关系的事物，如鞋印、指纹和毛发，但也可以指更加一般性的线索，例如一项观察：“某人属于医疗型，但具有军人气质”。[5] 对于诉诸征兆的论证图式，可以询问的一个一般的批判性问题是：“P 导致的可能是这一征兆吗?”

49 在证明过程中关于动机和行为的推理，用到的一种有趣的论证图式是由贝克斯等人（2009）提出的**回溯实践推理图式**（*abductive practical reasoning scheme*）。这一回溯图式[6]使得如下情形成为可能，即从动机行为（motivated action）角度对现有事态推论出一个解释：

当前事态是 C。

G 是受动机 M 驱动的主体 a 具有的目的。

在某个过去状态 P 实施行为 A 将能够导致 a 处于当前状态 C，在 C 状态之中，G 得以达到，M 也因此得到满足。

因此，主体 a 很可能在状态 P 实施行为 A。

---

〔5〕 夏洛克·福尔摩斯使用这些痕迹解释华生是一位军医（ln Conan Doyle's *A Study in Scarlet*）。

〔6〕 为了与前文介绍的专家意见图式保持类似的形式，此处介绍的回溯实践图式与（Bex et al.，2009）中介绍的该图式在形式上有稍微区别。

这一图式是基于阿特金森及其同事（Atkinson and colleagues，2006）对于沃尔顿最初提出的普通、非回溯实践推理图式的扩充，据此可以对某个主体将来应当采取何种行为以推动其价值和目的来展开论证。在我们的回溯图式中，动机类似于这里所谓的价值，是指一个主体想要或不想要推动实现的抽象原则（参见第 2.3.3 节有关动机的阐述）。以哈克纳特案件为例。当前事态是超市被抢劫，假设哈克纳特的潜在动机是他想要满足毒瘾，并且由于他为满足这一动机而需要钱，他便具有抢劫超市的目的。现在，哈克纳特可通过实际抢劫超市达到其目的，并且（如果他能通过抢劫得到一些钱）因此满足其基本动机。因此，哈克纳特很可能抢劫了超市。请注意，这一图式假定哈克纳特具有某种动机并因此具有某些目的。利用对应这一图式的批判性问题可对这些假定提出质疑，例如，“该动机是否合法?”或者“抢劫超市是否存在另一个可能的动机?”其他批判性问题涉及物理解释本身，例如，“鉴于其动机，哈克纳特是否能够通过实施一个不同的行为达到当前状态?”因此回溯实践推理图式及其相联系的批判性问题，可用于解释某个主体过去为何以及出于何种动机实施了特定行为，并可用于批判性地分析解释。

论证图式及其批判性问题指向定型化推理模式以及批判这些推理模式的方式。第 5.2.1 节将简要讨论论证图式在界定证据性推理之语境逻辑过程中发挥的作用，并介绍更多有关典型推论及其怀疑源的例子。

理想状态下，概称陈述来自一个界定清晰的来源，如果我们对于是否应该相信该概称陈述产生怀疑，便可以检查其初始来源。这一来源可以是一位专家或者一份（法律）文书。例如，如果从一部医学著作中了解到阑尾炎往往导致腹侧疼痛，我们便可以相信如下概称陈述，即严重疼痛是阑尾炎的证据。然而，在很多情况下概称陈述并不能被表述为一条简洁的条件规则。例如图 3.10 中的推理，其称证人规则源自《荷兰刑事诉讼法典》。

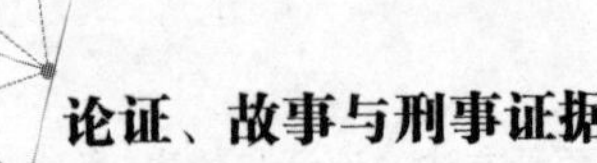

50

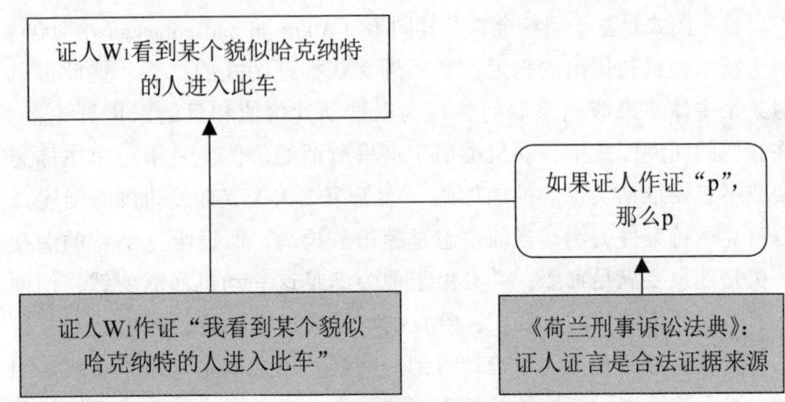

图 3.10　以证据支持保证性概称陈述

请注意上述结构与图尔敏（2003）提出的论证布局图式所具有的相似性。上图中证人证言属于证据材料，它是如下主张的基础，即该证人看到某个貌似哈克纳特的人。概称陈述扮演着保证的角色，《荷兰刑事诉讼法典》则扮演着支持的角色，以表明该保证为何成立。

然而，概称陈述并不总是源自界定清晰的来源，也会源自我们的知识库；在后一种情况下，它们背后的知识通常是经验或一般知识。我们在先前的著述中（Bex et al., 2003）主张，基于经验的概称陈述似乎是基于科学归纳的常识对应物，并且根据“一般知识来源”所作的推理可被表述为一个新的概称陈述：“‘p’是一般知识是支持 p 的证据”。这一概称陈述的可能底切者是，一项一般知识受到偏见或价值判断的影响。图 3.11 对这一推理进行了可视化呈现。

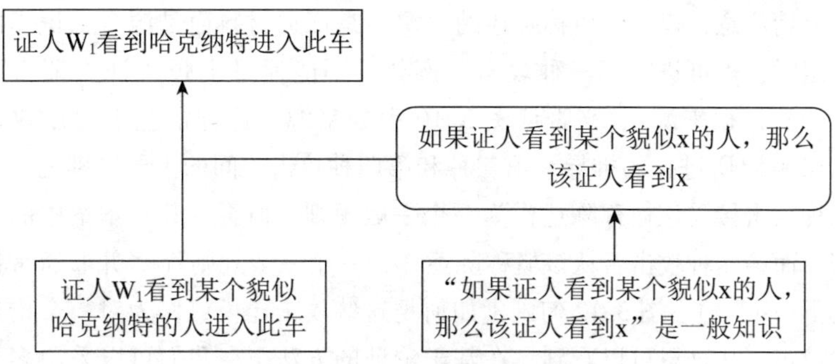

图 3.11　基于一般知识的概称陈述

需要注意的是，在图 3.11 中，作为推论出该概称陈述的命题以白色方框表达，这意味着它并非被视为证据材料（证据材料的存在不会受到质疑），而是被视为一个一般知识假定，该假定（assumption）本身可以受到质疑（即受到一个论证的攻击）。在某种意义上，这种一般知识假定本身就是一个关于人类知识库包含了什么的概称陈述。因 51
此，非条件概称陈述能够用于支持其他概称陈述（即担任其支持）。如果我们像图 3.11 那样建模运用概称陈述的推理，则本质上存在四种攻击概称陈述的方式（改编自 Bex et al.，2003）：

（1）**攻击该概称陈述来源的有效**：这并非一般知识，“如果证人看到某个貌似 x 的人，那么该证人看到 x”。

（2）**攻击从该来源进行的可废止推导**：这确实是一般知识，如果证人看到某个貌似 x 的人，那么该证人看到 x；但这个特定的一般知识立基于源自大众心理学的信念，即人们总能确切地识别相貌。

（3）**攻击该概称陈述在既定情况下的适用**：这通常为真，“如果证人看到某个貌似 x 的人，那么该证人看到 x”。然而，本案中我们并不能得出如下结论，即证人看到哈克纳特，因为哈克纳特有一副大众外观。

（4）**攻击该概称陈述本身**：并非“如果证人看到某个貌似 x 的人，那么该证人看到 x”。

请注意，仅在该概称陈述的来源不是证据材料而是源自知识库的假定时，才可进行第一种攻击。例如，不能通过主张“证人证言不是合法证据来源”，来否认图 3. 10 中的来源。这种情况下可以攻击从该来源所进行的推导。第三种和第四种攻击之间的主要区别是，第三种攻击接受该概称陈述作为一个一般规则，但否认其在本案中的适用，而第四种攻击否认该概称陈述作为一个一般规则（“并非通常情况下……”）。图 3. 12 勾画了如何把这些攻击建模成作为对一个论证的攻击。从这里可以看到，在基于论证的方法下，我们可以采用多种方式建模针对概称陈述进行的争论以及使用概称陈述进行的争论。

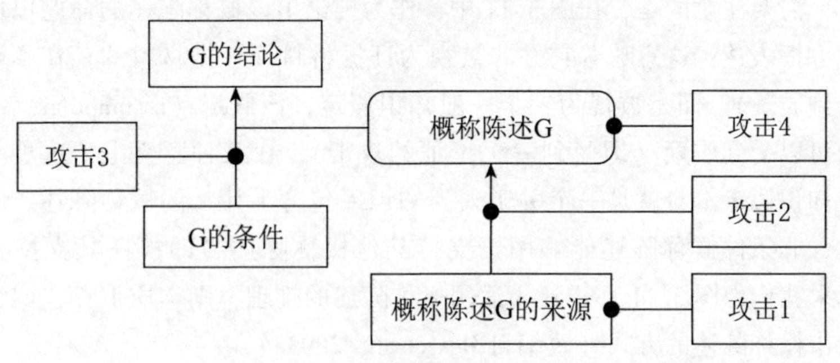

图 3. 12　攻击概称陈述

在基于论证的方法下，涉及（条件）概称陈述的另一个问题是，对概称陈述的**改进**（*refinement*）。借鉴路易和诺曼（1995）的早期著
52 述，贝克斯和帕肯（2004）表明，实质上可采用两种方法进行这种改进。第一，对一个概称陈述进行“拆包”。这种方法下，基于一个特定概称陈述的单一步骤论证被一个基于多个概称陈述的理由链所取代，该链条与原始论证具有相同的起点和终点。卡登和舒姆（1996）提供了把证人证言概称陈述拆包的一个例子。由于该概称陈述具有诚实性、客观性和观察敏感性三个特征，我们可把它重新表述为三个单独的概称陈述。因此，我们可以把原始概称陈述“如果证人作证‘P’，那么通常 P”，拆包成“如果证人作证他观察到了 P，那么通常他相信自己

观察到了 P"，"如果证人相信自己观察到了 P，那么通常其感官提供了 P 的证据"，以及"如果证人的感官提供了 P 的证据，那么通常 P"。基于原始概称陈述的一个论证因此被拆包成三个概称陈述的理由链，参见图 3. 13。

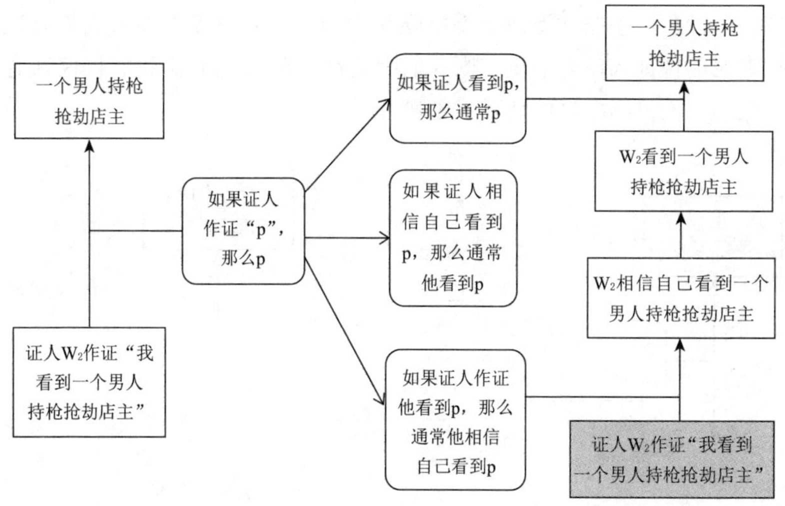

图 3. 13　拆包一个证据性概称陈述

第二种改进方法是暴露出概称陈述的隐藏条件。例如，"如果两位证人作证'p'，那么 p"，对此可以争论说该概称陈述具有一项额外条件，即两位证人没有串供。这里的基础理论是，两位证人经串供可能会改变他们的证言，使其相一致。我们可以通过修改概称陈述使该条件明确化，把它修改成"如果两位证人作证'p'，并且这两位证人没有串供，那么 p"。因此原始论证被改变成图 3. 14 表示的那样。需要注意的是，新条件并不必然源自证据材料。当然这是理想状态，因此我们应当寻找表明两位证人没有串供的证据。有趣的一点是，在某种
意义上对隐藏条件的反驳可被视为对原始论证的可能底切：争论说两 53
位证人通过某种方式进行串供将底切原始论证，但也反驳改进后的论

证所包含的假定。因此，通过暴露隐藏条件，我们使概称陈述的可能例外明确化了。第二种改进概称陈述的方式接近于克劳姆巴格等(1994)所指的“使概称陈述变安全”。他们的观点是，在锚定过程中，逐渐细化概称陈述，直到推理者认为该概称陈述的大多数重要例外都已经被揭示出来。以这种方式改进一个论证，然后以证据材料支持新条件，似乎非常类似于提供强化附属证据；毕竟，如果我们有证据表明两位证人没有串供，则我们得出结论的推论会比我们仅仅缺省地假定他们没有串供的情况下更强。

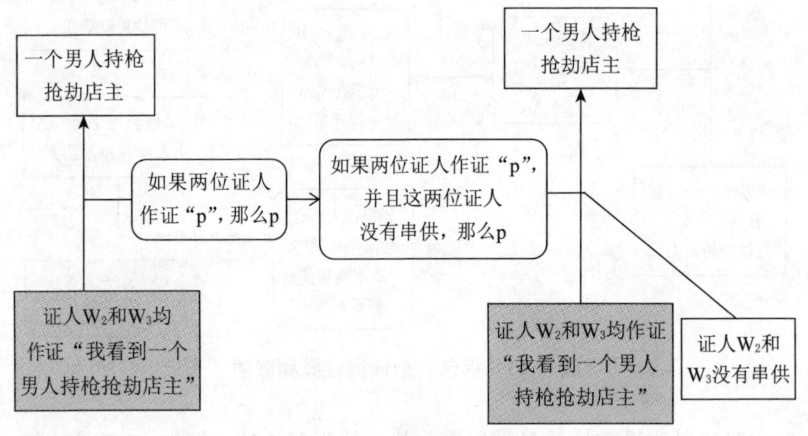

图 3.14　为论证增加条件

3.1.4　总结与评价

本章介绍了作为一种一般推理形式的论证。它阐述了如何构建复杂论证和论证图，如何攻击这些论证以及防卫攻击者。它阐述了如何从案件证据来推论待证项，如何以各种方式分析概称陈述。本节将评价论证和论证图在刑事证据推理中的运用。我们首先将简要讨论论证在证明过程三个语境（发现、追问和证成）中的某些具体运用。论证的原子性质和证据性质具有某些优势和劣势，下文对此也将予以讨论。本节末尾处将简要讨论基于论证的方法所具有的自然性和理性良好基础性质。

在发现语境中，证据性论证可用于形成简单假设。诉诸征兆论证可用于从实物证据的单一线索（例如毛发、血液、弹壳等）推论其原因。利用回溯实践论证图式，我们可以为某种事态推导出由单一动机性行为构成的简单解释。正如舒姆（2001）令人信服地主张的那样，54
其他更一般的回溯论证图式（例如，参见第2.3.1节有关一般回溯图式的介绍）也可以用于发现事实。

在追问语境中，我们可以利用证据性论证证明案件中的单个待证项，证明的方式即以证据材料支持这些待证项。以此可以展示证据材料与某个特定结论的相关性。利用以反论证攻击待证项的可能性，我们可以用理性论辩过程检验待证项。另外，通过争论一个概称陈述不适用于当前案件或者不具有有效，可以底切一个论证，据此可以对从证据到待证项的推理链进行批判性分析。图3.7所示的那种攻击图可用于决定证据的总体分量。正如例子表明，一个论证的状态可能取决于它与任何数量其他论证之间的攻击关系。因此，攻击图可能表明，例如，一个证人的证言具有重要作用，因为它恢复了证明某一立场的多个其他论证。该等攻击图还可用于追问更多证据，因为它以概览方式向我们表明了，如果希望支持我们所青睐假设的论证得到证成，我们就需要击败哪些论证。

通过展示从证据到待证项之间的确切推理链，证据性论证还能够用于证成过程。因此，论证图不仅帮助推理者理解推理、查明怀疑源，而且帮助第三方实现这些目的。表明基于证据的多个论证之间攻击关系的图，还能够概要地展示多项证据材料之间的互动关系，表明为何应该相信某个特定的论证组合。

前文述及，运用论证的推理被称为**原子推理**，因为一个案件的多个要素（即待证项、证据材料）被分别单独考察，并且案件并非“作为一个整体”进行考察。论证的这种原子性质能够确保多项证据材料被清晰地个体化，并且在论证中明确地提及证成从证据材料到待证项之间推理步骤的证据性概称陈述。另外，推理链中存在的怀疑源借助各种方式的改进论证得以明示化。概称陈述及其来源可采用多种方式加以检验，利用攻击和防卫论证的论辩过程不但可以适当地讨论证据材料，还可以适当地讨论一般常识知识，以便对知识库形成正确的认知共识。总之，论证的原子性质使其非常有助于详细分析每一项证据、待证项以及从该证据到待证项之推理过程中使用的一般知识。

然而，由于论证的这种原子性质，在纯基于论证的方法中往往无法看到案件的整体概况。在一个案件中，有关发生了（可能发生了）何事的各种假设通常不是简单命题，而是详细处理案件所涉各人之动机和行为的假设情节。每一个情节都是一个故事，一个融贯的事件集合（参见第3.2节）。一个证据性论证的结论通常是该等情节的某个单
55 一要素，一个个体状态或事件（例如“哈克纳特进入此车”），因此关于该案中“发生了何事”的假设情节支离破碎。以哈克纳特案为例。它涉及的问题是“为何哈克纳特是该抢劫者?”支持这一最终待证项的方式是，对每一个次终待证项提供论证，这些次终待证项结合在一起大致构成我们对于发生了何事所提出的假设。它们形成这一假设的主要要素，包括哈克纳特拥有抢劫超市的明确动机，他可能是抢劫者（因为超市刚被抢劫后有人看到他在附近），以及他在公园中被发现时表现得形迹可疑。

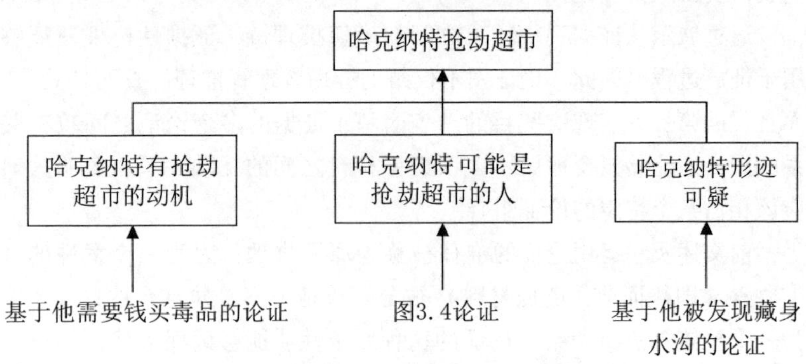

图3.15 哈克纳特案的次终待证项和最终待证项

图 3.15 包含三个独立的子论证，每一个子论证分别支持如下假设中的一个要素，即哈克纳特是抢劫超市之人。要组合这三个要素，我们需要一个具有如下形式的概称陈述，即“如果一个超市被抢劫，并且有一个人具有抢劫超市的明确动机，并且该人可能是抢劫超市的人（基于抢劫刚发生后他的行踪），并且该人被逮捕时形迹可疑，那么该人是抢劫该超市的人”。这一概称陈述具有相当的人为设计；另外，它也没有捕捉到如下事实，即运用一般知识进行推理时往往不运用个体陈述，而是更多运用整体图式（参见第 3.2.2 节有关故事图式的讨论）。

论证的原子性质还对论证在证明过程之三种语境中的有用性产生影响。在发现语境中，例如，诉诸征兆论证可以解释较为简单的征兆和线索，使用回溯实践论证可以构建由一个动机和一个行为组成的假设。然而，诉诸征兆论证只允许对一条线索推论单一的原因，而使用回溯实践图式推论出的解释仅仅是关于单一行为及其动机的解释；运用这些论证图式，不可能推论出由描绘所发生之事及其发生情况的多个相关事件构成的复杂假设。同样，在追问语境中，我们也无法比较 56
“发生了何事”的不同故事，因为论证性方法不提供该等故事。另外，至于解释性证成，向某个第三方提供支持和反对特定待证项的一系列复杂论证，并不能帮助其确切理解发生了何事以及犯罪的发生情况。如果只提供支持某个情节各独立要素的该等论证，在某种意义上我们仅仅得到了“诸多解开谜团的线索”，在不知道最终图像应该呈现何种形象的情况下，要把这些线索整合在一起是极其困难的。在有关安于姆村谋杀案的著作中（Crombag and Israëls，2008，参见本书第 6 章案例分析），作者指出，上诉法院的判决书仅仅提供了法院用以得出结论的证据材料。判决书并没有给出本案发生了何事的一般情节，留待看过判决书的读者通过剪切和粘贴从证据得出的各种结论来自我拼贴出一个融贯的故事。

在基于论证的方法中，推理可被认为是**证据性推理**（*evidential reasoning*），因为本节提出的例子论证和论证图式均采用“e 是 c 的证据”

这种形式。虽然有些作者（如 Shanahan，1989）争论，使用证据性概称陈述的推理可能会反直觉，其他作者（如 Pearl，1988a）则争论，我们不能期望人们总是把其思想表达成因果性概称陈述。后者争论，人们也会使用证据性规则或者关于熟悉情境如何导致先前成功猜测的知识，例如表征提示状况：虽然每一位医生都知道阑尾炎能够导致腹侧疼痛，但根据情况的不同，有些医生也会说“腹侧疼痛”（表征）是“阑尾炎”（状况）的证据。特别是从某个证据来源直接进行推理时，从证据材料得出结论的推理似乎是最为自然的做法。在我所研究过的荷兰刑事案件判决书中，从证据到某个事件的推理往往采用证据性推理形式。例如，在 Nadia van der V. 案判决中（Bex and Verheij，2009 对其进行了分析），法官使用了具有如下形式的短语，即“该事件可以从证据 e_1 推论得出”，“该事件以证据 e_1 为基础（或者得到其支持）”。我们项目中的研究（van den Braak et al.，2008）表明，在涉及“言词知识”时（即来自证言和证据性文书中的信息），人们发现解释因果关系比解释证据关系要困难得多，前者如“x 购买了一个武器，这**导致**证人 w 作证**我看到 x 进入一个商店并拿着一个武器出来**”，后者如“证人 w 作证**我看到 x 进入一个商店并拿着一个武器出来**，这是 x 购买了一个武器的**证据**”。因此本节描述的运用证据性概称陈述的推理是相当自然的，至少当我们运用概称陈述进行推理时，允许我们从证据材料直接推论出结论，如证人证言概称陈述。

然而，证据性概称陈述并非总是表达某些知识的最为自然的方式。珀尔主张人们有时希望以证据方式表达知识，这句话反过来说也是成立的，即人们可能也希望以因果方式表达某些信息（也见 Simon，
57 2001）。例如在刑事案件中，死亡原因等事项往往使用因果性概称陈述进行表述。另外，一个假设情节的具体因果结构以及该情节各要素（例如动机和行为）之间的（因果）关系也没有展示出来，并且无法对

其进行推理。[7] 最后，仅仅运用证据性概称陈述进行推理将不可能进行预测推理，因此无法推论出接受某个具体假设可能带来的结果。在哈克纳特案中，例如，我们将不可能预测到哈克纳特可能导致了指纹留在汽车方向盘，因此应该去发现这些指纹。因此，在基于论证的方法中，对于新的可能证据的搜寻也会受到限制。

论证性推理向我们提供了一种分析和评估证据推理的理性合理的方式。在这种推理方式下，从证据出发可废止地推论出结论，并且我们可以构建各种论证及反论证：这些为我们提供了一种理性过程，如果引导适当它将得到理性证成的结论。本章阐述的关于论证的主要思想在文献中几乎均已得到符合逻辑和概念的良好发展，有关非形式和形式论证的研究传统也为基于论证的方法提供了必要的学术基础。通过证据性推论运用证据材料推论出简单结论，是一种表明证据材料支持该结论的自然方式，而运用论证图表可以仔细而详细地分析证据。研究表明，当人们不得不对其论证用图解表示时，将提高他们的批判思维能力（Rider and Thomason，2008；Twardy，2004）。然而，范·登·布拉克及其他学者对于有关论证图表的经验研究进行了概述（van den Braak et al.，2006），发现许多实验是无效的或者其有效无法得到检验，而且即便研究结果是指向正确的方向（例如通过图表能够改进推理），但其结果往往也不具有统计重要性。另外，当涉及**组织**众多证据时，基于论证的方法似乎也显得不够自然。在证明过程中，为了提供案件概况适当组织证据，与详细分析单个证据具有同等重要的作用。

3.2　故　事

故事是人们进行交流的一种普遍形式。图书、报纸、八点钟整点

---

〔7〕 在乌米丽安图（Umilian chart）中（Wigmore，1931，p.56，参见本书图7.4），节点9实际上是节点8的原因：J虚假指控U重婚**导致**（U心中）对J产生谋杀激情。然而，在这里，场景与论证并没有被正确地区分，应该非常谨慎地对待这种混合证据性推理与因果性推理的做法（参见Pearl，1988a）。

新闻、电影、讲述度假经历的好友，他们都在讲故事。好故事在我们理解世界的过程中扮演着重要角色，因为它以一种容易为人类处理的方式把信息结构化。例如，（至少在脑海中）我们的记忆由故事或者
58 故事片段组成（Schank，1986）。警探在试图找出“这是谁做的”过程中围绕可得的证据构建故事，以此试图发掘发生了何事。人们相互讲述故事，为了逗乐或者解释什么。故事呈现许多不同的形式；某些故事仅仅叙述一系列事件，对这一过程不作任何增加内容，而其他故事明示或默示地表达某种意见。

亚里士多德是首先讨论故事的人之一。他指出，一个传统希腊悲剧有六个至关重要的要素（参见 Aristotle，2005），例如情节（Plot）（事件的结构）、人物（故事中的人物及其目的和意图）以及场面（服饰、舞台等）。在亚里士多德之后，率先对故事及其要素进行分析的学科是语言学和文学理论。大多数文学理论家把**事件**视为一个故事最为重要的构件，而且许多理论家把“基本故事结构”和“事件结构”这两个表达作为同义词使用。俄国形式主义者弗拉基米尔蒂尔·普洛普（Vladimir Propp，1968）试图找出构成故事的主要事件的类型。他总共分析了 115 部俄国民间故事，发现故事总是开始于一个初始情况，任何一个事件（他称之为**函数**）都属于 31 种标准事件之一，而且总是以相同的序列出现。另外，这些事件序列总是达到某个高潮或结局。例如，“坏人劫持公主”“英雄和坏人直接交手”以及“坏人被打败”总是以这种序列出现，并且共同构成一般由开始-行为-结束组成的故事结构。

在普洛普著述的基础上，认知心理学界的研究者（Johnson and Mandler，1980；Rumelhart，1975）发展出众多**故事语法**。认知心理学的主要兴趣在于故事理解以及人们如何使用常识知识。这些语法试图将一个典型故事的结构及不同部分进行形式化。这些语法大多数将一个故事分为片段（episodes），每个片段拥有基本的“场景-目的-行为-结果”结构。故事语法背后的理念是，正如单个句子具有语法结构（宾语、主语、助动词等）那样，故事也具有语法结构，并且组织起

来的信息更易于在记忆中存储以及从记忆中调取。

之后的研究重点转向了运用一系列“一般行为序列”或脚本进行故事理解（Schank，1986；Schank and Abelson，1977）。尚克（Schank）和埃布尔森（Abelson）也使用一套基本片段图式，但他们同时主张，故事理解具有更大程度的内容驱动性，即人们在理解故事时使用了有关标准行动模式的更加具体和详细的信息。这些标准模式或序列被建模成脚本，这些脚本被我们存储在记忆中。例如，经常被引用的“餐馆脚本”包含着有关如下事件之标准序列的信息，即某人进入餐馆就餐时发生的各种事件。为使一个有关餐馆的故事易于理解，讲述人无需提及所有事件（如下单、吃饭、付款等），因为我们会求助于自己记忆中的餐馆脚本来补全整个故事。

从20世纪80年代早期起，在有关法官、陪审员和警察如何在刑事
案件中进行证据推理的理论中，故事也开始扮演着重要角色。有一些作 59
者，例如班尼特和费尔德曼（1981）以及彭宁顿和黑斯蒂（1986，1988，1992，1993a，b）[8]主张，刑事案件中的决策过程即是，使用该案中的证据构建有关“发生了何事”的故事，然后比较这些故事，因此从中找到最佳故事。一个好故事不但要与证据材料相容，而且要有良好的结构，并正确描述出人们期待在生活中会遇到的某个通用的状态和事件模式。克劳姆巴格等（1994；Wagenaar et al.，1993）采用类似的方法。然而，他们还发现，许多情况下与证据并不充分相容的好故事或似真故事胜过与证据相容的坏故事或者非似真故事。为克服这一问题，克劳姆巴格及其同事提出他们的锚定叙事理论（ANT），这一理论要求一个故事应该运用概称陈述充分地锚定于现实之中。

根据德普特及其同事（2004），故事和锚定在案件调查阶段也发挥着重要作用，这时故事在寻找新证据过程中具有指导意义。安德森等人（2005；Schum，2005；Twining，1999，2006）也指出，故事在发现

[8] 本章以下部分将频繁参考彭宁顿和黑斯蒂的著述，但并没有具体指明参考了他们的哪些论文。

语境中能够发挥作用。另外，跟威格摩尔（1931，pp. 659－660）一样，他们也主张，故事在决定案件事实过程中具有心理学上的必要性，即故事被用于以易于理解的方式组织和呈现证据。跟克劳姆巴格及其同事一样，他们也指出故事存在危险，并提出一个用于分析故事似真性及证据支持的协议。

证据推理的基于论证方法主要以威格摩尔图表以及非形式和形式论证理论诸观点的组合为基础。与之不同的是，很难说存在一个运用故事推理的明确方法，近些年基于故事的方法并没有得到充分发展。本书讨论的基于故事的方法主要以彭宁顿和黑斯蒂以及克劳姆巴格、范柯本和瓦格纳尔的观点为基础，并结合了基于因果－回溯模型推理方面的形式著述，例如撒加德（2004）和约瑟夫森（2002），以及帕尔多和艾伦（2007）在法律领域的著述。

3.2.1　因果的故事结构

一个故事在本质上是一个特定的、融贯的、时序排列的状态和事件序列（Bal，1985；Toolan，2001；Anderson et al.，2005）。我们并不总是能够严格按照时序排列；例如，当两个事件同时发生时，需要首先描述一个事件然后描述第二个事件。这里有必要区分**故事和话语**（Toolan，2001）。故事（story）是事件序列，而话语（discourse）是故事的呈现方式及呈现媒介（如图像、文本、图表、胶片）。改变一个故事的呈现方式并不必然改变故事本身。例如，通过倒叙方式讲述一
60 个故事并不会改变基本的（时序的）事件结构。在有关故事的研究中，故事与话语的组合往往被称为**叙事**（*narrative*）。

并非任何按时序排列的事件序列都是一个故事：一个事件序列要成为故事，还必须具有某种方式的**融贯**。第一，该故事不应当包含明显的抵触。例如，如果一个故事中某人在同一时间处于不同的地点，则它明显是不融贯的。第二，该故事必须坚持一个（默示的）因果结构。以如下事件序列为例：

哈克纳特有毒瘾—超市被一个蒙面人抢劫—哈克纳特跳进水沟。

即便它是一个时序的事件序列，我们也不会说这是一个融贯的故事。这是因为上述序列中的事件似乎没有**因果联系**。认知心理学的研究（例如 Trabasso and Sperry，1985；Trabasso and van den Broek，1985）表明，一个融贯故事中的所有状态和事件应该通过某种（默示的）因果链相联系。专家对故事语法和故事理解方面的进一步研究（例如 Schank and Abelson，1977；Mandler and Johnson，1977）认为，在故事的潜在结构中，事件经由因果关系和时间关系之组合相联系。

然而，在讲述一个故事时，往往并没有明确表达出来故事中各事件之间确切的因果关系。以下面这个有关哈克纳特抢劫超市的故事为例：

> 约翰·哈克纳特是一个急切需要钱的吸毒者，因此他决定抢劫这家当地超市。哈克纳特把他的红色汽车停在超市角落旁，带上盔式大绒帽。然后哈克纳特走进超市并且用枪威胁店主。店主把钱交给他，哈克纳特走回汽车，在走到超市角落时立刻摘掉盔式大绒帽。他进入车中，发动机器。就在驾车离去时，他看到警察赶来，他迅速地把汽车停在附近的一个公园，因为不想被抓到，他跳进公园中的一个水沟以躲避警察。与此同时，一位证人向警察提供了一些信息，该证人看到一个形迹可疑的人物在超市附近进入一辆红色汽车并高速驶向公园。警察在公园外面不远处发现了这辆汽车并搜索了公园，找到哈克纳特，他被水沟中的水浸透了。

这个故事中仅仅明确提到了一个因果关系，即“哈克纳特需要钱，**因此**他决定抢劫这家超市”。多数时候，故事的读者根据各种**因果关系提示**（*cues to causality*）以某种方式假定出默示的因果关系。首次提及因果关系提示的学者是休谟（Hume，1888，也见 Einhorn and Hogarth，1986）。因果关系提示是表明状态或事件之间存在因果关系的各种指示。例如，一个故事中事件之间的时间顺序可能告诉我们一些关于该故事中因果关系的东西，因为短时间内先后发生的事件之间可能会彼此相互影响，并且一个事件明显不可能是由时间上在后的另一个事件所导致。然而，我们应该保持警惕，不要犯以先后定因果（*post hoc ergo propter hoc*，字面意思是“后此故因此”）的逻辑谬误。除了时间相近性以外，还存在其他因果关系提示，例如空间相近性和关联性
61 (Einhorn and Hogarth, 1986)。多数这些提示并不能保证存在因果关系，[9] 因此应当保持谨慎，不要对任何一个（假定的）因果关系提示都认为存在因果关系。

通过将其表述成条件陈述，我们可以把故事中各事件之间的因果关系明示化。图 3.16 展示了哈克纳特故事中各事件之间的因果关系。为简单起见，图中并没有标明全部个体事件和因果关系。某些因果联系仅仅表示时间优先性，并且还存在更多默示的因果关系，例如，警察搜查公园，这一事实是由如下事件导致的：超市被抢劫，并且警察拥有表明抢劫犯在公园中的信息提示。

在上面的故事中，可以区分几类不同的因果关系（参见 Warren et al., 1979；Trabasso and Sperry, 1985；Schank and Abelson, 1977, pp. 30-32)。**心理因果关系或动机因果关系**（*psychological or motivational causation*）被假定存在于物理事件或事态与心理事件或事态之间：某个特定事件导致一个心理反应，而目的或心理状态能够激发某人实施一项行为。例如，哈克纳特没有毒品，这导致他想要一些钱去购买毒品，进而导致他形成抢劫超市的目的。**物理因果关系**（*physical causation*）是两个物理状态或事件之间的因果关系。例如，哈克纳特跳入充满水的水沟，这导致他浑身湿透。**能行**（*enablement*）涉及的状态或事件对于导致其他状态和事件而言是必要的但非充分的条件。例如，公园中有一个水沟，这一事实使得哈克纳特能够藏身其中；然而，哈克纳特跳入水沟，这一事件并不是由水沟的存在导致的，而是由哈克纳特害怕被抓导致的。

---

〔9〕 另一个著名的谬误是以先定因果谬误（*cum hoc ergo propter hoc*），即相互关系并不蕴涵因果关系。

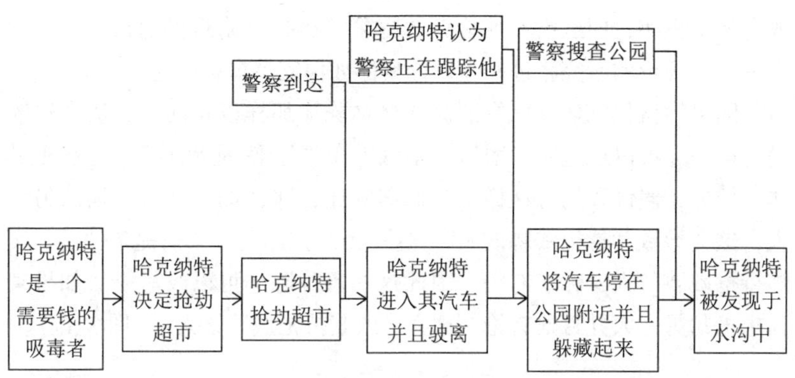

图 3.16 因果的哈克纳特故事结构

故事中各状态和各事件之间的因果关系可以表达为条件陈述，这些条件陈述本质上是**因果性概称陈述**。例如，在哈克纳特故事中，“如
果哈克纳特用枪威胁店主（要钱），那么店主将把钱交出”，这一概称 62
陈述表达的关系联系了如下两个事件：哈克纳特用枪威胁店主，店主把钱交给哈克纳特。这里需要注意的是，我们给出的是一个具体案件的概称陈述，它仅仅适用于当前的情况（即围绕哈克纳特和这个店主的情况）。由于故事中的因果关系往往以默示方式出现，事实上我们可以“自由选择”表达因果关系的概称陈述要达到何种具体程度。例如，前述关系也可以表达为“如果某人用枪威胁另一人（要钱），那么这个另一人将把钱交出”。然而，这些非具体案件的概称陈述往往看起来不似真。例如，“如果某人需要钱，他将决定抢劫超市”，这一因果性概称陈述可能有些牵强，因为并非很多需要钱的人都会抢劫超市。

正如其他概称陈述一样，因果性概称陈述可以用经验发现来获得支持；“如果人 x 是一个没有钱的吸毒者，那么人 x 将抢劫超市”，这一（较为具体的）概称陈述可能立基于警察的如下发现，即瘾君子往往有被毒瘾逼入犯罪的人生。“如果哈克纳特需要钱，他将决定抢劫附近的超市”，这一更加具体的概称陈述可能立基于哈克纳特品格证据，或者如下事实，即这已不是哈克纳特第一次抢劫附近的超市。第 4 章有关混合理论的研究将进一步讨论具体如何支持概称陈述。

因果性概称陈述可以像证据性概称陈述那样以相同的方法进行改进。第一，可以通过明确增加“隐藏的条件”使因果性概称陈述更具体。例如，假设我们有这样一个概称陈述，即“如果某人想抢劫另一人，这会导致其持枪威胁该人”。这一因果推论的一个前提条件是，实施持枪威胁的人实际上有枪。因此这一概称陈述可以改写成“如果某人想抢劫另一人**并且他有枪**，这会导致其持枪威胁该人”（图 3.17）。

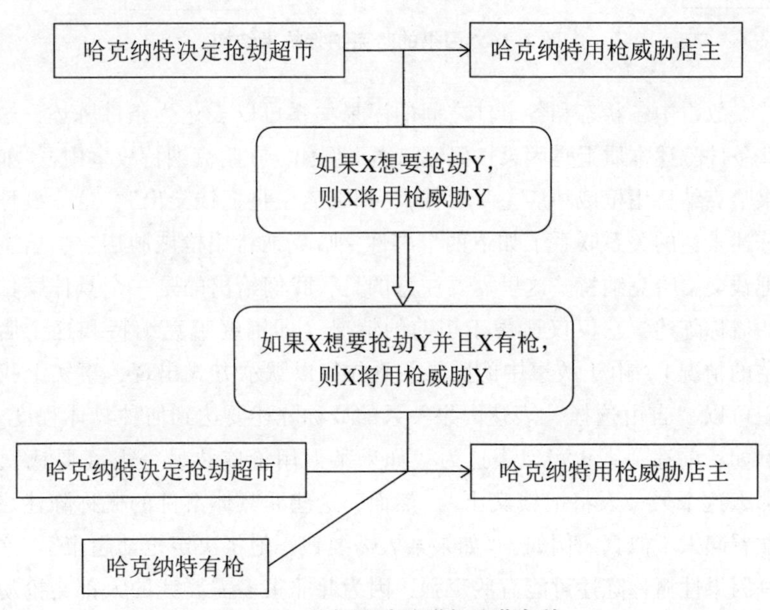

图 3.17　为概称陈述增加隐藏条件

63

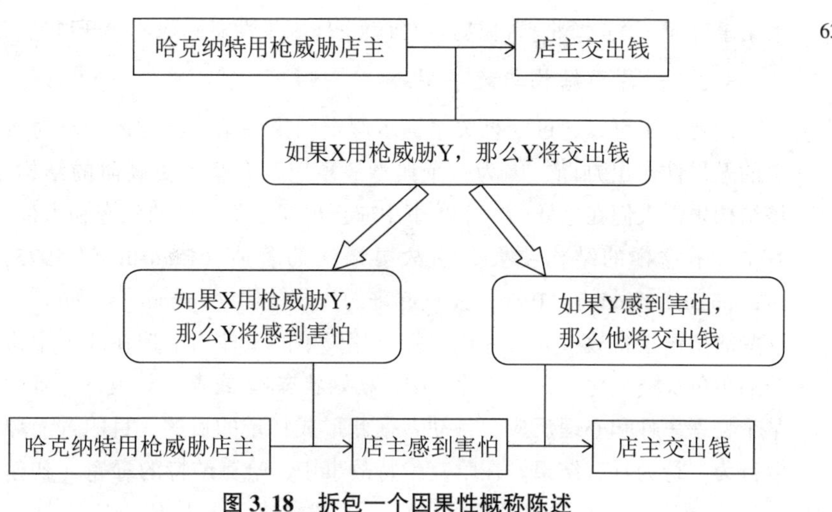

图 3.18　拆包一个因果性概称陈述

第二，通过拆包可以把一个因果性概称陈述改写成更加具体的概称陈述，把一个因果联系改写成一个因果链（图 3.18）。通过明确并改进故事中的个体因果性概称陈述，可以暴露该故事中存在的怀疑点，正如表达和改进论证中的证据性概称陈述有助于我们查明论证中的怀疑点一样。如果一个故事中的事件无法通过一个合理的因果关系进行因果联系，该故事的融贯性较差，因此似真性也较差。通过改进因果性概称陈述，可以把故事变得更具体，并可以分析其因果联系。

瓦格纳尔等人（1993；Crombag et al.，1994）主张，通过将故事中的因果性概称陈述变得“更安全”，即以更加详细或改进的方式对故事进行分析。正如其他概称陈述一样，是否接受一个特定的因果性概称陈述取决于人们的知识库及其相关的认知共识。通过详细说明故事中的因果性概称陈述并允许它们成为争论对象，从而有助于我们就一个特定故事的融贯性形成认知共识。另外，据此还可以更加改进地考察故事中存在的抵触情况。一个故事不仅可能自我抵触，即其中存在两个明显相互抵触的事态，但也可能是这样，因果关系指向故事中存在的抵触；例如，当事件 a 在时间上晚于事件 b，但是却认为事件 b 导

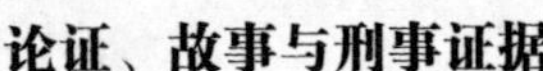

致了事件 a。第 4 章将探讨具体如何就个体因果性概称陈述展开讨论。

3.2.2 片段结构与故事图式

读者除了可以通过因果关系提示假定因果关系，通常还能够对故事的融贯性作出判断，因为一个典型故事应符合某个更高阶的结构，64 该结构告诉人们在这样的一个故事中应当出现哪些类型的状态和事件。其中一个这样的结构主要是由故事语法的著述（Rumelhart，1975；Johnson and Mandler，1980）发展起来的片段结构（episodic structure）。这些故事语法将故事分为片段，每个片段中的事件均根据在故事中扮演的角色被类型化。在一个片段中，**初始状态和/或事件**导致行为者的某个**物理事件和心理反应**，行动者据此形成特定的**目的**，目的进而导致**行为**，行为具有**结果**。在哈克纳特故事中，哈克纳特的毒瘾（初始状态）导致其想要钱（心理状态），于是他决定抢劫超市店主（目的），他随后将其付诸实施（行为），最后他得到了店主的钱（结果）。一个片段中的各类型通过因果关系联系在一起，典型故事中被假定存在因果关系（图 3.19）。

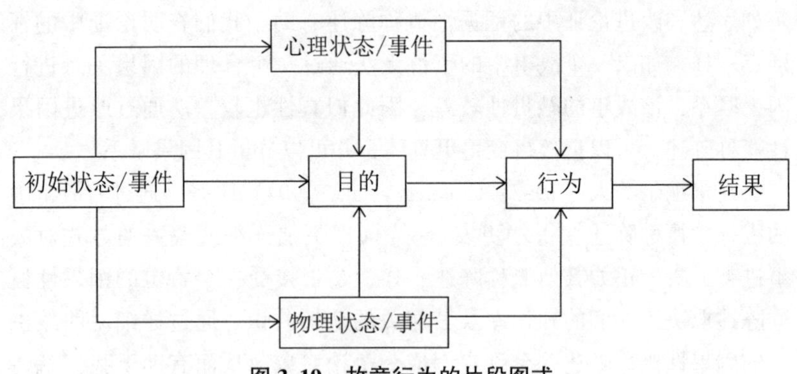

图 3.19 故意行为的片段图式

这一具体图式改编自彭宁顿和黑斯蒂，但也可以被视为表达了故事语法著述中所提出的一般片段结构。班尼特和费尔德曼有关使用故事进行法律推理的著述也谈及一个核心行为及其背后的一个目的（即动机或目的）。在前述故意行为图式中，初始状态和事件、物理状态以及心理状态和事件相结合可以被视为广义的动机（参见第 2. 3. 3 节关于动机的讨论），而心理状态和事件是狭义的动机，即具体情感。因此，该图式可以相应地被简化（图 3. 20）。在本书其余部分，图 3. 19 和图 3. 20 所示的图式均会被用到。请注意，这些图式包含着因果关系；在某种意义上，一个片段图式对于按照该图式安排结构的故事强加了一个因果结构。例如，“行为”和“结果”之间的因果联系表明，哈克纳特威胁店主与店主交出钱之间存在因果关系，即便故事中没有明确提及这一因果关系。

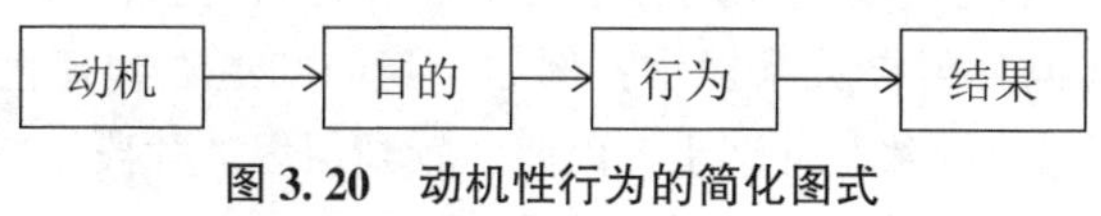

图 3. 20　动机性行为的简化图式

更加复杂的故事通常由多个连续的片段组成，其中一个片段中的
事件构成另一个片段中的初始事件。在哈克纳特例子中，详细描述抢 65
劫期间事件以及警察到达的这个片段（初始状态和事件）导致哈克纳特产生一个心理反应（他不想被抓），于是他匆匆逃离（行为）。故事中不同片段互动的另一种方法是目的嵌套（goal embedding）：行为人形成一个子目的，并试图实现这一子目的，以使主目的随之实现。在上述例子中，哈克纳特的主目的很可能是购买毒品。由于没有为此所需的金钱，他形成了一个子目的：抢劫超市。如果抢劫成功，他能够实现自己的主目的，即购买毒品。图 3. 21 展示了连续片段和子片段的结构。其中，I_e 是片段 e 的初始状态，P_e 是其心理状态，G_e 是其目的，A_e 是其行为，C_e 是其结果。这些结构改编自（Trabasso and van den Broek，1985），其提供了有关片段之间如何互动以及如何形成复杂结构的更多例子。然而，图 3. 21 中的两个结构足以满足我们当前的需要。值得注意的是，这里展示的片段是分层的，例如，图 3. 19 片断的**初始状态和事件**本身也可以是一个片段。图 3. 21 展示了这一点，其中片段 e_1 构成片段 e_2 的初始状态和事件。

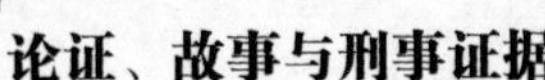

如下所述的片段本质上提供了故意行为的一般结构。如果一个故事符合这种结构，可以判定它更具融贯性，因为该故事中的状态和事件以一种我们期待身边世界会如何发生的方式而得以结构化。如果被结化的故事符合上述片段结构，那么该故事包含着关于该故事中行为人为何拥有特定目的的清晰动机，我们知道该行为人的行为受到目的驱使，并且这些行为的结果被明示化。例如，如果我们遗漏了哈克纳特是个吸毒者并且他需要钱这样的信息，那么哈克纳特为何要抢劫超
66 市将变得不够清晰。这会导致故事的融贯性下降，因为我们并不预期正常人会抢劫超市，我们希望看到某人有真正的动机才会抢劫超市。另外，在一个故事中面对不同类型的事件（即目的、行为、结果）时也可以将其视为因果关系提示：例如，我们知道在物理世界中（物理）行为通常会导致某种结果。因此，较高层级的片段结构提示着不同类型事件之间（默示的）因果关系。

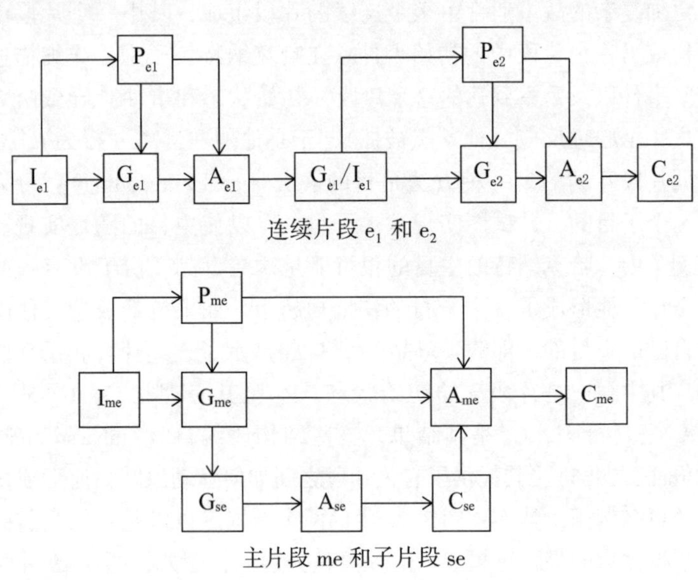

连续片段 e_1 和 e_2

主片段 me 和子片段 se

图 3.21　复杂的片段结构

进一步的研究表明，除了“动机—目的—行为—结果”这种一般故意片段图式，对于标准的行为模式我们还可以提出更加语境依赖的信息。详细脚本（Schank and Abelson，1977）或者解释模式（Schank，1986）也提供了一个典型故事的结构，但脚本不是按照“行为”和“目的”这样的一般类型来安排故事的结构，而是为某个具体情形提供一个典型故事。例如，经常被引用的“餐馆脚本”包含着如下方面的信息，即某人走进餐馆用餐时发生的标准事件序列。脚本通过填补缺失的信息帮助我们理解故事。以下述这个（非常简短的）故事为例：

亨利进入一家餐馆。他向服务员要了一盘意大利面。他付了款离开。

这一故事是可理解的，因为它参考了餐馆脚本。并非所有的细节（亨利脱掉外套，亨利阅读菜单等）必须被提及，因为它们属于默示餐馆脚本的一部分，通过我们与餐馆打交道的经历，这一脚本已经记入脑海。脚本不仅包含一套行为模式，而且确定了不同行为人各自的角色，并提供了其他信息。以“抢劫”脚本这一非常基础的版本为例：

角　　色：抢劫人（x），被抢劫人（y）

相关信息：抢劫动机 m，抢劫时间 t，抢劫地点 p，使用的武力类型 f，货品的性质 g

行为模式：x 具有想要得到 g 的动机 m-y 拥有 g-x 想要 g-x 想要针对 y 抢劫 g-x 有机会抢劫 y-x 抢劫 y-y 失去 g

更加具体的抢劫类型：持枪抢劫，行凶抢劫，劫车

上述脚本的结构借用了尚克和埃布尔森有关脚本的著述以及尚克有关解释模式的著述。除了我们在关于抢劫的故事中期待看到的一般行为模式以外，它还提供了在关于抢劫的故事中可能相关的其他信息。这些额外信息也能帮助理解故事，它们的明示化提升了故事的融贯性。例如，如果一个关于抢劫的故事不提及什么东西被偷，将会有些令人

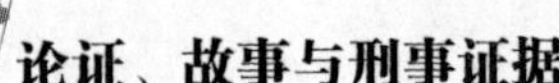

迷惑。遵循尚克的做法，该结构还提供了更具体类型的一般脚本。这些具体的抢劫类型也拥有包含更详细信息的脚本。例如，“持枪抢劫”脚本还将包含这样一个要素：“所使用的武器类型 *W*”。正如片断图式一样，脚本决定了我们期望一个故事包含的成分，并因此决定了一个故事何时能够被判定为一个完全故事。例如，如果一个关于持枪抢劫的故事没有提及抢劫发生于何时、何地以及使用何种武器，它比起一个明确提及所有这些要素的故事，将不够完全，并且似真性可能也更差。

67 片段图式和脚本均可视为我所称的**故事图式**（*story schemes*）的事例（Bex，2009）。〔10〕 这些图式将故事中的各种状态和事件划分为不同类型，从抽象（如“行为”）到较为具体（例如“*x* 抢劫 *y*”），有时还对这些类型间的时间和因果关系作出界定。概称陈述与故事图式有重要的相似之处。概称陈述通常可被视为条件句，为某个单一推论担任一般背景，故事图式则是更为复杂的结构，为某个故事担任一般背景。〔11〕 如果把故事图式与论证图式加以比较，我们可以说一个论证图式是适用于某个特定论证类型的一般图式，正如一个故事图式是适用于某个特定故事类型的一般图式。

概称陈述和故事图式均是我们知识库的一部分，表达了我们关于周围世界的一般知识。正如概称陈述一样，故事图式和故事在“理清”世界方面扮演着重要角色，因为它们以一种比复杂条件概称陈述更容易理解的形式组织人类行为的信息；尚克和埃布尔森主张，我们的记忆往往被组织成故事或者一般脚本。因此，在进行常识推理时，故事图式和故事与概称陈述是同等必要的。

然而，像概称陈述一样，故事图式也可能是危险的，即它们可能表达假的信念、偏见或者理想但不现实的情况等。前文指出，概称陈述的主要危险之一是，它们往往被默示表达。故事图式存在同样的问题（甚至可能更加严重）。由于这种知识被默示表达，我们可能面临

---

〔10〕 特文宁（1999）将这种图式称为“故事类型”或者“情节”。

〔11〕 在这种意义上，一个特定故事可与一个具体案件的概称陈述相提并论。

如下风险：从具体例子（即故事）错误地推论出我们认为的一般知识（即故事图式）；正如前文指出，与概称陈述一样，许多故事图式并非来源于经验研究，而是利用我们的知识库“合成”得到的。这种情况下，故事图式的可靠性及其共同性非常重要。人们通常根据某个心理动机实施行为，这一点已经得到经验检验并被共同接受。另外，行为往往带来某些结果，很多人也不否认这一点。因此，故意行为图式可被视为相当共同的和可靠的。然而，由于我们在日常生活中遇到太多的故事，我们可能把自己认为的一般知识建立在糟糕例子的基础之上。例如，通过在电视上观看电视剧和电影，我可能自认为拥有了关于一般美国法庭审理的正确知识：（通常无辜的）被告人得到一位英雄般的年轻律师的帮助，后者在法庭讲述动人的故事，控诉针对具有被告人年龄、种族或性别之群体的偏见，激烈和严肃的公诉人一路高喊“反对!”。最终陪审员根据自己的内心作出决定，被告人被宣判无罪。然而，这很可能并不是一个典型法庭案件呈现的面貌，至少在好莱坞制片场之外不是这样。

故事有危险并不意味着不能或者不应该在证据推理中使用故事。68
正如在使用论证和概称陈述进行推理时一样，通过准确载明以下各项内容可以降低故事和故事图式具有的危险：使用何种图式，如何使用这些图式以及这些图式源自哪些来源。通过这种方式把源于共享储备的知识明示化，可以把它被误解或被误用的可能性降到最低。另外，可以查明与某个特定故事图式相关的怀疑源，正如可以查明概称陈述的怀疑源一样：我们可以把一个论证图式与特定批判性问题相联系，也能够以同样的方式把一个故事图式与特定**批判性问题**相联系。例如，故意行为图式涉及如下批判性问题：

- 该心理状态是否是该目的及其后续行为的一个适当动机？
- 在给定该初始和物理状态的情况下该行为是否能够被实施？
- 该行为是否具有所述的结果？

这些批判性问题改编自（Bex et al.，2009），其将这些问题应用于

(回溯) 实践推理的论证图式 (参见第 3. 1. 3 节)。

跟概称陈述一样，故事图式也有从抽象到具体的差别。较为具体的图式可被视为抽象图式的事例；例如，抢劫是故意行为的事例。以这种方式，两个故事图式可被称为相互**对应** (*correspond*)：如果故事图式 S_1 的要素与故事图式 S_2 的要素相对应，在此限度内 S_1 对应 S_2。图 3. 22 展示了故意行为要素与抢劫图式之间的关系。两个图式要素之间的这种**抽象关系** (*abstraction relations*) 可以表达成概称陈述。例如，"x 抢劫 y 是一个**行为**"。这些概称陈述必须具有似真性：如果一个概称陈述不具有似真性，两个图式将不匹配。例如，"y 拥有 g 是一个**目的**"，这一抽象概称陈述并不似真，因此这些要素之间不存在抽象关系。有时两个匹配的图式仅在一两个要素方面存在差异。例如，抢劫图式中的要素 "x 抢劫 y" 也可以被建模成两个独立的要素，即 "x 威胁性地对 y 使用武力" 并且 "y 向 x 交出 g"，由此使得 "抢劫" 概念更加具体。前文提到的更具体的抢劫类型 (持枪抢劫、劫车) 也是仅在几个要素方面 (使用的武力类型、货品的性质) 不同于一般抢劫图式。

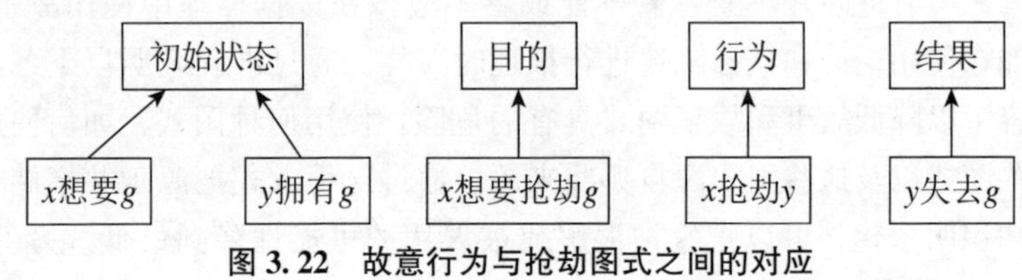

图 3. 22　故意行为与抢劫图式之间的对应

一个具体故事对应一个故事图式，这也是可能的。有时这种对应
69 关系仅仅涉及以具体术语事例化图式中的变项。例如，页码第 75 页的哈克纳特故事本质是抢劫图式的一个具体事例。哈克纳特的故事还通过抽象关系大致对应故意行为图式，即图 3. 23。一个故事的因果结构与一个图式也要相对应，那么这个故事与该图式进行恰当的匹配，虽然以上几个图并没有明示表示这一点。例如，在哈克纳特故事中，如果哈克纳特在抢劫超市**之前**躲藏起来，那么他的躲藏明显不是抢劫超市这一行为的结果。

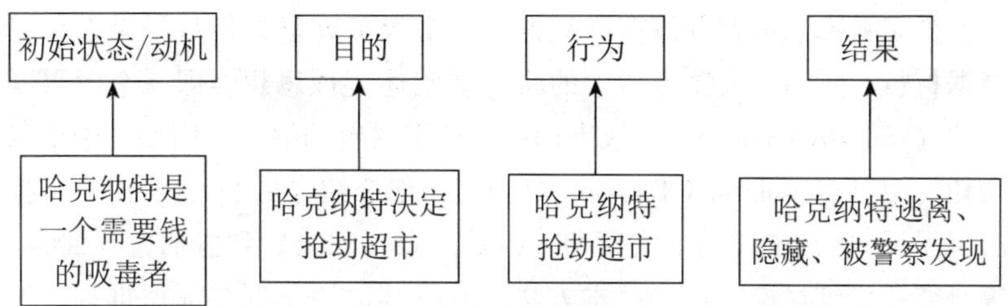

图 3.23　故意行为图式与哈克纳特故事之间的对应

故事图式和概称陈述除了拥有共同特征以外，还以其他方式存在密切联系。最为明显的联系是，因果性概称陈述可以是一个故事图式的一部分。在某种意义上，一个故事图式可以被视为一个由概称陈述组成的链条，而一个复杂概称陈述可以被重新表述为一个故事图式。以图 3.15 中的复杂概称陈述为例，前文指出，这一概称陈述具有一定的人为构建性，即“如果一个超市被抢劫，并且有一个人具有抢劫超市的明确动机，并且该人可能是抢劫超市之人（基于抢劫刚发生后他的行踪），并且该人被拘捕时形迹可疑，那么该人是抢劫该超市的人”。现在，这一概称陈述可以重新表述为一个简单的故事图式：*x* 具有抢劫 *y* 的动机—*x* 具有抢劫 *y* 的机会—*x* 抢劫 *y*—*x* 逃离—*x* 形迹可疑—*x* 被拘捕。这一故事图式实质是前述抢劫图式的一个稍微不同的版本，增加了一个“逃离”片段。

虽然具体因果关系可以是一个故事图式的组成部分，但这种关系往往没有表达为一个详细的因果结构，而且并不涉及所有可能的默示因果关系。相反，故事图式应该被视为一个更为“整体”的知识结构，表达出一个故事的一般结构。在这种一般结构中，真正重要的并非个体的因果性概称陈述，而是它们在该图式中的互动。

3.2.3　解释证据

在证据推理基于故事的方法中，分析者的主要目的是构建一个假设的故事，以此呈现和理清案件中“发生了何事”。该故事应该**从因果上解释**（*causally explain*）证据材料，以此适当地**覆盖**这些材料。

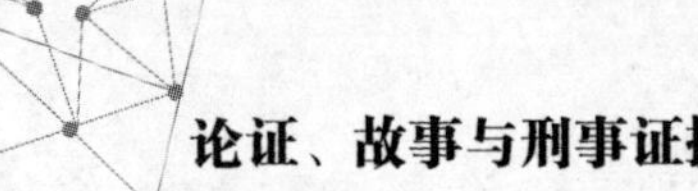

70 彭宁顿和黑斯蒂并没有详细探讨一个故事究竟如何从因果上解释证据材料。然而，人工智能中的研究者阐述了该思想，即一个因果联系的（causally connected）故事构成对证据材料的解释。例如，康绍尔和托拉绍（Console and Torasso，1991，一般介绍参见 Lucas，1997）提出了因果-回溯推理的形式模型，约瑟夫森（2002）和撒加德（2004）等研究者详细讨论了这一基本方法，并将其适用于刑事证据推理。他们主张，运用故事推理采用回溯的最佳解释推论形式，即从观察到的证据回溯地推论出故事。这种回溯推理可用各种各样的方式进行建模（参见第 2. 3. 2 节有关人工智能中因果性推理和回溯推理的讨论），但基本的思路是，观察到的证据项目是从故事因果地得出**被观察到的效果或观察**：如果我们拥有一项因果关系，它被表达为“如果**原因**那么**证据**”这一概称陈述，并且我们观察到**证据**，那么我们可以推论出**原因**，以此作为该证据的可能解释。这个被用于解释效果的原因可以是单个状态或事件，也可以是一个事件序列，即一个故事。页码第 75 页的哈克纳特故事以及图 3. 16 现在可以被建模成一个简单的因果模型，用来解释案件中观察到的证据，见图 3. 24。

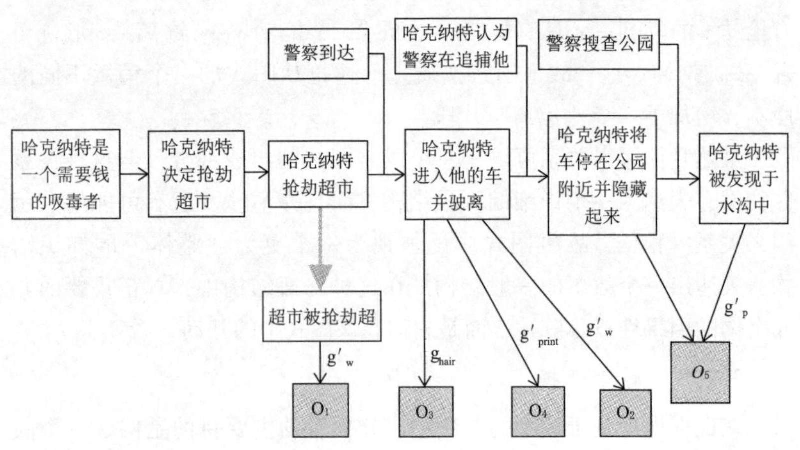

g'_w：如果 p，那么证人作证“p”

g_{hair}：如果人 x 进入车中，这将导致 x 的毛发留在此车中

g'_{print}：如果人 x 进入车中，这将导致 x 的鞋印留在此车中
g'_{p}：如果 p，那么警察报告将陈述“p”
o_1：证人 W_2“我看到某人持枪抢劫店主”
o_2：证人 W_1“我看到貌似哈克纳特的人进入此车”
o_3：此车中有哈克纳特的毛发
o_4：此车中发现的鞋印与哈克纳特被捕时所穿的鞋子属同一类型
o_5：警察报告“此车在公园附近被发现，并且哈克纳特被发现于水沟中”

图 3.24　该故事解释观察到的证据

事件“哈克纳特抢劫超市”与“超市被抢劫”之间的箭头并非是 71
一个因果关系，而是一个抽象关系（参见第 3.2.2 节第 2 部分）：哈克纳特抢劫超市的这一事件，是较为抽象的事件即“超市被抢劫”的一个事例。因此这一抽象关系不仅可用于连接一个故事与更抽象的图式，而且可用于连接一个故事中的事件与该事件更抽象的版本。据此可以形成具有多个抽象层次的**分层故事**。[12] 第 5.3.3 节将在一个形式背景中进一步解释这种使用抽象概称陈述的方法。

图 3.24 每一项观察均从故事中的一个事件得出，因此可以说该故事能够从因果上解释哈克纳特案中的证据材料。需要注意的是，该图并没有明示提到所有证据材料；在鞋印和毛发匹配两个方面，该故事仅仅解释了在论证性方法中据说从证据材料得出的那些命题（参见图 3.4）。易言之，它并没有确切地展示该故事究竟如何解释专家证言，或者毛发相匹配这一事实是如何从专家证言得出的。在基于故事的方法中，往往都只是大致概括一下被解释材料具体如何与案件中的证据材料相关。这符合该方法的整体和以故事为中心的思想，即我们不应该把重点放在详细分析每一项证据材料具体如何从故事得出，而应该放在全局性概览。故事向我们提供了迅速了解案件和证据材料的、易

〔12〕 正如一个故事可以对应一个抽象的故事图式一样，一个故事也可以对应其自己的一个更抽象的（但仍然是针对个案的）版本或者更具体的版本。例如，“哈克纳特抢劫超市”这一事件可以被细化为“哈克纳特威胁对超市店主动用武力”和“超市店主把钱交给哈克纳特”。

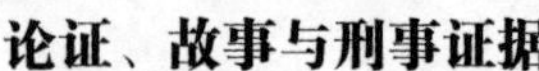

于理解的概况，这种概览有助于我们组织案件中的证据材料和我们的想法。通过查看哪些观察尚未被覆盖，我们可以判断应该进一步分析案件的哪些成分。

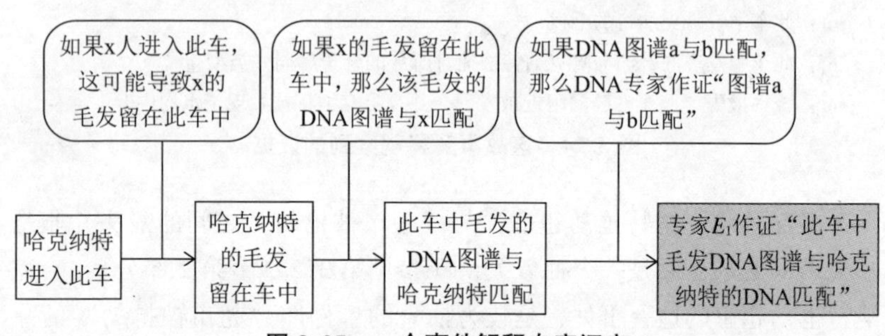

图 3. 25　一个事件解释专家证言

在这里提出的运用故事推理之因果-回溯方法中，却有可能更加详细地分析如何从故事因果上得出证据材料。例如，正如图 3. 25 表明，
72 图 3. 24 中的哈克纳特故事可构成专家证言的一种解释。值得注意的是，从“哈克纳特在此车中”到专家证据这一因果性推理，实质上是图 3. 4 专家证言子论证的一个反向操作。该等详细的因果结构建模了如何从故事中的一个事件得出证据，它还允许就单项证据进行可废止推理。从证据材料到假设的回溯推论是可废止的，因为该证据材料可能存在其他解释。例如图 3. 24 中证人 W_1 的证言可由如下假设进行解释，即该证人观看之时哈克纳特进入此车，但它也可由另一个假设进行解释，即该证人观看之时貌似哈克纳特的其他人进入此车。该证人还可能因受其他原因而导致他作证他看到貌似哈克纳特的人；他可能记忆错误或者在撒谎（图 3. 26）。

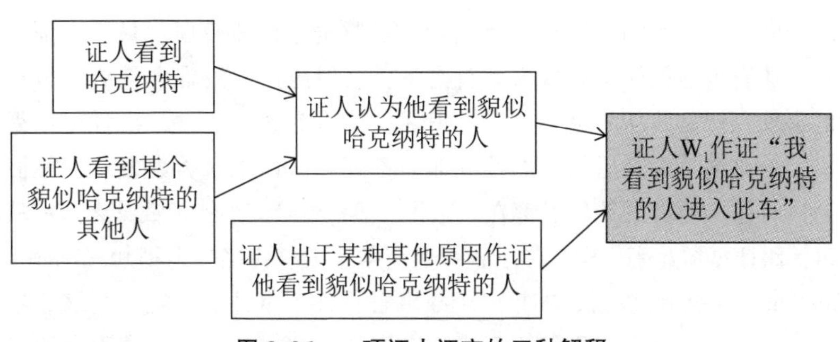

图 3.26　一项证人证言的三种解释

这种情境下，必须选择出这三种解释中何者最为可能。然而，基于故事方法的潜在理念并不是要以这种方式仔细检查单项证据，其关注重点在于一个故事能够解释全部证据材料的多大部分（彭宁顿和黑斯蒂称之为一个故事的**证据覆盖率**）。根据这种理念，最终因某种原因不应该被相信或被信任的证据不是从解释最多证据的最佳故事中得出。在哈克纳特故事的例子中，仅有一个适当故事〔13〕能够解释证人看到哈克纳特，即图 3.24 中的故事。如果我们对此证言提供一种选择解释（例如图 3.26 中三种选择解释中的一种），该选择解释必须被整合进一个适当的故事。例如，“证人出于某种其他原因作证他看到貌似哈克纳特的人”，这一命题并不能对图 3.24 中哈克纳特故事提供一个适当的选择。然而，如果它被整合进一个适当故事，即该证人因为过去曾与哈克纳特有过争论而想要诬陷他，则它构成对该证人证言证据材料的一个有效的选择解释。

除了考察故事解释证据的程度以外，考察故事与证据的**一致性**（*consistency*）也很重要，即是否它抵触证据材料。例如，假设哈克纳
特的一位好友作证，过去四年间哈克纳特已经戒除了毒瘾并且拥有一 73
份稳定的工作。这直接抵触图 3.24 中的故事。抵触也可以是间接抵触。例如，说有一位新证人作证，他看到哈克纳特被另一个穿越公园

〔13〕 具体什么构成一个恰当故事或者一个良好故事，留待第 3.2.4 节讨论。

跑步的人推进水沟。这与哈克纳特自己跳进水沟相抵触。最后，证据材料还有可能抵触虽非故事本身之事件、但通过预测推理从故事得出的事件。例如，从故事中“店主把钱交给哈克纳特”这一事件可以得出，哈克纳特离开后超市的钱并非全部还在。而如果警察发现，他们到达时超市所有的钱仍然都在，它将明显抵触哈克纳特把钱拿走这一故事。跟证据覆盖率一样，彭宁顿和黑斯蒂也没有明确界定抵触（contradiction）。我们可以说，如果一个故事解释某个事件的否定，则该故事抵触该事件。然而，我们并不能否定一项证据本身，能够被否定的只有从证据推论出的事件。第 4 章将进一步讨论这一点。

3.2.4 为证据选择最佳解释性故事

在基于故事的方法中，分析者构建多个选择故事，它们代表着案件中发生了何事的可能假设。在基于故事的方法中，每一个故事不仅要与可获得的证据材料相容，还应该具有融贯性。另外，还必需将所有可能的选择故事互相进行比较，以决定哪一个是最佳故事。因此这种对发生了何事之选择故事进行比较的过程，是一个**最佳解释推论**的过程。

彭宁顿和黑斯蒂详细考察了决定故事质量从而决定人们对一个故事信心程度的各种标准。他们主张，一个好故事（即人们对其信心较高的故事）应当**解释**可得的证据，应当与可得的证据**一致**，并且应当**融贯**。这些标准还能以规范方式适用于证明过程，以决定案件中的哪一个假设故事最佳。

我们以关涉故事符合（conform）证据的标准为例：故事应当解释证据，而且应当与证据一致。如果某个具体故事能比另一个故事解释更多证据，并且抵触更少证据，我们将会说它更符合证据，并因此是一个更好的故事。这一标准符合最佳解释推论研究领域的观点（参见第 2.3 节），即一个假设应当解释尽可能多的证据材料。以哈克纳特故事为例。哈克纳特自己对他为何在水沟中提供了另一种解释：

10 月 21 日，在被发现位于水沟中一个小时前，哈克纳特与本

> 尼正在会面，后者欠他一些钱。本尼不想偿还这些钱，哈克纳特和本尼发生争论。于是哈克纳特跑向公园。在公园里，哈克纳特看到警察正在搜寻什么人，他跳进水沟藏身。不久，警察在水沟中发现了哈克纳特。

虽然这一故事解释了哈克纳特被发现于水沟中这一事实，但并不 74
能解释抢劫，而且哈克纳特何时以及何地驾驶汽车也没有得到解释。虽然似乎根本不应该考虑这一故事，因为它没有解释抢劫，但需要注意的是，证据覆盖率是一个相对概念，即我们并不能总是期待单个故事就能够解释所有证据。无论如何，案件中存在多个待解释项，不同待解释项可能具有相互独立的解释。在上面的例子中，我们可能会说，如果我们相信哈克纳特的不在场故事，他无须解释抢劫，并且该案中抢劫应该由另一个与哈克纳特无关的独立故事进行解释。实际上，我们这里选择的比较对象，一方面是原始故事，它主张两个待解释项（即超市被抢劫和哈克纳特藏身水沟中）具有某种联系；另一方面是两个独立的故事，它们分别对这两个待解释项中的一个提供独立解释，并因此主张抢劫和哈克纳特藏身水沟中是真正相互独立发生。然而，在这个例子中，为简化讨论起见，我将仅仅比较原始故事与解释哈克纳特为何在水沟中的第二个故事。我们在以某个故事不能解释其中一个待解释项为由划掉该故事时，一定要谨慎；但在本案中，我们可以说原始故事能够更好地覆盖证据，因为它同时也解释了车中有哈克纳特的毛发和鞋印，而第二个故事并没有解释这一点。两个故事均没有遭到证据材料的抵触。

有可能两个解释具有相同的证据覆盖率，但其中一个能够更好地解释证据。如果一个解释与证据之间的因果联系强于另一个解释与证据之间的因果联系，就会发生这种情况。例如，假设哈克纳特提出如下主张来解释鞋印和毛发：某个穿有相同鞋子的人与其擦肩而过，他的一些毛发因此粘到了这个人的外套上，随后该人肯定进入了汽车，在其中留下了鞋印和毛发。虽然这能够解释鞋印和毛发，但却以一种比原始故事更加周旋的方式进行解释，并且本案中，我们可能会争辩说图 3.24 故事与证据之间的因果联系强于哈克纳特解释（即他与某个人擦肩而过）与证据之间的因果联系。

故事质量不仅取决于故事符合证据的程度，也取决于它的融贯性或似真性，即该故事是否符合我们有关周围世界的一般知识。两位约瑟夫森（1994）主张，“如果一项假设不会充分地似真，我们在接受其时应该保持谨慎，即便它明显是我们拥有的最佳假设。”确定故事融贯性的过程本质上与证据材料无关。事实上，班尼特和费尔德曼（1981）表明，人们对于一个故事的信任往往并不取决于它是否实际发生，而是取决于故事的融贯性。在一项实验中，他们要求 85 名学生评估其他学生所讲述的故事是否为真。这些故事，有些实际上是真的（即所讲述的事件实际上发生过），另一些则是编造的。其中一些故事（既有真故事又有编造故事）具有融贯性，另一些故事则不具有融贯
75 性。结果证明故事的结构融贯性与其可信性之间存在很重要的关系。易言之，一个故事的融贯性越强，该故事被判断为真的概率越高，无论该故事是否**实际**为真。

前述第 3.2.1 节和第 3.2.2 节，讨论了对于故事融贯性具有重要意义的两个因素，即故事的因果联系及其符合故事图式的程度。彭宁顿和黑斯蒂主张，一个故事的融贯性取决于三个子标准：一致性、似真性和完备性。一个故事应该是**内部一致的**，即该故事不同组成部分之间不包含内部抵触。如果一个故事符合决策者关于世界的一般知识，则它是**似真的**；如果故意行为片段图式的所有要素（图 3.19）均是故事的一部分，则该故事是**完备的**。彭宁顿和黑斯蒂提出的这些标准是在前文第 3.2.1 节和第 3.2.2 节讨论的故事融贯性一般标准的基础上改编而来的。

第一个标准是**内部一致性**（*internal consistency*），彭宁顿和黑斯蒂用它决定故事的融贯性。第 3.2.1 节开头和结尾已经简单地提及过这一标准。内部一致性是指，一个故事不应该包含明显互相抵触的两个状态或事件，并且该故事不应该与通过预测推理而从该故事得出的状

态或事件相抵触。例如，如果一个故事中，哈克纳特 1 月 12 日 12 时在纽约登机，同时他在当天 13 时抢劫超市，则该故事明显自身抵触。

彭宁顿和黑斯蒂并没有对**似真性**（*plausibility*）标准做进一步的解释。解释这一标准的方法之一是考虑一个故事中（默示）因果性概称陈述和事件具有的似真性。例如，一个故事讲述来自火星的小绿人抢劫超市，它不是非常的似真。如果一个故事讲述某人因被水枪击中而亡，同样不是非常的似真。除了故事中事件的内在似真性以外，还需考察的一个重要问题是，故事中的所有状态和事件是否均能够通过似真因果关系连接起来，似真的因果关系即以似真的概称陈述表达的关系。例如，在页码第 93 页的故事中，并不是很清楚哈克纳特为何逃离。易言之，我们并不清楚以下三个事件之间存在什么因果联系：故事的开始，哈克纳特与本尼之间的争论，哈克纳特突然逃跑。我们可以指出哈克纳特之所以逃跑，是因为他感觉受到本尼的威胁，以此扩充这一故事（图 3. 27）。请注意，这里进行了图 3. 17 展示的改进过程。通过把这一新的因果关系明确整合进新故事，使其变得更具似真性：毕竟，受到威胁的人往往会逃跑。

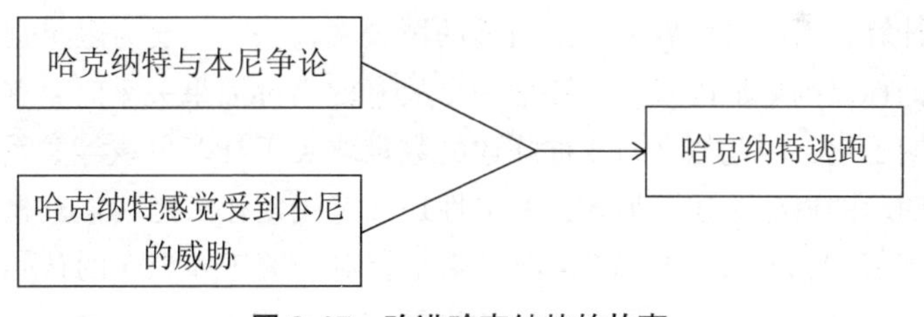

图 3. 27　改进哈克纳特的故事

彭宁顿和黑斯蒂提及的最后一个融贯性子标准是**完备性**（*com-
pleteness*）。其基本观点是，故事要填满一个似真的故事图式，即故事
图式的所有要素均对应故事中的某个事件。彭宁顿和黑斯蒂主张，故 76
意行为图式是所有故事均应该符合的一般图式。如果一个故事能够填
满该图式，就能够确保该故事“成分俱全”，即有一个清晰的动机性

事件，开始某个心理反应，在此基础上形成目的，而目的导致行为，行为产生结果。图 3. 23 表明，原始的哈克纳特故事填满了故意行为图式。然而，哈克纳特自己提出的故事在这一点上就比原始故事的融贯性要差，因为在哈克纳特自己的故事中，他躲进水沟的原因不明显（图 3. 28）。需要注意的是，该图并没有明确展示故事中事件与图式要素之间的对应关系。这里并没有提供清晰的心理动机或目的，因此哈克纳特似乎并没有按照我们所期待的人们行为方式行事，因为正常人不会没有好理由（即动机）地跳入水沟。一个故事要正确地填满一个图式，不仅要求该图式的所有要素均对应故事中的事件，而且要求事件与这些要素之间的抽象关系是似真的。因此，我们不可能把图 3. 28 中的初始事件之一（例如“哈克纳特逃跑”）与图式中的“心理状态”要素进行匹配，因为“哈克纳特逃跑代表一种心理状态”明显不是似真的。

现在我们拥有了判断故事融贯性的三个清晰标准：它必须符合一个似真的故事图式；它必须内部似真，即其中的事件和内部因果关系应该似真；该故事应该是内部一致的。测度故事融贯性的方法比测度其证据覆盖率的方法更不明显；测度覆盖率时可以对证据项目的数量进行计算，因此可以界定一个粗糙的覆盖率标尺。但要为融贯性提供这样的标尺则更加困难。在评估一个故事的内部因果关系时，首先要将其明示化，因此似真的概称陈述的数量取决于有多少该等关系被表达成明示的概称陈述。另外，融贯性还涉及决定什么是“似真概称陈述”或者“似真故事图式”，而且它是相对于关于知识库的认知共识而言的。虽然无法给出一个测度故事融贯性的清晰标尺，这里最为重要的观点是，要将故事图式以及表达故事所用世界知识的概称陈述明示化，以便能够清晰指出可能的怀疑源以及不是似真的图式或概称陈述。第 4. 3 节和第 4. 4 节将进一步讨论这个话题。

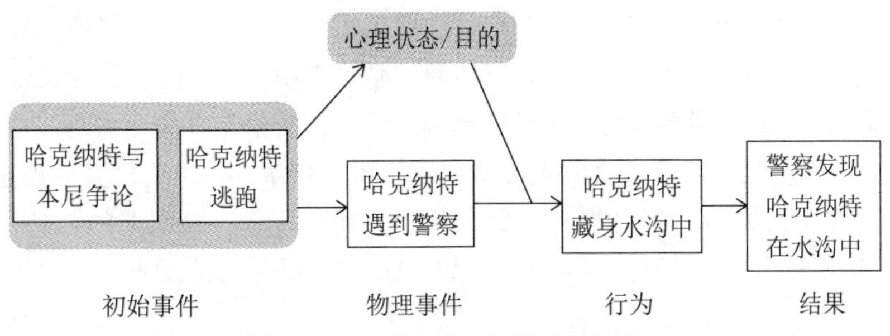

图 3.28　试图将故事与图式相匹配

除了考虑故事符合证据的程度及其融贯性，我们还应该考虑存在 77
多少种其他的可能解释，以及寻找选择假设的彻底程度如何（Josephson and Josephson，1994）。关于选择解释的数量，这一点应该被理解为适用于所有待解释项。前文指出，在哈克纳特例子中，选择故事仅仅解释了某些待解释项。因此，在解释待解释项“存在一起抢劫”方面，原始故事可以被判定为“唯一的”。彭宁顿和黑斯蒂主张，如果一个证据有多种融贯解释，我们对于其中每一个故事的信任都会下降。这并不意味着一旦出现一个融贯故事，我们就应该停止寻找能够解释该证据的新故事。在刑事调查和决策方面存在的一个问题是“隧道视野”或者确认偏见（confirmation bias）（参见 Wagenaar et al.，1993），即如果一种解释被视为正确的，调查工作将集中寻找能够支持这种解释的证据，而排除抵触这种解释的证据。判断寻找选择假设是否足够彻底的工作不但取决于理性方面的因素，而且取决于务实方面的考虑。例如，两位约瑟夫森（1994）主张，我们应该考虑错误决策带来的成本以及正确决策带来的收益，以及得出一个具体结论的必要性有多强。

总结而言，一个故事符合证据的程度及其融贯程度，是可用于确定我们对一个故事的信任以及比较不同故事的标准。在这里，故事符合证据被视为最重要的标准，融贯性则是相对处于次要地位的要求。原因在于，不能解释任何证据的融贯故事当然不能被视为一个解释案件中发生了何事的好假设。班尼特和费尔德曼（1981）以及彭宁顿和黑斯蒂（1986，1988，1992）开展的实验均表明，一个故事的融贯性越强，该故事被判断为真的概率越高，无论该故事是否**实际**为真。这是一种危险的现象：克劳姆巴格及其同事（1994，第4章）警告说，不符合证据的“好”（即融贯的）故事可能会排除符合证据的“坏”（即不融贯的）故事。易言之，好故事能够并且往往战胜真故事。

3.2.5 总结与评价

本章介绍了故事作为推理和交流的一般形式。它表明，一个故事的融贯性取决于其因果联系以及它符合一个整体故事图式的程度。它还表明如何将故事用于回溯性地解释证据，以及如何根据故事符合证据的程度及其融贯性来评估和比较不同故事。本节评价故事在刑事证据推理的运用。我们首先简要介绍故事在证明过程三个语境（发现、追问和证成）中的一些具体运用。故事的整体和因果性质具有某些优
78 势和劣势，以下对此也要进行讨论。本节结尾处将简要讨论基于故事方法所具有的自然性和理性的良好基础。

在发现语境中，故事和故事图式可用于构建有关案件中发生了何事的情节。这些假设情节对于本案中的各种可能性提供了一个概览，并允许我们对最具有似真的情节进行初次筛选。通过在发现和追问阶段进一步实施预测推理，可以利用假设故事预测到更多可观察项，因此假设故事可以为搜寻证据的工作提供指引。例如，如果公园里有很多人跑步，还有很多家庭散步，哈克纳特从汽车走向水沟时必然会被某个人看到，因此警察应当询问当天前往该公园的人是否看到了什么人。通过这种方式，解释性推理和预测推理相组合能够用于在追问语境中检验假设。

基于故事的方法能够在解释和检验假设情节过程中组织证据，因为它表明了哪些证据材料已经被一个或多个假设解释，哪些证据材料仍然需要解释。在追问语境中，通过考虑故事符合证据的程度及其融贯性，可以检验故事。在证成阶段中，故事在帮助人们理清案件中发

生了何事方面扮演着重要角色。它们可以通过清晰地指明一个核心行为及其结果和动机，使一个复杂的案件变得容易理解。

基于故事的方法经常被称作**整体**方法，因为证据材料不是被单独审查而是作为一个整体进行审查。以此方式，故事提供了犯罪发生的情况，并通过将没有证据支持的事件放置于一个融贯的故事来填补我们推理中存在的缺口。（假设的）故事对于案件中发生了（可能发生了）何事提供了好的概览，使我们能够容易地理解一个具体案件究竟都涉及什么情况。故事，尤其是故事图式提供了一种运用一般常识知识进行推理的整体方法。故事和故事图式允许我们“作为一个整体”构建和考虑一种情境，而不是利用个体（条件）概称陈述对该情境进行推理。在发现语境中使用故事图式迅速和相对容易地构建假设情节，可以减弱隧道视野的危险。

这一整体和关注情节的证据推理方法最为重要的优点是，它高度接近于调查人员和法律决策者实际思考案件的方式。[14] 班尼特和费尔德曼（1981）以及彭宁顿和黑斯蒂（1986，1988，1992）进行的实验表明，陪审员在作出决定时首先会构建并比较能够解释证据的故事，然后选择覆盖最多证据的最融贯和似真的故事。故事帮助人们组织证据并理清案件。故事的因果结构和图式结构能够帮助决策者记忆证据 79
并判断其重要性。故事还通过这些结构帮助人们填补案件中的缺口。例如，嫌疑人的意图往往必须通过其实施的行为推论出来；易言之，这些意图可以通过故事进行推论。有关故事记忆与理解的研究还表明，我们的记忆通过片段或故事进行组织（Schank，1975；Stein and Glenn，1979）。[15] 另外，有关证据分析的文献似乎存在一项共识，即事实调查人员利用因果故事结构和时间表开展工作（De Poot et al.，2004；Heu-

---

〔14〕 然而，特文宁（1999）认为，故事并非总是必要的考察。许多刑事案件中仅有一个系争事实，无须考察涉及动机和行为的复杂假设。

〔15〕 在这种意义上，故事扮演着一个重要的**心理**角色（Anderson et al.，2005），而原子式论证扮演着更加逻辑性的角色。

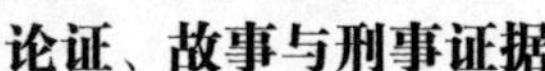

er，1999；Kerstholt and Eikelboom，2007，参见第 2.2.1 节）。有待调查的一起刑事案件通过不同的情节或故事得以解释，这些情节或故事重构了可能发生了何事。然后这些情节被付诸检验，从中选出最为可能的一个情节。我们通过与警探以及荷兰皇家学会授课者的接触非正式地确证了这些发现，从中我们了解到，刑事调查人员往往通过可视化时间表及简单情节来理清大量证据。另外，帕尔多和艾伦（2007）主张，运用（解释性）叙事的最佳解释推论，无论在民事还是刑事审判语境中均是建模证据推理的正确方法。

故事的整体方法提供了心理方面的优势，但它同时也具有内在的劣势和风险。故事的主要危险之一是，融贯的故事会被判断为比不融贯的故事更加可信，无论该故事的实际上是否为真。要求故事能够解释案件中尽可能多的证据材料，可以减缓这种危险。在这方面，故事的整体方法最主要劣势之一是，证据材料在案件模型中往往不具有清晰和独立的位置。纯基于故事的理论要求观察能够被故事解释，但是并没有澄清这些观察是否是实际的证据材料本身，或者从证据材料得出的事件才属于观察，或者证据材料以某种其他方式构成故事的一部分。易言之，大致遵循基于故事方法的文献往往并没有作出第 2.1.2 节讨论的证据材料 E^* 和事件 E 之间的重要区分（例如 Bennett and Feldman，1981；Pennington and Hastie，1993b；Wagenaar et al.，1993）。例如彭宁顿和黑斯蒂并没有明确提及任何证据材料。相反，他们主张，故事的要素**是**证据，即故事中直接出现的证据条目。例如，他们提到“考德威尔在格力森酒吧”，其作为故事中直接出现的一项证据（Pennington and Hastie，1993a，p. 131）。事实上，该项证据很可能是“证人 w 作证考德威尔在格力森酒吧”，而考德威尔在酒吧这一事件从这项证据得出。然而，在他们的例子中，彭宁顿和黑斯蒂并没有明确提及该等证据项目，因此并不总是很清楚什么是故事的一部分以及什么
80 被视为证据材料。由于在基于故事的方法中，证据材料和在其基础上作出的推论并没有被赋予一个清晰的位置，他们没有提及证人可信性或者专家偏见等问题。彭宁顿和黑斯蒂主张，“‘考德威尔在格里森酒

吧’这一条证据是直接证言，而不是一个系争事项［……因此，……］它被呈现为故事中直接出现的一项证据”（Pennington and Hastie，1993a，p. 131，132）。需要注意的是，这里并没有澄清谁作证考德威尔在酒吧，以及为何这一特定证据不是系争事项。总之，在基于故事的方法中，并没有作出故事与作为其基础的证据之间重要概念的含糊区分。

约瑟夫森（2002）和撒加德（2004）在人工智能的著述中阐述了基于故事的方法，并提出了一种将证据材料与故事相联系的方式，即要求故事因果上解释证据（参见图3.25和图3.26）。虽然这种建模故事与证据之间联系的方式并没有充分澄清什么是故事与什么是证据，但以这种因果方式建模故事与证据之间的连接缓和了证据材料不能适当地从故事得出的这一问题。因此，利用它可以就一项证据进行推理：正如图3.26表明，在纯因果方法中通过比较一项证言的多种原因，可就证人可信性或观察敏感性等事项进行推理。另外，运用故事的因果性推理具有一项特定的优势，即利用它可以预测所谓的**故事-结果**——如果我们认为该故事为真，则其是应当会发生的可能事件。

然而，有迹象表明，这种对待简单选择解释的方法并不能充分处理运用默示缺省知识的推理。以如何处理证人证言为例（以下讨论改编自Bex et al.，2007b）。在标准的回溯方法中，证人证言与其内容之间的关系必须表示成一个因果规则，在其中，证言被视为由某个其他状态或事件所导致。通常，证言由其所作证的事件导致（p发生→证人w说“p”）。要做到真正现实可行，这一概称陈述应该具有某些附加条件，例如“w看到p发生”并且“w被询问”等；但出于简化的需要，该等默示条件并没有被明示表达。然而，这一证人证言可能存在其他产生原因。例如，证人可能当时发生了幻觉，因此现在认为p真正发生（w幻觉p→w说“p”），或者证人可能想要保护嫌疑人并认为作证p将能够对嫌疑人的案情有所帮助（w想要保护嫌疑人→w说“p”）。鉴于以上这些因果规则，存在三个最小程度的假设：{p发生}、{w幻觉p}以及{w想要保护嫌疑人}。如果没有进一步的证据，这三个解释均属于w说p的有效解释，并且由于它们均能解释其中一个可得的待解释项，它们是同等的好解释。然而，直觉告诉我们，如果选择解释（w 幻觉，或者他想要保护嫌疑人）而没有进一步的证据支持，将不值得考虑，而通常解释（p 真正发生）以缺省方式下应
81 该被接受为正确的解释。易言之，这两个选择解释是证人通常讲真这一一般缺省陈述的例外，因此，只要没有相反证据，它们应该假定为假。在这方面，撒加德（2005）谈到言词证据推理的“双重路径模型”：他区分了“缺省路径”（default pathway）和“反思路径”（reflective pathway）。在前一种路径中，人们几乎自动接受一项证言，而在后一种路径中，人们构建一个相关知识的因果模型，并使用最佳解释推论决定是否相信该证言。当证言的内容与其现有信念不一致时，或者有理由怀疑证言来源的可信性时，人们从缺省路径转向反思路径。因果-回溯推理标准方法的问题在于，它迫使推理人总是采取反思路径，因为它迫使推理者考虑所有选择解释，即便它们未得到任何进一步证据的支持。

将证据材料建模成由故事中的事件导致，这种方法的另一项缺点是它可能是反直觉的。在有些情况下，将知识建模成因果关系非常自然；例如，“用锤子击打某人的头部会导致脑损伤”或者“穿着脏鞋子进入汽车会导致（汽车中）留下脚印”。然而，在其他情况下，表达这种关系的概称陈述则可能更加人为的；例如，“看到某人遭锤子击打头部，并且被警察询问是否看到什么，导致某人作证**我看到某人遭锤子击打头部**”，或者“如果 DNA 图谱 A 和 B 匹配，那么一个专家将作证 DNA 图谱 A 和 B 匹配”。第 3.1.4 节已经提到有研究表明（van den Braak et al.，2008），对于“言词知识”——来自证言或证据文书的信息，人们发现解释其因果关系比解释证据关系困难得多。

基于故事的方法发展不够成熟的一个方面是，具体如何理性地比较故事。彭宁顿和黑斯蒂主张，他们提出的原则能够决定一个故事的可接受性，即决定人们对于一个故事的信任如何提高或降低，但他们并没有谈到各种标准影响这一信任的程度，也没有确切定义这些标准。前一节讨论到，这些标准在被用于判断故事的融贯性时得到了较为确

切的界定，但至于究竟如何将这些标准应用于检验多个假设的论辩过程仍不清晰。这与基于论证的方法形成对比：第 3.1.2 节讨论了攻击和防卫论证的多种方式，还展示了对运用论证进行论辩推理的结果进行建模的明确方式。运用故事或解释之推理并没有以此方式得到发展，正如撒加德和谢利（Thagard and Shelley，1997）主张，有关诊断和回溯的最佳解释推论方面的形式著述提出了一些比较不同解释的标准，但它们对于证据推理这样的复杂领域而言往往过于简单。

由于故事和故事图式像概称陈述一样是一种讨论有关世界一般常
识知识的方法，故事也会像概称陈述一样带来危险。例如，故事能够 82
悄悄地塞入不相关的事实，把注意力集中于行为者而非行为之上，诉诸隐蔽的偏见，以情绪化的语言讲述事件过程，等等（Anderson et al.，2005，pp. 281-282）。通过基于故事方法的融贯性要求可以部分排除这些危险，确保故事符合一个似真的故事图式，同时要求故事满足因果联系和一致性的要求。改进概称陈述（图 3.17 和图 3.18）允许推理者构建一个清晰的因果结构，并因此提升故事的融贯性。然而，这里存在的一个主要缺点是，无法**关于**因果性概称陈述或者故事本身进行推理。在基于论证的方法中，可以使用多种方式否认或质疑使用不安全的概称陈述，但在纯基于故事的方法中不可能这样做。易言之，关于故事图式以及故事中（默示地）假定存在的因果关系，并不存在真的认知共识。瓦格纳尔等阐述的锚定叙事方法（Wagenaar et al.，1993）提出用某种论辩过程判定故事中概称陈述的似真性，但它并不涉及赞成和反对某一项知识的理由。

概括而言，故事提供了在案件中使用多个较为复杂假设进行推理的一种自然和认知似真的方法。运用较为整体的结构，例如故事图式，可以迅速地构建出假设情节，并且运用这些情节中包含的因果信息以及关于动机和行为的信息，可以对这些结构做进一步的发展，还可以将其用于指引寻找证据。然而，在目前的研究状态下，证据材料在这一方法中并没有一个清晰的位置，并且仅仅使用因果联系来联系证据材料与解释它们的故事可能是反直觉的。通过要求故事是融贯和似真可以减少故事具有的迫切危险，因此在纯基于故事的方法中选择假设的过程可以被视为一种理性行为。在这种意义上，我不同意威格摩尔的如下观点，即故事不能用于理性分析案件。[16] 然而，为使基于故事的方法具有适当的理性良好基础，需要进一步改进各种检验和比较故事的可能方式；目前尚且无法关于故事潜在的概称陈述或者故事图式进行推理，并且最佳解释推论的论辩过程也没有得到充分的发展。

〔16〕 威格摩尔认为，（论证）图表法是分析证据的唯一“彻底和科学的方式”。

第 4 章　故事与论证的混合理论 83

本书开篇提出，我们的目的是要寻找一个自然且具有理性良好基础的理论。这个理论应当具有足够灵活性，能够容纳发现和追问语境中的各类推理，同时还不能变得过于复杂，应当使各个阶段得出的结果均相对容易理解。该理论一方面应当允许精心检验复杂假设及支持这些假设的证据，另一方面它应该能够从宏观上概览可能发生了何事以及可获取的证据材料。

基于论证的方法允许对案件中的证据材料作周密和理性的分析。推理过程中使用的概称陈述能以多种方式获得支持和受到攻击，并且可以用攻击图建模不同项证据材料之间的互动。因为基于论证的方法更具原子性质，它并不适合就一关于案件中发生了何事的各种假设提供清晰的概览。此外，纯基于证据性论证方法并不能容纳因果性推理的所有方面，例如预测预料之外的结果。最后，尽管证据性论证和概称陈述的理念立基于直觉的和自然的概念，在证明过程中构建这种论证以及就其进行推理究竟是否具有真正的价值尚未通过经验研究得到证明。

相反，基于故事的方法已得到广泛的经验检验，并且其符合人类在刑事案件中关于证据与情节进行推理的方式，这一点也广为人知。故事可以提供简单的概览，利用诸如故事图式这样的知识结构可以就动机与行为作整体性的推理。关于案件中发生了什么的故事，使用因果关系可明示地建模其各要素之间的相互作用。借助故事的因果性质，可以容易地将解释性推理与预测推理结合起来，并且所谓的**故事-结果**

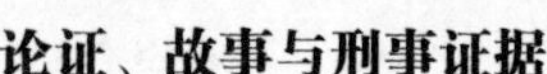

（即从故事可以因果上得出结果）可能指向新的证据。但在基于故事的方法中，证据材料并没有一个清晰的位置，因此对于案件各假设的诸要素并不能像在论证性方法中那样容易地检验其可靠性与相关性。此外，纯基于故事的方法不允许**关于**故事进行推理，易言之，它不允许关于故事的内部因果融贯进行推理。

84 **表 4.1　证据推理的两种方法**

论　证	故　事
· 证据性	· 因果性
· 原子的	· 整体的
· 运用和关于证据材料推理	· 关于行为和事件推理
· 对于理性和论辩的证明过程的叙述在逻辑与概念上已得到完善发展	· 发展相对不完善，尤其是比较选择故事的论辩方面
· 证明过程中仅少量付诸经验检验	· 证明过程中广泛付诸经验检验；表现为一种关于刑事案件的自然推理方式

表 4.1 简要总结了两种方法的特点。注意，此处对基于论证的方法与基于故事的方法作了明确区分，并把它们呈现为两种截然不同的方法。可以争论说有时候这是一种人为区分，实践中故事与论证之间的区别也许并非总是清晰的。例如，在关于一项证据及其可信性进行推理时，我们是在比较该证据产生原因的选择因果性解释（即十分简短的故事），如图 3.26，还是如图 3.6 那样在攻击证据性论证？同样，我们在推论一个行为的动机时，我们是在运用论证进行回溯实践推理，还是在运用故意行为之故事图式进行回溯推理？

每种方法的建模方式同样影响着可归因于每种方法的优势与劣势。例如，如果基于论证的方法只使用较抽象的论证框架（如图 3.9），可以说这一基于论证的方法更具整体性，因为它为案件中所有证据如何互动提供了一个概览，同时牺牲了有关事件如何具体地从证据材料得出的细节。与之类似，如果基于故事的方法详细载明事件与证据之间的所有因果联系，可以说它更具原子性而非整体性。

然而，论证与故事之间的区分有时则清晰得多。图3.16中的事件序列显然不是一个论证，图3.1中从证据到事件的推论孤立来看则与故事无关。因此基于证据性论证的方法将无法传递图3.16包含的信息，而基于因果性故事的方法也将无法容许我们运用证据性的推理从一项证据 E^* 推论出一个简单事件E。同样，实践中也可见这种区分：譬如法官在考虑单个事件以及支持或反对该事件的证据材料时，是更倾向于论证的原子推理，而调查人员在确定什么事件过程导致了当前情境时，是在以更整体的方式比较不同故事。

贝克斯与维赫雅（2009）主张，故事与论证在某种意义上构成“连通器”；在一些情形下因果性、整体的、更加基于故事的方法最为奏效，而在其他情形下证据性、原子的及论证性方法最为自然。使用 85
哪种方法不仅取决于情境，也取决于推理者。因此一种组合论证与故事的混合方法能够提供最具表达力与灵活性的法律证据含义理清理论。两种方法的组合解决了基于故事的方法与基于论证的方法各自的问题，它允许把案件里的不同假设建模成故事，并允许通过证据性论证把证据材料与故事中的事件联系起来。故事可用于快速和创造性地构建有关案件中发生了何事的可理解的假设，与此同时论证可用于以证据支持这些故事，并更加详细地对故事的似真性与融贯性进行推理。以此方式证据材料有了清晰的位置，并能以一种直觉的方式与各种假设相联系。下一节将描述组合理论的特点。请注意，在此组合方法中基于故事的方法和基于论证的方法仍完整保留了各自的全部特点；两种推理模式的结合仅拓宽了可能性。

4.1　故事与论证的组合

在混合理论中[1]，故事被建模成简单的因果网。这些故事能够从因果上解释案件中的待解释项，从而可被视为关于发生了何事的可能

〔1〕贝克斯等人（2006，2007a，b）和贝克斯与帕肯（2008）曾提出这个混合理论的先前版本。

假设。证据材料被表示为独立的命题，通过证据性推理可以从该等证据材料推论出故事中的状态与事件。因此，混合理论中保留了一项证据 E* 与事件 E 的区分，并且可以就单独的各项证据进行推理，比如底切从 E* 到 E 的推论。

我们最好通过举例的方式解释两类推理的组合。在混合理论中，可用图 4.1 所示的方式以证据来支持初始哈克纳特故事（见页码第 75 页和图 3.16）。这个故事解释了待解释项“哈克纳特藏身水沟中”和待解释项“超市被抢劫”。在图 4.1 中，现在所有各项证据均被清晰地呈现出来，图 3.4 中的论证（支持结论“哈克纳特进入此车”，见页码第 49 页）现在支持着图 3.16 中的故事（“哈克纳特抢劫超市”）。

86

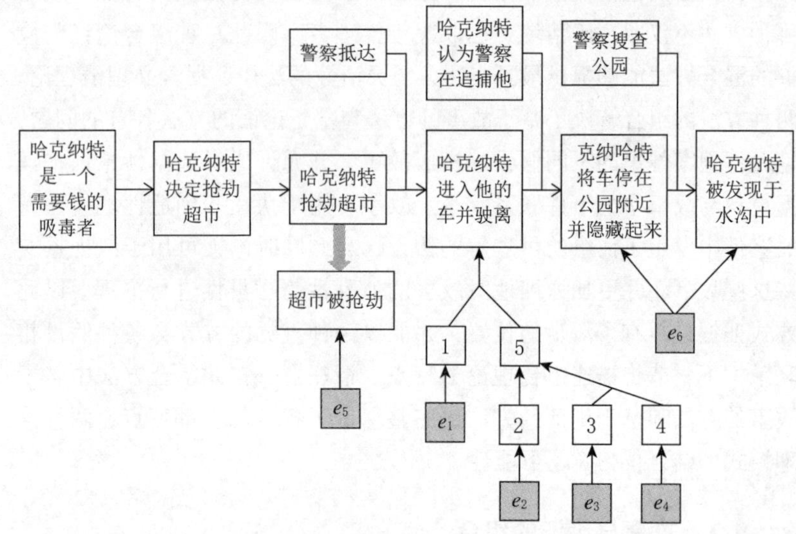

e_1：证人 W_1 作证“我看到某个貌似哈克纳特的人进入此车”。

e_2：专家 E_1 作证“车内毛发的 DNA 图谱与哈克纳特的 DNA 匹配”。

e_3：警察报告“车内发现的鞋印是 Runner 鞋留下的”。

1：证人 W_1 看到某个貌似哈克纳特的人进入此车。

2：车内毛发的 DNA 图谱与哈克纳特的 DNA 匹配。

3：车内发现的鞋印是 Runner 鞋留下的。

e_4：警察报告“哈克纳特被捕时穿着 Runner 鞋”。
e_5：证人W_2作证“我看到有人持枪抢劫店主”。
e_6：警察报告“在水沟里发现哈克纳特，并且他的车在附近”。

4：哈克纳特被捕时穿着 Runner 鞋。
5：哈克纳特曾经在某时刻位于此车。
6：哈克纳特是进入此车的人。

图 4.1　组合方法中的哈克纳特故事及其相关证据

在纯基于故事的方法中，证据材料本身被视为是必须被解释的**观察**（*observation*）。在混合方法中，它往往不是证据材料本身，而是能够从证据材料导出的必须被解释的观察。以证据材料 E^* 与能够从中推论出事件 E 之间的区别为例（见第 2. 1. 2 节关于证据的讨论）。混合方法中必须被解释的观察通常是事件 E，而在纯基于故事的方法中，该观察是证据材料 E^*。因此，基于证据材料的论证提供可由故事解释的观察。故此，在混合理论中待解释项应该由未被推翻的论证来支持。易言之，只有那些其发生未遭质疑的状态或事件才应当由具体故事解释。例如，如果证人报案，但结果证明该证人出于某种原因未讲述真相，则这个犯罪不成立，因此对于他作证的事件没必要进行解释。

待解释项中的观察要满足一个要求，即它从已证成论证中得出，
但这并不意味着从已证成论证得出所有事件均自动成为**必须被**解释的 87
待解释项。前文指出，待解释项的选择不仅取决于证据，也取决于给出解释之人所处的位置以及当时何种解释被视为最佳解释（参见第 3. 2. 4 节有关不同待解释项的讨论）。例如，如果哈克纳特明显未抢劫超市，他也没必要解释是谁抢劫超市。同样，如果存在压倒性证据表明哈克纳特以外的某人抢劫超市，寻找一个整合“哈克纳特有毒瘾”的故事是无意义的，尽管哈克纳特有毒瘾这一点可能毫无疑问（即从已证成论证得出）。因此，待解释项的选择取决于整体案件，而不是仅仅取决于已证成的结论是什么。

在混合理论中，基于故事的方法基本原则和回溯最佳解释推论仍然适用。易言之，仅仅用一个符合证据的融贯故事解释待解释项还不

够，还应该构建选择解释，并根据它们的融贯性及其符合证据的程度加以比较。第 3.2.4 节讨论了比较故事的各种标准，诸如它们符合证据的程度及其融贯性。在混合理论中，利用论证可以对这些标准作更细致而确切的界定。例如，论证可被用于支持和攻击故事中的事件。此外，如同论证可用于支持或攻击证据性概称陈述一样（见第 3.1.3 节），论证还可以相同的方式用于支持和攻击故事中的因果性概称陈述。基于论证的方法基本原则同样也适用，因而能够影响故事的比较。例如，支持一个故事的证据性论证可能被其他论证所击败，从而降低该故事得到的证据支持。

4.2 证据支持、证据抵触与证据缺口

在混合理论中，并非由故事直接从因果上解释证据材料，而是由证据材料**支持**（*support*）故事：基于证据材料的论证结论是故事中的状态或事件。正因为如此，故事符合证据的程度被称为故事的总体**证据支持**。〔2〕 实质上，这种证据支持是支持一个故事中某事件或因果关系的所有各项证据。例如，图 4.1 中的故事得到从 e_1 到 e_6 的支持。

故事的证据支持不仅包含以证据支持故事中状态或事件，也可以包含基于证据的论证支持因果性概称陈述。譬如，死因通常由病理学
88 报告支持，此类报告通常明确记载原因（如“这个男人头部遭击打”）与其结果（如“这个男人有脑震荡”）之间的具体联系。两个状态或事件之间的因果关系以此方式获得了证据的支持，这一点可以表达为，以证据性论证支持表示该因果关系的因果性概称陈述。

论证可被其他的论证攻击和击败，它们可能是已证成论证、可防卫论证或已推翻论证。因此反论证能够对故事的证据支持产生影响：通过已推翻论证来支持故事的证据材料并不记入该故事的总体支持之

〔2〕 这种支持类似于彭宁顿和黑斯蒂所说的**证据覆盖率**（参见第 3.2.3 节关于解释证据的讨论）。其区别是，在基于故事的方法中故事解释（即**覆盖**）的对象是证据材料本身，而在混合方法中故事解释的对象是获得证据**支持**的观察。

列。在此情况下，由于证据在某种程度上是不可靠的，它与故事之间的联系被切断。例如，图 3. 6 中的论证（“专家使用过时的方法确定 DNA 匹配”）底切了图 4. 1 中从 e_2（专家证言）到哈克纳特故事的论证，因此减少了该故事的证据支持。

证据支持的反面是**证据抵触**（*evidential contradiction*），它是指与故事中某要素（即状态、事件或因果关系）抵触的所有各项证据之集合。[3] 正如证据支持那样，一项证据不仅可能抵触故事中的某个状态或事件，而且可能抵触故事中表达某个因果关系的某个因果性概称陈述。正如证据支持那样，已推翻论证不被认为具备会对故事符合证据的程度产生影响的足够强度。关于证据抵触，以图 3. 5 中的论证为例，其支持“哈克纳特没有进入此车”这一结论。这个论证攻击图 3. 4 中论证的结论（“哈克纳特进入此车”），因此它抵触故事中的事件“哈克纳特进入他的车，并恰好在警察抵达时离开”。

上述例子表明证据支持和证据抵触存在密切关系。支持结论“哈克纳特没有进入此车”（图 3. 5）的论证与该故事相抵触，并且假定它未被推翻，将增加该故事的证据抵触。此时，这个论证亦可能彻底击败任何支持相反结论的论证，例如，支持结论“哈克纳特进入此车”的论证（图 3. 4）。这个被击败的论证也是基于证据的，被记入该故事的证据支持之列；因此，击败它导致该故事的证据支持减少。如果支持“哈克纳特没有进入此车”的那个论证是已证成的，则基于 e_2、e_3 和 e_4 的论证被推翻，因此在证据抵触增加的同时，图 4. 1 中故事的证据支持减少。

与证据支持或证据抵触相关的另一个重要的故事特点是故事中的**证据缺口**（*evidential gaps*）。根据蒂勒斯（Tillers，2005）所述，这种缺口是指在没有直接证据时，因此必须经由其他的情况证据推论出来的假设事件。为一个事件建立似真情况的一种方式是指把该事件拟合

〔3〕 类似于彭宁顿和黑斯蒂的如下要求，即故事与证据材料相一致（参见第 3. 2. 3 节有关基于故事的方法中的证据）。

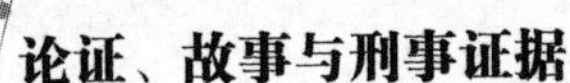

89 (fit) 到一个有足够证据材料支持的融贯故事中，易言之，就是指一个好的并且真的故事。以此方式，故事里详细记述的情况使得被考虑事件的曾经发生显得更为似真。这就是前面所说的故事的“缺口填补”功能，即通过能够拟合故事所绘总体画面的事件填补证据中存在的缺口。在图 4.1 的故事中，仅有情况证据支持事件“哈克纳特抢劫”，即没有从中可直接推论出正是哈克纳特抢劫超市的直接证据（例如证言或闭路电视画面）。这个事件因而可被视为一个缺口填补剂，它填补了有关抢劫者身份的证据缺口。

因此，证据缺口是没有直接证据的状态或事件。作为已推翻论证结论的事件可被视为证据缺口，因为没有任何基于证据的被接受的论证支持这些事件。因此证据缺口的定义依赖于证据支持的定义，但这两个概念也存在明显差异：在图 4.1 中，该故事得到完全的证据支持（即它得到本案所有证据的支持），但它仍然存在一些证据缺口。故事中的缺口数量实质上显示了故事得到证据支持的程度：故事构成中缺口越多，它基于证据材料就越少。留意证据缺口的数量十分重要，有助于我们避免好故事（即存在大量缺口的融贯故事）排除真故事（即存在少量缺口的不太融贯故事）的风险。

请注意，证据缺口仅涉及未获得支持的状态和事件，并且未获得支持的因果性概称陈述并不计入证据缺口的总体数目。这是因为运用了故事推理背后的一个理念，没有必要明示指出事件之间的全部因果关系，更不用说通过证据材料支持的因果关系。在有些情况下，某个未获得支持的因果关系构成一个重要的证据缺口；例如侵权案件中，理想的证据是如下情形，从中可以得出一方的行为对另一方造成了损害。但我暂时不考虑此类特殊情况。但请记住，这并不意味着故事的因果联系不重要，我们仍然可以就故事中（证据支持）的因果关系进行推理。

4.3 混合方法中的故事融贯性

前文指出，用以确定一个故事融贯性的标准有三个（第 3.2.4

节)：故事应当符合一个似真的故事图式，它应当内部似真（即其事件与因果关系应当似真)，以及故事应当内部一致。在这里，似真性是一个相对概念，其依赖于关于知识库的当前认知共识。在混合方法中可通过关于知识库的论证来达成这种认知共识。正如论证中可以就概称陈述的似真性进行推理一样，可以通过如下方式探讨特定故事的似真性，即给出支持和反对潜在的因果性概称陈述之似真性的论证，以 90
及论证一个故事符合一个似真的故事图式。

本书中，融贯性与似真性是两个可**独立于**证据材料而单独成立的概念：关于故事融贯性的论证不是运用证据进行论证来实现，而是运用作为世界知识库一部分的常识知识进行论证来实现的。其原因在于，当存在证据支持故事的某个特定部分时，其融贯性的重要性便退居其次了：如果得到足够的证据支持，即使一个非常不似真的故事也是可信的。例如，如果一个事件得到证据材料的支持，我们没必要使用我们的常识知识进行推理，以使这个特定事件或概称陈述更为似真。但如果没有证据材料支持故事中的某个事件，则考察该事件是否内在似真就很重要，即能否从我们的一般常识知识库推论出这一事件。同样，如果一个事件已经受到证据材料的抵触，我们就没有必要再证明它因为不符合我们的一般知识而内在的不似真。

4.3.1　故事的似真性与一致性

故事融贯性的一个重要方面是故事的似真性。它是指没有基于证据的状态、事件和因果关系应当似真，因为它们从我们的知识库得出。在某些情况下，这种事件或关系被默示假定的。然而，在混合理论中，我们可以像暴露论证中的怀疑点一样来暴露故事中的怀疑点，从而可以就故事的总体似真性进行明示的推理。因此，故事的**似真性**是指事件和表达因果关系的概称陈述受到基于知识库的**明示论证**支持的程度。因此与被默示假定的事件或因果关系相比，获得诉诸一般知识论证明示支持的事件或因果关系更为似真。这背后的原理是，如果给出一个明示的论证，更容易就假定之事件或因果关系达成认知共识，这是因为明示论证可以在论辩过程中得到检验。以同样的方式，故事的**不似真性**是指事件和表达因果关系的概称陈述受到基于知识库的明示论证攻击的程度。然而，虽然一个默示被假定的表达因果关系的概称陈述亦可能是不似真的，但这一点并非显而易见，除非给出抵触这个关系的论证。请注意，基于证据的论证并不直接增加或减少故事的似真性，因为它们已经直接在证据支持和证据抵触中得到了考量。

一个故事的似真性部分取决于其证据缺口的似真性，即故事中没有证据支持的事件和因果关系的内在似真性。该等事件可以用诉诸知识库论证加以支持或抵触。例如，一个故事假定 2008 年有美国总统选举，该故事（通过证据性推论）获得了该年有选举这一一般知识的支
91 持。另一方面，一个论及外星人抢劫超市的解释则不具有似真性，因为在我们的知识库中很可能包含“（地球上）不存在外星人”的知识，基于这一常识知识的证据性论证可以攻击该故事。

故事似真性的另一部分为其（默示）因果关系的似真性。本书出现的一些故事例子，经常使用有些简单或临时的因果关系解释，其中因果联系代表的关系并不比时间次序或某种其他假定的因果关系提示强多少。以图 4.1 中故事为例。该案件中哈克纳特躲藏起来不仅是因为他认为警察在寻找他，还因为他抢劫了超市，因此，可以争论说在抢劫与“哈克纳特藏身水沟中”这一事实之间需要存在某种直接的因果联系。同样可以争论说某些因果关系有点牵强：比如并非所有需要钱的吸毒者都会抢劫超市。在混合理论中，这种对因果关系的解释并不构成一个问题，因为它允许使用论证对表达因果关系的概称陈述提出质疑。例如，如果故事中两个事件之间的某关系（如时间次序或相关性）被错误地解释为因果关系，那么可使用论证来否认它，以此增加该故事的证据抵触（如果该论证基于证据）或不似真性（如果该论证基于一般知识）。这种对待因果关系的方法还允许故事的初始因果结构保持相对简单，从而继续发挥提供案件良好概览的功能；仅在有理由质疑该结构时因果的故事结构才会变得复杂。

以“哈克纳特是一个需要钱的吸毒者”与“哈克纳特决定抢劫超

市”之间的因果关系为例。可以运用常识知识以多种方式对这个因果关系进行攻击与支持（图 4.2）。正如运用证据性概称陈述推理时一样，对于运用因果性概称陈述推理，我们也可以通过如下方式对该推论进行攻击：为该概称陈述的特定事例提供例外（“哈克纳特不会这 92
样做”）；或者我们还可以攻击该概称陈述本身（“吸毒者不抢劫超市”）。我们还可以攻击从来源（“这个一般知识基于偏见”）进行的可废止推导。最后一种方式并未直接攻击故事的似真性，而是通过推翻增加似真性的论证来减少其似真性。注意图 4.2 中的所有论证均基于知识库中的信息。虽然给出一个支持或反对因果关系的基于证据的论证是完全可能的（比如研究表明超市经常遭吸毒者抢劫），但对故事因果似真性的讨论通常基于常识知识，并且是一个关涉发现知识库认知共识的问题。此外，基于证据的论证并不直接影响故事的似真性，这一点可以用图 4.2 为例。

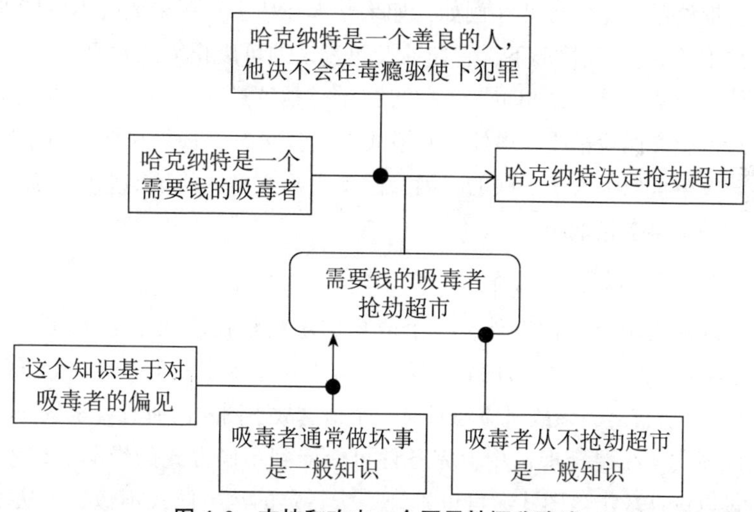

图 4.2　支持和攻击一个因果性概称陈述

支持或攻击故事的基于证据材料的论证没有**直接**影响故事的因果似真性，但它们可以通过击败一个没有基于证据的论证间接影响因果似真性。以图 4.2 中的例子来说明，其中仅给定了一个论证，即反对该概称陈述的直接论证（即吸毒者不会抢劫超市是一般知识）。如果这个论证不被其他论证所攻击，那么它是已证成论证，从而减少该故事的因果似真性。现在如果给定一个基于证据的论证（比如研究表明多数吸毒者实施轻微犯罪）并且它击败了反对该概称陈述的上述论证，则该故事的似真性增加，因为上述诉诸一般知识的论证现在被推翻了。

故事融贯性的第二个标准是一致性，它涉及故事的内部抵触。该标准关涉的是，故事**是否**一致的问题，而非故事的一致程度问题。易言之，单个不一致性本质上就会导致故事的不融贯。例如，如果图 4.1 中的哈克纳特故事包含事件“在一棵树上发现哈克纳特”，那么该故事就是不一致的（因为一个人不可能同时既在树上又在水沟中），它甚至不应该被严肃地视为待解释项的一种解释。抵触往往是默示存在的，因此确定一致性需要通过推论揭示出抵触的存在。在某些情形下，这些推论似乎显而易见（例如，如果某人在树上，那么他就不可能在水沟中）。在其他情形下，它们涉及更复杂的可废止因果预测。例如，事件“哈克纳特抢劫超市”不仅导致哈克纳特逃离警察，它通常也将导致钱脱离保险箱或收银处。如果故事包含状态“钱仍在保险箱中”，则该故事可以视为不一致的，因为故事中某个事件的预期原因与故事中的一个事态相抵触。

4.3.2 故事的完备性

除取决于似真性以外，一个故事的融贯性还取决于它的完备性（见第 3.2.2 节关于故事图式和第 3.2.4 节关于确定故事融贯性标准的
93 讨论）。易言之，该故事应当对应一个似真故事图式的所有要素从而填满该图式。在混合理论中，完备性可能受到不同方式的影响。首先，通过以论证攻击该图式，可以论证一个特定的故事图式不似真。从本质上来说，一个图式就是联系因果关系的集合，因此可以像在故事中攻击因果关系一样攻击故事图式中的因果关系。例如，如果一个关于餐馆就餐的故事图式包含“去饭店就餐的人经常未支付就离开”的这

样一个概称陈述，它将受到一个基于常识知识的论证“此情形不常发生”的攻击。另外，故事与图式之间的对应关系应通过形式为“E **是一个** SE”的似真**抽象概称陈述**来表示，其中 E 是故事的一个要素，SE 是图式的一个要素。我们可以运用论证攻击此类抽象概称陈述，以此表明故事与图式之间的对应关系不似真。

图 3.23 表明哈克纳特故事填满了故意行为图式和抢劫图式，两者均可视为相对似真的故事图式。因此，该故事符合彭宁顿和黑斯蒂最初定义的完备性要求。但我在先前著述中曾指出（Bex，2009），故事是完备的在实质上存在两种程度：如果一个图式的每个要素在该故事中都有一个状态或事件与之对应，那么称故事**填满**故事图式。易言之，一个故事如果“成分俱全”，那么它是完全的。另外一个要求是故事**拟合**故事图式；这种情形是指一个故事的所有要素均与图式中的某个要素相对应。在此标准下，如果一个故事没有拟合图式的“多余成分”，则该故事是完全的。例如，如果在哈克纳特故事中加入事件“一个至高权利命令哈克纳特抢劫”，该故事仍然填满抢劫图式。但它与抢劫图式并不完全匹配，因为该图式并不包含要素“至高权力 z 命令 x 抢劫 y”。使故事与图式完全匹配的一种方式是以此要素扩充该图式。然而这会使新的抢劫图式不似真：通常人们不会奉至高权力的命令去抢劫超市。

4.4　评价与比较故事

在混合理论中，我们现在基本拥有六条标准以确定何为一个好故事。现在可将故事符合证据材料的程度分解为证据支持、证据抵触和证据缺口；通过考察故事的似真性、完备性和一致性可以确定故事的融贯性。论证与建模成因果上解释的故事组合之后，我们能够以一种具体的方式界定这些标准。

这些标准基本上为我们提供了用于分析故事的一组**批判性问题**。这些被表达为问题的标准能够为证据材料与故事的组合提供典型的怀疑源，正如与论证图式相配套的批判性问题能够视为一个单步骤可废

94 止推论的怀疑源。其中三个问题涉及故事符合证据的程度：

- 多少以及哪些可获得的证据材料支持该故事？（**证据支持**）
- 多少以及哪些可获得的证据材料抵触该故事？（**证据抵触**）
- 该解释中的多少以及哪些事件未获得证据材料的支持？（**证据缺口**）

另三个问题涉及故事的融贯性，无需从本质上考虑案件中的证据材料即可对其作出回答：

- 该故事中的事件以及表达潜在因果关系的概称陈述，其内在似真程度如何？（**似真性**）
- 该故事填满了一个似真的故事图式吗？该故事拟合一个似真的故事图式吗？（**完备性**）
- 该故事有互相抵触的要素吗？（**一致性**）

这些标准本质上是对彭宁顿和黑斯蒂的标准（第 3.2.4 节）和适用于一般最佳解释推论的一般标准（第 2.3.1 节）更加详细和全面的描述。

在给定上述批判性问题的基础上，我们现在便可以通过把解释性和预测的因果性推理与证据性推理相组合的方式，构建与分析一个故事。以哈克纳特案件为例，该案中的一个待解释项是“哈克纳特被发现于水沟中”。控方讲述了一个故事，即哈克纳特跳进水沟，因为他在抢劫超市后试图躲避警察。这个故事解释了哈克纳特为何在水沟中。图 4.1 展示了该故事符合证据材料的情况；目前证据材料 e_1 到 e_5 支持该故事。重要的证据缺口是抢劫超市人的确切身份和停车人的确切身份：在该故事中，其主张哈克纳特实施这两个行为，但没有提供可从中直接得出实际就是哈克纳特的任何论证。这个故事似乎并未被直接抵触；然而，假定我们有哈克纳特的一项证言，说他当时不在超市附近，而是在与本尼发生争论（图 4.3）。

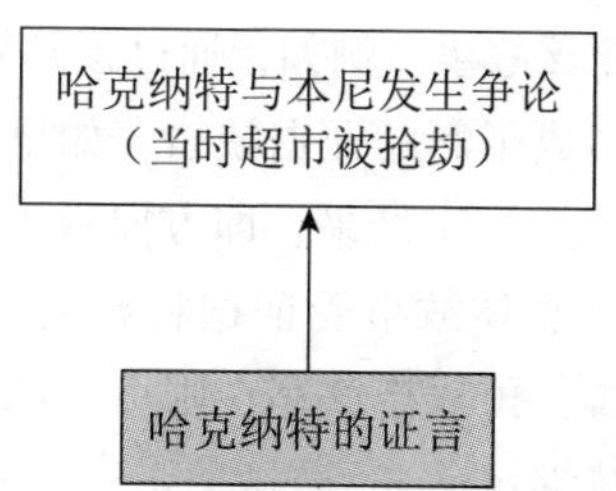

图 4.3　关于与本尼发生争论的哈克纳特证言

这个争论与“哈克纳特抢劫超市”（图 4.1）的故事相抵触：哈克 95
纳特不可能在同一时间既抢劫超市又和本尼发生争论。哈克纳特当时在做其他事情，这一事实可以建模成待解释项“哈克纳特被发现于水沟中”的一种选择解释（见图 4.4）。这表明有些信息，例如不在场信息，既可看作抵触证据又可看作一种选择解释，这表明故事与论证本质上是连通器。

图 4.1 中的故事似乎是内部一致的。图 4.2 展示了就故事内部（因果）似真性所作的推理。请注意，当该等支持或反对因果性概称陈述的论证未被给出时，概称陈述直接被假定。图 3.23 展示了哈克纳特的故事匹配故意行为图式，从而也匹配抢劫图式。因此，如果我们相信这些图式似真，那么该故事是完全的。

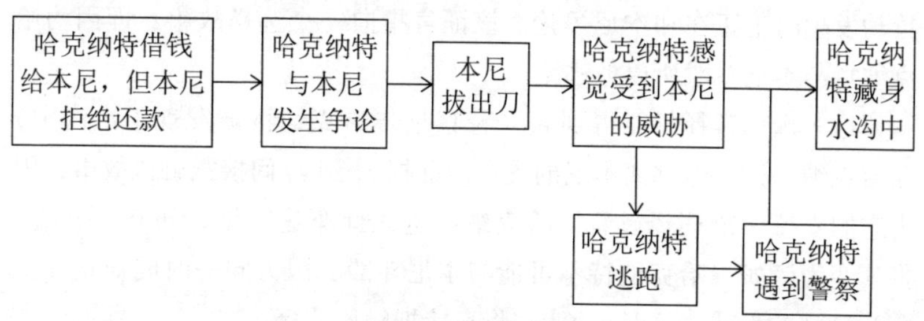

图 4.4　哈克纳特藏身水沟中的理由

一旦构建出一个基本故事，便可以通过进一步的解释性和预测推

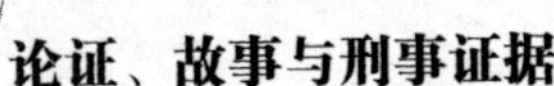

理来进一步改善或弱化该故事。例如，通过预测故事-结果可以弱化一个故事因为据此可能形成了新的证据缺口：如果我们预测“哈克纳特进入此车并驶离”会产生一个结果，即方向盘上一定留有指纹，但未发现这样的指纹，那么总体故事受证据材料支持的程度变弱。然而，如果发现了这样的指纹，预测指纹存在则可以改进该故事，因为找到了更多的证据材料支持它。

4.4.1 比较故事

上述评估故事质量的标准仅涉及单个故事及其与证据的关系。为了比较多个解释，我们还应该考虑选择解释。两位约瑟夫森（1994）为此界定了同样可表述为问题的附加标准：

- 多少其他故事能够解释该待解释项？
- 当前故事优于这些选择故事的决定程度有多高？
- 搜索选择故事的彻底程度有多高？

96 在哈克纳特例子中，可以找到待解释项“哈克纳特藏身水沟中”的几种选择解释。上文讨论到，抵触证据可能指向选择解释：如果该证据与一种解释不相容，则必定存在与之相容的其他解释。上文讨论到，在哈克纳特案件中控方的故事抵触哈克纳特自己的如下证言，即抢劫发生时他正在和本尼争论。该证言指向一个选择故事，即因为哈克纳特与本尼斗殴所以他逃跑。

这一选择解释仅能得到 e_6（警察报告哈克纳特被发现于水沟中）和哈克纳特证言他逃离本尼的支持。证据 e_1 到 e_4 **间接抵触**该故事，因为它们支持一个选择解释。哈克纳特进入此车这一结论可进行扩充，将其变为诸如“哈克纳特不可能与本尼斗殴，因为同一时间他正在上车”这样的形式，这时 e_1 到 e_4 将直接抵触该故事。

可以争论的是，哈克纳特自己的证言对该故事不能提供充分的支持，因为哈克纳特就此等事件显然存在撒谎的有效理由。他可能编造了有关本尼的故事，因为警察认为他是嫌疑人，他想要为自己提供一个似真的不在场证明。哈克纳特就其故事中的事件进行作证，如果诉诸哈克纳特证言论证遭到底切（因为哈克纳特的诚实性存疑），则哈克纳特的故事基本上未获得支持。这向我们展示了论证性推理如何影响一个故事的质量：通过已推翻论证与故事相联系的证据材料不计入证据支持之列。另外，它还表明单项证据对故事不能提供宽泛的支持：如果哈克纳特的证言被判断为不可信，该故事将突然不受支持。

关于哈克纳特的故事融贯性，该故事似乎不是内部不一致的。一个重要的问题是此故事是否内部似真：由于没有附加证据支持哈克纳特作证的事件，我们应该把更多注意力放在他的故事内在似真性上。该故事中大多数被假定的事件和概称陈述都是合理似真的：人们常常因为钱发生争论，而这些争论可能导致某些人威胁其他人。然而，“哈克纳特感觉受到本尼的威胁，并且哈克纳特遇到警察→哈克纳特藏身水沟中”这个因果联系是可疑的。将其表达为概称陈述将会是，“某个感觉受到他人威胁并且遇到警察的人将藏起来”。这似乎是一个奇怪的概称陈述，因为人们会期望受到威胁的人去寻求警察的帮助。因此这个故事不太融贯，因为它的一条内部因果性概称陈述并不似真。可以争论哈克纳特感觉受到威胁这一事实并不是他藏身水沟中的原因。但如图 3.28 所示，这种情形下案件中的故事不是完全的，因为此时没有清楚地激发哈克纳特行为的心理状态。

这时我们面临的一个重要问题是，什么时候一故事比另一故事更好。一种比较故事的方法为，使用第一组的三条标准确定故事符合证据的程度，使用第二组的三条标准确定故事的融贯程度，然后进行不同故事的排序（即**支持故事的证据材料越多，故事越好，或者证据缺** 97
口越少，故事越好）。通过某种简单计算便可以实现这种比较，例如分别计算支持故事 S_1 和 S_2 的证据材料总数；如果 S_1 有更多证据材料支持，则它比 S_2 更好，反之亦然。这提供了一种可称得上虽然粗糙但有效的比较故事的方法：在哈克纳特例子中，显然控方的故事更好地得到了证据材料的支持。另一种比较故事的方法是运用集合包含（set inclusion）比较两个故事：如果表示 S_2 证据支持的集合是表示 S_1 证据支持的集合之子集，则 S_1 更好。这种方法背后的理念是，只有在支持 S_1 的证据至少与支持 S_2 的一样多，甚至更多时，故事 S_1 才胜过故事 S_2。这种方法实际上确保了没有其他解释比被挑出来的解释更好了。但这种方法有一个缺点，即这些故事常常是不可比的。在真实案件中，我们面对的是受其各自证据支持的两个或更多的故事。对于发生了何事这些故事表达着不同观点，因此它们很少受相同证据支持。正如我们在哈克纳特案件中能够看到的，支持控方的故事 S_1 的证据材料集与支持哈克纳特的故事的证据材料集是不相容的（即前者并非后者的子集或超集）。这是因为当我们有两个选择故事 S_1 和 S_2 时，支持 S_1 的证据通常会抵触 S_2，反之亦然（因为抵触证据通常指向一种选择解释，参见上文）。

如果以上标准被用于故事排序，我们也应当根据其各自的重要性对这些标准本身进行排序。对此应该指出的是，应该始终把故事符合证据的程度位列于故事融贯性之前。第 3.2.5 节关于故事评价的讨论曾指出，“好”故事排除“真”故事的危险是真实存在的。如果一种排序要求获得更多支持的故事始终好于另一故事，无论这两个故事的融贯性如何，则可以避免这种危险。

我们这里以接近数学的、更分离的方式解释各种标准这种做法并非没有问题。例如，如果故事 A 比故事 B 获得更多证据材料支持，则故事 A 比故事 B 更好，这一点并非总是成立。如果故事 A 仅有一项被视为高度可信并且相关的证据支持，而故事 B 有与主要待解释项相关性微弱的多项证据支持，我们并不能说故事 B 因为有更高的证据支持而自然更好。另外，除了故事符合证据比故事的融贯性更重要之外，不同标准的排序也并非无关紧要。例如，一个故事比另一个故事获得更好的支持但也受到更多抵触，这时该怎么办？

第 3.1.2 节讨论论证的强度时实际已经考察过此处碰到的同类问题。此处强调的要点是运用论证推理与运用故事推理总是依赖于语境以及（针对一个论证或故事）作出决策时可获得的知识。诸如“似真性”这样的概念很难被量化，简单地“计算”论证或故事的强度或信念度忽视了这一事实。例如，如果我们把似真性定义为一个故事中受

到论证攻击的因果性概称陈述的数量，则哈克纳特的故事似真性与控
方的故事似真性具有同等的似真。然而，多数人都会认同控方的故事 98
更为似真。

因此，在故事之间做选择时总是要结合证据材料和故事的内容。实质上这与比较论证的方法相同：尽管可以确切界定哪些论证攻击哪些其他论证，但一个论证是否击败另一论证的最终选择涉及对两个论证之间优先关系的判断。确定该等优先关系的理由通常不可能用数学术语表达，而只能以更加语境依赖的实质术语来表达。〔4〕

运用这些标准的一种不同的方法是，不要将它们解释为用于比较故事的硬性规则，而是把它们解释成了作出关于案件事实的理性和周详的决策而提供指引。贝克斯与维赫雅（2009）曾提出一个**陷阱**列表，这些陷阱类似于对上文批判性问题的否定回答（即**故事获得证据的不充分支持**）。他们主张推理者应该以避开这些陷阱为目标，但却没有绝对且客观的标准用于判断何谓避开了陷阱。这些陷阱以此方式充当指引，而不像瓦格纳尔、范柯本和克劳姆巴格的普遍证据规则那样充当故事的硬性要求（Wagenaar et al., 1993, p. 231）。

4.4.2　探究型对话博弈

第一章曾指出，本书采用一种程序理性的概念：如果一个信念或决策与一个适当程序中实际考虑的（或应当考虑的）知识一致，则它是理性的。检验故事的一种好的方法是，考察它及其支持证据能否在论辩探究中经受住批判。前文指出，论证中可对这种论辩过程加以规制，一个适当论辩对话的结构和规则可被作为一个**对话博弈**的协议给出。对话博弈为两个或多个博弈者之间的融贯对话制定原则，该等融贯性取决于对话的目的。在第 3.1.2 节结尾处提及的基于论证的说服

---

〔4〕 页码第 53 页表明，解决哪个论证应该优先这一问题的方法之一是，允许就论证或规则之间的优先级进行推理。同样，我们可以允许针对不同故事进行该等“元层次”的优先级推理（例如，“我的故事比你的更好，因为它得到一个重要证人陈述的支持”）。然而，鉴于整合故事与论证所带来的复杂性，此处不再继续沿着这一方向探讨。

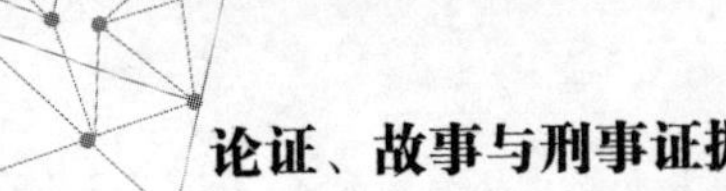

型博弈中，正方提出一个他必须为之防卫的主张，而反方的目的是争论这个主张。说服型对话博弈的目的是以公平有效的方式解决这种意见分歧。谈判型博弈（见 Rahwan et al., 2004）的目的不是要令其他博
99 弈者认同某个实质主张，而是要就某种“好处”进行谈判。例如，如果某一博弈者的提供或要求得到接受，或者双方博弈者达成某种妥协，那么博弈者可以提供和要求这些好处，并且博弈终止。例如，博弈规则确保所作出的所有行动均与当前议题相关。例如，在一个论辩性说服型对话中，反方只能直接攻击对手提出的主张，而不能发起讨论某个完全不同的主张。

在证明过程中，至少在与刑事调查相关的证明过程中，对话博弈的博弈者扮演着相同角色，因为他们都想为待解释项找到最似真并且最具证据良好支持的解释。这一证明过程中的对话可被认为**探究型对话**（Walton，1998）。根据沃尔顿的观点，探究型对话的首要目的是增加我们的知识；博弈中的博弈者共同收集、组织和评估假设故事与证据。沃尔顿（1998）进一步识别了探究型对话的两个功能。第一个是**解释**某事为何或如何发生，第二个是在给定当前证据与其他知识的情形下，**论证**应当接受其中一个关于发生了何事的说法。探究型对话据此可分为三个阶段，大致对应证明过程的发现、追问与证成阶段。在第一阶段——它与沃尔顿的解释理念相对应——博弈者各自构建自己的解释，并集中支持与扩充该解释。在第二阶段——它对应沃尔顿的**论证**——博弈者对解释发起批判性分析，集中攻击其他博弈者的解释并对自己的解释进行防卫，例如底切与其解释相抵触的论证。在第三阶段，博弈者试图找到一种妥协。

请注意，由于组合了解释与论辩，探究型对话合并了合作面与对抗面。虽然没有博弈者真正想要“获胜”（因为该对话的目的是增加关于案件的知识，博弈者都想找到待解释项的最佳解释），但是如果忽视该对话的对抗面将增加隧道视野的风险。如果不必提出选择解释，也不必对该解释提出质疑，那么博弈者天生的确认偏见将导致他们专注于一个解释，而忽视选择解释。要求博弈者始终如一地寻求一个比

其他博弈者的解释更好的解释，可以在一定程度上将对抗场景付诸实施。为满足这一要求，他们将扩充和支持各自的解释，并攻击其他博弈者的解释。

总而言之，对话博弈能够为刑事证据推理语境下的典型探究型对话提供规则，这将确保对于各种假设故事与基于证据材料论证的讨论以一种适当和理性的方式进行。这意味着博弈者的话语至少应该是**相关的**。此外，通过对抗场景，应鼓励博弈者改进他们自己的解释或反驳其他博弈者的解释，从而希望能够避免“隧道视野”。我们的理念 100
是，如果证明过程中的讨论受到此类博弈规则的规制，将能够避开陷阱。第5.5节将对确切的对话博弈进行完全的界定。

4.5　评　价

在本章中，证明过程中的最佳推理方法是把故事与论证组合成一个**混合理论**。在混合理论中，可以运用故事从因果上解释待解释项。这些假设故事可通过基于证据或一般世界知识的证据性论证加以支持和抵触。

该混合理论组合了基于故事的方法和基于论证的方法各自的优势。可以对案件个体要素（即证据项目、概称陈述、故事要素）进行论证讨论。以此方式可以透彻地分析证据及其可信性，并可以就从证据到故事之推理潜在的一般知识达成认知共识。故事组织证据材料，并提供案件的概观。此外，可运用故事和故事图式外展相对复杂的假设情节。最后，故事的因果性质可以预测故事-结果，即可为之寻找证据的新事件。

除了组合两种方法的优点，该混合理论还解决了基于故事的方法和基于论证的方法的大多数问题。例如，可以运用论证**就**故事进行推理，从而以论辩方式确保故事的融贯性。可以运用论证对故事中假定的事件和关系进行争论，因此不仅能够就证据性概称陈述，而且能够就故事潜在的一般知识达成认知共识。此外，将证据性论证整合进混合理论有助于准确界定可用于比较故事的不同标准。证据支持与证据

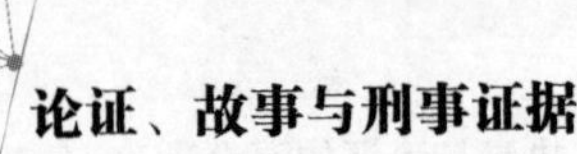

抵触为如何故事能符合证据提供了清晰的概念，故事的似真性与完备性确保了故事符合关于世界的一般常识知识。

确定故事质量的标准最好可以表达成**批判性问题**，在证明过程中可以针对特定的假设故事提出这些问题（例如“多少及哪些可获得的证据支持当前假设?”）。考虑到当前的程序理性概念，询问这些问题确保了证明过程是一个理性过程，同时我们可以期待避开诸如确认偏见或模糊假设的证成之类的陷阱。

第5章 论证与解释的形式逻辑混合理论 101

第4章提出了一种刑事证据推理的混合方法。本章将讨论源自形式逻辑领域的一些概念（即论证的论辩状态和因果回溯推理）。该章旨在定义混合理论的一个形式逻辑版本以使混合理论具体化。[1]

形式化混合方法的基本理念如下。一个使用回溯**最佳解释推论**（*inference to the best explanation*，IBE）的逻辑模型以一个因果理论（一个因果规则或概称陈述的集合）与一个需要解释的观察（待解释项）的集合作为输入，并得出作为输出的一个根据该因果理论解释待解释项的假设集合。假设和因果理论的组合可视为一个关于可能发生了何事的故事。根据这些假设故事或**解释**的融贯性及其符合案件证据材料的程度，可对它们进行比较。通过能被攻击和击败的可废止论证将证据材料和故事相联系。可废止论证还可用于攻击解释：该理论使用的因果规则并非给定，它们的有效和可适用性可成为论证过程的对象。利用这种方式可以通过论证支持或攻击解释。

本章结构如下。第5.1节提出混合理论潜在的逻辑特征。第5.2节讨论混合理论的论证部分，并表明如何构建和攻击基于证据的论证。第5.3节简要概述基于因果模型的推理，并表明在当前给定的可废止逻辑中，如何能够建模混合理论之因果部分的基础。第5.4节讨论混合理论，即将前两节的论证部分和因果部分组合起来。第5.5节提出

[1] 此形式理论曾以一个更精简版本发表在（Bex et al., 2010）。

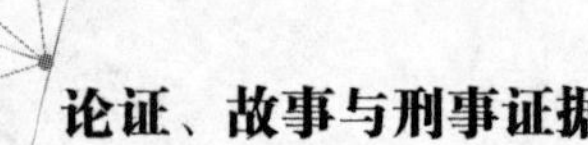

一种用于构建及检验故事和证据的形式对话博弈。最后，在第 5.6 节中给出了一个扩充例子阐释形式混合理论、其半形式的变体以及对话博弈。

102

5.1 可废止逻辑

基本上，逻辑由一种形式对象语言和一种以元语言表达的有效结论概念组合构成。后文中对象语言简称为逻辑语言，通常为一阶逻辑的标准语言或其扩充。元语言允许我们就对象语言中的公式进行推理，其中包含的推论规则确定对象语言中的公式何时及如何能推论而出。此种推论规则的一个例子是众所周知的分离规则（modus ponens），它允许我们从公式 φ 和 $\varphi \rightarrow \psi$ 推出对象层面公式 ψ（其中→为标准逻辑的实质蕴涵）。

在继续讨论这一当前逻辑之前，有必要先对逻辑规则与概称陈述进行一些说明。宽泛看来，规则表达某一结论与被视为该结论支持理由的命题之间的关系。[2] 注意此处需要区分两种规则：对象层面规则，如"如果 φ，那么 ψ"（形式地表示为 $\varphi \rightarrow \psi$）；元语言推论规则，如"φ。如果 φ，那么 ψ。因此 ψ"（分离规则，形式地表示为 $\varphi, \varphi \rightarrow \psi \vdash \psi$）。这个例子表明，一些推论规则为了推论出某个结论利用类似条件的规则。经典逻辑中另一个该等推论规则的例子是逆分离规则（modus tollens，从 $\varphi \rightarrow \psi$ 和 $\neg \psi$ 推论出 $\neg \varphi$）。然而并非所有推论规则均有一个类似条件陈述的规则作为前提；源自经典逻辑的该等推论规则的例子有合取引入（$\wedge$-Introduction，从 φ、ψ 推论出 $\varphi \wedge \psi$）和析取引入（$\vee$-Introduction，从 φ 推论出 $\varphi \vee \psi$）。[3] 如果考虑到上述最后一条推论规则在某种意义上能用自然语言表达为"如果 φ，那

〔2〕 这种规则概念立基于哈格和维赫雅对于规则的定义，但与之不完全相同，参见（Verheij et al., 1998）。

〔3〕 请注意，这些规则在各种演绎系统中使用的名称可能不同。概括介绍，参见（Gabbay et al., 1993）。

么 $\varphi \vee \psi$”，则对象层面规则与元层面规则之间的相似性变得明显。类似地，分离规则也能重新表达为“如果（φ，如果 φ 那么 ψ），那么 ψ”。

因此，一个“如果……，那么……”形式的条件概称陈述可以建模成一个对象层面条件或者一个元语言推论规则。例如帕肯的论证系统（Prakken，1997）中一个概称陈述“如果某物是鸟，那么它（推定）会飞”可被表示为一个对象层面规则 r：鸟（x）$\Rightarrow$ 会飞（x），其中⇒为可废止蕴涵，实质蕴涵的一种变体。如果我们还接受鸟（翠迪），通过对这两个公式运用分离规则的一种可废止变体，我们可以推论出翠迪会飞。而在瑞特的缺省逻辑（Reiter，1980）中，这一概称陈述被建模成一个（具体领域的）推论规则，称为缺省。该缺省 d：鸟（x）：会飞（x）/会飞（x），这个缺省非形式地表示“如果鸟（x）成立，并且会飞（x）可被具有一致性地假定，那么可推论出会飞（x）”。这里，运用缺省 d，接受鸟（翠迪）就可以推论出会飞（翠迪）。

上述例子还表明，推论规则存在从抽象到具体的不同形式。分离 103
规则是一个抽象推论规则的例子。另一个抽象规则的例子是分离规则的可废止变体：“φ。如果 φ，那么 ψ。该规则‘如果 φ，那么 ψ’不存在例外。因此 ψ”。这条规则表述源自维赫雅（2003b），他称之为**无例外的分离规则**（*modus non excipiens*）；沃尔顿和里德（2002）把维赫雅的规则称为可废止分离规则。帕肯（1997）与帕肯和萨托尔（1997）定义了一条类似规则。波洛克在其逻辑中运用了一个混合抽象和具体推论规则的概念，并称之为**理由**（Pollock，1987；1995，第2章）。一个抽象规则的例子为统计三段论（x 是 φ 且有百分之 n 的 φ 是 ψ，这构成相信 x 有百分之 n 的可能性是 ψ 的理由）。其他理由基于抽象程度稍低但仍一般有效的认知原则，诸如感知（“对内容 φ 有感知构成相信 φ 的初步性理由”）或记忆（“记得 φ 构成相信 φ 的理由”）。贝克斯及其同事（2003）基于波洛克的逻辑定义了理由，可将其视为具体领域的概称陈述（例如“证人 w 说‘φ’是相信 φ 的理由”）。上文提及的瑞特关于鸟的缺省同样为一个具体领域的推论规则。

总之，推理模式的抽象程度不等，从抽象（如可废止分离规则）到具体及针对具体领域（如证人证言理由）。此外，证据性论证中运用的形式为“如果……，那么……”的条件概称陈述，可用两种方式建模：作为一个抽象（可废止）分离推论规则的条件前提，或者作为推论规则本身。第一种建模方式下，概称陈述为逻辑对象语言的组成部分（帕肯逻辑中的规则 r），而在第二种建模方式下，概称陈述为元语言推论规则（瑞特逻辑中的缺省 d）。维赫雅（2003b）论述到，如果一种逻辑的推论规则基于具体领域的概称陈述，则该逻辑可被视为**语境逻辑**（*contextual logic*，如 Reiter，1980；Pollock，1995；Bex et al.，2003），而如果一种逻辑仅有诸如（可废止）分离规则那样的抽象推理模式作为推论规则，则该逻辑则可被视为**抽象逻辑**（*abstract logic*，如 Prakken & Sartor，1997；Verheij，2003a）。纯抽象逻辑在某种程度上更加灵活，因为推理者能够确定其想要使用何种概称陈述或推理模式，并且不为高度语境逻辑的特定推论规则所限制。语境逻辑虽没有那么灵活，但它能更好地捕捉特定语境以及该语境中所作推论的类型，从而通过给推理者提供某些指引其推理活动的原则，确保了一个特定的语境依赖的理性标准。将概称陈述建模为条件前提与推论规则的主要实践区别在于，推论规则的有效不能被质疑或否认，而作为条件前提的概称陈述的有效可以被质疑。

由于从纯抽象逻辑到完全语境逻辑构成一个渐进的连续体，构建一个由抽象推论规则与语境推论规则的组合是可能的。在这种“混合”逻辑中，抽象的推论规则如可废止分离规则允许推理者使用各种规则和概称陈述进行灵活推理，而具体的推论规则为推理者提供可遵循的管理或指引。本书所讨论的刑事案件中证据推理的语境很适合此
104 种混合方法。我们可以把一般有效的无法被理智质疑的常用概称陈述建模成具体领域的推论规则，而把一般有效的能被质疑的概称陈述表示为对象语言中的条件公式。具体哪些概称陈述可以足够安全的建模成推论规则，将在后文第 5.2.1 节和第 5.3.1 节中讨论。我们首先形

式地定义逻辑对象语言。

以上讨论表明，除了标准一阶逻辑的联结词，还需要一个联结词来表达条件概称陈述。此外，还应该对充当我们论证输入的证据材料做相应标记。

定义 5.1.1（语言）

令£为任意一阶语言。

—可废止概称陈述的表达有下述形式：

$g_i(\overrightarrow{t})$：$\varphi \Rightarrow_T \psi$

其中，$g_i(\overrightarrow{t})$ 是遵循某些约定的概称陈述名称，$(\overrightarrow{t})$ 为一个多元组，表示概称陈述中的简单项（即变项和常项）。φ 和 ψ 是£中的字符合取，分别表示概称陈述的前件和后件。下标$_T$ 为 $\{_{E,C,A}\}$ 之一，表示概称陈述的类型，即证据性（$_E$）、因果性（$_C$）或抽象（$_A$）。有着开放公式（即包含变项）的概称陈述是一个代表其所有基础事例的图式。

—一项证据材料的形式为 e_i：φ，其中 e_i 为证据材料的名称，φ 为£中的一个合式公式。

—基于£的当前可废止语言$£_d$，是£结合所有可废止概称陈述集、证据材料集和可废止输入材料集扩充而来。

以上定义基于帕肯（1997，p. 153）的定义：帕肯以“可废止规则”替代概称陈述，并把一阶语言与可废止规则的组合称为“可废止扩充”。本书后文，将经常以半形式方式改述逻辑公式，因此我将不使用公式证人（w）∧作证（w，x），而是证人 w 作证“x”。变项将以字母 w，x，y，z 表示，常项以字母 a，b，p，q 表示。希腊字母 φ，ψ 和 χ 表示语言$£_d$中的合式公式。概称陈述名称中的 $\overrightarrow{t}$ 表示简单项的任意多元组和仅包含常项的多元组。此外，指称概称陈述 $g_i(\overrightarrow{t})$：$\varphi \Rightarrow_T \psi$ 时可以使用其名称 $g_i(\overrightarrow{t})$，并且当概称陈述中的具体项无关紧要时，也可用 g_i 指称。

现在可废止蕴涵⇒既可用于表达条件概称陈述，也可用于表达非条件概称陈述。证据性概称陈述、因果性概称陈述和抽象概称陈述之间的区别用下标表示：证据性概称陈述表示为 $\Rightarrow_E$，因果性概称陈述
105 表示为 $\Rightarrow_C$，而抽象概称陈述表示为 $\Rightarrow_A$。关于条件式证据性概称陈述的例子，可考虑页码第 46 页图 3.3 论证（从证人 W_1 的证言到结论“哈克纳特进入此车”之间的推论链）中的下述概称陈述：

$g_L(w,\ x)$：证人 w 看到某个貌似 x 的人 $\Rightarrow_E w$ 看到 x

可以类似地表示因果性概称陈述和抽象概称陈述；例如图 4.1（页码第 108 页）中表达哈克纳特故事中某个联系的因果性概称陈述，及页码第 87 页图 3.22（故意行为图式与抢劫图式之间的对应关系）中表示某个对应联系的抽象概称陈述：

g_c（哈克纳特，超市）：哈克纳特决定抢劫超市 $\Rightarrow_C$ 哈克纳特抢劫超市

$g_a(x,\ y)$：x 抢劫 $y \Rightarrow_A$ 行为

如所能看到的，该逻辑语言有充分的表达力，可以表达不同具体程度的概称陈述。“如果证人看到某个貌似哈克纳特的人，那么该证人看到哈克纳特”，这个概称陈述可作如下表示，其中 H 为哈克纳特的简称：

$g_L(w,\ H)$：证人 w 看到某个貌似哈克纳特的人 $\Rightarrow_E$ 证人 w 看到哈克纳特

这一概称陈述本质上为概称陈述 $g_L(w,\ x)$ 的更加具体版。使用这个具体版仅可能就看到貌似哈克纳特之人的证人进行推理，而不能就看到貌似其他人（哈克纳特以外的人）之人的证人进行推理。因此该语言允许表达针对具体（案件）的概称陈述。根据帕肯（1997），在该语言中非条件的假定同样可表达成形式为 $\Rightarrow_E \varphi$ 的概称陈述，其为

$T \Rightarrow_E \varphi$ 的简称：

g_{dap}：$\Rightarrow_E$“吸毒者往往想抢劫超市”这一信念基于偏见

g_{gkL}：$\Rightarrow_E$“如果证人看到某个貌似 x 的人，那么证人看到 x”是一般知识。

第二个一般知识概称陈述已在页码第 63 页图 3. 11 中表明。

定义了逻辑语言之后，有必要对支持使用该语言进行推理的各推论规则进行定义。在以前的著述中（Bex et al., 2003, 2007a），运用可废止推论规则对经典逻辑的推论规则进行扩充。该项工作的早期研究基于波洛克（1995），其主张可用两种推论规则进行推理，并分别称之为**初步性理由**（*prima facie reasons*）和**决定性理由**（*conclusive reasons*）。决定性理由是源自经典逻辑的演绎推论规则；而初步性规则是可废止推论规则，因为它们仅创设了一个支持其结论的推定。此种初步性理由可被底切（undercut）：波洛克为每类初步性理由均明确定义了其底切者（undercutters）。

现在的问题是，证据推理的当前语境逻辑应当包含什么种类的初 106
步性理由。为了使用形式为 $P \Rightarrow_{\{E, C, A\}} Q$ 的可废止概称陈述推理，需要类似于上文所提及的可废止分离规则的初步性理由。此类理由的一种版本是贝克斯等（2003）给出的波洛克统计三段论的初步性理由定性版本。鉴于这一理由的重要性，我们将对其与其他具体领域的初步性理由单独定义。

定义 5. 1. 2（可废止分离规则/DMP）

φ 和 $g_i(\overrightarrow{c})$：$\varphi \Rightarrow \psi$ 是 支持 ψ 的初步性理由

$\neg\, valid(g_i)$ 底切 g_i 的所有基础事例上的 DMP。

$exc(g_i(\overrightarrow{c}))$ 底切$g_i(\overrightarrow{c})$ 上的 DMP。

关于该定义及其他初步性理由定义中的符号，如果理由 r 表示

“φ是支持ψ的初步性理由”，那么“χ底切r”是“χ支持¬(φ是支持ψ的初步性理由）的初步性理由”的简称。这预设着我们能够以某种方式用对象语言表达元语言的初步性理由。为此，波洛克（1995）引入了「和⌉，它表示将元语言表达的“对象化”。利用它我们可以把元语言规则‘$\varphi \gg \psi$’，其表示“φ是支持ψ的初步性理由”，转化为对象语言的表达式，即合式公式：$\ulcorner\{\varphi_1, \dots, \varphi_n\}\urcorner \gg \psi$。以这种方式，将“$\chi$底切$r$”作为“$\chi$是支持「¬ r⌉的初步性理由”的简写。

利用可废止分离规则的初步性理由，我们便可以从一个可废止概称陈述及其前件推论出结论。例如，如果我们相信哈克纳特决定抢劫超市，并相信他是那种按照自己决策行为的人，便可以推论出他确实抢劫超市：

(1) 哈克纳特决定抢劫超市

(2) g_c（哈克纳特，超市）：哈克纳特决定抢劫超市 $\Rightarrow_C$ 哈克纳特抢劫超市

(3) 哈克纳特抢劫超市　（1，2，DMP）

上述推论涉及因果性推理。一个证据性推理的例子是，从证据推论出证人确实看到哈克纳特：

(1) e_1：证人 W_1 看到某个貌似哈克纳特的人

(2) g_L（w，x）：证人 w 看到某个貌似 x 的人$\Rightarrow_E w$ 看到 x

(3) 证人 W_1 看到哈克纳特　（1，2，DMP）

从技术上讲，这个证据性推论的第二行的概称陈述应该是g_L（W_1，哈克纳特）。然而，例子中常常使用概称陈述的一般版本（其充当基础版本的图式），以便显示推理中确切使用了哪个版本。例如，上述推理中也可以使用更加具体的版本 $g_L(w, H)$、$g_L(W_1, y)$ 和g_L（W_1，H），因为它们都充当该基础事例 $g_L(W_1, H)$ 的图式。以上区分具有重要意义，因为 g_L 的各版本代表不同的信念：如果我们相信每个人都能对他

(她) 是否看到哈克纳特做出判断，我们可能接受 $g_L(w,\ H)$ ，而如果 107
我们相信只有 W_1 能对此做出准确判断，我们可能接受哈克纳特 $g_L(W_1,\ H)$ 。在运用概称陈述进行推理时，明确表明推论中使用了哪个概称陈述可能具有重要意义，因为要运用不同的方式攻击 g_L 的不同版本（见下文）。在上述论证中我们接受，任何人均能就其是否看到任何其他人做出判断。

正如波洛克的著述中所说，本书明确为每个初步性理由给出了可能的底切者。请注意本书区分了两种底切者，一种主张概称陈述并非一般有效，另一种仅主张在个案中存在例外，这种区分即页码第 63 页第 3 项攻击与第 4 项攻击之间的区别。它们之间的技术性区别在于，我们仅能对于概称陈述的特定基础事例给出例外，但能够攻击概称陈述图式（即仅包含变项的概称陈述，从而充当其各个基础事例的图式）的有效。例如，使用关于 $\neg\ valid(g_L)$ 时我们主张，绝不会发生如下情形，即如果任何人看到某个貌似另一人的人，那么这一点支持他们看到这个另一人。与之相对，例外只能对于基础事例给出，也就是：$exc(g_L(W_1,\ H))$ 。一般而言，这个例外没有否认以下情形，如果你看到某个貌似 x 人的人，那么你看到 x ，而是说在本情形下该规则存在一个例外：例如，这个特定证人不能准确识别面部，或哈克纳特有一副普通的外观。

当前关于概称陈述的有效与例外的区分也曾出现于先前著述之中。在哈格和维赫雅提出的基于理由的逻辑（Hage，1996）中，[4] 规则（大致等同于我所称的概称陈述）可区分为有效的或排除的：有效（规则）[Valid（rule）] 或排除（规则）[Excluded（rule）]。这一逻辑中规则的有效或其排除是规则的属性。为了从一个规则及其条件中得出结论，该规则应该有效且未被排除。帕肯（1997）基本上允许通过支持 $exc(r)$ 和 $\neg\ valid(r)$ 的论证来底切可废止规则 r（亦等同于我所

---

〔4〕 哈格关于规则和理由的理论由哈格最先提出，后与维赫雅共同做进一步形式化发展（参见 Verheij，1996；Verheij et al.，1998）。

称的概称陈述)。维赫雅（2003a）的 DefLog 系统未明确区分概称陈述的有效与概称陈述的例外。但他在（Verheij，2005a）中区分了攻击包含变项的概称陈述一般版本和攻击概称陈述的具体基础事例。因此，在攻击“如果证人 w 看到某个貌似 x 的人，那么 w 看到 x”与攻击“如果证人 W_1 看到某个貌似哈克纳特的人，那么 W_1 看到哈克纳特”时，是可以做出区分。

在本书当前的形式化中，通过缺省假定概称陈述没有例外，并且如果有人想底切 DMP，则必须为例外提供明示的理由。这对应于帕肯以及哈格和维赫雅对例外所持的理念。在当前的逻辑中，同样通过缺省假定概称陈述有效。在基于理由的逻辑中，必须首先明示地确立一
108 条规则的有效，方可利用该规则进行推理。帕肯认为以下两种方式均是可行的：通过缺省假定规则有效，或者要求首先给出支持 $valid(r)$ 的明示论证方可运用规则 r。为了正确地就有效和概称陈述推理，我们应能够从 $valid(g)$ 推论出概称陈述 g。以这种方式，提供支持 $valid(g)$ 的论证在进一步推理中使用概称陈述 g 成为可能。萨托尔（2008）主张通过单独的推论规则，从 $valid(g)$ 推出了 g。[5] 本书使用页码第 136 页定义 5.1.3 中的下述决定性理由。

定义 5.1.3（概称陈述的有效）

$valid(g_i)$ 是支持 $g_i(\overrightarrow{t})$：$\varphi \Rightarrow \psi$ 所有基础事例的决定性理由。

我们将在给出论证的适当定义以及论证间的攻击和击败的定义之后，给出关于概称陈述有效推理的更多事例。首先，必须进一步解决的问题是，当前证据性推理逻辑中应当包含哪种初步性理由。

可废止对象语言和 DMP 理由允许在混合理论中使用所有类型的推理。因此，可废止逻辑可如下定义：

---

[5] 萨托尔主张，利用一个（法律）规范（n：$p \Rightarrow q$ 合法）——运用帕肯和萨托尔的逻辑加以建模（Prakken and Sartor，1996，p. 4）——可以推出规范 n 本身。

定义 5.1.4（可废止逻辑）

令£为一阶语言，并且令 R 为定义在£上的任意可靠的并且完全的决定性理由集。当前可废止逻辑为一个多元组 $D = (\pounds_d, R_d)$，其中 $\pounds_d$ 是由定义 5.1.1 定义的可废止语言，R_d 是 R 经由关于可废止分离规则的初步性理由（定义 5.1.2）和关于概称陈述有效的理由（定义 5.1.3）扩充而成。

该逻辑组合了对象语言和元语言推论规则。该逻辑还能进一步被扩充，例如通过新的初步性理由进行扩充；不过，本章其余部分，将默示假定使用此处定义的基本逻辑。

应当注意的是，当前的可废止逻辑并没有传统模型理论的语义，即一个命题逻辑地得出（从给定前提）当且仅当该命题在所有模型中（在获得的前提中）均为真。按照非单调系统的普遍做法，例如瑞特（1980）、波洛克（1995）、帕肯（1997），当前方法假定规则或概称陈述以某种方式给定（或可以提出），并假定这些概称陈述的含义并不取决于它们与世界中某个模型的对应，而是取决于它们在论辩探究中承担的角色。[6]

109

5.2　形式论证理论

本节讨论混合理论中论证部分的形式逻辑方面。因为混合理论中基于论证的部分不受基于故事部分的直接影响，因而可以使用形式论证系统的标准定义来界定这一论证部分。第 3.1 节以非形式的方式讨论了论证性推理中使用的一些概念，并表明了这些论证与击败的概念如何与在法律证据推理领域诸学者的理念相对应。故而本章假定读者熟悉诸如论证、击败和复原之类的概念。

根据帕肯和弗雷斯维克（Prakken and Vreeswijk，2002），形式论证

〔6〕对于非单调逻辑之模型理论语义的更多讨论，参见 Prakken and Vreeswijk，2002。

系统也被称为可废止论证逻辑，它有五个基本要素：基础逻辑、论证的定义、论证间攻击与击败的定义、论证之论辩状态的定义。这项工作综合运用来自形式论证文献的各种观点与定义；它组合了帕肯(1997)[7]的逻辑语言、可废止逻辑和论证等基本概念，波洛克（1995）有关初步性理由和各种攻击论证类型的观点以及董番明（1995）关于确定论证之论辩状态的论证理论语义。本书提出的许多观点在先前著述中已有讨论（例如，Bex et al., 2003；Bex and Prakken, 2004, 2008；Bex et al., 2007a）。

5.2.1 证据性论证的可废止逻辑

论证系统的基础逻辑基本上是第5.1节定义的混合系统的可废止逻辑。但在证据性推理的具体语境下可做一些补充。前述主张，在当前语境下设立一些具体领域的推论规则使之对应常常运用的概称陈述将是理智的选择。可废止分离规则允许运用所有概称陈述进行灵活推理，但是固定和具体领域的初步性理由在证据性推理中同样具有重要作用。页码第139页定义5.2.1基于这一讨论列出了初步性理由；该列表之中既有基于一般认知原则的初步性规则，也有关于使用各类证据进行推理的初步性理由。这些理由及其匹配的讨论大体上基于笔者以前的著述（Bex et al., 2003），每个理由均可被视为一个论证图式。该列表对于每种理由均给出了一些攻击该推论的标准底切者；给出一
110 或两个一般底切者，因为确定所有底切者需要拥有大量关于感知、记忆、统计分析等扩充知识并就它们进行深入的讨论。这不是本书的目的，因而此处列举的底切者并非穷尽，而仅仅旨在提示可能的攻击类型。

---

〔7〕 帕肯在众多著述中都使用了其毕业论文中提出的论证系统，并与萨托尔一起对其基础著述进行了扩充（例如Prakken and Sartor, 1997）。本书中，我主要使用帕肯的最初系统。

定义 5.2.1（证据性理由）

（1）感知

某人 a_i 感知内容 φ 是某人 a_j 相信 φ 的初步性理由（其中 a_i 和 a_j 可为同一人或不同人）。

a_i 感知内容 φ 并不是 φ 的可靠指标，此种情况底切感知理由。

（2）记忆

某人 a_i 记得 φ 是某人 a_j 相信 φ 的初步性理由（其中 a_i 和 a_j 可为同一人或不同人）。

φ 最初基于某人的假信念或 a_i 不正确地记得 φ，底切记忆理由。

（3）证人证言

证人 w 说"φ"是相信 φ 的初步性理由。

证人 w 的诚实性受到质疑，底切证人证言理由。

证人 w 的客观性受到质疑，底切证人证言理由。

证人 w 的观察敏感性受到质疑，底切证人证言理由。

（4）专家证言

专家 e 说"φ"，且 φ 属于领域 d，且 e 是领域 d 的专家，是相信 φ 的初步性理由。

专家 e 的诚实性受到质疑或陈述 φ 并非基于支持证据，底切专家证言理由。

（5）文书证据

文书 d 包含信息 φ 是相信 φ 的初步性理由。

文书 d 的真实性受到质疑，底切文书证据理由。

（6）一般知识

"φ"是一般知识是相信 φ 的初步性理由。

φ 受偏见或价值判断影响，底切一般知识理由。

理由 1 和理由 2 是由贝克斯及其同事（2003，p. 138）在波洛克关于感知和记忆的初步性理由（Pollock，1987，p. 35；1995，pp. 52-57）的基础上稍作修改得到的。它们与波洛克最初提出的理由的主要区别 111

在于，最初理由仅允许根据某人自己的观察或记忆作出信念推论。它允许警察从其对现场的观察推论出信念、陪审员从其在法庭上对实物证据的观察推论出信念以及法官从其自己的观察进行推理。〔8〕然而在证据推理中，他人的观察或记忆亦可被人们用来形成信念；例如证人向陪审员讲述他记得某个事件，陪审员据此可推论该事件的发生。上述规则同时允许根据某人自己和他人的感知进行信念推论。

关于理由 1 和理由 2 的底切者，感知底切者及记忆理由的第一个底切者直接采用了（Pollock，1987）。记忆规则的第二个底切者略有修改，基本上指代某人记忆某些未真实发生之事的情境。例如此人可能梦见过某个事件的发生。另一个此类错误记忆的例子是瓦格纳尔及其同事（1993，pp. 122-123）所称的植入问题：证人在报纸或电视上看到某个可能的嫌疑人之后，可能会认为他在犯罪现场看到过嫌疑人，尽管现实中证人完全是通过新闻认出嫌疑人的。

前面指出，每种证据材料（如言词的、实物的）基本都有自身相联系的概称陈述，它们被用于从证据材料中得出结论。理由 3 和理由 4 关于两种证言。首先考虑关于证人证言的理由 3。由于言词证据在刑事证据推理中起着非常重要的作用，可以假定证言是证据的有效来源。安德森及其同事（2005）似乎也默示地接受，在缺省情形下证人证言概称陈述为真；在他们所举的威格摩尔图表例子中，证人证言概称陈述是默示的，但明示地谈论到其推理路线中的其他非典型概称陈述。

请注意当证人诚实性、客观性和观察敏感性存在怀疑时，理由 3 受到底切。本质上，这里只需要诚实性的底切者即可：证人通常谈论他或她的过去观察，所以通常可以将 φ 解释为“我记得我观察到 ψ”。故此，运用证人证言的论证实际上应用了一个包含三个初步性理由的链条：首先运用证人图式推论出“我记得我观察到 ψ”，再通过记忆图式得出“我观察到 ψ”，并最终由感知图式得出 ψ。因此通过记忆

〔8〕《荷兰刑法典》（DPC）第 339 条第 1 款第 1 项和第 340 条，它们规定法官的观察项属于合法有效的证据。

底切者和感知底切者可处理客观性的缺乏，通过感知底切者可处理观
察敏感性方面的缺点。尽管如此，为减少逻辑中推论的复杂性，客观
性和观察敏感性的缺乏也底切证人证言理由。请注意，我们仍然可以 112
构建上述链条，因此将证人证言理由转换为三个独立的理由（见页码
第 65 页图 3.13）。

适用于专家证言推理的理由 4 表明了如何把第 3.1.3 节描述的论证图式建模成一个初步性理由，以及一些批判性问题如何能指向该初步性理由的底切者。此处提及的两个底切者分别对应批判性问题 4 和问题 6。其他批判性问题未直接指向底切者，而是指向攻击基于专家证言初步性规则之论证的其他方式。第 1 个批判性问题关涉如何使基于专家证言的推论更强，第 5 个涉及反驳同一个初步性理由的适用，第 2 个和第 3 个问题似乎质疑上述初步性规则的前提。这种形式化论证图式及其匹配的批判性问题的理念在过去几年间获得了众多关注。遵循维赫雅（2003b）提出的分析论证图式的方法，维赫雅本人以及戈登等（2007）将论证图式整合到一个形式框架之中。

这两个言词理由只是两个例子，我们还可以把其他类型的证言（如警察证言、嫌疑人证言）建模成具有不同底切者的独立理由。出于当前的目的，本书假定此类其他证言只不过是上述定义的证人证言初步性规则的变体，因为其他证言的初步性规则与其具有相同的一般结构和理念。对于从其他证言（例如嫌疑人的陈述）得出的推论，可为其界定更加具体的底切者，但是正如已提及的此处列举的底切者并非穷尽，仅用于提示可能的攻击类型。

关于证言和感知的初步性理由允许我们运用两种证据推理，即言词证据和实物证据，特别是物证或痕迹等实物证据。此外，理由 5 允许我们运用文书证据进行推理，这种推理在荷兰刑事诉讼中占主导地位，理由 6 允许我们运用一般知识（见第 2.1.3 节）进行推理。源自个人经验的推理还可以运用记忆规则和感知规则。

在进一步给出这些补充的初步性规则之后，现在可以如下方式定义证据性推理的扩充逻辑：

定义 5.2.2（证据性推理的可废止逻辑）

令£为一阶语言，并且令 R 为定义在£上的任意可靠的并且完全的决定性理由集。当前的关于证据性推理的可废止逻辑为一个多元组 $\varepsilon=(£_d, R_E)$，其中 $£_d$ 是由定义 5.1.1 定义的可废止语言，R_E 是 R 经由关于可废止分离规则的理由（定义 5.1.2）和证据性理由（定义 5.2.1）扩充而成。

第 5.1 节已经表明该等逻辑如何允许我们从其他命题推论出结论并从而构建论证。论证立基于一些输入信息，这些信息包含条件概称陈述、证据材料和可废止材料。这些输入形成了运用论证推理的基础：

113

定义 5.2.3（证据理论）

证据理论 ET 为集合 $G_E \cup I_E$，其中

— G_E 为证据性概称陈述集。

— I_E 为证据材料一致集。

证据材料集 I_E 包含不能被合理否认的案件事实，因为推理者通过以观察为基础的证据见证了它们。[9] 集合 G_E 仅包含条件式和非条件式的证据性概称陈述（因果性概称陈述和抽象概称陈述不是混合理论的论证部分）。该集合本质上是指当前的知识库，其包含概称陈述、一般知识、源自推理者的个人经验知识以及可能遭到质疑或积极否认的意见或理念。除非另有说明，下文的讨论假定采用了任意且固定的理论 ET。

5.2.2 证据性论证

给定一个特定的证据理论和证据逻辑 ε，可以如下方式构建论证：

---

〔9〕 形式上，只有在证据材料未标注名称时，才可以定义集合 I_E 的一致性。然而，我们此处将简单地假定根据证据材料的命题内容确定一致性，而忽略名称问题。

定义 5.2.4（证据性论证）

基于证据理论 ET 的论证是一个有限序列 $[\varphi_1, \ldots, \varphi_n]$，其中 $n>0$，使得对于所有 φ_i（$1 \leqslant i \leqslant n$）：

— $\varphi_i \in ET$；或者

— R_E 中存在一个（决定性或初步性）理由，使得 $\varphi_1, \ldots, \varphi_m \in \{\varphi_1, \ldots, \varphi_{i-1}\}$ 是 φ_i 的一个理由。

对于任意证据理论 ET，基于 ET 的所有论证集用 $Args_{ET}$ 表示。

φ 为来自 ET 的 ε-推导（表示为 $ET \vdash_E \varphi$），当且仅当存在一个基于 ET 的论证，其以 φ 作为最后元素。

序列元素也称为**论证行**。根据上述定义，一个论证行是一个源自输入信息 ET 的命题，或者运用某理由从前面的论证行导出。上述定义改编自帕肯（1997，pp. 154–155），他把以上形式的推导称为**缺省演绎**（*default deduction*）。论证与证明的相似性经由可废止逻辑后承关系 $\vdash_E$（帕肯将其表达为 $|\sim$）得到进一步阐述。

请注意，我们也可以在定义论证时为其纳入更多的内在特征；例 114
如我们可以要求论证具有一致性，或者如帕肯所下的定义那样，要求全部可废止规则（概称陈述）均在论证自身中使用且任何要素均至多出现一次。现在论证定义为上述。该定义类似波洛克所作的定义（1995，pp. 89–90）：波洛克把两个条件视作论证形成规则，第一个称为“输入”（将源自输入集内的一个命题插入到一个论证），第二项称为“理由”（将一个理由应用于一个论证行）。前述第 3.1.2 节论及每个论证可以具有联系的强度。而在本书后续部分，论证的强度并不起重要作用，因此对它作默示表述。

请考虑下述运用多重理由的一个论证例子：

论证（H 在车上）

(1) e_{w1}：W_1 作证“我看到某个貌似哈克纳特的人进入此车”。($\boldsymbol{I_E}$)

(2) 证人 W_1 看到某个貌似哈克纳特的人进入此车。(**1，证言**)

(3) g_L：证人 w 看到某个貌似 x 的人 $\Rightarrow_E w$ 看到 x。(G_E)

(4) W_1 看到哈克纳特进入此车。(**2，3，*DMP***)

(5) 哈克纳特进入此车。(**4，感知**)

请注意，此处对论证行进行了编号，并在每个论证行的末尾注明了该命题的由来（即输入或从该论证的某些其他行推论而来）。此外为简便起见，概称陈述的名称被缩写省略了指称该项的多元组。关于概称陈述的有效，同样可以给出论证。

论证（g_L 有效）

(1) g_{gkL}：$\Rightarrow_E$ "证人能准确地识别人" 是一般知识。(**G_E**)

(2) 证人能合理准确地识别人。(**1，一般知识**)

(3) g_{Lvalid}：证人能合理准确地识别人 $\Rightarrow_E valid(g_L)$ (**G_E**)

(4) $valid(g_L)$ (**2，3，*DMP***)

(5) g_L：证人 W_1 看到某个貌似哈克纳特的人 $\Rightarrow_E W_1$ 看到哈克纳特。(**4，决定性**)

此论证中第1行是一个源自 G_E 的非条件概称陈述，即一项一般知识。从第4行到第5行的推论由定义5.1.3中的决定性规则得到保证。

正如第1章所述，本节描述的形式理论构成关于情节含义理清及可视化之观点的基础。在软件工具 AVERS 中，范·登·布拉克（2010）运用可视 AIF 论证语言（Rahwan & Reed，2009），它以类似于第3章中论证的方式表达论证。贝克斯等（2010）表明，一种与当前逻辑未有太大区别的逻辑可与这些图表进行形式化的联系。本书将以举例子的方式表明逻辑与图表之间的联系。例如，上文的两个论证也可以使用图来表达（图5.1）

115

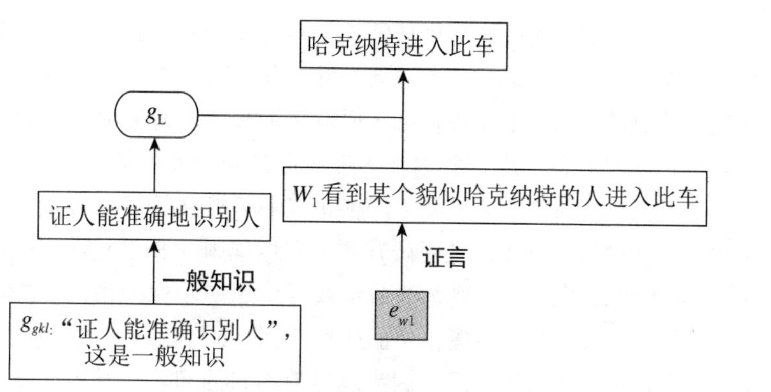

图 5.1　论证的图形表示

图中箭头表示证据性推论，方框表示论证行；其中灰色方框表示一项证据，白色方块表示源自 G_E 的一项一般知识（例如 g_{gkL}）。圆框表示为推论提供保证的条件概称陈述，箭头旁边标明了 DMP 以外的初步性理由。这里对论证（g_L **有效**）进行了简化：从第 2 和 3 行到第 4 行（借助概称陈述 g_{Lvalid}）的推论以及第 4 行到第 5 行的推论被概括为一个单个推论。为清晰起见，当不存在混淆风险时我们亦将以这种方式概括其他论证。

以下辅助的概念与论证的概念相联系，将在本章中运用。

定义 5.2.5（前提、结论、输入和子论证）

对于任意论证 A 和 A'

(1) A 的前提集为 $Prem(A) = \{\varphi \in A \mid \varphi \in ET\}$；

(2) A 的结论集为 $Conc(A) = \{\varphi \in A \mid \varphi \notin ET\}$；

(3) A 中概称陈述集为 $Gens(A) = \{g_i \in A \mid g_i \in G_E\}$；

(4) A 中证据集为 $Evidence(A) = \{e_i \in A \mid e_i \in I_E\}$；

(5) 论证 A' 为 A 的（真）子论证，当且仅当 A' 为 A 的（真）子序列；

(6) 如果论证 A 不包含源自 G_E 的概称陈述，那么它是严格的；否则 φ_i 是可废止的。

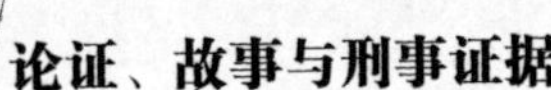

第 1 项和第 2 项讲的是将从输入信息得出的命题视为前提，其他命题则为结论。在**论证**（*H* **在车上**）中，第 1 行和第 3 行中的命题是前提，其他是结论。第 3 项和第 4 项定义了在特定论证中使用的（不可废止）证据集和可废止概称陈述集（源自知识库的信息）。第 5 项定义了子论证，而第 6 项定义了**严格论证**和**可废止论证**二分法，前者仅包含证据材料（其不能被否认）和决定性规则（其不允许论证可废止），后者整合了源自知识库的假定或者使用初步性理由。前提、结
116 论、子论证以及严格和可废止论证这些概念均取自帕肯（1997）。本定义并未设定论证的最低要求，因为就当前的目的而言这并不必要。请注意为简化起见，通过决定性理由推论出的结论常常被简化地称作从论证得出。例如，通过决定性理由可以从**论证**（*H* **在车上**）推论出 ¬ ¬（哈克纳特进入此车）或 W_1 看到哈克纳特进入此车 ∧ 哈克纳特进入此车。从技术上来说，它们都是以（*H* **在车上**）作为其子论证的独立论证，但在例子中我将简单地称为，¬ ¬（哈克纳特进入此车）和 W_1 看到哈克纳特进入此车 ∧ 哈克纳特进入此车均是（*H* **在车上**）的结论。

5.2.3 攻击论证

现在可以对论证间攻击的概念进行形式定义。关于符号，本定义包含公式 φ 的否定，用符号 $\overline{\varphi}$ 表示。如果 $\varphi = \psi$，那么 φ 的否定是 $\neg\psi$；如果 $\varphi = \neg\psi$，那么是 ψ。

定义 5.2.6（论证间的攻击）

给定两个论证 $A, B \in Args_{ET}$：

（1）$\varphi \in A$ 反驳 $\psi \in B$，当且仅当 $\varphi = \overline{\psi}$ 并且 ψ 为一个可废止论证的结论。

（2）$\ulcorner \neg(\{\varphi_1, \ldots, \varphi_n\} \gg \psi) \urcorner \in A$ 底切 $\psi \in B$，当且仅当通过适用初步性理由，从 B 中的先前论证行 $\varphi_1, \ldots, \varphi_n$ 得到 ψ。

论证 A 攻击论证 B，当且仅当 A 中的一个论证行反驳或者底切 B

中的一个论证行。

如果论证 A 否定另一论证 B 中某个可废止输入信息或者 B 中使用的一个概称陈述，或者如果它否定通过初步性理由推出的某个可废止结论，则论证 A 反驳论证 B。请注意，如果 φ 和 ψ 均是可废止的，那么这两个论证彼此攻击，反驳性攻击因而可能是对称的。如果论证 A 否定另一论证 B 中的某个可废止推论，则论证 A 底切论证 B。定义 5.2.6 本质上是基于假定的论证与基于推论的论证二者的组合；在前一种论证中（例如 Bondarenko et al., 1997；Poole, 1998；Prakken & Sartor, 1997），非单调性在于以下事实，即论证是基于可能抵触的可废止假定，而在后一种论证中（如 Pollock, 1995），非单调性是通过允许对攻击可废止推论来建模的。相似的组合也出现于维赫雅的 DefLog (Verheij, 2003a)。

请注意，攻击一个论证并不意味着被攻击的论证也遭到击败。我们首先给出关于论证间攻击的一些例子。通过如下论证可以反驳**论证**（H **在车上**）：

> **论证**（H **不在车上**）
> (1) e_H：哈克纳特作证“我从未进入此车”。($\boldsymbol{I_E}$)
> (2) 哈克纳特从未进入此车。(**1，证言**)
> (3) ¬（哈克纳特进入此车）。(**2，决定性**)

请注意，此处并未提及用于从第 2 行推论出第 3 行的确切决定性 117
理由：如果哈克纳特从未进入此车，那么在证人认为看到他之时他并未进入此车，这点是清楚的。当不存在混淆危险时，这种简单的推论将被认为是结论性的，并予以默示。

通过攻击一个推论还可以底切**论证**（H **在车上**）。例如，通过提供一个反对 W_1 诚实性的论证可以底切**证言**初步性理由，或者因为这是一个大雾天，通过论证 W_1 不可能看到谁进入此车，以此底切感知理由。然而，我们目前关注的是，提供的例子能够联系关于概称陈述的来源、例外和有效的讨论（见第3.1.3节）。**论证**（H **在车上**）使用了一个概称陈述，即 $g_L(w, x)$。现在，我们提出支持一项例外的论证 $exc(g_L(W_1, H))$，它底切了在**论证**（H **在车上**）中DMP对 g_L 的适用：

论证（大众外观）

(1) g_{ca1}：$\Rightarrow_E$ 哈克纳特有一副大众外观。（$\boldsymbol{G_E}$）

(2) g_{ca2}：x 有一副大众外观 $\Rightarrow_E exc(g_L(W_1, H))$。（$\boldsymbol{G_E}$）

(3) $exc(g_L(W_1, H))$。（**1，2，*DMP***）

(4) $\neg\left[\begin{array}{l}\text{证人}W_1\text{看到某个貌似}H\text{的人进入此车},\ g_L\ (W_1,\ H):\\ \text{证人}W_1\text{看到某人貌似}H \Rightarrow_E W_1\text{看到}H \gg W_1\text{看到}H\text{进入此车}\end{array}\right]$

（3，定义5.1.2）

请注意，论证中通常不会明确包含第4行。我们也可以攻击概称陈述的有效：

论证（g_L 无效）

(1) e_{e1}：专家 E_1 说“众所周知人们并不擅长识别他人”。（$\boldsymbol{I_E}$）

(2) 人们并不擅长识别他人。（**1，专家**）

(3) g_{br}：人们并不擅长识别他人 $\Rightarrow_E \neg\ valid(g_L)$。（$\boldsymbol{G_E}$）

(4) $\neg\ valid(g_L)$。（**3，*DMP***）

上述论证（为简便起见，其中并未给出专家证言理由的所有前提）主张，在通常情形下并非“如果证人看到某个貌似 x 的人，那么证人看到 x”，因为人们并不擅长准确判断他们看到的两人是否一样。在**论证**（H **在车上**）中，g_L 的有效通过缺省假定。通过给出**论证**（g_L **无效**），这种有效遭到质疑。

请注意在上述论证中，我们可以底切例外 $exc(g_L(W_1, H))$ 中的推论或者无效论证 $\neg\ valid(g_L)$ 中的推论。例如可以论证，“一个人有一副大众外观，这个事实并不影响他人识别他的能力”；这底切了**论证**

（**大众外观**）中第 2 行到第 3 行的 *DMP* 推论，因为它本质上可被视为 $\neg\ valid(g_{ca})$ 的一个理由。以此方式，我们可以谈论例外的无效，还可以谈论例外的例外。

运用圆头的箭头，我们还可以用图表达攻击关系（见图 5.2）。此
图中，（***H* 不在车上**）的结论反驳了（***H* 在车上**）的结论；该反驳具 118
有对称性，这一点以同一条线上的两个圆箭头表示。虽然（**大众外观**）和（g_L**无效**）均底切运用概称陈述 g_L 的推论，但支持 $exc(g_L)$ 的**论证**（**大众外观**）表达为攻击推论的箭头本身，而支持 $\neg\ valid(g_L)$ 的**论证**（g_L**无效**）表达为攻击该概称陈述，以此方式适当区分了这两类攻击。请注意，正如图 5.1 一样所示，图 5.2 中也未明示显示某些推论。例如**论证**（g_L**无效**）被表达为一个推论。

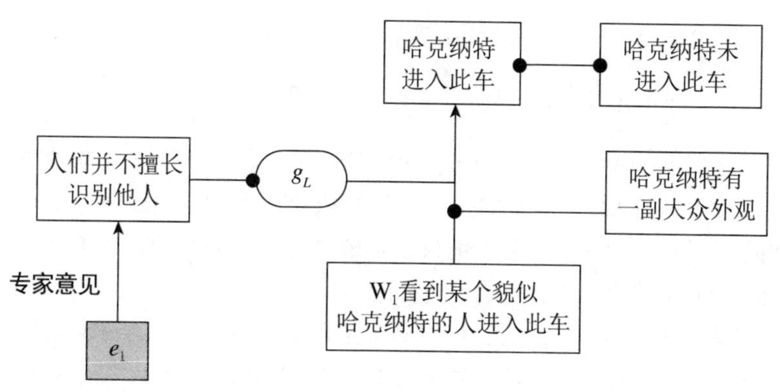

图 5.2　论证间攻击的图形表示

5.2.4　击败与论证状态

给定上述证据理论、论证和攻击的定义之后，现在可以对证据性论证理论作如下定义：

定义 5.2.7（证据性论证理论）

一个证据性论证理论是一个多元组 $AT = (ET, Args, Attack)$，

其中：

—ET 是一个证据理论；

—$Args(\subseteq Args_{ET})$ 是一个在 ET 基础上构建的论证集；

—$Attack(\subseteq Args \times Args)$ 是一个包含相互攻击的论证对的二元关系。

该证据性论证理论是董番明（1995）风格之论证框架中的一个具体事例，它明确地以一个证据理论为基础。这样的一个理论由基于一个具体 ET 的一系列论证及其攻击关系组成。易言之，证据理论可视为一个具体论证理论的输入。除非明示提及，本章余下部分总是假定某个任意但固定的证据性论证理论。

现在可给出击败的定义：

定义 5.2.8（论证间的击败）

论证 A 击败论证 B，当且仅当 $(A, B) \in Attack$。

119 通常我们说一个论证 A 击败另一论证 B，当且仅当 A **成功地攻击** B。由于当前未定义论证的强度或优先概念，攻击与击败这两个概念简单地等同。第 3.1.2 节详细讨论了解决论证间冲突的几种方法；但就当前目的而言，上述定义是充分的。

给定击败的定义之后，可以确定论证的论辩状态。首先，我们应当确定哪些论证能自我防卫外来攻击。证据性论证理论 AT 基于董番明（1995）定义的论证框架，所以我们可以运用董番明的定义。

定义 5.2.9（可接受论证与可采集）

给定某个证据性论证理论 $AT = (ET, Args, Attack, Pref)$

—如果论证集 SA 中没有一个论证被 SA 中的另一论证所击败，那么论证集 SA 被称为是无冲突的。

—论证 A 关于论证集 SA 是可接受的，当且仅当对于每个论证 $B \in Args$，这种情况是如果 B 击败 A，那么 B 被 SA 的某个成员所击败。

—无冲突的论证集 *SA* 是可采的，当且仅当 *SA* 中的每个论证相对 *SA* 均是可接受的。

此定义以直观方式体现了间接支持和复原的概念。例如，一个理论AT_1包含论证集｛（*H* **在车上**），（*H* **不在车上**）｝及其攻击关系｛[（*H* **在车上**），（*H* **不在车上**）]，[（*H* **不在车上**），（*H* **在车上**）]｝。其可采集为 Ø、｛（*H* **在车上**）｝、｛（*H* **不在车上**）｝。现在考虑理论AT_2，它把**论证（大众外观）**及其对应的攻击关系［（**大众外观**），（*H* **在车上**）］增加到它们在AT_1中的相应集合；关于AT_2，可采集为 Ø、｛（*H* **不在车上**）｝和｛（*H* **不在车上**），（**大众外观**）｝。

可采集概念允许对（证据性）论证理论的几种扩充定义。此种扩充是一个自我防卫的论证集；由扩充的类型确定该集合的确切组成。例如董番明定义了不同扩充（即优先扩充、完全扩充、稳定扩充、基础扩充）。某些扩充比其他扩充提出了更多的怀疑态度；例如，AT_1 中的论证理论的基础扩充是 Ø，而优先扩充是｛（*H* **在车上**）｝和｛（*H* **不在车上**）｝。这基本上意味着，如果我们使用基础语义，我们无法判断哪个论证会获胜，而如果使用优先语义，我们可以说必须在｛（*H* **在车上**）｝和｛（*H* **不在车上**）｝之间做出选择。就当前的目的而言，扩充的确切选择并不重要。

给出一个特定扩充，便可以确定论证的论辩状态。第 3.1.2 节论及论证有三种不同状态：已证成的、可防卫的和已推翻的。下面运用优先语义来定义这些状态赋值（该定义改编自 Prakken & Vreeswijk，2002）。

定义 5.2.10（优先语义的状态指派） 120

给定某个 *AT* =（*ET*，*Args*，*Defeat*），*AT* 的一个优先扩充是 *AT*（关于集合包含）的一个极大可采集。

—论证 *A* 是已证成的，当且仅当它是 *AT* 所有优先扩充的元素。

—论证 *A* 是可防卫的，当且仅当它是 *AT* 某些优先扩充的元素。

—论证 A 是已推翻的，当且仅当它不是 AT 任何优先扩充的元素。

因为关于理论 AT_1，优先扩充是｛(*H* 在车上)｝和｛(*H* 不在车上)｝，在该理论中这两个论证是可防卫的。在理论 AT_2 中，**论证**｛(*H* 不在车上)｝被（**大众外观**）复原，因此仅有一个优先扩充，即｛(*H* 不在车上)，(**大众外观**)｝。所以在 AT_2 中，(*H* 不在车上）和（**大众外观**）都是已证成的，而（*H* 在车上）是已推翻的。

5.3 形式解释性故事理论

第 3.2 节以非形式方式提出了解释证据的故事。本节专注于解释性故事的形式方面。它提出了此类故事所基于的一般理论，并形式地定义了它们解释待解释项的方式。本节讨论了抽象联系的各种用途，并定义了能够把故事联系到故事图式的方式。

在混合理论中，论证部分直接影响该理论基于因果性故事的部分。例如，论证确定待解释项包含哪些要素（见页码第 176 页）。此外，它们被用于就故事质量进行推理：借助证据材料论证被用于支持和抵触故事并且被用于就故事融贯性进行推理。第 5.4 节将讨论论证与故事的互动，并提出混合理论。本节探讨混合理论基于因果性故事之部分的主要特征。

5.3.1 解释的因果理论

在混合理论的故事部分，假设故事应当从因果上解释待解释项。如同在基于回溯模型推理的传统模型之中一样，故事与待解释项之间的这种**解释**关系可通过逻辑后承概念来定义：待解释项应当从表达事件间关系的因果性概称陈述与字符（合取）的组合中得出，其中字符表示出现于该概称陈述前件中的初始事件。定义 5.1.4 给定的可废止推论的逻辑本质上亦可用于此类因果推论。然而，该逻辑自然不应包含关于证据性推理的具体理由（如证人证言）。因此，因果逻辑可以视为比证据逻辑更为抽象逻辑。为因果性推理提供一个语境逻辑也是
121 可能的，例如，适用于各种因果性推论的具体初步性规则。然而，要

阐述这种想法首先需要对因果关系作更透彻的阐述与分析，本书对此并不提及。

现在，作为故事之基础的**因果理论**应当包含待解释项以及从待解释项中可得出的字符和概称陈述：

定义 5. 3. 1 (因果理论)

一个因果理论是集合 $CT = G_{CA} \cup F \cup H$，其中

—$G_{CA} = G_C \cup G_A$，G_C 是一个因果性概称陈述集，G_A 是一个抽象概称陈述集；并且

—待解释项 F 是一个基础一阶字符的一致集；并且

—假设体 H 是在 G_{CA} 中某个因果性概称陈述前件中出现并在 $G_{CA} \cup F$ 中通过某个项事例化的所有基础字符集。

为了与本书使用的术语保持一致，G_{CA} 由概称陈述组成（而非使用其常用术语“规则”）。G_{CA} 是因果性概称陈述和抽象概称陈述的组合，因果性概称陈述允许我们将故事中的不同事件联系起来，抽象概称陈述允许故事中的事件与一个事件的某抽象版本联系起来。假设体 H 包含出现在某个概称陈述前件中的假定初始事件。之所以将它们称为假设体（hypothetical）是为了避免其与案件中的一般假设（hypothesis）发生混淆：一般假设存在形式和复杂性方面的改变，一个假设体则一直是一个字符。最后，在因果回溯推理的标准定义中，通常会给出一个必须由假设体和概称陈述的组合作出解释的**观察**（*observations*）集。本书中这些观察称为**待解释项**，而“观察”这一术语被用于证据性论证的结论，该结论可以用于区分不同解释。

在某种意义上因果理论类似于证据理论 ET。证据理论提供的输入知识［即证据材料和（非条件式）概称陈述］，构成构建论证的基础。因果理论 CT 提供的输入知识，即假定事件（假设体）和因果性概称陈述，则成为构建故事的基础。二者之间的一个重要区别是，因果理论没有包含可以不受质疑地接受要素，正如 $I_E \subseteq ET$ 之中的证据那样。

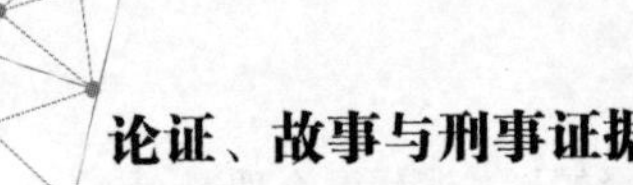

在证据理论中，G_E 中的概称陈述表示知识库；在因果理论中，假设体 H 与概称陈述 G_{CA} 的组合表示知识库，可作为构建故事之基础的假定信息。

5.3.2 因果性故事

122 基于回溯模型推理的标准理论运用经典逻辑推导模拟回溯推论：某个假设 S 解释待解释项 φ，如果 φ 是 S 的逻辑后承。为了定义当前逻辑中故事如何解释待解释项，首先应该定义故事的结构以及从故事可推导出命题的方式。故事是假设体和假定的概称陈述的组合，它们组合在一起允许我们使用可废止分离规则理由构建推论。

定义 5.3.2（因果性故事）

基于因果理论 CT 的故事 S 是一个有限序列［φ_1，…，φ_n］，其中 $n>0$，使得对于所有 $\varphi_i(1 \leqslant i \leqslant n)$：

—$\varphi_i \in CT$；或者

—根据可废止分离规则理由，φ_1，…，$\varphi_m \in \{\varphi_1, \ldots, \varphi_{i-1}\}$ 是 φ_i 的一个理由。

对任意因果理论 CT，基于 CT 的所有故事集用 $Stories_{CT}$ 表示。

φ 为从 CT 作 $\mathcal{C}$-推导（表示为 $CT \vdash_C \varphi$），当且仅当存在一个基于 CT 的故事，其中仅包含因果性概称陈述，并且以 φ 为最后元素。

φ 为可从 CT 作 $\mathcal{A}$-推导（表示为 $CT \vdash_A \varphi$），当且仅当存在一个基于 CT 的故事，其中仅包含抽象概称陈述，并且以 φ 为最后元素。

φ 为可从 CT 作 $\mathcal{CA}$-推导（表示为 $CT \vdash_{CA} \varphi$），当且仅当存在一个基于 CT 的故事，其中以 φ 为最后元素。

在这里，一个故事是通过其因果联系性形成一个意义整体的事件序列。以第 5.1 节给出的因果性推论为例，它可以作为序列再现为：［哈克纳特决定抢劫超市，g_c：哈克纳特决定抢劫超市 $\Rightarrow_C$ 哈克纳特抢劫超市，哈克纳特抢劫超市］此处，哈克纳特决定抢劫超市是一个假设体，g_c 为因果性概称陈述，哈克纳特抢劫超市由这个假设体和概称陈述推导出。请注意因果性故事与证据性论证的相似性：它们都是各自可废止逻辑中的推导。但这种结构相似性并不意味着故事和论证以相同的方式进行运用。例如，故事不能相互攻击与击败。论证被用于为某个特定结论进行**论证**，故事则被用于**解释**某个待解释项。此外，在证据性推理中常常基于证据材料来论证，故事则不能直接基于证据，而是提供假设。第 3 章和第 4 章详细讨论了论证与故事的区别。

正如论证那样，对于因果性故事同样可以定义一些辅助概念。

定义 5.3.3（概称陈述、事件与子故事）

对于任意故事 S

— S 中概称陈述集为 $Gens(S) = \{g_i \in S \mid g_i \in G_{CA}\}$；

— S 中事件集为 $Events(S) = \{a$ 为基础字符 $\mid a$ 出现在某个 $g_i \in Gens(S)$ 的前件或者后件中$\}$；

— S 的初始事件集为 $IniEv(S) = \{a \in Events(S) \mid a$ 不出现在某个 123
$g_i \in Gens(S)$ 的后件中$\}$；

—故事 S' 为 S 的（真）子故事，当且仅当 S' 是 S 的一个适当子序列。

请注意，正如论证那样，从技术上来说，仅有概称陈述的基础事例才能作为解释的部分。然而，如果使用概称陈述的一般版本（充当基础版本的一个图式），那么这将在推导中表明。故事中的事件[10]均为个体字符。为方便阅读，我常常默示故事中的个体事件；例如，故事 $S = [e_1, e_1 \Rightarrow_C e_2, e_2, e_2 \Rightarrow_C e_3, e_3]$ 被简化为 $[e_1, e_1 \Rightarrow_C e_2, e_2 \Rightarrow_C e_3]$。这里，事件均为概称陈述事例化的前件和后件。此外，本书没有定义增加故事至另一故事的形式"增加"函数，而是将两个故事 S 和 S' 的组合简单地写为（S，S'），故事 S 与合式公式 φ 的组合也写为（S，

〔10〕 严格来说，这些**事件**既可以是事件，也可以是事态。

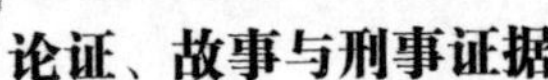

φ)。因此 (S, [e_3, $e_3 \Rightarrow_C e_4$]) 表示故事 [e_1, $e_1 \Rightarrow_C e_2$, $e_2 \Rightarrow_C e_3$, $e_3 \Rightarrow_C e_4$]。与论证类似，我们同样可以用图表示故事，如第 3 章和第 4 章已经表示的那样（图 5.3）。在这个图中，张开的箭头表示因果关系。请注意，为清晰起见，表达该等关系的具体案例的因果性概称陈述并没有总是用圆框明示表达：以 $e_1 \Rightarrow_C e_2$ 为例，概称陈述仅用以从 e_1 到 e_2 的箭头表示。

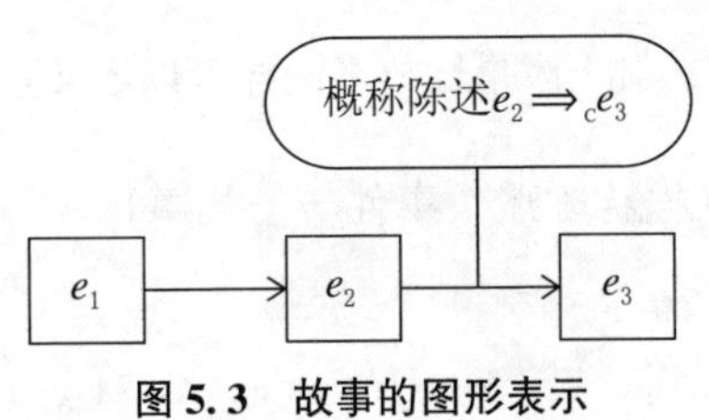

图 5.3　故事的图形表示

5.3.3　作为解释的故事

在运用故事进行因果回溯推理的传统方法中，一个以因果关系网形式所呈现的假设解释了一个观察集。符号的因果回溯推理的形式模型（如 Console and Torasso, 1991; Bylander et al., 1991; Konolige, 1994）主要围绕着为医疗诊断或系统诊断建模的目的构建。[11] 这些回溯推理逻辑模型的主要理念是，因果规则集 T 由形式为“**原因→结果**”的规则组成，T 连同某些假设字符 H 共同蕴涵观察 O。因果规则运用实质蕴涵被建模，其满足了分离规则，从而可从 H 和 T 推导出 O。例如，如

124 果 $H=\{c\}$，$T=\{c \rightarrow e\}$ 且 $O=\{e\}$，那么 $\{c\} \cup \{c \rightarrow e\} \vdash e$。因为原因并不总是导出其结果（例如，并非所有抢劫超市的人都会躲藏起来），某些模型（例如 Console and Torasso, 1991）通过在因果规则的条件中引入 α 形式的原子来弱化因果联系，从而因果规则 $c \wedge \alpha \rightarrow e$ 表示

〔11〕 然而，基于模型的诊断不应当等同于回溯推理，因为还存在其他类型的基于模型的推理（例如贝叶斯信念网络）和其他类型的象征诊断（例如基于一致性的诊断）。概括讨论，参见 Lucas, 1997。

"c 可能导致 e"。据此，通过令假设 H 不包含 α 可阻碍结果 e 的演绎。普尔（Poole，1994）以另一种方法建模这些非演绎关系。他只允许严格的因果规则成为 T 的一部分，表示弱因果关系的因果规则在 H 中予以假定，但不能构成 T 的一部分。此等情况下，c 以及规则 $c \to e$ 均必须放入 H 中，因为如果因果规则没有假定，就不可能推导出 e。

本书引入的因果回溯推理方法与上文简略介绍的传统模型有些许差别。除在术语上的不同（即用待解释项替代观察项，或者用概称陈述替代规则），本书还运用可废止蕴涵⇒来建模因果性概称陈述和抽象概称陈述。由于本书使用可废止蕴涵建模概称陈述，没必要进一步引入符号来表示形式为"c 可能导致 e"的概称陈述。此外，本书将解释（explaning）定义为存在一个明示故事，待解释项是其事件之一。在多数回溯推理的逻辑模型中，如果待解释项由某些假设体和某些概称陈述中简单推导出（即**假设体** ∪ 概称陈述 ⊢ **待解释项**），那么这些假设体和概称陈述解释这些待解释项。将解释定义为故事（即一个明示的推导），正如本书所做的确保了所有中间事件也是解释的一部分（定义 5.3.4）。

定义 5.3.4（解释）

给定一个 CT，故事 S 是对于字符集 E 的一个解释，当且仅当

(1) $\forall e$：如果 $e \in E$，那么 $e \in Events(S)$；并且

(2) $S \nvdash_{CA} \perp$；并且

(3) S 不包含两个具有相同后件的概称陈述。

上述定义中的第二个条件是因果回溯推理模型中的标准条件，它确保解释不会导致不一致性。请注意，该条件实际上建模了衡量故事质量的一个标准，即一致性标准（见第 4.3.1 节）。一致性标准关注的并非故事的一致性**程度**，而是故事**是否**一致的。内部自身抵触的解释绝对无法获得完全的支持，因为它要求我们接受抵触的证据。因此，本书将一致性建模为解释的一个条件，从而不一致的故事不被视为解

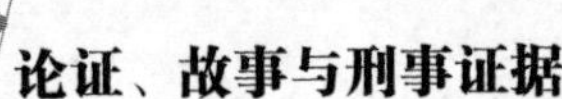

释。第三个条件确保关于 F 的两个不同解释真正被视为两个独立的解释：具有相同结果的两个故事被视为选择故事。在基于回溯模型推理的标准方法中，通常通过要求解释为（子集）极小来采用这一标准。然而，我们将在后文中清楚地看到，当前理论中极小解释并非总是最好的解释。因为定义 5.3.4 把解释界定为一个能够解释某
125 些事件的因果性故事，本章剩余部分将互换运用术语“解释”与术语“故事”。

以图 3.16（页码第 77 页）中基本的哈克纳特故事为例。为了举例需要，假定仅有一个必须解释的事件，即警察发现哈克纳特于公园中。以下故事解释了这个待解释项：

S_p =［哈克纳特是一个吸毒者 ∧ 哈克纳特需要钱，

g_{c1}：哈克纳特是一个吸毒者 ∧ 哈克纳特需要钱 $\Rightarrow_C$ 哈克纳特决定抢劫超市，

g_{c2}：哈克纳特决定抢劫超市 $\Rightarrow_C$ 哈克纳特抢劫超市，

g_{c3}：哈克纳特抢劫超市 ∧ 警察到 达 $\Rightarrow_C$ 哈克纳特进入汽车并且驶离，

g_{c4}：哈克纳特进入汽车并且驶离 ∧ 哈克纳特认为警察正在跟踪 $\Rightarrow_C$ 哈克纳特躲藏于公园中，

警察搜查于公园中，

g_{c5}：哈克纳特躲藏于公园中 ∧ 警察搜查于公园中 $\Rightarrow_C$ 警察发现哈克纳特于公园中］

请注意，因为假设体 H 是由某个因果性概称陈述前件中的所有字符所组成的集合，所以还存在其他可能的故事，例如［哈克纳特躲藏于公园中，警察搜查于公园中，g_{c5}］或［哈克纳特进入汽车并且驶离，哈克纳特认为警察正在跟踪，g_{c4}，g_{c5}］。我们暂且以 S_p 作为主要例子。

上述解释中的大多数因果性概称陈述表示的只不过是事件之间的

某种时间次序[12]，实际因果关系存在争论的空间。例如，我们可以论证，钱并非是使得哈克纳特决定抢劫超市的好的动机性原因。此外，并非所有可能的因果关系均以概称陈述的方式加以表达。例如，警察在公园中搜查，是因为他们相信抢劫者躲藏那里，但我们并未给出表示抢劫与警察搜查之间因果联系的概称陈述。在当前模型中，我们使用这种朴素并且特别的因果性推理观是有目的的，因为它允许我们快速并且简单地构建故事，从而保持运用故事推理的整体主义风格。如此解释因果关系并不会带来问题，因为针对可疑因果联系的任何异议都可明示地表达。此外，混合理论采用的故事标准（见第 5.4 节）和对故事进行积极的论辩评估（见第 5.5 节）能够确保故事的因果上地联系和似真。

请注意，上述故事中的概称陈述全部都是具体案例的，因为它们没有包含变项。以此方式运用故事推理相对简单，因为它使我们能够把故事中两个事件之间的因果关系直接表达为相关的具体案例的概称陈述，不需要使用解释步骤把此因果关系转换成一个更一般版本的概称陈述。例如，如果我们想以更一般的形式表达因果关系“哈克纳特 126
需要钱，所以他决定抢劫超市”（g_{c1}），那么我们将不得不确定我们是否相信“某个需要钱的人将决定抢劫某个地方”（x 需要钱$\Rightarrow_C$ x 决定抢劫 y）或“需要钱的人将决定抢劫超市”（x 需要钱$\Rightarrow_C$ x 决定抢劫超市）或“如果哈克纳特需要钱，那么他将决定抢劫某些东西”（哈克纳特需要钱$\Rightarrow_C$哈克纳特决定抢劫 y）。虽然在原子的、运用论证证据性推理中，常常应当明示地做出这些决定，但在运用故事推理时，我们希望能够迅速地构建一个简单的假设。因此，故事的关注主要集中在事件上，当运用故事推理时，所运用的一般世界知识常常不是个体因果性概称陈述的形式，而是整体故事图式的形式。这并不意味着表达不同事件之间因果关系的概称陈述不能具有更一般的形式：上述某

[12] 本书的框架中并没有明确呈现时间因素。然而，我们假定一个事件只能由先于它的其他事件所导致，因此时间序列默示地假定了事件之间的时间关系。

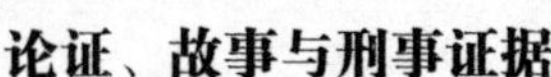

些或所有的概称陈述同样能够给出更一般的形式。

上文表明，用来支持特定结论的论证是如何进行相互攻击。这种攻击的可能性使得运用论证推理是论辩的。因果回溯推理的论辩证成源自如下事实，即最佳解释推论的过程中可以并且应当考虑关于待解释项的多种假设。考虑为何哈克纳特被发现于水沟中的一种选择解释（另见图 4.4，页码第 119 页）。

S_h = [哈克纳特与本尼发生争论，

g_{c6}：哈克纳特与本尼发生争论 $\Rightarrow_C$ 哈克纳特感觉受到本尼的威胁，

g_{c7}：哈克纳特感觉受到本尼的威胁 $\Rightarrow_C$ 哈克纳特逃跑，

g_{c8}：哈克纳特逃跑 $\Rightarrow_C$ 哈克纳特遇到警察，

g_{c9}：哈克纳特感觉受到本尼的威胁 ∧ 哈克纳特遇到警察 $\Rightarrow_C$ 哈克纳特躲藏于公园中，

g_{c5}：哈克纳特躲藏于公园中 ∧ 警察于公园中搜查 $\Rightarrow_C$ 警察于公园中发现哈克纳特]

现在解释 S_h 同样解释了待解释项即警察发现哈克纳特。请注意根据定义 5.3.4，任何同时包含 g_{c9} 和 g_{c4} 的故事都不是一个适当的解释。此时有关哈克纳特躲藏于公园中的这两个不同原因相互排斥，它们不能同时被接受。现在至少有两个选择假设解释待解释项，即 S_p 和 S_h；前者论证了哈克纳特实施抢劫并且为躲藏警察而隐藏，后者论证了哈克纳特躲藏于公园中是因为他感觉受到本尼的威胁。

在运用假设解释推理时，确定人或物的确切身份常常是一项重要任务。许多案件的真正关注点不是**发生了何事**，而是**何人所为**（De Poot et al., 2004）。在哈克纳特案中，如果我们决定接受哈克纳特的版本 S_h 中的事件，则仍然面临是谁抢劫超市的问题。在第 6 章案例研究
127 中，最重要的问题就是杀手的身份。我们同样可以探究物体的身份，即**运用什么物体**实施该犯罪（另见 De Pool et al., 2004）？例如，在瓦格纳尔及其同事（1993）提出并被贝克斯及其同事（2007a）改编使

用的 Rijkbloem 案中，一个重要争点是所使用枪支的确切类型，并且本书案例研究同样包含对谋杀凶器的讨论。关于某个实体的身份，证据材料有时仅提供部分解答。例如，我们可能**知道**某人抢劫了超市，或者作案者是男性并且开一辆红色汽车。因此必须通过结合证据来确立确切的身份，此时可通过多种方式解释证据以支持这个或那个身份。

关于刑事案件推理时，就部分已知或未知的实体展开推理的情况并不罕见。对此进行逻辑建模的一种方式是提供某种身份假定；例如，作为假设的一部分，我们可以假定*抢劫者（超市）=哈克纳特*。凯彭斯和谢弗（2005）建模这种运用**楔子**（*pegs*）的推理，楔子是指一个身份可能未知或仅部分已知的独特实体。当前的理论使用一种不同的方法就我们假设中的实体的身份进行推理，即使用抽象概称陈述进行推理。

追随考茨（Kautz，1991）的做法，康绍尔和杜普雷（Console and Dupré，1994）在理论 T 中整合了其称之为的抽象公理（前文指出，在这些传统模型中，假设体与理论解释观察，$H \cup T \vdash O$）。在康绍尔和杜普雷的模型中，表达 ISA 关系的抽象公理在语法上与使用实质蕴涵的因果规则相同，并且能够整合进 T 以解释观察。然而，这些抽象公理并非因果规则，也不应当被如此看待。抽象公理允许使用以不同抽象程度表达的模型进行推理。本书中，该等抽象公理称为抽象概称陈述。它们不仅可用于联系故事与故事图式，还可用于联系故事中单个事件与其更抽象的版本。以此方式，抽象概称陈述可用于就实体身份进行推理。举个例子，考虑图 4.1（页码第 108 页）中的情境，抽象概称陈述*哈克纳特抢劫超市*$\Rightarrow_A$*超市被抢劫*被用来提供抢劫超市的人的身份。假设超市被抢劫是一个待解释项；S_p 和*哈克纳特抢劫超市*$\Rightarrow_A$*超市被抢劫*的组合解释了这个待解释项，而故事［S_h，*哈克纳特抢劫超市*$\Rightarrow_A$*超市被抢劫*］则没有。其他人抢劫了此超市也是可能的，也应考虑关于待解释项“超市被抢劫”的其他解释。例如，可能存在某个证据表明另一个称作乔尼的人抢劫了此超市。运用抽象概称陈述*乔尼抢劫超市*$\Rightarrow_A$*超市被抢劫*可以给出一个支持待解释项超市被抢劫的选择解释。

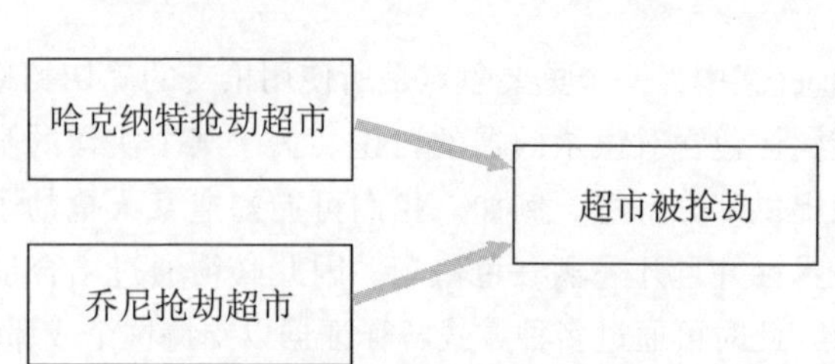

图 5.4　运用抽象概称陈述的两个选择解释

请注意在图 5.4 中，抽象联系由灰色箭头表达，它比因果箭头粗。这种关于身份推理的建模方法较上文描述的形式方法更加自然和相对
128 简单，因此更适合当前的含义理清语境。在第 6 章的案例研究中，将给出更多通过抽象关系为某人或某物提供选择身份的例子。

总之，当前的因果理论允许构建解释待解释项的假设故事。类似基于一个证据理论 ET 的特定论证可视为一个证据性论证理论 AT 的组成部分（定义 5.2.7），基于一个因果理论 CT 的特定解释可视为一个**因果性解释理论**的组成部分：

定义 5.3.5（因果性解释理论）

$XT = (CT, Expl, Schemes)$ 是一个因果性解释理论，其中

— $CT = G_{CA} \cup F \cup H$ 是一个因果理论；

— $Expl(\subseteq Stories_{CT})$ 是待解释项 F 的一个解释集；

— $Schemes$ 是一个故事图式集。

给定一个特定的因果理论 CT，一个因果性解释理论包含该 CT 中对待解释项的诸解释。下节将讨论到，因果性解释理论同样包含**故事图式**。与此类所有定义类似，除非另有规定，本章其余部分始终假定某个任意但固定的因果性解释理论。

5.3.4　故事图式

整体的运用故事推理的一个重要组成部分是运用**故事图式**推理：当运用故事推理时，运用的世界知识并不常常具有个体因果性概称陈

述的形式，而是更为自然地被视为故事图式。这些故事图式抽象再现了关于事物如何发生于世界中的一般故事。在因果理论中，故事图式可以运用源自 G_{CA} 的因果性概称陈述加以表示，从而运用抽象概称陈述将特定故事与图式联系起来。在第3.2.2节故事图式以及故事对应此类图式的方式以非形式的方式进行了讨论。本节讨论故事与图式之间对应关系的形式定义。一个好故事的标准应当是**完备的**，即它应该正确匹配一个故事图式，下文第5.4.3节将进一步讨论这一标准。

一个故事图式可被定义为一个由字符图式和（因果性）概称陈述图式构成的集合：

129

定义5.3.6（故事图式及其成分）

一个故事图式 $G_S \in Schemes$ 是一个由字符图式与因果性概称陈述组成的集合。

对于任意图式 G_S，$Components(G_S) = G_S \cup \{\varphi$ 是一个字符图式 $| \varphi \in G_S$ 或者 φ 是某个 $g_i \in G_S$ 的前件或者后件 $\}$。

图式的个体成分类似于故事中的事件，即所有可能的个体字符（图式）。在前文的定义5.1.1中，一个包含（自由）变项的概称陈述是其所有基础事例的图式。类似地，一个字符图式是其所有基础事例的图式；例如，*x* 抢劫 *y* 是哈克纳特抢劫超市和约翰抢劫银行的图式。现在来看，故事图式可以仅包含字符图式，例如图3.22（页码第87页）中的抢劫图式：{*x* 想要 *g*，*y* 拥有 *g*，*x* 想要抢劫 *y*，*x* 有机会抢劫 *y*，*x* 抢劫 *y*，*y* 失去 *g*}。以此方式，我们可以表示具有不同具体程度的故事图式。例如，银行抢劫的故事图式是上述图式的一个变体，其中 *y* 替换为银行。故事图式还可以包含0元谓词，例如 {动机，目的，行为，结果}。页码第81页的图3.20已运用明示的因果联系给出了这一故意行为图式，一个形式的故事图式也可包含因果联系：{动机 $\Rightarrow_C$ 目的，目的 $\Rightarrow_C$ 行为，行为 $\Rightarrow_C$ 结果}。请注意，在最后这个图式中，个体字符动机、目的、行为和结果都是其成分。

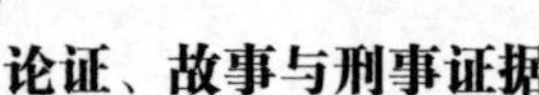

通过事例化字符图式中的元素或者运用抽象概称陈述，可以把故事中的事件与图式的成分相联系；事件与图式成分之间的联系称为对应联系：

定义 5.3.7（对应）

一个事件集 E 与一个字符图式 φ 相对应，且反之亦然，当且仅当对于 φ 的一个基础事例有：$E \cup G_A \vdash_A \varphi$。

因此，如果一个字符图式（即一个故事图式的成分）的一个基础事例可从这些事件进行 $\mathscr{A}$-推导（定义 5.3.2），那么该事件集对应该字符图式。在某些情况下，不需要明示的抽象概称陈述。例如，事件*哈克纳特抢劫超市*本身就是 *x 抢劫 y* 的一个基础事例，因此它对应抢劫图式的这一特定成分。在其他情况下，则需要明示的抽象概称陈述。例如，*哈克纳特抢劫超市*通过抽象概称陈述*哈克纳特抢劫超市* $\Rightarrow_A$ *行为*对应故意行为图式的行为成分，因为 {*哈克纳特抢劫超市*} ∪ {*哈克纳特抢劫超市* $\Rightarrow_A$ *行为*} $\vdash_A$ *行为*。多个事件可以对应该图式的一个成分。例如，通过概称陈述*哈克纳特是吸毒者* ∧ *哈克纳特需要钱* $\Rightarrow_A$ *动机*，事件 {*哈克纳特是吸毒者*，*哈克纳特需要钱*} 对应故意行为图式的动机成分。此外，从事件到图式成分的推导可能不止一步。以此方
130 式，一个故事可对应多个故事图式，并且故事图式可以相互对应。例如，事件*哈克纳特在此超市*通过如下推导对应图 3.22（页码第 87 页）给定的抢劫图式和故意行为图式这两个图式各自的成分：[*哈克纳特在此超市*，*哈克纳特在此超市* $\Rightarrow_A$ *x 有机会抢劫 y*，*x 有机会抢劫 y* $\Rightarrow_A$ *物理状态*]。

上述定义 5.3.7 仅定义了某些事件与一个故事图式的某些成分之间的对应关系，并未论及一个故事如何对应故事图式中的一个概称陈述。故事与图式之间的对应往往不仅取决于个体事件与图式某成分之间的对应，还取决于该图式的因果结构与该故事之间的对应。对于不具有明示因果结构的故事图式（即不包含概称陈述的故事图式）而

言，并不存在这个问题。然而，如果一个故事图式具有这种结构，对应的故事应该符合这一点。以下列故事图式为例：{x 实施犯罪$\Rightarrow_C$ x 躲藏起来，x 躲藏起来$\Rightarrow_C$ 警察发现 x}。这个“实施犯罪与躲藏图式”表达的知识是，实施犯罪的人躲藏起来并非不同寻常，不过警察通常会找到他们。在这个图式中，明示的因果信息借助如下概称陈述得以表达，即实施犯罪导致躲藏，进而导致被发现。现在假设事件哈克纳特抢劫超市对应 x 实施犯罪，事件哈克纳特躲藏于公园中对应躲藏，事件警察发现哈克纳特于公园中对应警察发现 x。由于该图式具有因果结构，就关于哈克纳特故事 S_p 而言，将它正确匹配该图式就需要在本案件中以某种方式由哈克纳特抢劫超市导致哈克纳特躲藏于公园中，进而导致警察发现哈克纳特于公园中。在许多情况下并不会直接重现故事图式中的某个因果性概称陈述。例如，在哈克纳特故事 S_p 中并没有概称陈述哈克纳特抢劫超市$\Rightarrow_C$哈克纳特躲藏于公园中以某种方式直接对应图式中的实施犯罪 $\Rightarrow_C$ 躲藏。然而，该故事对应该图式，因为该故事中存在一个因果关系链对应因果性概称陈述实施犯罪 $\Rightarrow_C$ 躲藏。故事图式中的概称陈述与故事之间的此类对应关系定义如下：

定义 5.3.8（概称陈述的对应）

故事 S 与概称陈述 g：$\varphi \Rightarrow_C \psi$ 相对应，并且反之亦然，当且仅当

（1）存在一个事件集 $E_1 \subseteq Events(S)$，使得 E_1 与 φ 相对应；并且

（2）存在一个事件集 $E_2 \subseteq Events(S)$，使得 E_2 与 ψ 相对应；并且

（3）存在 S 的一个子故事 S'，使得：

(a) $E_1 \subseteq IniEv(S')$；并且

(B) $E_2 \cap IniEv(S') = \emptyset$；并且

(c) 对于所有 $e \in E_2$：$(IniEv(S') \setminus E_1) \cup Gens(S) \nvdash_{CA} e$。

用语言来表述，就是故事 S 对应概称陈述 g，并且反之亦然，当且仅当 g 的前件和后件均与 S 中的一个事件集相对应（条件1和条件2），并且对应 g 后件的事件集 E_2 直接从对应 g 前件的事件集 $E1$ 得出。条 131

件 3 以如下方式确保了 E_2 中的事件直接从 E_1 得出这个要求。首先，为了确保 E_2 不是从比 E_1 更早的事件得出，取子故事 S' 使得 E_1 中的事件为初始事件（条件 3a）；它不必要是一个真子故事，因此有可能 $S'=S$。E_2 中的事件不应该是 S' 中的初始事件，因此 E_2 中的事件不能从 E_2 自身推导出（条件 3b）。条件 3c 确保了要导出 E_2 中的所有事件需要事件 E_1，因为若没有 E_1，给定的故事 S 下无法导出 E_2 中的一个或多个事件。

让我们回到关于故事 S_p 和故事图式 {x 实施犯罪 $\Rightarrow_C$ x 躲藏起来，x 躲藏起来 $\Rightarrow_C$ 警察发现 x} 的例子。上文已经论证了该故事中的事件对应该故事图式的成分。此处我们要考察的问题是，该故事是否也符合该图式所设置的因果结构。图 5.5 展示了故事组成部分与故事图式之间的对应关系。正如所能看到的，本案中满足了所有条件，使得该故事对应图式中的概称陈述 x 实施犯罪 $\Rightarrow_C$ x 躲藏起来 和 x 躲藏起来 $\Rightarrow_C$ 警察发现 x，易言之，使得该故事符合该图式的因果结构。该故事对应概称陈述 x 实施犯罪 $\Rightarrow_C$ x 躲藏起来如下：首先，哈克纳特抢劫超市对应 x 实施犯罪(条件 1)，哈克纳特躲藏于公园中对应 x 躲藏起来(条件 2)。现在，在子故事哈克纳特抢劫超市 ∧ 警察到达 $\Rightarrow_C$ 哈克纳特进入汽车并且驶离，哈克纳特进入汽车并且驶离 ∧ 哈克纳特认为警察正在跟踪 $\Rightarrow_C$ 哈克纳特躲藏于公园中之中，有事件哈克纳特抢劫超市在其初始事件中（条件 3a），事件哈克纳特躲藏于公园中不在其初始事件中（条件 3b），如果没有事件哈克纳特抢劫超市，则不可能推导出对应概称陈述后件的事件哈克纳特躲藏于公园中。对于该图式中的另一概称陈述，即 x 躲藏起来 $\Rightarrow_C$ 警察发现 x，很容易看出定义 5.3.8 的所有条件均得到了满足，因为因果性概称陈述哈克纳特躲藏于公园中 ∧ 警察于公园中搜查 $\Rightarrow_C$ 警察发现哈克纳特于公园中几乎直接匹配图式中的概称陈述 x 躲藏起来 $\Rightarrow_C$ 警察发现 x，除了故事概称陈述的前件包含一个额外的字符。

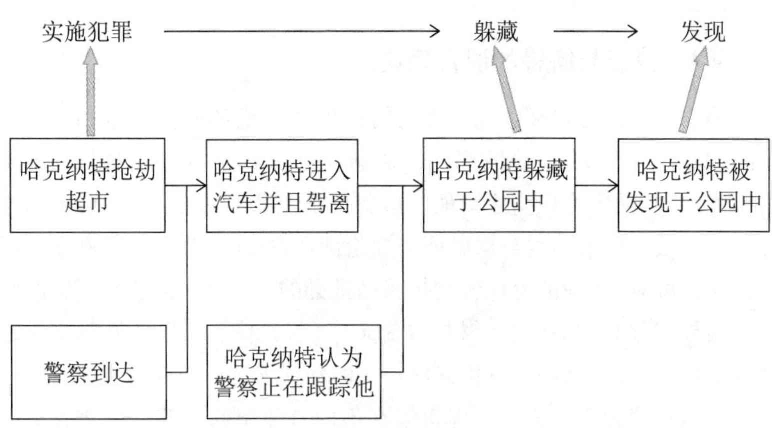

图 5.5　哈克纳特故事与“犯罪与躲藏”故事图式匹配的图形表示

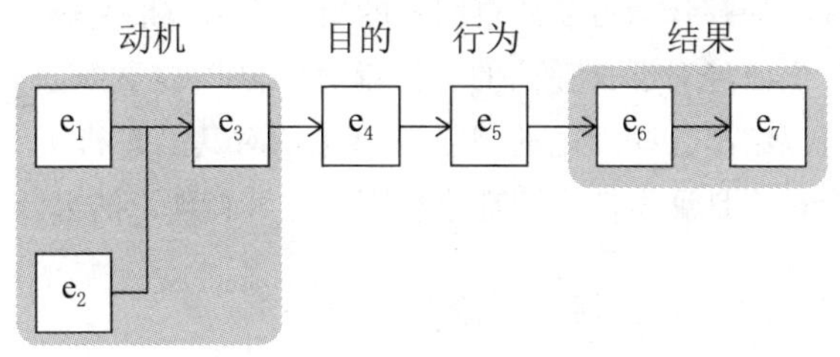

图 5.6　故事图式与故事的图形表示

图 5.5，以图形表达了故事与图式匹配的方式。此图中以文本表示 132
图式的元素，以粗灰色箭头表示抽象联系。在本书其余部分，有时没有明示表达联系故事与图式的抽象联系，如果多个事件对应图式的某一部分，可以用全灰色框作可视化表达，即图 5.6。以此方式可以清晰地可视化复杂的故事和故事图式。

现在已经形式地定义了故事与故事图式对应的各种方式。在混合理论中，故事图式可用于不同目的。例如，通过充当模板，它们可以帮助故事的构建；第 5.6 节和第 6 章将给出这方面的例子。图式的另一重要用途是使用它们以确定故事的融贯性（从而确定其质量）。第 5.4.3 节将进一步讨论和定义这方面的用途。

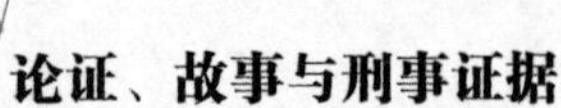

5.4 论证与解释的混合理论

前面部分已经定义了混合理论的证据性（论证的）部分和因果性（基于故事的）部分。论证部分包括输入材料 ET（证据材料与证据性概称陈述），从中可以构建论证。这些论证能相互攻击；基于 ET 的论证和他们攻击关系的组合构成证据性论证理论 AT 。根据某些基于论证的语义，可对 AT 中的论证分别指派已推翻的、可防卫的或已证成的状态。因果部分 CT 包括输入材料 H 和 G_{CA}（假设体、因果性概称陈述和抽象概称陈述），从中可以构建解释待解释项 F 的假设因果性故事。抽象概称陈述使关于故事的推理得以在不同具体层面展开，也使故事得以与故事图式相联系；故事与故事图式之间的这种联系被称为对应。关于待解释项的解释与可能故事图式的组合称为因果性解释理论 XT 。

由于我们已经对混合理论的论证部分和基于故事部分分别予以定义，现在可以给出这些理论的组合，第 4 章对其已进行了非形式地探讨。该混合理论是证据性论证理论和因果性解释理论的组合。

133 **定义 5.4.1（论证解释理论）**

一个混合论证解释理论是一个多元组 $AET=(AT, XT)$，其中：

$AT = (ET, Args, Attack)$ 是一个证据性论证理论；

$XT = (CT, Expl, Scheme)$ 是一个因果性解释理论，其中

$CT = G_{CA} \cup F \cup H$ 是一个因果理论，使得每个 $f \in F$ 是 $Args$ 中一个已证成论证 A 的结论，且 A 的前提包含至少一个 $\varphi \in Evidence(A)$ 。

一个论证解释理论 AET 本质上是我们用来构建与比较故事、论证及其组合的信息。在 AET 中，集合 $I_E \subseteq ET$ 包含证据，即不能被质疑的必要事实。$G_E \subseteq ET$ 、G_{CA} 和 H（后两者均是 CT 的子集）的组合包含可能发生的事实，即可能被攻击和击败的假定事实。所有这些可能发生的事实的组合本质上表示应该就其达成认知共识的当前知识库。本章其余定义中除明示提及外，均假定采用某个任意但固定的混合理论

AET。该理论以可废止语言 $\pounds_d$ 为基本语言，并使用逻辑 $\mathfrak{D}_E$（以证据性理由扩充的可废止逻辑）。论证部分 *AT* 根据定义 5.2.7 的界定，故事部分根据定义 5.3.5 的界定。

在混合理论 *AET* 中，论证部分直接影响基于故事理论部分的组成。可从上文定义清楚看到这一点，因为待解释项应当通过已证成论证从证据材料中得出。这样做的理由是，在警察调查中我们仅对实际发生的状态或事件感兴趣。因此并非从证据得出的（即我们不确定其是否发生的）事件没必要予以解释（见页码第 115 页）。

在 *XT* 中根据各种解释的融贯性和它们符合证据的程度对这些解释进行比较时，源自 *AT* 的论证同样发挥着重要作用。论证可用于以证据支持或抵触解释，分别增加该解释的证据支持或证据抵触。基于知识库的论证同样可用于支持或反对故事中的要素，以增加或减少该故事的因果似真性。以下各节将对确定故事质量的标准进行形式定义，第 4.2 节和第 4.3 节已经以非形式的方式表示了这部分内容。首先，5.4.1 节讨论故事符合证据的程度；第 5.4.2 节探讨故事的似真性，第 5.4.3 节定义故事应当符合某些似真故事图式这一标准。

5.4.1　支持故事与抵触故事

第 4.2 节给定了用于判断故事符合证据的程度三个标准，即**证**
据支持、**证据抵触**和**证据缺口**。证据支持涉及支持故事中某事件或 134
因果关系的证据项目，证据抵触涉及抵触故事中某事件或因果关系的证据项目，而证据缺口是故事中既没有证据支持又没有证据抵触的事件。

为确定证据支持，需要给出直接支持的概念：

定义 5.4.2（直接支持）

φ（已证成地或者可防卫地）支持 $\psi \neq \varphi$，当且仅当存在一个（已证成的或者可防卫的）论证 $A \in Args$，使得 $\varphi \in Prem(A)$ 和 $\psi \in Conc(A)$，并且 $Prem(A) \setminus \{\varphi\} \nvdash_E \psi$。

以文字描述即为，如果在一个并非已推翻的论证中所需要的前提推论出其结论，那么该论证的前提支持其结论。例如，如果**论证**（***H*** **在车上**）（第 5.2.2 节）没有被推翻，那么我们可以说 e_1 支持哈克纳特进入此车。从前提中推论出该结论，这一点通过如下条件得到实施，即**没有**此特定前提就不能从该论证的前提推导出该结论。例如，根据论证的定义（定义 5.2.4）我们可以通过增加一个前提来构建一个新论证，如增加一项证据 e_2 作为（***H*** **在车上**）的新论证行。然而，如果没有此证据同样可以推论出哈克纳特进入此车，因而它对哈克纳特进入此车的推导不产生影响，不应算作支持它。通过支持的定义，我们可以确定哪些结论受到证据性论证理论 AT 的输入元素的**直接支持**。存在两种支持程度，即已证成的支持和可防卫的支持，其中已证成强于可防卫。

通过支持的定义我们可以说，例如，一项证据支持故事中的一个事件。因此我们可以把证据支持定义为支持故事中某事件或者因果关系的所有证据项目的集合。

定义 5.4.3（证据支持）

故事 S 的证据支持是集合 $E^+(S) = \{\varphi \in I_E \mid \varphi$ 支持某个 $\psi \in S\}$。

此处可以区分已证成的和可防卫的证据支持，分别与证据材料向故事中元素提供的已证成的或可防卫的支持相对应。然而，我们暂且不做这种区分，通过并非已推翻的论证支持故事的任何一项证据都支持该故事。例如，假设我们想要解释待解释项警察发现哈克纳特于公园中，其解释集是 $\{S_p, S_h\}$（见页码第 158 页和第 160 页）。进一步假设证据集 I_E 是 $\{e_{w1}, e_H, e_{pr}\}$，其中 e_{w1} 是关于貌似哈克纳特的人进入此车的证人证言，e_H 是哈克纳特关于进入此车的否认，e_{pr} 是一份警察报告，详细记载了警察在抢劫发生后的应对措施和哈克纳特被发现于水沟中的这个事实。最后，论证集 $Args$ 是 {（***H*** **在车上**），（***H*** **不在车上**），A_{pr}}，其中（*H* **在车上**）和（*H* **不在车上**）

如页码第144页和第147页，A_{pr} 是一个简单论证，它以 e_{pr} 为前提，以 135
警察到达、警察于公园中搜查、警察于公园中发现哈克纳特为结论。S_p 获得的证据支持是 $\{e_{w1}, e_{pr}\}$，因为（*H* **在车上**）是可防卫的，并且 A_{pr} 为已证成的。解释 S_h 当前仅得到 e_{pr} 的支持。然而前文指出，S_h 基于哈克纳特自己的证言。可为其增加一项新证据 e_{HS}，即哈克纳特讲述他与本尼斗殴这一片段的证言。通过一个基于证人证言理由的简单论证，该证据支持 S_h 中所有事件。〔13〕因此，此时 S_h 获得的证据支持是 $\{e_{HS}, e_{pr}\}$。

证据抵触实质上是证据支持的反面：所有证据项目抵触故事中某事件或因果关系。我们再次需要一个关于抵触的一般概念；但由于“底切性抵触”（即对于因果性概称陈述的DMP被底切）的性质，抵触的定义明示假定了一个故事：

定义5.4.4（抵触）

给定一个故事 S，φ（已证成地或者可防卫地）抵触 $\psi \in S$，当且仅当

φ（已证成地或者可防卫地）支持 $\overline{\psi}$；或者

φ（已证成地或者可防卫地）支持⌜$\neg(\{\chi_1, \ldots, \chi_n\} \gg \psi)$⌝，并且 ψ 是通过初步性理由的运用从 S 中某些先前事件 $\chi_1, \ldots, \chi_n$ 中得到的。

所以，一个论证抵触一个命题有如下两种情况：如果它支持该命题的否定，或者如果它底切故事中的某个因果关系，即如果它是一个支持该故事所用某个因果性概称陈述的例外或无效的论证。与支持类似，抵触也分两个不同程度，已证成的和可防卫的，而一个已推翻论证的前提并不抵触其结论。抵触概念与定义5.2.6中的攻击概念非常相似。然而，攻击定义的是两个论证行之间的关系，而抵触定义的是

〔13〕前文指出，在这里嫌疑人的证言也被视为证人证言。

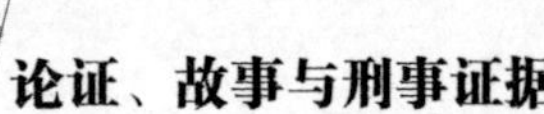

论证 A 与故事 S 某要素之间的关系。因此，证据抵触是抵触故事某要素的所有证据项目的集合（定义5.4.5）。

定义5.4.5（证据抵触）

故事 S 的证据抵触是集合 $E^{-}(S) = \{\varphi \in I_E \mid \varphi$ 抵触某个 $\psi \in S\}$。

这个定义本质上是证据支持的反面。一个故事覆盖越多证据越好，而与越多证据抵触则越差。类似于证据支持的定义，可以区分已证成的和可防卫的证据抵触，但我们同样暂且不做这种区分。在上例中，直接抵触解释 S_p 的证据是 e_H。S_h 没有受到直接抵触。

请注意，在考察证据支持或抵触时，仅考虑**直接**支持或抵触故事
136 的证据。例如，假设（H **不在车上**）被某证据材料 e_{Hv} 底切，该证据材料质疑哈克纳特的诚实性。这个 e_{Hv} 并不算作 S_p 的证据支持，即使它与该故事相容，并且通过击败某个抵触论证对该故事进行了某种意义上的“防卫”。此处该故事仅获得该证据的**间接支持**。与之类似，即使**论证**（**大众外观**）和（g_L **无效**）（第5.2.3节）可被用于底切（H **在车上**），并因而减少了 S_p 的支持，但它们所基于的证据（e_{ca} 或 e_{e2}）并不算入 S_p 的证据抵触，因为它仅仅间接地与该故事不相容。

关涉故事符合证据情况的第三个标准是证据缺口。前文指出，证据缺口是指不存在如下证据的事件，即能使我们从中推出这些事件发生与否的证据。证据缺口即是那些既没有获得证据材料直接支持也没有获得证据材料直接抵触的状态和事件。

定义5.4.6（证据缺口）

故事 S 的证据缺口是集合 $E^{G}(S) = \{a \in Events(S) \mid \neg \exists \varphi \in I_E$ 使得 φ 支持或者抵触 $a\}$ 的元素。

请注意，证据缺口是一个事件集，而非一个证据材料集，并且没有获得支持的因果性概称陈述不算入故事的证据缺口。如果我们不考

虑（**大众外观**）和（g_L **无效**），那么除了哈克纳特进入此车、警察到达、警察搜查于公园中和警察发现哈克纳特于公园中以外，该故事 S_p 中其他元素都是缺口。（H **在车上**）或（H **不在车上**）是否以某种方式被推翻，无关紧要。只要这些论证中有一个没有被推翻，则事件哈克纳特进入此车就有一个对它非常重要的证据。解释 S_h 不包含证据缺口，因为所有事件均获得 e_{HS} 或 e_{pr} 的支持。然而，如果从哈克纳特的证言得出的推论以某种方式被底切，则除了从 e_{pr} 所得出的事件以外，其他事件都是缺口。

5.4.2　故事融贯性：似真性与不似真性

第 4.3 节给定了故事融贯性的三条标准，即内部一致性、似真性和完备性。内部一致性标准已经作为条件 2 被包含在解释的定义之中（定义 5.3.4）。前文指出，该标准探讨的并非故事一致的程度，而是故事**是否**一致的问题：内部自身抵触的解释决不能获得完全支持，因为这将要求我们接受相互抵触的证据。因此，我们把一致性建模为解释的一个条件，从而不考虑不一致的解释。本节对似真性与不似真性进行了定义，并将在第 5.4.3 节讨论完备性。

故事的似真性是指因果性概称陈述和证据缺口从基于知识库 G_E 的明示论证中所获得支持的程度。基于 G_E 的论证既可以支持又可以抵触 137
故事的元素，因此可以定义概称陈述的似真性和不似真性。

定义 5.4.7（似真性）

故事 S 的似真性是集合 $P^+(S) = \{\varphi \in S \mid \varphi$ 被某个 $\psi \in G_E$ 支持，并且不存在 $\chi \in I_E$，使得 χ 支持 $\varphi\}$。

请注意，似真性仅相关没有证据支持的因果关系和事件。这是因为似真性本质上是一个独立于证据材料之外构建的概念。在理想情境中，证据材料被提供给故事元素。例如，如果存在支持某事件的证据材料，我们不需要借助我们的知识库进行推理以使该特定事件更为似真。然而如果一个事件没有证据材料支持，考虑该事件是否似真就变得重要，即该事件是否能从我们有关世界知识的一般储备中推论出来。在图 5.7 中，概称陈述 g_{c2} 似真（并从而是“似真集”的一部分），因为它得到哈克纳特是那种凭冲动行为的人这一般知识的支持。图中的专家统计证据不能算入该故事的似真性（然而，它要算入该故事的证据支持）。

正如证据抵触是证据支持的反面一样，不似真性也是似真性的反面。

定义 5.4.8（不似真性）

故事 S 的不似真性是集合 $P^{-}(S) = \{\varphi \in S \mid \varphi$ 被某个 $\psi \in G_E$ 抵触，并且不存在 $\chi \in I_E$，使得 χ 抵触 $\varphi\}$。

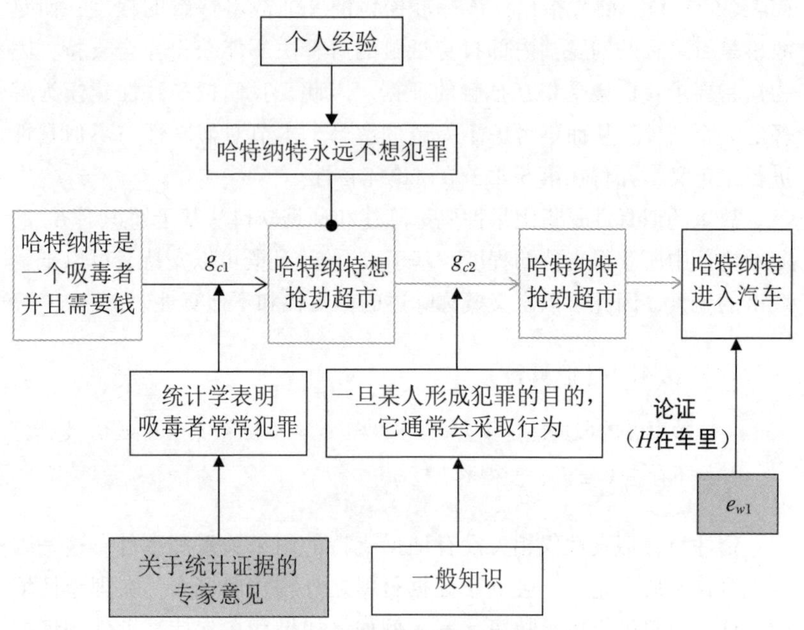

图 5.7　支持和抵触故事的图形表示

不似真性仅相关没有证据材料抵触的故事中的元素。此处的原因类似于似真性：如果存在证据材料直接抵触一个事件，我们没有必要 138
从一般知识进行推理来使该特定事件更为不似真。以图 5.7 为例，此处哈克纳特想抢劫超市不似真，因为它与源自个人经验的一项知识相抵触。我们可以对故事与其支持论证的组合进行可视化。例如控方提供的哈克纳特故事 S_p 的一部分及其支持论证（图 5.7）

图 5.7 展示了控方故事的一部分及其支持和抵触论证。通过**论证**（*H* **在车上**），证据 e_{W1} 支持哈克纳特进入此车。专家统计证据导出结论 *Valid*（g_{c1}），其中 g_{c1} 是（哈克纳特是一个吸毒者 ∧ 哈克纳特需要钱 $\Rightarrow_C$ 哈克纳特想抢劫超市）；这被表达为基于专家证据的论证直接支持概称陈述 g_{c1}。与之类似，一旦某人形成犯罪的目的，他通常会采取行为这个一般知识支持概称陈述 g_{c2}：哈克纳特想抢劫超市 $\Rightarrow_C$ 哈克纳特抢劫超市。哈克纳特永远不想实施犯罪抵触事件哈克纳特想抢劫超市。请注意，事件哈克纳特进入汽车和以 g_{c1} 表示的因果联系用黑色线条表示，因为它们得到证据的直接支持。证据缺口和没有获得支持的因果联系，因没有证据支持，用灰色线条表示（g_{c2} 得到论证支持，但没有得到证据支持）。我们以此方式将它们与得到证据支持的事件或者联系区分开来。

5.4.3　故事融贯性：故事图式与完备性

给定一个故事与图式，完备性概念本质上有两个方面：如果对于一个故事图式的每个要素在一个故事中均有对应的状态或事件，那么该故事填满该图式；如果一个故事中所有要素均对应一个故事图式的某个要素，那么该故事拟合该故事图式。换言之，如果一个故事“有着自身所有部分”，那么该故事填满该图式；而如果该故事没有“多余成分”，那么它拟合该图式。第 5.3.4 节定义了故事与图式的概称陈述或个体成分之间的对应。本节首先定义故事如何填满及拟合一个图式，进而定义完备性的标准。一个故事填满一个故事图式，当且仅当该图式的每个要素在该故事中均有对应的状态或事件：

定义 5.4.9（填满图式）

一个故事 $S \in Expl$ 填满一个故事图式 $G_S \in Schemes$，当且仅当

对每个个体成分 $\varphi \in Components(G_S)$，均存在一个事件集 $E \subseteq Events(S)$，使得 E 对应 φ；并且

每个概称陈述 $g_i \in G_S$ 均对应 S。

139 在图 5.5（页码第 167 页）的例子中，故事 S_p 填满了犯罪-躲藏图式。请注意，第二个条件（即图式中的每个概称陈述均对应故事）旨在确保故事与图式具有相同的因果结构。

一个故事拟合一个故事图式，当且仅当该故事的所有要素均对应该图式中某个要素：

定义 5.4.10（拟合图式）

一个故事 $S \in Expl$ 拟合一个故事图式 $G_S \in Scheme$，当且仅当对所有的 $e \in Event(S)$，存在某个集合 E（$_{E} \in E$）使得 E 对应某个 $\varphi \in Components$（G_S）。

请注意，拟合的定义并未要求图式与故事具有相同的因果结构，而仅要求故事中没有不对应图式元素的多余事件。例如，以下列故事为例：[乔尼躲藏起来，乔尼躲藏起来 $\Rightarrow_C$ 警察发现乔尼，警察发现乔尼 $\Rightarrow_C$ 乔尼杀害发现他的警察]。可以说这个故事拟合“实施犯罪-躲藏图式”，因为乔尼躲藏起来对应 x 躲藏起来，警察发现乔尼对应警察发现 x，乔尼杀害发现他的警察对应 x 实施犯罪。然而，这个图式的因果结构与该故事并不相同：故事中乔尼实施犯罪发生在他躲藏以后（因为他被发现），而图式中实施犯罪先于犯人躲藏。这并不成问题，因为下文将以填满与拟合共同定义完备性标准。

完备性概念包含一项重要的要求，即故事应当不是填满和拟合随便任何一个故事图式，而是填满和拟合一个**似真**故事图式。作为

Schemes（图式）集合组成部分的故事图式并不自动似真：正如可以关于故事的似真性推理一样，也可以通过同样的方式使用论证关于故事图式的似真性推理。以此方式可以就故事图式达成认知共识。此类论证主要立基于知识库。例如，如果一个餐馆故事图式包含概称陈述 g_r：x 在餐馆吃饭 $\Rightarrow_C$ x 未付钱离开，便可通过如下论证对其进行攻击：

论证（餐馆）

(1) g_r：$\Rightarrow_E$ 人们不会不付钱离开餐馆。($\boldsymbol{G_E}$)

(2) g_{e3}：人们不会不付钱离开餐馆 $\Rightarrow_E \neg\ valid(g_r)$ ($\boldsymbol{G_E}$)

(3) $\neg\ valid$ (g_r). (**1，决定性的**)

以此方式，被抵触的图式不应被用于检验故事的完备性。因此，**似真图式**集可以定义如下：

定义 5.4.11（似真故事图式）

一个图式 $G_S \in Schemes$ 是一个似真图式，当且仅当不存在 $\chi \in ET$ 抵触 G_S 中概称陈述的基础事例或抵触 G_S 的成分。

请注意，既可以通过证据也可以通过其他输入的信息抵触一个图 140
式，并且一个已推翻论证不能抵触图式。一个好故事应该**完全**，这一形式标准现在可做如下定义：

定义 5.4.12（完备性）

一个故事 $S \in Expl$ 是完备的，当且仅当它填满并且拟合一个似真故事图式 $G_S \in Schemes$ 。

请注意这个定义取决于混合理论 *AET* 组成部分的似真图式。现在，通过填满要求故事与图式具有相似的因果结构，消除了拟合没有要求故事与图式具有相似的因果结构的这个问题，故而完备性既要求填满又要求拟合。关于哈克纳特的控方故事 S_p 的例子填满了犯罪-躲藏图式，但没有拟合这个图式：存在多余成分没有拟合到该图式。例如，哈克纳特为何需要钱？为了使该故事拟合该图式，需要对该图式予以扩充，以使此类事件（即哈克纳特需要钱）与该图式的某个元素相对应。完全故事的例子将在第 5.6 节对话博弈的例子和第 6 章案例研究中被给出。

5.4.4 评估与比较故事

上述各节中，混合理论已经被形式地定义。第 5.2 节探讨了论证，这些论证可用于运用证据材料、知识库和概称陈述进行推理，也可用于就证据材料、知识库和概称陈述进行推理；第 5.3 节讨论了故事及其解释待解释项的方式。第 5.4 节定义了论证与故事的组合，并且形式地定义了判断故事质量的标准。对这些标准作出形式而确切的定义之后，现在可以确切地确定故事是否符合证据及其程度，和故事是否融贯。换言之，利用对这些标准的形式定义可以详细回答第 4.4 节提出的批判性问题。

第 4.4 节讨论了运用这些标准比较故事的不同方法。其中一种方法是确定故事符合证据的程度以及故事的融贯程度，以此提供关于故事的排序。然而，正如此前所主张的，以这种离散的数学方法比较故事存在困难，运用这样一种排序**指引**案例中对证据和故事进行分析的过程更好。混合理论的动态部分决定这些标准如何指引该等的分析以及如何发展和改进分析。下一节讨论此动态部分。

141

5.5 关于证明的对话

前述几节提出的混合理论讨论了一种**静态的**观点：由此可以确定对一起案件的论证性和基于解释分析的当前状态，但尚未讨论发展及改进该分析的动态过程。对案件中故事和证据的分析是一个过程，这一证明过程具体采取何种形式取决于进行分析的人以及进行分析的具体法律语境。例如，在决策语境中，辩方所面对的是一个关于发生了何事的完全故事，即控方的故事。通常而言，这个故事已经由证据所支持，辩方将试图攻击控方的证据性论证（例如，通过论证，目击者不值得信任），或者辩方提出一个选择解释（例如，被指控的凶手出于正当防卫）。然而，在调查语境中，情况就完全不同。常常刑事调查团队面临的是一些初始证据，他们构建若干可能的故事（或情节），然后试图寻找新证据支持或怀疑这些情节。调查期间情节与证据有不断的互动：情节提供解释新证据的框架，与此同时，新证据用于支持、怀疑情节或者扩充情节。

证明过程的动态可以建模成一个**对话博弈**，它能为融贯的对话提供一个规则或原则集。对话博弈有不同类型。例如，在关于说服的论证性对话博弈中（见第 3.1.2 节，对此的概述参见 Prakken，2006），一方博弈者提出一个主张，他必须为其防卫，而另一博弈者的目的是争论该主张；在关于谈判的对话博弈中（见 Rahwan et al.，2004），目的是关于某个“好处”进行谈判。正如前文讨论的，关于证明过程的对话博弈是一种**探究型对话**的事例。本书提出的对话博弈具有一个重要特征，即博弈者共同构建一个混合理论 *AET*；因此博弈者共同追求实现探究型对话的目的——即收集、组织和评估假设故事以及证据。在该对话博弈中，博弈者应该能够**解释**某事为何或者如何发生，并且能够**论证**在给定当前证据和一般知识的情形下对于发生了何事的某种解释应当被接受。在探究型对话中，没有博弈者真正想“获胜”，因为对话的目的是构建一个 *AET*，并且博弈者都想找到支持待解释项的最佳解释。然而，忽视该对话的对抗部分则增加了隧道视野的风险。通过要求博弈者不断追求比其他博弈者的解释更好的解释，可以实施这种对抗设置。为达到这一目的，他们将扩充和支持自己的解释并攻击其他博弈者的解释。

本节旨在将证明过程的动态建模成一种**形式对话博弈**。在此对话
博弈中，应当可以构建、分析和改变故事及其支持论证。除了描述动 142
态的证明过程以外，在当前程序理性概念之下，该对话博弈还是一个有用的工具：该形式对话博弈致力于界定一个适当的过程，以此可以形成关于证据、论证和故事的信念。在这个探究型对话过程中，博弈

者的话语应该至少具有**相关性**。更进一步，应该鼓励博弈者改进其自己的解释或反驳其他博弈者的解释。如果其他博弈者不能在对话博弈中据此成功挑战故事及其支持证据，那么它们可以被接受。请注意，与某些关于论证的对话博弈不同（例如 Loui，1998，Prakken and Sartor，1997），当前提出的形式对话博弈并非旨在成为一种形式证明理论，而是作为一种旨在理性讨论证据中指引博弈者的一般框架。基于一个关于解释与论证混合理论的早期变体，贝克斯和帕肯（2008）已经定义了一种关于探究型对话的形式对话博弈。该对话博弈已经给出对证据与故事进行适当讨论的基本规则。本节对该对话博弈进行扩充。

5.5.1 形式对话博弈的框架

在一个对话中博弈者通过如下方式构建一个混合理论 *AET*：给出待解释项的解释，基于假定的解释作出预测，移动论证来支持或者攻击解释或者其他论证。以此方式，一个 *AET* 不断得到更新。由于该对话框架基于一个混合理论 *AET*，对话博弈的**论题语言**用以确定博弈者话语的可能内容——是语言$\pounds_d$，基础逻辑是 $\mathfrak{D}_E$ 。*AET* 理论确定讨论的论题：对话中讨论**什么**。该对话采取**何种**形式，取决于下面将被定义的对话博弈。

在一个对话博弈中，**博弈者**通过进行源自一种交流语言的**言语行为**来构建一个混合理论 *AET*。运用这些言语行为，可以为待解释项给出解释，可以在假定解释的基础上作出预测，并且可以移动论证来支持或者攻击解释或者其他论证。对话博弈的一个重要部分是**协议**（*protocol*），它规定了对话中某一点允许的行动。这种协议本质上是一个关于应采取何种过程分析证据和解释的规范模型：为了能够从探究型对话中得出理性可靠的结论，博弈应遵守一个特定的规则集。这些规则确保实现一些目的，例如保证博弈者提出的所有解释或论证与论题相关，并且每个博弈者轮流试图改进或怀疑解释。

对话博弈还有**承诺规则**，它们规定了一个言语行为对博弈者的命题承诺产生的影响。例如，用一个解释来解释待解释项表示说话者对该解释做出承诺，收回先前移动的论证则表示从说话者的承诺中移除该论证。可以在协议中运用承诺限制允许的行动，例如，不允许作出使得说话者的承诺不一致的行动。还可以运用承诺定义对话的**终止**和 143
结果。因为个体博弈者的目的是支持和防卫自己的解释，如果所有博弈者均承诺了相同的解释，则对话终止。正如在任何探究型对话中一样，该博弈的最终目标是收集、组织和评估故事及证据。故而对话的结果是一个 *AET*，它表示一个基于证据的故事与论证的集合。

关于非终止对话，可以进行界定**当前获胜者**的概念；这体现了对话的对抗元素。当前获胜者是承诺当前最佳解释的博弈者，对话中的所有博弈者本质上均试图成为当前获胜者。通过参考关于解释的两种排序，可以确定最佳解释方法。其中一种方法运用第5.4.1节和第5.4.2节中的标准，根据集合包含来排序解释，另一种方法将这种标准的适用程度视为绝对数，以此排序解释。获胜的概念利用如下规则控制轮流（turntaking），即一个博弈者不断移动直到他成功成为当前获胜者（参见 Loui，1998）。现在关于对话博弈的一般框架可以定义如下：

定义5.5.1（对话博弈）

一个对话系统是一个多元组 $DG=(Players, L_C, Moves, U, C, <, <_a, Winner, Turn, P)$。

在上述定义中，*Players* 是博弈者集，L_C 是交流语言，*Moves* 是对话中可能的行动集，*U* 是确定理论 *AET* 构成的更新函数，*C* 是确定博弈者承诺的函数，$<$ 和 $<_a$ 是关于解释的排序，*Winner* 是确定博弈的当前获胜者的函数，*Turn* 是确定轮到何者移动的函数，*P* 是确定可采行动的协议。对话博弈的以上各部分将在下文中被逐一定义。

5.5.2　博弈者、语言与行动

多数对话博弈仅允许两个博弈者。例如，在说服中存在这种情形，这样做有其道理是因为该博弈有清晰的正方与反方，他们各自论证支持和反对某个主张。而在探究中，对话开始时尚未有清晰界定的地位。

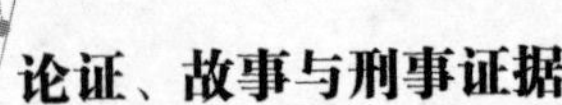

理想状态下，博弈应当支持更大的群体博弈者之间的讨论。事实上，对话中博弈者越多，构建的支持待解释项的选择解释就越多，得到的最佳解释也就越强（参见第 4.4.1 节批判性问题：有多少其他故事能够解释该待解释项?）。因此对话博弈允许两个或多个博弈者：

定义 5.5.2（博弈者）

博弈者集 $Players = \{p_1, \ldots, p_n\}$ 是一个使得 $n \geq 2$ 的包含对话中博弈者的有限集。

144 有两个或多个博弈者使我们能够建模双方之间的讨论，例如控方与辩方，还可以建模犯罪分析人员或陪审员的群体讨论。

交流语言确定了可以进行何种言语行为来影响 *AET* 理论（定义 5.5.3）。

定义 5.5.3（交流语言）

交流语言 L_C 是一个言语行为集。每个行为均采取 $a(c)$ 的形式，其中 a 表示行为，c 表示行为内容。L_C 中的行为类型有：

— *argue* A

— $explain(E,\ S)$

— $match(S,\ G_s,\ G_A)$

— *concede* φ

— *retract* φ

这里，A 是一个论证，E 是一个基础字符集，S 是一个故事，G_s 是一个故事图式，G_A 是一个抽象概称陈述集。

言语行为允许博弈者给出论证 A（*argue*），运用故事 S 解释 E 中的事件（*explain*），在给定某些事件 E 的情况下预测事件，运用 G_A 表示的某些抽象联系将故事 S 与故事图式 G_s 相匹配（*match*），承认或收回其承诺中的某些命题。上述定义仅给定了言语行为的先决条件（即 A 必须是论证）；第 5.5.7 节将给出限制条件以确定可以使用这些言语行为来确切说什么。

给定言语行为集和博弈者集之后，可以对一个对话中的行动加以定义，这些行动具有（*player*，*speech act*）的形式。一个行动序列被称为一个**对话**。

定义 5.5.4（行动与对话）

行动集 *Moves* 可定义为 $Players \times L_C$，其中一个行动 m 的元素分别表示为：

—$pl(m)$，该行动的博弈者

—$sa(m)$，该行动中采取的言语行为

有限对话集 D 是所有有限的行动序列 m_1，…，m_n 的集合 。对话 m_1，…，m_i 用 d_i 表示，d_0 代表空对话。当 d 是一个对话并且 m 是一个行动，那么 d，m 表示以 m 延续 d 。

例如，$d_2=(p_1$，$argue$(H**在车上**))，(p_2，$concede$ 哈克纳特抢劫超市) 是由两个行动组成的对话。该对话与一个新行动的组合可以表示为 d_2，(p_3，$argue$(H**不在车上**)) 。请注意，对话集包含所有有限的行动序列，但尚未定义何为一个适当的对话。易言之，还需要以协议的形式定义对话规则。

5.5.3 对话中的混合理论 145

当前对话博弈的一个重要特征为，博弈者共同构建关于案件的他们的共享知识。这个共享知识具有论证解释理论 *AET* 的形式。对话开始时，待解释项 F 假定为非空集（见定义 5.5.5）；这样做的原因是，否则将没有开始对话的待解释项。

定义 5.5.5（初始理论）

$AET(d)$ 表示对话（d）之后的混合理论 AET 。初始理论 $AET(d_0)$ 被限制如下：$F(d_0) \neq \emptyset$ 。

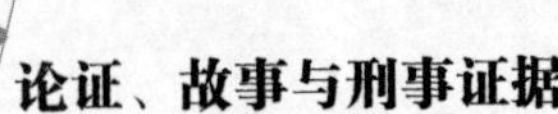

请注意，由于这个限制，证据与论证的初始集也必须非空，因为按照定义 5.4.1，每个待解释项均须得到一项证据的支持。[14] 集合 F 在对话期间不发生改变，因此必须在对话开始前对其达成一致。在理论中，可以关于待解释项是什么进行论证对话。然而，当前对话的目的是为特定观察找到解释及对这些解释予以比较；关于应该解释什么的对话是不同类型的对话，其细节我们留到以后研究。

在对话开始时，对 AET 的元素不作其他限制，博弈者每个行动之后该理论会被更新：

定义 5.5.6（对话中的混合理论）

理论更新函数为一个函数 $U: D \rightarrow AET$。

$AET(d)$ 代表对话 d 之后的理论。该理论的个体要素作类似表示，例如 $ET(d)$，$Args(d)$。

$AET(d, m)$ 可以定义如下：

（1）如果 $sa(m) = argue\ A$，那么

(a) $G_E(d, m) = G_E(d) \cup Gens(A)$。

(b) $I_E(d, m) = I_E(d) \cup Evidence(A)$。

(c) $Args(d, m) = Args(d) \cup \{A\}$。

(d) $Attack(d, m)$ 根据定义 5.2.6 更新。

（2）如果 $sa(m) = explain(E, S)$，那么

(a) $G_C(d, m) = G_C(d) \cup Gens(S)$。

(b) $H(d, m) = H(d) \cup Events(S)$。

(c) $Expl(d, m) = (Expl(d) \cup \{S\})$。

（3）如果 $sa(m) = match(S, G_s, G_A)$，那么

(a) $Schemes(d, m) = Schemes(d) \cup \{G_s\}$。

(b) $G_{CA}(d, m) = G_{CA}(d) \cup G_A$。

146 （4）如果 $sa(m) = retract(\varphi)$，那么

[14] 然而，下文的简单例子中往往并未明确提及支持待解释项的论证。

(a) 如果 $\forall p \in Players$：$\varphi \notin C_p$，那么

(i) φ 从 $CF(d)$ 或 $ET(d)$ 中的对应元素中被移除；并且

(ii) 对于任意论证 A，使得 $\varphi \in A$ 从 $Args$ 中移除；并且

(iii) 对于任意解释 S，使得 $\varphi \in S$ 从 $Expl$ 中移除。

上述列表未提及的 AET 要素在各个行动之后不发生改变。

更新函数以一个对话为其输入，产生一个理论 AET 为输出。条件1的含义是移动一个论证即将其概称陈述、证据和该论证自身增加到该理论中它们各自的集合（见定义5.2.5和定义5.2.7）。条件2的含义是提出一个解释即将其概称陈述、事件和故事增加到该理论中它们各自的集合（见定义5.3.3和定义5.4.1）。条件3的含义是**匹配**言语行为即将故事图式增加到集合 $Schemes$ 以及把抽象概称陈述集增加到 G_{CA}。最后，条件4的含义是，如果一个博弈者收回一个命题，并且通过该收回使得没有博弈者再承诺这个命题，那么将其从理论 CF 或 ET 中删除，并且从 AET 中删除任何以 φ 为元素的论证或解释。由于只有那些被明示移动的论证和解释被增加到它们各自的 $Args$ 集和 $Expl$ 集，对于**收回**行动还必须规定删除了哪些论证或解释。承认行动没有改变 AET，因为博弈者仅能承认之前已经在对话中被移动的事物，因此其已存在于 AET 中。

5.5.4　承　诺

源自定义5.5.6的 AET 表示博弈者构建的共享知识总集。然而，并非每个博弈者必须同意该共享混合理论的每个组成部分。例如，如果理论 AET 包含**论证**（H **在车上**）和（H **不在车上**），某个博弈者同时承诺这两个论证并不合情理，因为在这种情形中他将承诺相互抵触的知识。因此，每个博弈者有其自己单独的承诺库，仅包含他所承诺该理论的组成部分。请注意，博弈者的承诺是公开的，所有博弈者均知晓他人的承诺。每个博弈者的承诺受到其在对话期间所采取行动的影响。

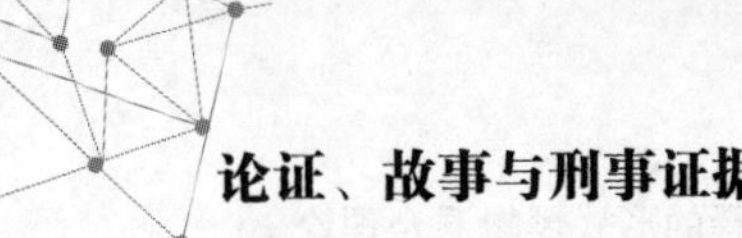

定义 5.5.7（承诺规则）

承诺函数是一个函数 $C: D \times Players \rightarrow P(L_d)$。

$C_p(d)$ 表示对话 (d) 之后博弈者 p 的承诺。

对任意博弈者 p，初始承诺被限制如下：$\varphi \in C_p(d_0)$，当且仅当 $\varphi \in ET(d_0)$ 或 $\varphi \in CT(d_0)$。

147 $C_p(d, m)$ 可定义如下，其中 $pl(m) = p$：

(1) $C_p(d, argue\ A) = C_p(d) \cup Prem(A)$。

(2) $C_p(d, explain(F, S)) = C_p(d) \cup Gens(S) \cup Events(S)$。

(3) $C_p(d, match(S, G_s, G_A)) = C_p(d) \cup G_s \cup G_A$。

(4) $C_p(d, concede\ \varphi) = C_p(d) \cup \{\varphi\}$。

(5) $C_p(d, retract\ \varphi) = C_p(d) \setminus \{\varphi\}$。

博弈者 p 承诺一个解释 $S \in Expl(d)$，当且仅当对于所有 φ，使得 $\varphi \in Events(S_i)$ 或者 $\varphi \in Gens(S_i)$，或者 $\varphi \in C_{pi}(d)$。

因此承诺函数以一个对话和一个博弈者为其输入，以表示该博弈者的承诺集为输出。在对话开始之前，博弈者的承诺被限制，因为博弈者总是承诺初始 *AET* 中的命题而不是别的。博弈者自动承诺其在对话中移动的论证（1）、解释（2）或图式（3）的所有组成部分及其移动（3）的任何抽象概称陈述。承认一个命题则将其增加到博弈者的承诺中（4），收回一个命题则将其从承诺中删除（5）。最后，博弈者承诺 *Expl* 中的一个解释，当且仅当他承诺其所有事件和概称陈述。

作为例子，考虑博弈者 p_1 的初始承诺是｛警察发现哈克纳特于公园中｝。如果 p_1 现在采取行动 *explain*（警察发现哈克纳特于公园中，［哈克纳特抢劫超市，警察到达，g_{c3}，g_{c4}，g_{c5}］），则在此行动之后他的承诺为｛哈克纳特抢劫超市，警察到达，哈克纳特进入汽车并且驶离，哈克纳特认为警察正在跟踪，哈克纳特停车，哈克纳特躲藏于公园中，警察发现哈克纳特于公园中，警察搜查于公园中，g_{c3}，g_{c4}，g_{c5}｝。用语言表达即是，p_1 承诺该解释的所有个体要素。

5.5.5　比较解释

上文讨论到博弈的当前获胜者应该是承诺当前被认为“最佳”解释的博弈者。此处有趣的一点是确定哪个解释为当前最佳解释。前文已经论证过，要对何为最佳解释界定一个确切的（数学）测度是一项繁琐的任务。以下几个定义试图提供此种测度。应注意到，这种排序仅用于确定**当前获胜者**，并从而控制对话博弈的轮流。该排序并未就何为最终的最佳解释提供严格的规则，因为该决定总涉及一个实质和语境依赖的元素。第一种排序方法根据关于标准的集合包含比较故事：

定义 5.5.8（比较解释）

给定两个解释 S_i 和 S_j，偏序函数 ≤可定义如下：

- 如果 $E^+(S_i) \subset E^+(S_j)$，并且 $E^-(S_i) \supseteq E^-(S_j)$，那么 $S_i < S_j$ 148
- 如果 $E^+(S_i) \subseteq E^+(S_j)$，并且 $E^-(S_i) \supset E^-(S_j)$，那么 $S_i < S_j$
- 如果 $E^+(S_i) = E^+(S_j)$，并且 $E^-(S_i) = E^-(S_j)$，那么
  —如果 $P^+(S_i) \subset P^+(S_j)$，并且 $P^-(S_i) \supseteq P^-(S_j)$，那么 $S_i < S_j$
  —如果 $P^+(S_i) \subseteq P^+(S_j)$，并且 $P^-(S_i) \supset P^-(S_j)$，那么 $S_i < S_j$
  —如果 $P^+(S_i) = P^+(S_j)$，并且 $P^-(S_i) = P^-(S_j)$，那么
    —如果 $E^G(S_i) \supset E^G(S_j)$，那么 $S_i < S_j$
    —如果 $E^G(S_i) = E^G(S_j)$，那么 $S_i = S_j$

如果上述条件都不成立，则 S_i 和 S_j 为不可比较的。

用语言表达即是，如果与 S_i 相比，S_j 覆盖更多证据并且受到更少或者相同数量的证据抵触，那么 S_j 比 S_i 好 。与之类似，如果与 S_i 相比，S_j 受到更多证据抵触并且覆盖更少或者相同数量的证据，那么 S_i 比 S_j 好 。如果二者的证据支持和证据抵触都一样，则以类似于考察证据支持与证据抵触的方式检验两个解释的似真性和不似真性。如果这也相同，那么检验证据缺口。此处不检验匹配与完备性，因为它们是绝对测度（一个故事要么完全匹配一个图式，要么不完全匹配一个图式）；这些标准将整合进下面的定义 5.5.9。

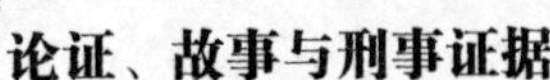

请注意，证据支持和证据抵触被认为是比似真性或证据缺口更为重要的标准。如果 S_1 的证据支持比 S_2 的更好，那么 S_1 是更好的解释，即使 S_2 的似真性比 S_1 更好。这确保了好故事没有排除真故事。最后，该定义运用集合包含来比较两个故事：例如，如果表示 S_2 证据支持的集合是表示 S_1 证据支持的集合的子集，那么 S_1 更好。此处背后的理念是，仅当 S_1 获得和 S_2 至少相同并且更多的证据支持时，故事 S_1 获胜 S_2。这种利用集合包含对解释进行排序的方式提供了一种确定哪个解释最佳的坚实标准，它确保不存在实际上更好的选择解释。

就当前的目的而言，这种根据集合包含对标准进行排序的方式存在一个主要缺点，即以此方式故事常常为不可比较的。另一种定义解释排序的方法是，考察证据支持和抵触、似真性和不似真性及证据缺口的绝对程度。易言之，绝对证据支持是支持该解释的证据材料项目的个数。虽然它似乎有些特别，但在我看来，它是一种当前目的（即确定当前获胜者）比较解释的合理方法。假定一个真实案件中能够收集的证据集以及能够花费于讨论不同可能性的时间都是有限的，则要求一项解释尽可能解释更多的证据是有意义的。可对上文的定义 5.5.8 加以修改，以纳入进这种新的比较解释的方式中。在这个新的定义 5.5.9 中，证据支持和证据抵触仍比似真性更重要。新增加的标准是匹配和完备性：完全匹配一个图式的故事比其他故事更好，一个完备
149 的故事比一个不完备的故事更好。因此完备性比似真性更重要，它允许运用故事进行更整体的推理，其中故事图式被判断为比个体因果性概称陈述（的似真性）更重要。这种排序解释的方法有一个优点，即两个解释总能够被比较，故而我们得到一个关于解释集的全序（total ordering）。

定义 5.5.9（比较解释 II）

给定两个解释 S_i 和 S_j，全前序函数 $\leq_a$ 可定义如下：

- 如果 $|E^+(S_i)| < |E^+(S_j)|$，并且 $|E^-(S_i)| \geq |E^-(S_j)|$，那么 $S_i <_a S_j$

• 如果 $|E^+(S_i)| \leq |E^+(S_j)|$，并且 $|E^-(S_i)| > |E^-(S_j)|$，那么 $S_i <_a S_j$

• 如果 $|E^+(S_i)| = |E^+(S_j)|$，并且 $|E^-(S_i)| = |E^-(S_j)|$，那么

—如果 $\exists G_{S1} \in Schemes$ 使得 S_i 完全匹配 G_{S1}，并且 $\neg \exists G_{S2} \in Schemes$ 使得 S_j 完全匹配 G_{S2}，那么 $S_i < S_j$；否则

—如果 $\exists G_{S1} \in Schemes$ 使得 S_i 相对 G_{S1} 是完备的，并且 $\neg \exists G_{S2} \in Schemes$ 使得 S_j 相对 G_{S2} 是完备的，那么 $S_i < S_j$；否则

—如果 $|P^+(S_i)| < |P^+(S_j)|$，并且 $|P^-(S_i)| \geq |P^-(S_j)|$，那么 $S_i <_a S_j$

—如果 $|P^+(S_i)| \leq |P^+(S_j)|$，并且 $|P^-(S_i)| > |P^-(S_j)|$，那么 $S_i <_a S_j$

—如果 $|P^+(S_i)| = |P^+(S_j)|$，并且 $|P^-(S_i)| = |P^-(S_j)|$，那么

　—如果 $|E^G(S_i)| > |E^G(S_j)|$，那么 $S_i <_a S_j$

　—如果 $|E^G(S_i)| = |E^G(S_j)|$，那么 $S_i =_a S_j$

其中 $|S|$ 代表集合 S 的元素个数。

上述两种定义的组合可以提供回答如下批判性问题的测度，即“当前故事优于选择故事的决定程度如何？”（见第 4.4.1 节）尽管关于什么是构成最佳解释的决定常常涉及一个实质和语境依赖的要素，但在有些情形下很清楚两种情形中有一种显然最佳。例如，如果故事 S_1 在证据支持、证据抵触、完备性和似真性（相对集合包含）进展中好于 S_2，我们可以合理而稳妥地说，S_1 为最佳解释。另一个例子为，在 20 项证据中故事 S_1 获得其中 18 项支持，而故事 S_2 与 18 项有抵触。易言之，在不太复杂的情形中可获得的解释之间存在显著的质量差别，利用上文的定义能够稳妥地确定哪个解释是最佳的。但在复杂情形中，没有哪个解释真正突出，上文的定义与标准只能用作界定一些启发，以帮助指明就反方的解释进行攻击或就己方解释予以改善的可能之处。

5.5.6　当前获胜者与轮流

上文排序方式的用途之一是确定对话中的**当前获胜者**（定义
150 5.5.10）。当前获胜者是根据前述排序确定承诺最佳解释的博弈者的函数。请注意，当前获胜者并非该对话的**最终获胜者**，而是在（非终止）对话中某个特定点处于最佳位置的博弈者。

定义 5.5.10（当前获胜者）

获胜函数为一个函数 *Winner*：$D \rightarrow P(Players)$。

对话 d 的当前获胜者 $Winner(d)$，可定义如下：

博弈者$p_i \in Winner(d)$，当且仅当

（1）或者

（a）存在一个解释 $S_i \in Expl(d)$，使得对于每个解释 $S_j \in Expl(d)$（其中 $S_i \neq S_j$），$S_j < S_i$ 均成立；并且

（b）p_i 承诺 S_i；

（2）或者

（a）不存在一个解释 $S_i \in Expl(d)$，使得对于每个解释$S_j \in Expl(d)$（其中 $S_i \neq S_j$），$S_j < S_i$ 均成立；并且

（b）存在一个解释 $S_k \in Expl(d)$，使得对每个解释 $S_l \in Expl(d)$（其中 $S_k \neq S_l$），$S_l <_a S_k$ 均成立；并且

（c）p_i 承诺 S_k。

给定一个对话，如果根据定义 5.5.8，一个博弈者承诺的 *AET* 中的一项解释比 *AET* 中的其他解释更好，那么他为当前获胜者。如果不存在这样的解释，那么根据定义 5.5.9 承诺最佳解释的博弈者为当前获胜者。如果不存在这样的解释，那么没有当前获胜者。请注意，可能有不止一个当前获胜者，因为不止一个博弈者可以同时承诺最佳解释。以第 5.3.2 节讨论的案例为例，假设第一个博弈者移动该解释［哈克纳特抢劫超市，警察到达，g_{c3}，g_{c4}，g_{c5}］。那么该博弈者是获胜者，因为他是唯一承诺一项解释的人。

当前获胜者的定义主要用于控制**轮流**，即确定对话中轮到谁采取行动（定义 5.5.11，页码第 191 页）。

定义 5.5.11（轮流）

轮流函数为一个函数 $Turn: D \rightarrow Players$，其中 $Players = \{p_1, \ldots, p_n\}$。

对话 d 中博弈者采取行动 $Turn(d)$，可定义如下：

— $Turn(d_0) = \{p_1\}$

— $Turn(d, m) = p_i$，如果 $Turn(d) = p_i$ 并且 $Winner(d) \neq p_i$

— $Turn(d, m) = p_{i+1}$，如果 $Turn(d) = p_i$ 并且 $Winner(d) = p_i$，$i<n$ 151

— $Turn(d, m) = \{p_1\}$，如果 $Turn(d) = p_i$ 并且 $Winner(d) = p_i$，$i=n$

轮流函数以一个对话为其输入，轮到其采取行动的博弈者为输出。当对话开始时没有获胜者，所以由第一个博弈者开始对话。此后，如果一个博弈者通过采取行动成为当前获胜者，就会轮到下一个博弈者。如果该博弈者已经是获胜者，他将把行动传给下一个博弈者。因此每个博弈者保持其轮流，直到他能够成为当前获胜者。以上文的事例来说：第一个博弈者在提出该解释之后，他成为当前获胜者，因此轮到第二个博弈者。为了成为获胜者，该博弈者也应该承诺一个解释（或者通过自己采取行动或者通过承诺第一个博弈者的解释）。请注意，如果第二个博弈者仅攻击第一个博弈者的解释，那么他并没有成为获胜者，因为他没有承诺一个解释。因此移动一个论证，虽然可能是允许的，但不能使得第二个博弈者的状态变成为获胜者，因此不会轮流到下一个博弈者。

5.5.7　协　议

协议 P 规定对话各阶段允许的行动。本质上，协议定义了博弈规则，旨在确保博弈者的行动与该探究相关。首先应该对协议函数的一

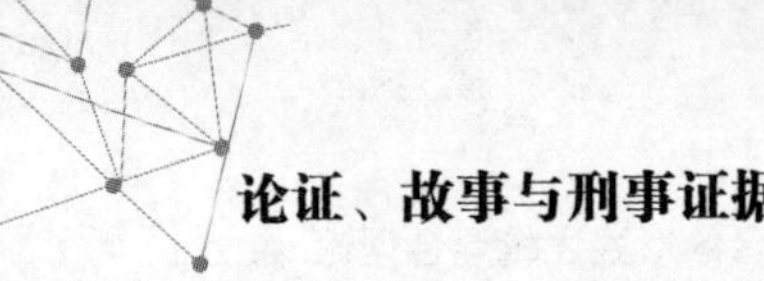

般形式进行定义（改编自 Prakken，2005b）：

定义 5.5.12（协议函数）

关于 *Moves* 的协议是一个集合 $P \subseteq D$，使得每当对话 $d \in P$ 时，那么 d 的所有初始序列 $d \in P$。

协议函数是一个偏函数 $Pr: D \rightarrow P(Moves)$，使得

— 如果 $d \notin P$，$Pr\ (d)$ 未被定义，

—否则，$Pr\ (d) = \{m \mid d,\ m \in P\}$。

Pr 定义域的元素是适当有限对话。

因此协议函数 $Pr(d)$ 确定对话 d 之后，什么行动是允许的并且如果 d 不是一个适当对话，那么对于该对话则没有协议函数被定义。我们现在也可以假定一个协议必须满足某些条件，从而在给定该对话的当前状态下，仅有某些特定类型的行动可被允许。

定义 5.5.13（协议条件）

对于所有的行动 m 和适当有限对话 d_i，当且仅当满足下列所有条件时，$m \in Pr\ (d_i)$ 成立：

（1）如果不存在行动 $m_i \in d_i$ 使得 $pl(m_i) = pl(m)$，那么 m 是一个 $explain(F,\ S)$ 行动，使得 $Expl(d_i)$ 中不存在 S 的子故事。

152 （2）$pl(m) = Turn(d_i)$

（3）m 未曾 在 d 中由相同博弈者移动。

（4）$C_{pl(m)}(d_i,\ m) \nvdash \bot$

（5）如果 m 是 *argue* A 行动（其中 φ 是 A 的结论），那么 $A \notin Args(d_i)$，并且

(a) A 攻击 *Args* 中的某论证 B，并且 $Conc(B) \cap F = \emptyset$；或者

(b) A 抵触某个 $\varphi \in CF(d_i)$ 且 $\varphi \notin F$；或者

(c) $\exists S,\ S \in Expl(d_i)$，$pl(m)$ 承诺 S，并且 $E^{+}(S)(d_i,\ m) >$

$E^+(S)(d_i)$；或者

(d) $\exists S$，$S \in Expl(d_i)$，$pl(m)$ 承诺 S，并且 $P^+(S)(d_i, m) > P^+(S)(d_i)$；或者

(e) $\exists S$，$S \in Expl(d_i)$，$pl(m)$ 承诺 S，并且 $E^G(S)(d_i, m) < E^G(S)(d_i)$。

(6) 如果 m 是 $explain(E, S)$ 行动，那么

(a) $F \subseteq E$；并且

(b) $S \notin Expl(S)$；并且

(c) $pl(d_{i-1}) = pl(m)$ 并且 $sa(d_{i-1}) = explain(F, S')$，并非如此。

(7) 如果 m 是 $match(S, G_s, G_A)$ 行动，那么

(a) $pl(m)$ 承诺 S；并且

(b) $\neg \exists G_S' \in Schemes(d_i)$ 使得 G_S' 是一个适当图式并且 S 填满 G_S'，并且

(c) G_S 是一个适当图式，并且对话 (d, m) 后 S 填满 G_S。

(8) 如果 m 是 $concede\ \varphi$ 行动，那么

(a) φ 是 $CF(d) \cup ET(d)$ 的元素；并且

(b) $\varphi \notin C_{pl(m)}(d)$

(9) 如果 m 是 $retract\ \varphi$ 行动，那么

(a) $\varphi \in C_{pl(m)}(d)$；并且

(b) $\varphi \notin F$ 或者 φ 不在某个 $Conc(B) \cap F \neq \emptyset$ 的论证 B 中。

(10) $\neg \exists S_i$：$S_i \in Expl(d)$，使得

(a) 对于所有 $p_i \in Players$：p_i 承诺 S_i；并且

(b) 对于每个其他的解释 S_j，$S_j \in Expl(d)$，$S_i \neq S_j$，$S_i >_a S_j$ 成立。

协议基本以一个对话为其输入，以一系列可采的行动为输出。条件 1 调整对话中博弈者的第一个行动，其必须是一个满足如下条件的解释行动，即它不是基于其他博弈者已经移动的解释。它用以确保各博弈者均有其自己的解释。接下来两个条件说的是只有轮到采取行动

153 的博弈者才可以作出允许的行动，并且博弈者不可以重复其行动。条件 4 规定博弈者的承诺不可以不一致，即在严格的逻辑意义上博弈者不可以自我抵触。[15]

条件 5 规定了何时可以移动一个论证，即如果之前未曾移动，并且如果它与当前 *AET* 相关；最后这项条件通过条件（5a）~（5e）（至少）使一个成立得以实施。条件（5a）规定如果一个论证攻击另一个并非用于支持待解释项的论证，那么可以移动该论证。博弈者据此可以关于个体证据进行推理，例如证人的诚实性。条件（5b）规定如果一个论证与 *CF* 中的某元素相抵触（待解释项除外），那么可以移动该论证。该条件允许博弈者攻击其他博弈者的解释、图式和对应联系，这确保两种类型的抵触——证据抵触和不似真性——均能实施。条件（5c）~（5e）允许博弈者给出论证以改进其某个解释的证据支持或似真性，或者减少其某个解释的证据缺口。条件（5a）~（5e）旨在确保一个论证或者攻击反方，或者支持该博弈者自己的立场。

条件 6 控制**解释**行动的可采性。第一个条件（6a）要求该解释根据定义 5.3.4 来实际上至少解释待解释项，以此确保解释的相关性。请注意，根据这个关于解释行动的条件，也可以**预测**新的可能观察：只要待解释项是该故事的组成部分，该故事能够包含任意数量的额外观察。这个条件的劣势在于，每次博弈者想要改变一个现有解释（例如，通过进一步解释初始事件、预测新的可观察物或改进因果关系），该博弈者应当移动一个由旧的解释和所要求的变化组成的全新解释。旧的解释仍为集合 *Expl* 的组成部分，因此这个集合可能迅速变得庞大，因为只要对解释作稍许改变就需要增加新的解释。然而，因为当前理论并非直接旨在用于自动推理系统，这并非一个大的劣势。条件（6b）说的是只有一种解释在之前未曾移动才可以移动该解释，并且条件（6c）确保当先前行动是解释行动不能再由相同博弈者采取一种

〔15〕 请注意，一个博弈者可能承诺两个互相攻击的论证，或者承诺待解释项两个选择解释。

解释行动。最后增加这个条件是为了博弈者不能只仅仅持续给出解释，而没有努力改进自己的解释或弱化反方的解释以使己方解释成为最佳。条件 7 说的是只有在满足如下几个条件时，一个博弈者才可将故事与图式进行匹配即该博弈者承诺一个故事（7a），该故事未曾填满某个适当图式（7b）并且该故事在该行动中填满该适当图式 G_s（7c）。易言之，如果一个故事未曾填满某个适当图式，那么可以运用**匹配**行动完成填满。

条件 8 确保只有在一个命题处于当前理论中并且博弈者未曾承诺它时，该博弈者才该承认该命题。条件（9a）说的是博弈者只能收回 154
他承诺的命题，条件（9b）确保博弈者不能收回一个待解释项或支持待解释项的某个论证的一部分。最后，条件 10 蕴涵如果所有博弈者完全承诺最佳解释那么对话终止，即根据定义 5.5.10 所有博弈者均为获胜者时该对话终止。这本质上意味着对话终止时，各博弈者都认为探究对话已持续了足够长时间，并已考虑了所有可能且合理的选择。

上述协议确保所有行动均与当前 *AET* 相关，并鼓励博弈者改进其解释［条件（5c）与条件（5d）］。因为该协议存在承认和收回行动，并且假定该对话在某个点应当终止，所以该对话并不能确保完全避免隧道视野。然而，当我们假定博弈者（至少在对话开始时）均以成为获胜者为目的，我们可以说上述协议、获胜条件和轮流条件共同加强了混合理论的理性标准。

5.6　对话博弈例子

本节给出了一个对话例子以阐述对话博弈。这个例子以形式化方式给出，同时采取了贯穿本书的“半形式”可视化方式表达。在本例中，我们重返哈克纳特案例。这个例子中有两个博弈者和一个待解释项 F = {警察发现哈克纳特于公园中}；支持这个待解释项的论证将被默示地假定。根据定义 5.5.7，两个博弈者都承诺这个待解释项。博弈者 p_1 首先为这个待解释项提供一种解释，以此开始对话：

p_1：*explain*（F，S_{p1a} =［哈克纳特抢劫超市，g_{c1}：哈克纳特抢劫超市$\Rightarrow_c$哈克纳特逃离，g_{c2}：哈克纳特逃离$\Rightarrow_c$哈克纳特躲藏于公园中，g_{c3}：哈克纳特躲藏于公园中$\Rightarrow_c$哈克纳特在公园中］）

上述故事中的事件和概称陈述被增加到 p_1 的承诺中。现在 p_1 获胜，因为他承诺了支持 F 的唯一解释。p_2 此时仅有两个选择：他或者承认上述解释，或者必须为支持 F 提供一个比 p_1 的解释更好的解释。假定 p_2 提供了一个支持 F 的解释。

p_2：*explain*（{警察发现哈克纳特于公园中}，S_{p2a} =［哈克纳特与本尼发生争论，g_{c4}：哈克纳特与本尼发生争论$\Rightarrow_c$哈克纳特逃离，g_{c2}，g_{c3}］）

提供这个解释之后，仍然轮到 p_2 采取行动，因为根据第 5.5.5 节规定的一个定义，他所提供的这个解释并不比 p_1 的解释 S_{p1a} 更好。p_2 有多种选择：例如，通过增加其证据支持或似真性，他可以试图支持 S_{p2a}，或者他可以试图抵触 S_{p1a}，故而增加其反方解释的证据抵触或不似真性。在我们的例子中，p_2 通过提供一个基于证据的论证支持 S_{p2a}。

155

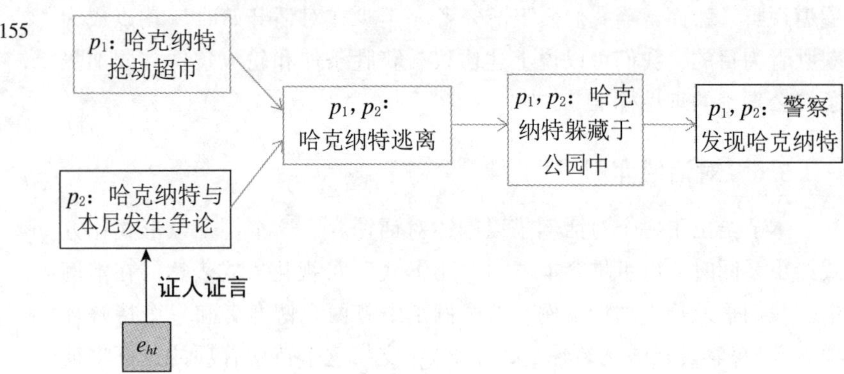

图 5.8 在对话 *d3*=（*p1*：*explain*（*F*，S_{p1a}）），（*p2*：*explain*（*F*，S_{p2a}）），（*p2*：*argue* A_{eht}）之后的 *AET*

p_2: $argue\ A_{eht}$:

(1) e_{ht}：哈克纳特的证言“我与本尼发生争论”。($\boldsymbol{I_E}$)

(2) 哈克纳特与本尼发生争论（1，**证人证言**）

现在 p_2 是当前获胜者：AET 中有一项证据且它支持 S_{p2a}，因此根据定义 5.5.8 得出 $E^+(S_{p1a}) \subset E^+(S_{p2a})$。当前理论呈现为图 5.8。对于每个事件均表明了哪个博弈者承诺该事件。

p_1 此时有多种选择。例如，他可以为支持 $\neg\ valid(g_{c4})$ 提供一个论证。抵触 g_{c2} 和 g_{c3} 并非可行的选择，因为尽管这可增加 S_{p2a} 的证据抵触或不似真性，但 p_1 也将产生自身抵触。仅用一个基于知识库 G_E 的论证来抵触 g_{c4} 是不够的：前文指出，证据支持比（因果）似真性更为重要。另一种选择是通过击败论证 A_{eht} 降低 p_2 的解释的证据支持。就目前而言，p_1 选择了增加自身解释的证据支持。在前文哈克纳特例子中，刚好在超市被抢劫之后有一位证人看到哈克纳特在超市附近进入一辆汽车。p_1 可以尝试将其整合进一个支持事实“哈克纳特抢劫超市”的直接论证中。例如，最终待证项哈克纳特抢劫超市可以被一个复杂的证据性论证所支持（见页码第 68 页图 3.15）。但正如我们之前讨论过的那样，这将导致人为的概称陈述。在这个案例中更容易的做法是扩充故事 S_{p1a} 以使事件哈克纳特进入汽车成为其组成部分；换言之，把哈克纳特抢劫超市 $\Rightarrow_c$ 哈克纳特逃离所表示的因果联系改进为（见页码第 79 页图 3.18）链条哈克纳特抢劫超市 $\Rightarrow_c$ 哈克纳特进入汽车，哈克纳特进入汽车 $\Rightarrow_c$ 哈克纳特逃离。对于改进概称陈述而言，没有专门的言语行为，[16] 但 p_1 可以提供一个包含改进的因果链的新解释：

p_1: $explain(F,\ S_{p1b} = [$哈克纳特抢劫超市，g_{c5}：哈克纳特抢劫超市 $\Rightarrow_c$ 哈克纳特进入汽车，g_{c6}：哈克纳特进入汽车 $\Rightarrow_c$ 哈克纳

〔16〕关于一个与本书博弈类似的对话博弈中如何整合该等言语行为，参见（Bex and Prakken，2004）。

特逃离，g_{c2}，g_{c3}]）

这个新解释可以获得页码第 144 页**论证**（H **在车上**）的支持。图 5.9 可视化地展现了这一新解释（此处 S_{p1a} 和 A_{eht} 并未表达）。

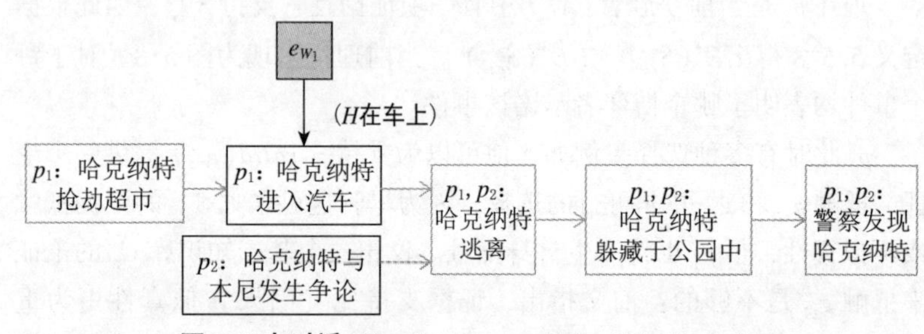

图 5.9 在对话 *d5=d3*，（p_2：*explain*（*F*，S_{p1b}）），（p_2：*argue*（*H* 在车上））之后的 *AET*

156 经过上述**解释**行动之后，仍然 $S_{p2a} > S_{p1b}$，因为 S_{p1b} 中有更多证据缺口。因而定义 5.5.8 确保了博弈者不能只扩充其故事而不提供任何新的证据或似真性。p_2 仍为获胜者，p_1 必须采取更多行动以使其新解释 S_{p1b} 优于 S_{p2a}。p_1 的选择之一是尝试将其新解释与故意行为图式相匹配（图 5.10）：如果 S_{p1b} 与该图式匹配或至少填满它，则它比 p_2 的解释 S_{p2a} 更好，因为根据定义 5.5.9，匹配和完备性比证据缺口更为重要。

如果中心行为是哈克纳特抢劫超市，那么该图式并未被完全填满，因为哈克纳特抢劫的动机和目的仍然是缺失。以此方式，图式亦可以指向应当扩展的可能新事件：p_1 应该通过确切解释哈克纳特为何抢劫超市来进一步扩充解释 S_{p1b}。前文指出，根据定义 5.5.13 的条件（6a），形式对话博弈中通过行动仅“扩充”解释是不行的，因为待解释项必须被解释。正如上文对于改进情形的讨论指出，此种情形下该博弈者可用的选择唯有提供一个整合了扩充或改进的新解释：

p_1：*explain*(F，S_{p1c} = [哈克纳特是吸毒者，g_{c7}：x 是吸毒者 $\Rightarrow_c$ x 想抢劫超市，g_{c8}：哈克纳特想抢劫超市$\Rightarrow_c$ 哈克纳特抢劫超市，g_{c5}，g_{c6}，g_{c2}，g_{c3}])

由于 p_1 最后一个行动是**论证**行动，这个**解释**言语行为是被允许的。注意在上文解释中，以较抽象的形式给定其中一个概称陈述（g_{c7}）："吸毒者（一般/通常/有时）想抢劫超市"；在实际推导中，x 将哈克纳特事例化，但以一般形式给定这个概称陈述从而清晰展现 p_1 意图该概称陈述处于哪个具体层面。

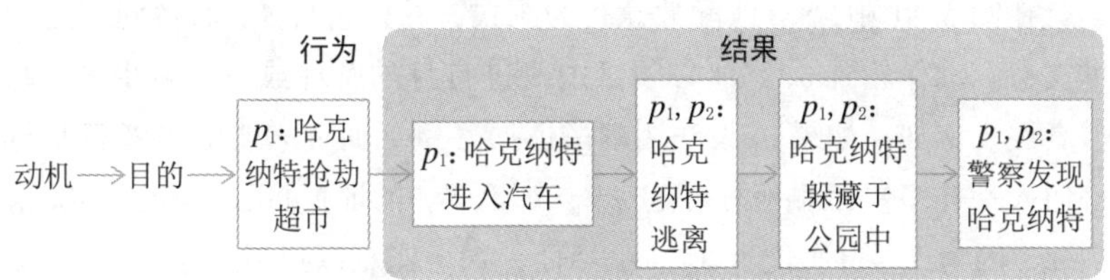

图 5.10　试图将 S_{p1b} 与故意行为图式相匹配

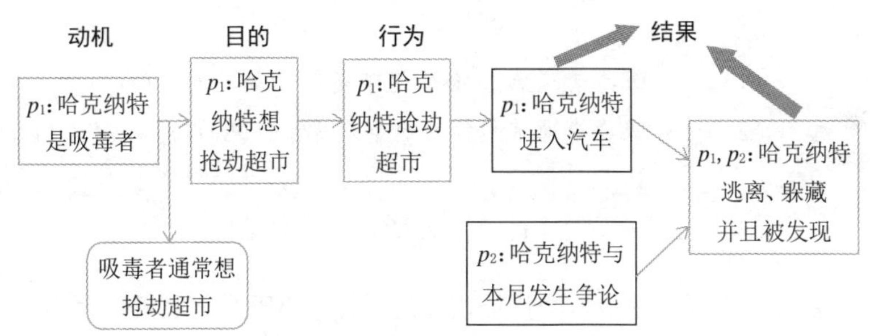

图 5.11　经过对话 $d7 = d5$，(p_1：*explain*（F，S_{p1c}））,（p_1：*match*（S_{p1c}，G_{Sia}，G_{A1}）之后的 *AET*

p_1 也可以给出其更具体形式哈克纳特是吸毒者$\Rightarrow_c$哈克纳特想抢劫 157
超市，它可以重新表达为"哈克纳特的毒瘾将导致他想抢劫超市"。现在可将新的故事 S_{p1c} 与故意行为图式相匹配：

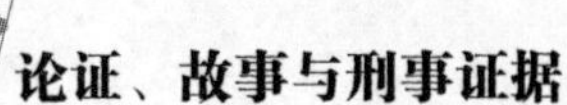

p_1: *match*(S_{p1c} , G_{Sia} = {动机 $\Rightarrow_c$ 目的，目的 $\Rightarrow_c$ 行为，行为 $\Rightarrow_c$ 结果}， G_{A1} = { g_{a1} : 哈克纳特是吸毒者 $\Rightarrow_A$ 动机， g_{a2} : 哈克纳特想抢劫超市 $\Rightarrow_A$ 目的， g_{a3} : 哈克纳特抢劫超市 $\Rightarrow_A$ 行为， g_{a4} : 哈克纳特进入汽车 $\Rightarrow_A$ 结果， g_{a5} : 哈克纳特逃离 $\Rightarrow_A$ 结果， g_{a6} : 哈克纳特躲藏于公园中 $\Rightarrow_A$ 结果， g_{a7} : 警察发现哈克纳特 $\Rightarrow_A$ 结果})

这里有一个技术细节：根据定义 5.5.6，解释 S_{p1a} 、S_{p1b} 和 S_{p1c} 在 *AET* 中是三个独立的解释。然而，当一个解释是另一解释的子故事时，图中通常仅显示最佳解释。

在图 5.11 中，S_{p1c} 匹配故意行为图式，并且它与 S_{p2a} 获得同等的证据支持。动作轮到 p_2 ，他必须试图改进自身的解释或设法减少 S_{p1c} 的似真性。例如，如果 p_2 设法用确凿证据（例如研究表明吸毒者犯罪与普通人一样多）抵触概称陈述 g_{c7} ，那么 S_{p1c} 的证据抵触上升，再次轮到 p_1（因为 S_{p2a} 再次优于 S_{p1c} ）。然而，很可能难以找到这样的证据。p_2 也可以用诉诸知识库 G_E 的论证来攻击 g_{c7} 。

p_2: *argue* A_{e2}:

(1) i_{da} : 吸毒者通常想抢劫超市是基于偏见的。(**G_E**)

(2) g_{e1} : 吸毒者通常想抢劫超市是基于偏见的 $\Rightarrow_E \neg$ *valid* (g_{c7}) (**G_E**)

(3) ¬ *valid*(g_{c7}) (**1，2，*DMP***)

然而，即便在采取这个论证动作之后，p_2 仍不是获胜者，因为 S_{p1c} 填满了故意行为图式，而这比似真性更重要。因此 p_2 同样必须通过填满与拟合一个适当图式使自己的解释具有完备性。首先，p_2 用如下理由
158 扩充其解释，即他与本尼发生争论的理由以及哈克纳特由于此争论感到害怕所以逃离的事实：

p_2: *explain*(F， S_{p2b} = [哈克纳特借给本尼钱， g_{c8} : 哈克纳特借给本尼钱 $\Rightarrow_c$ 本尼不想还钱， g_{c9} : 本尼不想还钱 $\Rightarrow_c$ 哈克纳特与

本尼发生争论，g_{c10}：哈克纳特与本尼发生争论$\Rightarrow_c$哈克纳特感觉受到威胁，g_{c11}：哈克纳特感觉受到威胁$\Rightarrow_c$哈克纳特逃离，g_{c2}，g_{c3}]）

p_2不想尝试将其故事与故意行为图式匹配，他提出自己一套关于钱的争论图式并与其故事匹配：

p_2：$match$(S_{p2b}，G_{Sl} = {x与y关于钱发生争论$\Rightarrow_c$$x$感觉受到威胁，$x$感觉受到威胁$\Rightarrow_c$ x逃离，x逃离$\Rightarrow_c$ x躲藏起来，x躲藏起来$\Rightarrow_c$ x被发现}，G_{A2} = {g_{a8}：哈克纳特 借给本尼钱 ∧ 本尼不想还钱 ∧ 哈克纳特与本尼发生争论$\Rightarrow_A$哈克纳特和本尼关于钱发生争论，g_{a12}：哈克纳特躲藏于公园中 $\Rightarrow_A$ 哈克纳特躲藏起来，g_{a13}：警察发现哈克纳特$\Rightarrow_A$哈克纳特被发现}）

此处p_2提供的该图式的内容是，人们互相借钱，并且这会导致争论。争论导致威胁，威胁导致人们逃离威胁他们的人并躲藏起来。请注意，该图式中 x 感觉受到威胁和 x 逃离的这两个要素并没有通过抽象概称陈述与该故事相联系，因为我们可以简单地以哈克纳特将x事例化。现在我们可以将整体AET表现为图 5. 12（同样，该图仅仅呈现了每个博弈者的最佳解释）。在该图呈现的情形中，p_2是获胜者。p_1承诺S_{p1a}、S_{p1b}和S_{p1c}，它们均差于S_{p2b}：S_{p1a}具有较少的证据支持，S_{p1b}不完全，S_{p1c}具有较少的似真性。

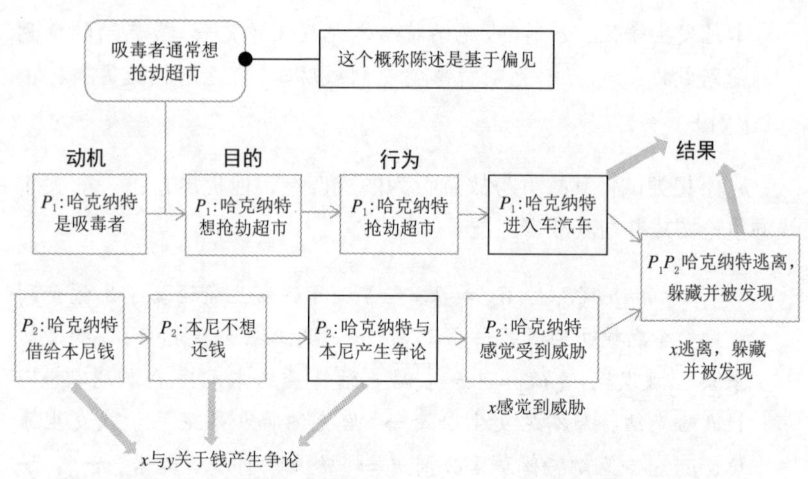

图 5.12　经过对话 $d_9=d_7$,（p_2: *explain*（F, S_{p2b}））,
（p_2: *match*（S_{p2b}, G_{s1}, G_{A2}））之后的 AET

159 前文指出，在哈克纳特案中，超市被抢劫的这一事实毫无疑问地被接受。现在，我们可以论证，因此*超市被抢劫*应该是一个待解释项。然而，当前对话的主题并非超市为何以及被谁抢劫，而是哈克纳特为何在水沟中。然而，事件*超市被抢劫*可被 $p1$ 用于增加自己的证据支持。首先，必须给出支持这一事件的论证：

p_1 : *argue* A_{e1} :
（1）e_{pr}：超市被抢劫的警方报告（$\boldsymbol{I_E}$）
（2）超市被抢劫（1，**文书**）

现在，通过一个抽象联系，p_1 可以使用**解释**言语行为预测*超市被抢劫*事件。

p_1 : *explain*（F ∪ {超市被抢劫}，S_{p1d} = [S_{p1c}，哈克纳特抢劫超市 $\Rightarrow_A$ 超市被抢劫]）

博弈者 p_1 实际上通过实施面向支持证据的预测推理改进了自己的

解释：一个得到证据支持的新事件被预测。现在 p_1 是获胜者，因为其新解释 S_{p1d} 比 p_2 的任何解释都得到更多证据支持。似真性较低不再重要，因为得到证据支持的不似真故事好于没有证据支持的似真故事。请注意，在这里 p_1 也可以选择其“旧”解释 S_{p1b}。虽然该解释不完全，但其不似真性低于 S_{p1c}。在这种情形下，即使 p_1 的解释不完全，他仍然将是获胜者，因为如果有更多证据支持关于该行为的解释，某人拥有动机和目的之事实的重要性将退居其次。

解释言语行为也可以用于预测**因果性故事结果**。例如，p_2 可以预测，由于哈克纳特称其与本尼之间的争论发生在公共场合，这一争论必然会导致有证人看到他们的争论。

> p_2 : *explain*（$F \cup$ {某人必然看到哈克纳特与本尼发生争论}，S_{p2c} = [S_{p2b}，哈克纳特与本尼发生争论 $\Rightarrow_C$ 某人必然看到哈克纳特与本尼发生争论]）

现在博弈者 p_2 应当支持这一新的预测事件，以此增加其解释的证据支持。总而言之，面向支持证据的预测推理可通过抽象和因果性概称陈述这两种方式进行。

预测推理的一种用途在当前对话博弈中没有被建模，即预测随后受到证据抵触的故事结果。例如，假定目前情境是经过对话 d_9 以后的状况（图 5.12）。此时，对于 p_1 而言，一种合理的行动是，首先通过预测某人必然看到哈克纳特与本尼发生争论来扩充 p_2 的解释（即哈克纳特与本尼发生争论），然后给出一个反对某人必然看到哈克纳特与本尼发生争论的论证。以此方式，p_1 实际上说的是，“给定你的故事（即哈克纳特与本尼发生争论），某人必然看到他们发生争论。然而，曾经 160
位于哈克纳特与本尼所谓发生争论地点的所有证人都没有看到哈克纳特或者本尼”。对于这里的形式对话博弈而言，这种行动面临的问题是，p_1 改变了 p_2 承诺的一个解释。由于 p_1 的解释行动不能改变 p_2 的承诺，p_2 并没有承诺这个新的、相抵触的解释，因此，p_2 在该对话中的立场并没有改变。

5.7 评 价

本章展示了运用论证和故事推理的混合理论可以被形式化为一种形式论证与基于回溯因果模型的推理之组合。第 5.1 节介绍了关于混合理论的一般可废止逻辑，概称陈述及其有效性在其中起到重要作用。在第 5.2 节中，各种具体的证据性初步性理由被引入该逻辑，它们能够体现出论证性证据推理的语境。第 5.2 节接着讨论了论证的定义、基于证据材料或一般知识的推论序列以及论证间的攻击。攻击有两种形式：反驳性攻击否定一个明确的论证行，而底切性攻击否认一个被用于从一个论证行推出了一个论证行的推论。基于董番明的著述（Dung，1995），该著述定义了用于确定相互攻击和击败的论证状态的各种基于论证的语义。

第 5.3 节把故事界定为通过因果性概称陈述表达的因果关系相联系的事件序列。如果这些事件是一个故事的组成部分，即如果这些事件明确地可从该故事因果中得出，则该故事与抽象概称陈述可以一起**解释**该事件集。为某些事件提供不同解释的多个故事被视作选择解释，必须根据第 5.4 节中的进一步界定的标准进行比较。最后，第 5.3.4 节故事中的事件或故事中的事件序列如何通过抽象联系对应一个故事图式（的一部分）。

在第 5.4 节中，基于证据性论证的部分和基于因果性故事的部分之组合——混合理论。该组合通过控制故事质量的各种标准进行最佳表达：**证据支持**和**证据抵触**是通过基于证据的论证来支持或抵触一个故事的证据项目。**证据缺口**是没有证据支持或反对的故事中的事件。故事的**似真性**和**不似真性**涉及它的证据缺口，因而其成立与否独立于证据。诉诸一般知识论证可用于讨论如下事件和因果性概称陈述的这种似真性或不似真性，即不存在支持或反对它们的直接证据，因此可就故事背后的一般知识寻求一种认知共识。最后，如果对于图式的每个要素故事具有对应的状态或事件，并且如果该故事的所有要素都对
161 应该图式的某个元素，那么该故事相对于该图式是完备的。这种完备

性只有关于一个似真的故事图式才是相关的，其中这个似真故事图式是一个不与一般知识相抵触的图式。

第 5.5 节提出一个详细的对话博弈，博弈者在其中共同构建一个包含故事和论证的混合理论。该博弈有对抗性的一面，因为博弈者的目标都是要成为当前获胜者，从而努力扩大和改进自己的解释，同时抵触其他博弈者的解释。该对话博弈的协议规则确保所采取的行动都是相关的，并且博弈者的行动均面向改进自己的解释或反驳反方的解释。

该逻辑理论的逐步发展是要巩固一种含义理清工具。质言之，该理论同时具有概念性、认知性和计算性目的。这反映在本章所作的建模抉择方面，它不仅主要致力于计算性（如人工智能领域的普遍做法那样），也致力于为证明过程中起作用的概念进行正确建模，以及提供一种在形式数学方面训练不多的人亦能理解的逻辑。在我看来该理论的概念目的已经清楚地达到。形式理论澄清了论证与故事各自的重要概念，阐明了判断故事质量的各种标准（尤其是似真性和完备性标准），并且通过对话博弈，为一种理性证明过程提供了适当的形式基础。该理论为源自法律理论和法律心理学领域的观点进行形式化建模，诸如论证与故事的组合以及探究过程，从而也满足了任何认知目的。形式理论最薄弱的部分可能是其计算部分。对话博弈的某些部分计算效率低下，诸如即使故事仅做微小的变化也必须移动一个全新解释。此外，我们也没有给出逻辑理论之计算性质的形式证明。

该逻辑理论相对于已有形式逻辑研究取得的一个主要突破是，它提供了一种将论证与基于因果模型组合的方法。因果模型的运用可以进行复杂因果模型的回溯推理。论证的运用可以讨论因果模型的质量以及因果模型层级的运用（即故事和故事图式）确定最佳解释，这些是对传统的基于回溯模型推理理论的改进。在基于其他模型的方法中，（因果）模型是给定的且不能被讨论；而运用形式论证，推理者能以一种自然且理性的方式就案件中的因果模型达成一种与证据相容的认知共识。

形式化定义的标准用于决定故事质量，这被视为对上一章批判性问题的回答（参见第 4.4 节）。因此，当这些问题在一个对话中被提出时，对其可做详细的回答，这样能够改进就证据和证明的讨论。对抗性的对话博弈通过如下方式进一步确保了理性的讨论：允许博弈者改进自己的解释并反驳其他解释，以及在有多名博弈者参与时，鼓励他们提出多种解释。据我所知，该对话博弈是关于探究型对话的首个形
162 式博弈；原因可能在于探究一种同时组合解释和论证的复杂对话类型。

本章提出的形式理论为论证和故事的概念性（非形式）混合理论提供了坚实的基础。然而，该理论的内容尚可进一步丰富，以便在证明过程中容纳其他推理模式。对形式理论的可能改进之一是增加运用**时间**（*time*）的推理。运用时间性事件和时间间隔的推理在证明过程中能够发挥重要作用（例如，“给定嫌疑人 8：00 被看到走出家门，嫌疑人是 8：30 在城市另一端谋杀被害人的人，这可能吗？”）。在人工智能领域运用时间性事件推理的形式模型方面，著名的事例包括科瓦尔斯基和瑟高特（Kowalski and Sergot，1986）提出的事件计算（Event Calculus）以及艾伦和弗格森（Allen and Ferguson，1994）的著述；本书以及其他著述中提出的关于时间推理的观点对于现有故事模型可能具有重要意义。

虽然形式理论相对于当前最新研究取得了前述成果和进步，但对话博弈具有一个概念性的弱点，即它不允许对预测的故事结果加以抵触（即“从你的故事中也应当因果性地得出 p，但是我具有证据支持 $\neg p$”）。虽然原则上可在形式混合理论中进行该等推理，但是当前对博弈者承诺所做的定义不允许一个博弈者改变其他博弈者的承诺，因此一个博弈者不能强迫另一博弈者接受受到证据抵触的预测事件。该等面向抵触证据的预测推理在证明过程中具有重要意义，鉴于此，最理想的情况是应该将其纳入形式对话博弈。

对于该对话博弈可作的另一个有趣的改进是，设计一些供博弈者在对话博弈中遵循的策略。例如，在一个有多名博弈者参加的博弈中，一个博弈者可扮演创造性思考者的角色，不断地提出并扩充新的解释，

而另一名博弈者可扮演怀疑者的角色，主要试图发现其他博弈者观点和解释中存在的错误。这些策略的各种组合可导致不同类型的对话，从而导致不同的结果。例如，一个仅包含创造性博弈考者的对话有助于避免隧道视野，而怀疑者策略更加受到辩护律师的青睐。

163 第 6 章　案例研究：安于姆村谋杀案

1997 年平安夜，警察在位于荷兰北部安于姆村（Anjum）一家寄宿公寓的前院发现一具男尸，颅骨破裂。第二天，在该寄宿公寓的庭院内又发现了另一具男尸，尸体已经腐烂。这起案件迅速引起了当地媒体的兴趣，该案还引起了全国性的注意。经过调查，寄宿公寓的业主马利安·范·德·E.（Marjan van der E.）被吕伐登上诉法院判决犯两起谋杀罪，并处以六年监禁和医护看管。直到今日，马利安仍然否认参与了任何一起谋杀。克劳姆巴格和伊斯雷尔斯（Crombag and Israëls，2008）在其著作《安于姆村谋杀案》（*Murder in Anjum*）中详细分析了该案的证据和涉及的人员。克劳姆巴格和伊斯雷尔斯与马斯特里赫特大学"合理怀疑"（Reasonable Doubt）项目组的其他成员一起检查了该案大部分原始档案，造访了安于姆村并与马利安·范·德·E. 进行了谈话。除了司法机关对该案的观点以外，他们对于安于姆村可能发生的事情提出了多个选择情节，并使用锚定叙事理论（Anchored Narratives Theory，Wagenaar et al.，1993）的一个稍微简化版本对这些情节进行了比较。

本章中，我们将使用混合理论的思想分析安于姆村案中的一部分，即里奥·德·雅格（Leo de Jager）被谋杀的部分。[1] 鉴于本案证据，我们将研究可以构建哪些可能的故事来解释待解释项，如何支持、抵

---

〔1〕 遵循克劳姆巴格和伊斯雷尔斯（2008）的做法，除马利安·范·德·E. 以外，所有其他人名都是虚构的。

触以及比较这些故事，不同的证据性论证如何互相攻击。在开始进行分析之前，首先应该澄清我持有的分析者立场（Anderson et al., 2005, pp. 115-117）。一个分析者的立场取决于四个变项：进行分析的时间，进行分析的目的，可用于分析的材料，以及分析者的角色。对于本文案例研究而言，分析的时间是在审理、上诉以及“合理怀疑”项目其他成员已经广泛评估和分析证据之后。本书进行的分析有些独特，因为其主要目的是检验混合理论：通过使用第 4 章和第 5 章讨论的理论 164
建模本案件，可以确定该理论是否以一种自然方式充分表达了为复杂案件正确建模。然而，这并不意味着该分析服务于其他更常见的目的，例如组织和评价证据。虽然我们没有完整再现案件（该分析没有呈现某些论证和证据），但重要证据都已经在页码第 224 页表中进行了归纳概括，而且各种不同的观点和推理思路也都在本章相应章节中进行了阐释。另外，对于本案中发生了何事所做的不同解读，也都根据混合理论的标准进行了评估。我们要解答的最重要的问题是“本案发生了何事”。因此，我在本分析中持有的立场可以被界定为“历史学家”的立场，因为我并非从任何一方（即检方或辩方）的视角分析案件，而且我的目的也不在于证明马利安·范·德·E. 有罪还是无罪。另外，我对于具体事项（该分析的调查语境或者决策语境）也没有做相关假定。最后，我也没有考虑本案的法律方面。

关于所用材料，本章分析主要基于克劳姆巴格和伊斯雷尔斯的著作以及上诉法院对于本案的判决。调查相关的信息（即涉及的人员、证言及其他证据）改编自克劳姆巴格和伊斯雷尔斯的著作及判决。选择故事是基于司法机关对本案的看法以及本书提供的情节构建的，但对其建模的具体方法以及分析方式是本书特有的。也许有人认为，本章分析的内容可能受到克劳姆巴格和伊斯雷尔斯分析的过度影响，为进行正确的分析应该研究原始档案。然而，正如前文指出，本研究的目的并不是要对安于姆村案提供新的见解，而是为阐释本书提出的混合理论所作的一个案例研究。

6.1 里奥·德·雅格谋杀案

1997年12月24日晚上，警方在安于姆村一个寄宿公寓的前院发现了里奥·德·雅格已经无生命迹象的尸体。尸体被包裹在一个帆布帐篷内，颅骨破裂。警方行动的线索来自于一个名叫埃弗特·比克曼（Evert Beekman）的人提供的举报，他于19时左右来到警局，并指认了尸体的位置。当晚，寄宿公寓业主马利安·范·德·E. 以及她的一位朋友兼客人马尔加·瓦德尔斯（Marga Waanders）作为一起可能谋杀案的主要嫌疑人被拘捕。比克曼还向警方举报说，寄宿公寓附近还可能发现另一具尸体。警方在寄宿公寓旁边的一小块土地上开始挖掘，并发现埃尔雷·斯特曼斯（Herre Sturmans）已经部分腐烂的尸体。

案件发生时，主要嫌疑人马利安·范·德·E. 50多岁，她曾学习生物学和海洋学，据其兄弟介绍，由于发生某些争吵，她已经几乎完全放弃了毕业后曾参与过的所有工作。她与家人之间的关系也有问题。在某时刻，马利安前往距离安于姆村大约5公里的一个小村庄毛德卡
165 特（Moddergat）居住，住在那里的一个小房屋。在离开毛德卡特期间，她把这栋房子用作假期房。1996年，马利安·范·德·E. 购买了安于姆村的那个寄宿公寓，成为其业主。

第二个嫌疑人是马尔加·瓦德尔斯，同时也是重要的目击人。她是一位40岁的女性，自从1997年夏天以来经常到访该寄宿公寓。她成为马利安的朋友，后者邀请她前往安于姆村过1997年的圣诞节。她们计划由马尔加照料寄宿公寓，因为马利安将在假期期间前往海牙。

被害人里奥·德·雅格死亡时26岁。在校期间是一名贫困生，年纪不大就开始作为铺路工人参加工作。16岁时他开始饮酒并因为不断惹事经常与警察打交道。经过几段失败的男女关系之后，最终他来到毛德卡特，在那里租住马利安的假期房。里奥经常拜访寄宿公寓，为马利安做一些零活。1997年接近年底时，里奥结识了皮尔（Pier），他

也在寄宿公寓为马利安做零活。通过皮尔，里奥开始与布莱克叶（Bregje）交往，后者是皮尔的前女友。布莱克叶搬到毛德卡特与里奥同居，并在那里一直住到里奥去世的第二天。

向警察举报者——埃弗特・比克曼，是一位居住在安于姆村的 33 岁木材交易商。一开始他声称并不是很了解马利安。然而，后来发现他和好友雅普・奎尔斯特拉（Jaap Kuilstra）与马利安一起在寄宿公寓的谷仓从事大麻生产活动（参见下文）。

需要介绍的最后一个人物是 52 岁的伊夫・塔斯曼（Eef Tasman），他在附近工作时通常住在该寄宿公寓。塔斯曼有时为马利安做一些行政工作，可能因此不知情地参与了马利安试图遮盖的大麻种植活动。

寄宿公寓位于一条直通路边上，从这条公路可以清晰地看到公寓的前面。这一地址建有两栋房屋，即公寓和与其相连的一个谷仓。从马路上望去，谷仓左边有一块宿营地，它也是这一地块的一部分。一条宽阔的石子马路通向公寓的两个前门，一条泥土车道通向谷仓和宿营地。公寓前面有一个草坪，由树篱和一座低矮的路堤环绕。

公寓（图 6.1）内部可以大致划分为两部分。左半部分——包括一个客厅、一个厨房和一个图书馆/书房——是该建筑的居住部分，由马利安居住。右半部分具有自己的前门，包括通往二楼的楼梯，被认为是客人居住的部分。两部分通过一个 U 型走廊相连，该走廊包括一个内置壁橱和一个蓝色橱柜。在里奥死亡时，马尔加・瓦德尔斯正住在公寓。她的卧室标注在图 46 中，该图改编自（Crombag and Israëls, 2008）。“里奥的房间”是马利安涉嫌杀害里奥的那个房间。当时没有其他客人入住，因此卧室 2 是空房（马利安的卧室位于楼上）。

166

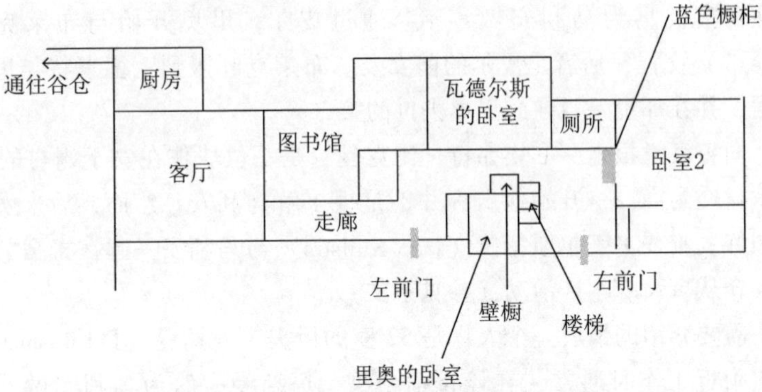

蓝色橱柜
通往谷仓
厨房
瓦德尔斯的卧室
厕所
图书馆
卧室2
客厅
走廊
左前门
右前门
壁橱
楼梯
里奥的卧室

图 6.1　寄宿公寓内部

6.1.1　24 日之前：大麻种植活动与银行诈骗

12 月 24 日并非警方首次到访寄宿公寓。一周之前的 12 月 17 日，警方曾经突袭寄宿公寓，因为他们怀疑寄宿公寓庭院内的谷仓内正在进行大规模的大麻种植活动。警方在谷仓阁楼上发现了大约 2100 株大麻以及专业种植设备。这些大麻植株的预估价值大约为 50 万荷兰盾（约合 224 000 欧元）。当时马利安声称，她把发现大麻的谷仓租给了一个第三方，一家名为曼德尔斯曼合伙企业（Mandersman & Partners）的商号，并且她将向警方出示一份租赁合同。之后她打电话给伊夫·塔斯曼，拜托他起草一份详细记载将谷仓租赁给曼德尔斯曼的合同。塔斯曼声称他并不知道合同的目的，但按照她的要求起草了合同。在 12 月 24 日某时刻，他前往寄宿公寓把合同交给马利安。当晚晚些时候警方以谋杀嫌疑逮捕马利安时，对于大麻活动的调查仍在继续。后来警方在搜查公寓时发现了塔斯曼提及的合同。马利安否认与这一活动有任何牵连。

在调查里奥死亡情况的过程中，关于大麻种植活动的更多信息浮现出来。埃弗特·比克曼陈述，他和朋友雅普·奎尔斯特拉与马利安一起从事这一活动。据比克曼陈述，马利安此前已经在与来自莱顿（Leiden）的两名男子在谷仓阁楼上进行种植活动，但她希望摆脱这两名男子，因为她不信任他们。于是她欺骗这两名男子说警方已经发现了大麻，之后马利安提议比克曼和奎尔斯特拉加入这一活动。比克曼要求，如果警方发现这些大麻，马利安不能提及比克曼和奎尔斯特拉。 167
在警方 17 日突袭谷仓之后，据说马利安对比克曼说，她打算让里奥签署一些由塔斯曼提供的虚假合同，以此将里奥作为掩护。警方在公寓中发现了一张带有里奥签名和个人详细信息的表格。曼德尔斯曼合伙企业真实存在，警方与其取得了联系，但该企业没有人知道这起大麻种植活动。

警方在调查谋杀案过程中遇到了另一起有趣的案件，这是一起可能的银行诈骗案。1998 年 1 月警方接到安于姆村一家地方银行的雇员打来的电话。一个名为弗尔曼（Veerman）的客户报告，他账户上 15 000多荷兰盾（约合 6500 多欧元）被转移到了他不认识的几个其他账户，其中一个是里奥·德·雅格的账户，因此警方怀疑里奥被谋杀可能与这起银行诈骗案有关联。进一步调查表明这些钱被转移时使用的是 OLO 表格（光读转账表），该等 OLO 表格通常只用于内部转账，但如果银行正常表格不够用，偶尔也会提供给客户。警察在搜查寄宿公寓时发现了几张 OLO 表格。警方还发现了一张弗尔曼的银行对账单，弗尔曼住在马利安假期房附近的毛德卡特村，显然警方现在怀疑马利安参与了银行诈骗案。

6.1.2　调查里奥之死过程中发现的证据

本节将探讨最为重要的证据项目。首先，我们将讨论重要证人的证言。调查过程中两个最为重要的证人是埃弗特·比克曼和马尔加·瓦德尔斯，他们在本案中也都是嫌疑人。比克曼和瓦德尔斯都曾提供广泛的证言，司法机关采纳的故事大多数都基于此。可能知道里奥身上发生何事的第三个人是马利安，她一直被作为主要嫌疑犯看待。她的证言不是很详细。

以下将总结比克曼和瓦德尔斯的证言。对他们均采用如下处理方式：首先介绍证人的证言，证人据此对事件作一般描述。这一描述本质是对上诉法院判决书中所载证言的总结并结合了来自其他证言的某些进一步信息。[2] 在介绍这些主描述以后，将讨论由于某种原因而使我们感兴趣的、这些证人提供的部分其他信息。例如，由于某种原因与这些证人的主描述不一致的证言，或者有关同一事件的多种（模糊的）证言。

请注意，本章此处并没有基于证据构建论证，因此也没有就某些话题（如证人可信性）得出结论。本节仅仅详细讨论证据材料集合 I_E 的元素。讨论完之后，这些证据材料将在表 6.1 中进行总结。

168 6.1.2.1 比克曼的证言

在调查里奥之死的过程中，埃弗特·比克曼是一位重要的证人，因为正是他指出在第一处地点有一具尸体。比克曼声称，马利安前往比克曼家中寻求帮助时，马利安告诉他说自己杀害了里奥。比克曼本人后来也涉嫌犯罪，即将里奥的尸体从公寓的前门拖到草坪并掩盖在一些铁丝网支架下面。[3] 另外，比克曼参与了与马利安和雅普·奎尔斯特拉一起的大麻活动（参见前文）。

比克曼在 24 日夜间提供了首个重要证言。11 天之后，在被怀疑帮助马利安拖动尸体时，他提供了第二次证言，这次证言与第一次证言在某些小的方面有所不同。下面的描述主要基于比克曼于 1998 年 1 月 5 日所作的证言，由上诉法院判决总结如下：

> 12 月 23 日 18：30 左右，马利安到达埃弗特·比克曼的房屋，告诉他说她“干掉”了里奥。比克曼认识马利安，因为比克曼之前曾向她出售过一些木材。马利安请求比克曼前往寄宿公寓帮助她拖走尸体。马利安随后返回寄宿公寓。比克曼把马利安所说的内容告诉了他的女朋友阿特耶（Aaltje），并说他要前往寄宿公寓查看一下。马利安离开十分钟之后，比克曼徒步前往寄宿公寓，

---

〔2〕 正如前文指出，有关其他证言的信息来自于克劳姆巴格和伊斯雷尔斯（2008）。

〔3〕 根据荷兰法，为掩盖死亡的事实或原因而运输或隐藏尸体，被视为犯罪。

> 该公寓离他的房屋徒步大约五分钟的路程。
>
> 到达之后，他被马利安从左前门带到屋内，并立即走进左边的客厅，在那里他遇见了马尔加·瓦德尔斯。马利安对马尔加说，里奥在走廊吐了，然后离开客厅。马尔加和比克曼待在客厅，相互没有具体的交谈。马尔加对比克曼说她的眼睛发炎了，他建议她在眼睛上敷一块湿布。马尔加于是前往走廊取布，一小会儿之后返回客厅。总之，马尔加和比克曼一起在客厅相处了大约十分钟。
>
> 比克曼随后进入走廊，看到马利安正在擦洗瓦德尔斯卧室门前的地面。比克曼在走廊地面上看到一些血，还看到穿过走廊到达右前门的方向有一道后脑勺宽度的血迹。他去了趟厕所，返回时看到马利安几乎已经完成了擦洗。血迹并没有被完全擦洗干净，但比之前已经变淡。然后马利安锁上了里奥卧室的门，并对比克曼说她会给马尔加说里奥正在里面睡觉。
>
> 然后比克曼与马利安一齐走到房屋外面。在右前门前面，他看到帐篷布下面盖着一具男尸，他认出此人正是里奥·德·雅格。比克曼注意到里奥没有脉搏，颅骨破裂，而且头上有六七处“光秃”斑点。他看到马利安捡起并扔掉一块石头。马利安告诉他说不能把里奥一直放在门前。比克曼和马利安把里奥的尸体推进帐篷布，并用绳子捆紧。然后比克曼返回家中。
>
> 在夜里两点钟左右，他返回寄宿公寓并在厨房找到了马利安。比克曼和马利安把里奥的尸体拖到草坪，把它盖到那里存放的一些铁丝网框架下面。
>
> 第二天 11 时左右比克曼去找奎尔斯特拉，给他讲了发生的事 169
> 情。奎尔斯特拉建议他举报犯罪，因为否则比克曼将被视为谋杀里奥的共犯。直到 19 时比克曼才采纳他的建议，在奎尔斯特拉的陪同下前往警局。

在 24 日所作的早期证言中，比克曼没有披露上述某些信息。在首次证言时，比克曼说，马利安说她干掉“某个人”而不是“里奥”。另外，根据他早先的证言，比克曼只是辨认出里奥并返回家中。直到1月5日的作证中，他才承认自己把尸体滚动到帆布中并在夜间返回把尸体拖到草坪。

6.1.2.2　瓦德尔斯的证言

第二个重要证人是马尔加·瓦德尔斯，24日晚上警察到达寄宿公寓时她与马利安在一起。瓦德尔斯是前一天来到这里的，本打算在马利安前往海牙度假时照料寄宿公寓。她是最后看到里奥活着的人之一，正因为如此在案件调查初期她也被视为一个主要嫌疑人。瓦德尔斯被询问过多次，她提供了几份相互冲突的和不同的证言。基于上述法院的判决书，下面的主证言主要是对比克曼大约19时到达之前发生了何事的描述。瓦德尔斯后来没有改变或抵触这一描述的大部分。在主证言之后，我们将介绍瓦德尔斯提供冲突证言的其他事件。

> 瓦德尔斯在13：00到13：30之间到达寄宿公寓。当时里奥和马利安正在客厅，他们忙于处理一些表格，瓦德尔斯并不知道这些表格的用途。瓦德尔斯注意到里奥的运动机能较差、目光呆滞并且站立时摇摇晃晃。瓦德尔斯并没有闻到酒精的味道。在14：00左右，瓦德尔斯出门采购杂物。大约14：30返回，并注意到里奥的反应比她出门前还慢。瓦德尔斯随后进城，并在大约16：30返回。
>
> 瓦德尔斯返回时在公寓外面遇到马利安，马利安正打算骑车进城买一些东西让里奥安静下来，她还说里奥位于谷仓中。瓦德尔斯随后发现里奥在谷仓后面，她把他带到公寓中，再把他带回客厅时，她必须搀扶着他。在谷仓找到他时，瓦德尔斯问里奥是否服用了什么药物。里奥回答说通常他每天服用23颗药，但前一天和当天他并没有服用任何药物。
>
> 不久马利安返回，看到里奥回到公寓时她显得有些焦虑。马利安在厨房取了一杯水，这可能是杯温水，因为瓦德尔斯看到了

> 热气。瓦德尔斯看到马利安往这杯水中倒入琴酒。马利安把杯子递给里奥，对他说这会让他平静下来，他喝掉了这杯水。随后马利安又在空杯子中加入温水和琴酒，递给里奥。里奥在喝第二杯水时，马利安把他带到走廊。她告诉瓦德尔斯说她准备扶里奥上床休息。
>
> 17：15之后不久，瓦德尔斯开始在厨房准备晚餐。在她做饭期间，马利安曾进入厨房拿了一瓶琴酒。17：45左右瓦德尔斯做好了晚餐，走近走廊喊马利安用餐。马利安回答说“马上就来”。
> 18：10左右瓦德尔斯再次走近走廊喊马利安用餐。她看到马利安 170
> 和里奥位于走廊中，里奥跪在地上。马利安走近瓦德尔斯对她说了一些话，诸如“我很快就搞定，马上过来”。瓦德尔斯回到客厅，听到有人走在公寓外面的石子路上。
>
> 过了一小会儿，比克曼和马利安进入公寓。瓦德尔斯闻到走廊中有呕吐的气味，但马利安不让她和比克曼进入观看，马利安从厨房取了一个桶去清洁走廊。瓦德尔斯与比克曼聊了一阵子，跟他提起自己的过敏症状以及眼睛发炎的情况，比克曼建议她用湿毛巾敷眼睛。瓦德尔斯走进走廊去她房间对面的壁橱取毛巾。她返回客厅之后，马利安走进来把比克曼带走。瓦德尔斯吃完晚饭，比克曼到访之后的某个时间，她回到自己的房间刷牙。
>
> 当晚，瓦德尔斯和马利安喝了几杯酒，然后去遛狗很长时间，大约45分钟。瓦德尔斯之后去睡觉。24日早上她在11：30左右起床，当时马利安和里奥都不在了。马利安回来后，对瓦德尔斯说那天一大早里奥就被布莱克叶接走了。

需要注意的是，上述证言对于17：15到19：00之间发生的事件模糊不清，这段时间据猜想可能发生了如下事件：马利安前去找比克曼，擦洗走廊外面的血迹，把里奥拖到前门外，以及在比克曼的帮助下把尸体拖到草坪。这并不是因为瓦德尔斯对这段时间未作任何陈述，而是因为她对于这段时间提供了模糊不清并且有时相互冲突的多种证言。

在她最初提供的证言之一中，瓦德尔斯说她有一种“想象”（images)：马利安在走廊用鞋子大小的东西击打里奥的后脑勺，时间在15：45到18：15之间的某个时候（瓦德尔斯喊马利安吃晚饭的时候）。然而，一天之后，瓦德尔斯说她拥有这样的“想象”并不意味着她实际**看到**马利安击打里奥。事实上，那时她声称自己并**没有**看到马利安击打里奥。

警方还询问瓦德尔斯是否看到有人躺在走廊。最初她声称没有看到有人躺在走廊。然而，后来她说她看到里奥躺在走廊。

> 里奥躺在蓝色橱柜旁边，盖着一个毯子，头朝前门的方向。他非常安静地躺在那里，脸色惨白，头发也比她记忆中当天下午早些时候看到的更暗。

在另一次证言中，她甚至声称自己朝他走了几步。瓦德尔斯并不清楚她看到里奥躺在走廊的具体时间：起初她说自己吃完晚饭去刷牙的时候（当时比克曼已经离开），但后来她又说是在她前往壁橱拿毛巾的时候（当时比克曼还在寄宿公寓）。

瓦德尔斯说她看到马利安的一些清洗活动：她看到马利安用一桶水忙忙碌碌，猜想是因为里奥的呕吐。后来当瓦德尔斯去厕所的时候，厕所地面是湿的（水不清澈但也不是血），她用厕所的纸把地面吸干。首先，瓦德尔斯说这是在午夜左右，也就是她跟马利安遛狗回来时。后来瓦德尔斯又说这发生在比克曼傍晚到访时的某个时间。

171 再后来，瓦德尔斯对于这次上厕所又提供了其他有趣的信息：

> 在吃晚饭期间或者结束后不久的某个时间（比克曼还未离开），瓦德尔斯去上厕所。她在厕所待了大约五分钟，当时听到走廊有持续不断的撞击声。上完厕所之后，她看到里奥的双腿和鞋子离开了视野。显然，有人正在拖拽里奥，但是由于该人在走廊的拐角处，瓦德尔斯无法看清楚是谁。过了一小会儿，她透过客厅的前窗户看到两个身影站在外面。根据大致的形体判断，这两个人可能是马利安和比克曼，他们正在谈论什么并且弯腰在地上

寻找东西。

需要指出一件有趣的事，即瓦德尔斯从来没有在走廊看到血。她在 23 日傍晚时没有看到，当晚晚些时候没有看到，24 日也没有看到。

6.1.2.3　马利安的证言

几乎从一开始，马利安·范·德·E. 就是警方锁定的主要嫌疑人。被逮捕当晚，她说自己感到糊涂，并没有提供证言。在调查过程中，马利安被询问超过 50 次，她仍然没有对 12 月 23 日具体发生何事作出一个统一、融贯的陈述。多数时候，她一言不发，或者她声称受到了比克曼的威胁。她否认与大麻种植、里奥死前的中毒状态以及里奥的死亡有任何关系。马利安有关 23 日发生之事的许多简要证言可以汇编成如下摘要：

> 里奥早上到达。瓦德尔斯到达时，马利安和里奥正在忙着签署一些带有里奥个人详细信息的表格。马利安后来想要让里奥平静下来，于是她 16：30 左右进城购买了一些酒精饮料。当返回后，她给里奥喝了一些格洛格酒（即加了琴酒的温水）以使他平静下来。某时刻，里奥在走廊里吐了。马利安怀疑他醉酒，建议他当晚留宿在寄宿公寓。
>
> 当晚 21：00 之前的某个时候，马利安驱车前往毛德卡特，告知布莱克叶，里奥当晚将留宿寄宿公寓。马利安说，她第二天早上将过来接布莱克叶前往多库姆（附近最近的大规模城镇，离安于姆村大约 10 公里）社会服务署办理预约事宜。回到寄宿公寓之后，马利安去看了一下里奥，他正在酣睡。瓦德尔斯上床休息，不久之后马利安也上床休息。

直到调查后期，马利安才记起里奥呕吐的事情。起初，马利安并没有提及应该有的比克曼的到访；后来，她说比克曼当晚 19：00 到 20：00 之间曾到寄宿公寓修理鹅圈围栏。在之后的证言中，她说比克曼当晚到寄宿公寓是为了把谷仓的钥匙送给她。马利安没有提及比克

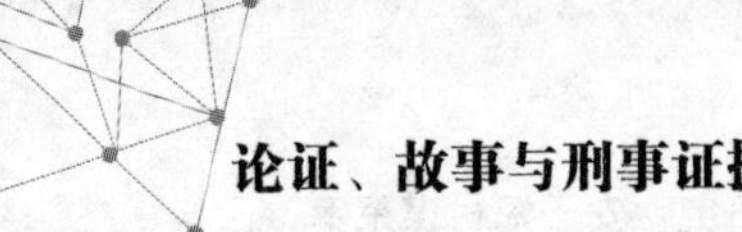

曼说到的夜里2：00左右的到访，也没有提及瓦德尔斯说到的她与马利安一起遛狗。大约在12月24日，马利安作证如下：

> 马利安在早上9时左右起床。里奥已经离开，很可能是徒步离开的，因为他的汽车停靠在公寓外面。马利安驱车前往毛德卡
> 172 特接布莱克叶，然后把布莱克叶带到多库姆，先是带到皮尔家中，之后带到社会服务署。随后马利安把布莱克叶再次送到皮尔家中，并驱车回到安于姆村。
>
> 随后她与瓦德尔斯一起前往毛德卡特，从假期房取了一些文件和布莱克叶的一些衣服。她给该房换了一把新锁，因为她说不希望布莱克叶继续住在里面。

6.1.2.4　其他证言：奎尔斯特拉、布莱克叶和阿特耶

除了前述本案主要人物提供的证言，警方还收集到了其他一些人的证言。这些证言中的一部分提供了新的信息；其他部分仅仅确认或者否认前述证言中披露的具体事件。

奎尔斯特拉正是建议比克曼报案的人，他在24日晚上陪同比克曼前往警局。他陈述，比克曼当天早上11：00左右来到他的住处，并做了上述对事件的描述。然而，比克曼对警察所讲的内容与奎尔斯特拉说比克曼告诉他的事情之间存在两处细微的差别。奎尔斯特拉说，根据比克曼对其所讲的内容，比克曼在19：00左右到达时里奥仍然在走廊里，马利安扔掉了一块上面沾有血液和毛发的石头。比克曼对警察说里奥在外面，并且他从来不曾提及石头上有血液和毛发。

里奥的女朋友布莱克叶也住在假期房。她确认了马利安作证所说的24日早上发生的大多数事件：

> 在布莱克叶和马利安驱车前往多库姆的路上，布莱克叶询问马利安，里奥情况如何。马利安没有直接回答这一问题，反而问布莱克叶是否知道里奥的密码。布莱克叶不知道，但她根据看到的里奥在取款机键盘上的手势，跟马利安一起想到了一个可能的

密码。她们到达多库姆时，马利安把这一密码记了下来。皮尔、布莱克叶和马利安随后前往社会服务署，到达之后才发现皮尔和布莱克叶并没有进行预约。马利安在城里买了一个挂锁，然后把皮尔和布莱克叶放到了皮尔家中。

比克曼的女朋友阿特耶确认，马利安曾经在 18：30 左右到过其家中，比克曼随后前往寄宿公寓。她说，比克曼在 19：30 左右返回，并对她说马利安击打里奥的头部杀害了他。

6.1.2.5　警方报告：血迹斑点和羟基安定

发现尸体以后，警察对寄宿公寓及其周边进行了搜查，试图发现任何更多的初步线索。尸体放置在公寓前面的草坪上，包裹在一个蓝色帐篷帆布中，上面盖着另一层橙色帆布以及一些木框架，木框架上面缠着一些铁丝网。从右前门到草坪的石子路上还有一个带有两条凹槽的痕迹。警方还发现了一块重石头，它可能正是比克曼和奎尔斯特拉所说的石块。

寄宿公寓内部，在瓦德尔斯房间内的垃圾桶找到了带有血液和毛发的一团纸。另外，警方发现了塔斯曼为马利安准备的一份合同草稿，详细规定了将谷仓出租给曼德尔斯曼合伙企业的详细情况，还发现了一份带有里奥签名和个人详细信息的表格。

第二天法医学团队的官员前来，在寄宿公寓和周边区域寻找任何 173
痕迹和物品。在公寓走廊发现了很多血液痕迹。在瓦德尔斯卧室门前（参见图 6.1）发现了一大片血迹，被一块小地毯盖着。在通往厕所的门附近、卧室 2 门前以及靠近右前门的内侧，均发现了血迹。在瓦德尔斯卧室与壁橱之间以及（从图 6.1 的视角看）壁橱左边的墙上、地上、门上和门框上均发现了血溅。许多这些痕迹当时用肉眼仍然清晰可见。在地毯下面的木地板上也能看到四处污迹。

在厨房，警察在一个垃圾袋中发现了一条羟基安定，这是一种诱使睡眠和肌肉放松的药物。该条包含 10 个已被割开的空胶囊。在另一个垃圾袋中发现了另外三条已空的羟基安定。另外还发现了一个装有新鲜橘子皮和大量羟基安定空胶囊的罐子。最后，发现了一个空药瓶，标签上写着“洛赛克”（Omeprazol，一种用于治疗胃溃疡的药物）以及里奥的名字。在图书馆，发现了另外的羟基安定：两盒共30个胶囊，带有“埃尔雷·斯特曼斯”（H. Sturmans）标签，以及一个黑色笔盒，里面装有多条羟基安定，一共63个胶囊。

在调查后期的1月5日，在谷仓一个水桶中发现了一个小石匠锤，[4] 而且锤子和桶上都带有稀薄的血迹。

6.1.2.6　专家报告：尸检、毒理学报告和DNA证据

对里奥的尸检表明，他被使用暴力致死。里奥颅骨破裂并且遭受重大的脑损伤，根据病理学家的报告，二者的共同作用能够毫无疑问地解释他的死亡。报告进一步记载，颅骨破裂由强外部暴力导致，它可能是使用某种带棱物连续打击所致，并记载脑损伤由一种强外部暴力导致，它可能是打击头部或者摔倒所致。

本案中还制作了毒理学报告。报告记载，里奥血液中羟基安定的含量是每公升血液2.54毫克，酒精含量为每公升血液0.46毫克。毒理学专家的意见认为，里奥血液中羟基安定的浓度高于遵照医生处方正常用药情况下的期待浓度。毒理学专家还认为，里奥血液中发现的羟基安定浓度将导致昏沉，羟基安定和酒精的组合相当可能导致了里奥虚弱无力的状态。

最后，许多（尽管并非全部）血液样本被送到实验室进行DNA分析。专家的意见认为，走廊内和马利安袜子上的血液来自里奥以外一个随机他人的概率远远低于100万分之一。专家对于锤子上血液的确定程度较低：锤子上血液来自于里奥以外一个随机他人的概率是100
174 分之一（锤头）和1700分之一（锤柄）。另一位专家认为，锤子（锤头和锤柄）上血液来自里奥以外一个随机他人的概率小于2000亿分之一。其他血液样本（取自香烟、传呼机和烟草）没有送检。

表6.1概括了最为重要的证据材料项目。该表中，按照证据材料

---

[4] 石匠锤或者墙工槌是一种带有双面锤头的单手使用的重锤。

相关的案件部分及其类型，对证据材料进行了分类。该表对每一项证据材料都提供了其内容的简要描述。另外，对于每一项证据都制作了一个标识，以便参考。有些情况下，这一标识用于整项证据（例如搜查-金融），另外一些情况下，对证据材料的个体内容做了单独标识（例如合同）。

表 6.1　安于姆村案中的证据材料

• 警察报告（文件）	
大麻活动	
警方搜查（搜查-大麻）	—2，100 株大麻和专业设备 —出租谷仓的合同草稿（合同） —带有里奥个人信息和签名的表格（表格）
银行诈骗	
警方搜查（搜查-金融）	—里奥的银行卡在马利安的钱包里 —OLO 及弗尔曼的银行对账单在寄宿公寓中
里奥的谋杀	
警方（法医）搜查（搜查-里奥）	—里奥无生命迹象的尸体位于公寓前面的草坪上（尸体-里奥） —公寓前发现手掌大小的重石块（石块） —从前门到草地的碎石上的拖痕（碎石-拖痕） —瓦德尔斯房间中带有血液和毛发的一团纸（血染-纸团） —走廊中的血液痕迹（血液-走廊） —图书馆中埃尔雷·斯特曼斯的盒装羟基安定胶囊，图书馆中散装羟基安定胶囊。垃圾袋中空的条状羟基安定（羟基安定） —里奥的洛赛克空瓶（洛赛克） —谷仓中带血的小石匠锤（锤）

续表

	• 专家报告（专家证言）	
	里奥的谋杀	
	里奥的尸检（*尸检*）	—里奥颅骨破裂以及严重脑损伤 —颅骨破裂由强外部暴力导致，它可能是使用某种有棱物连续打击所致 —脑损伤由一种强外部暴力导致，它可能是打击头部或者摔倒所致 —颅骨破裂和脑损伤的共同作用能够毫无疑问地解释里奥的死亡
175	毒理学报告（*有毒-报告*）	—里奥血液中羟基安定的含量是每公升血液 2.54 毫克，酒精含量为每公升血液 0.46 毫克 —毒理学专家的意见认为，里奥血液中羟基安定的浓度高于遵照医生处方正常用药情况下的期待浓度 —毒理学专家还认为，里奥血液中发现的羟基安定浓度将导致眩晕，羟基安定和酒精的组合相当可能导致了里奥的虚弱无力状态
	DNA 分析 1（DNA-1）	——个专家的意见认为，走廊内和马利安袜子上的血液来自里奥以外一个随机他人的概率远远低于 100 万分之一 ——个专家的意见认为，锤子上血液来自于里奥以外一个随机他人的概率是 100 分之一（锤头）和 1700 分之一（锤柄）
	DNA 分析 2（DNA-2）	——位专家的意见认为，锤子（锤头和锤柄）上血液来自里奥以外一个随机他人的概率小于两千亿分之一。

续表

• 证人报告（证人证言）	
大麻活动	
马利安	—马利安说她把谷仓租给了曼德尔斯曼合伙企业，并且将向警方出示一份出租合同（马利安-曼德尔斯曼） —马利安没有参与大麻活动（马利安-否认-大麻）
比克曼（比克曼-大麻）	—马利安与比克曼和奎尔斯特拉一起参与大麻活动。马利安说，如果受到警察突袭，她将不会提及比克曼和奎尔斯特拉的名字。受到突袭之后，马利安对比克曼说她将以里奥作为掩护
塔斯曼（塔斯曼-合同）	—马利安请求他起草一份出租谷仓的合同 —塔斯曼起草了该合同并把它交给马利安
曼德尔斯曼（曼德尔斯曼-合同）	—曼德尔斯曼合伙企业说其从未与马利安订立合同
银行诈骗	
银行雇员（银行-雇员）	—15 000荷兰盾从弗尔曼先生的账户转移到五个账户，其中一个是里奥的账户 —转账使用的是特殊表格
布莱克叶（布莱克叶）	马利安向她索要里奥的密码
里奥的谋杀	
比克曼的早期证言（比克曼-初）	—马利安来到比克曼家中告诉他她杀害了某人 —比克曼没有说他曾帮助拖里奥的尸体

续表

	比克曼的主证言（比克曼-主）	关于马利安如何向比克曼寻求帮助，以及比克曼如何帮助马利安将尸体裹紧帆布的证言（参见页码第 215 页）
	马尔加·瓦德尔斯的主证言（瓦德尔斯-主）	瓦德尔斯有关里奥中毒状况及比克曼到访的证言（参见页码第 217 页）
176	瓦德尔斯关于马利安击打里奥的想象（瓦德尔斯-意象）	—瓦德尔斯拥有马利安在走廊中击打里奥后脑勺的“想象”
	瓦德尔斯关于马利安击打里奥（瓦德尔斯-无-击打）	—瓦德尔斯并没有看到马利安在走廊击打里奥的后脑勺
	瓦德尔斯关于里奥在走廊中 1（瓦德尔斯-走廊-1）	—里奥躺在靠近蓝色橱柜的地方，盖着地毯，头朝前门 —这发生在瓦德尔斯去走廊壁橱取毛巾的时候
	（瓦德尔斯-走廊-2）	—同瓦德尔斯-走廊-1，但时间是马利安去刷牙的时候
	瓦德尔斯去厕所（瓦德尔斯-厕所）	—在晚饭期间或者之后不久的某个时间（比克曼尚未离开），瓦德尔斯去厕所 —瓦德尔斯听见走廊中有持续的击打声。上完厕所，她看到里奥的双腿和鞋子移出视线。显然，某人正在把里奥向外拖拽
	瓦德尔斯关于血液（瓦德尔斯-血液）	—当被问及时，瓦德尔斯一直回答没有在走廊看到血液
	马利安的主证言（马利安-主）	马利安关于里奥之到达以及前往毛德卡特的证词

续表

马利安否认	—马利安否认曾给里奥羟基安定（马利安-否认-羟基安定） —马利安否认杀害里奥（马利安-否认-杀害）
奎尔斯特拉的证言（奎尔斯特拉）	—比克曼说马利安扔掉一块带有血迹和毛发的石头
阿特耶的证言（阿特耶）	—马利安在 18：30 左右来到他们家，比克曼大约 10 分钟以后前往寄宿公寓 —比克曼在 19：30 左右返回，并告诉阿特耶说马利安杀害了里奥

6.2　案件分析：构建故事与论证

概括介绍完该案的证据材料，现在可以开始证明过程。请注意，实际调查中往往并非在过程一开始就拥有了所有证据材料：首先构建假设的故事，然后寻找新证据以确认或否认该故事。由于我在本书分析中采用历史学家的立场，因此我们假定不会发现新的信息。

我们采用的分析方法基于第 5.5 节讨论的形式对话系统：分析中进行的操作对应于对话博弈中的言语行为，而且正如协议一样，我们所做的言语行为仅限于与手头案件相关。对一个故事或一系列证据所做的相关操作均与第 4.4 节提到的批判性问题和陷阱相联系，这些批判性问题和陷阱的原则随后在第 5.4 节作为形式标准得以形式化。某些事件的选择解释将按照这种形式标准加以比较和权衡。

本案件的研究中对于故事和论证的呈现具有“半形式”的特征： 177
逻辑公式被重新表述为自然语言的语句。旨在对事件提供概览的大型故事，最好以自然语言提出一个事件列表。请注意，在这种故事呈现方式中，事件之间简单的因果联系将直接被假定出来，尽管它们没有被明示表达。个体的小故事或者一个大故事的各个组成部分可以被提出为一个因果图，在讨论一个故事中的因果或抽象关系时这种呈现方式也较为便利。呈现论证时也将使用这种图形的图。最后，在某些情况下，多个论证之间的攻击关系也将表达为攻击图（图 3.7）。正如第 5 章的图所示，这些图转换为形式理论相当直观。在许多情况下，一个图将对被移动的实际形式言语行为的内容稍作抽象改进，因为并非伴随相关言语行为被移动的所有事件、论证和因果关系都在图中得到展示。正文中若出现这种情况将会加以表明。

为了改进可读性，我们不打算完全按照实际形式对话中出现的表达方式（正如第 5.6 节例子所作的那样）呈现对话行动。例如，博弈者和言语行为被默示假定。另外，讨论过程将不会遵循实际对话中的往复形式，即对待解释项的每一次解释都微微得到改进，直至轮到另一个博弈者开始言语行为。在这一分析中，各项解释及其优势和缺陷将逐一被考察，即首先考察一个关键事件的一种解释及其支持和抵触论证，之后才把讨论转向下一个选择解释。

在这一分析中，一种解释往往通过一些方式得以**扩充**（*extended*），例如通过解释初始原因，预测或解释新证据，或者改进因果关系。另外，为清楚起见，我将往往首先集中讨论一个较大解释的某个单一部分以及如何改进或恶化该等部分，只有完成这些操作以后才将各个部分**组合**（*combine*）成一个大的解释。对话博弈中没有与解释的“扩充”和“整合”这些操作相对应的形式等价物。在博弈中，每次一个解释被扩充或者多个解释被组合都是通过一个单一的**解释**行动得以完成，它包含了被扩充或组合的解释（参见定义 5.5.13 中条件 6a 以及第 5.6 节中的例子）。然而，由于可读性和篇幅方面的明显原因，我将不会总是表达完整的解释，而仅仅指出“一个解释被扩充”或者“多个解释被组合”，并默示地假定每一次都会在单一“解释”行动中给出完整的解释。

在初始案件中，几乎所有证据都属于文书证据。因此，我们始终应当正式地使用**文书**初步性理由（定义 5.2.1 中理由 5）来推论（例如）证言，之后才可以使用与表 6.1 提及的证据类型相联系的初步性

理由。然而，在当前案件中，对于证言，我们不打算对这个基于**文书**
初步性理由的初步推论步骤进行建模，而只对言词推论进行建模。我 178
认为这并不是一个危险的捷径，因为在本案中，文书的真实性从来不曾发生争议。

正如前文已经指出，我们仅讨论本案涉及里奥被谋杀的部分。首先，我们将讨论涉及如下事项的推理：里奥的死亡原因、谋杀凶器、里奥死亡的地点以及里奥死亡前的中毒状态（第6.3节）。虽然在初始案件中该部分不存在重大争议，但利用它可以展示混合理论的某些基本概念，例如因果性推理和证据性推理、攻击论证、支持事件和因果关系。另外，谋杀凶器及其相应证据有两种选择解释，它们相对容易跟踪，因此是详细展示对话博弈和混合理论的好材料。

第6.4节将讨论本案的主故事，即司法机关认为马利安杀害里奥并且她单独行为的观点。基于上诉法院的判决书以及克劳姆巴格和伊斯雷尔斯的著作，我们首先将重新构建司法机关的观点，随后将通过考察以下事项对其进行改进：马利安参与麻醉里奥的情况（第6.4.1节）、马利安杀害里奥的可能动机（第6.4.2节），以及里奥死亡之后发生的事件（第6.4.3节）；第6.4.4节简要概括第6.4节前几小节构建的经改进的司法机关的故事版本。第6.4节的讨论较少涉及形式对话博弈的细节问题，而是提出使用混合理论和形式标准分析证据和假设的一种一般程序方法。

第6.5节将考虑司法机关故事的选择故事。该案中的两个事项存在有趣和重要的选择故事，即什么或者何人导致了里奥的麻醉状态，以及谁杀害了里奥。第6.4节讨论了马利安对里奥下药的司法机关故事；第6.5.1节讨论其选择故事，即里奥自己服用羟基安定。同样，第6.4节讨论了认为马利安杀害里奥的故事，第6.5节讨论了其选择故事。这些选择故事均涉及比克曼以各种角色参与其中。第6.6节简单比较了第6.4节和6.5节讨论的选择故事。第6.7节结束案例研究，简要评估其对于混合理论及对话博弈的意义。

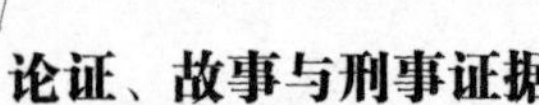

6.3 死亡原因、谋杀凶器及里奥的状态

本节将展示根据既定证据如何确定里奥的死亡原因和谋杀凶器是什么。值得注意的是，在实际案件以及克劳姆巴格和伊斯雷尔斯的专著中，这一点并不构成真正的争议事项。本讨论展示证据推理中混合理论的一些具体要素。

本案中的主要待解释项是里奥的死亡：根据搜查寄宿公寓的警方报告（尸体-里奥）和病理学家报告（尸检），并分别结合**文件**初步性
179 理由和**专家**初步性理由，可以有根据地推论出里奥已经死亡。首先，应当确定他如何死亡：可能是意外，还是被杀害？病理学家报告（尸检）对于发生了何事提供了一些线索：里奥的死亡是由颅骨破裂和脑损伤相结合导致的。这两项直接死亡原因本身都可能是由带棱物击打头部造成的；脑损伤还可能是由跌倒导致的。由于我们这里明显是在处理因果信息（“颅骨破裂［……］可能是由［……］连续打击**导致**”），把尸检得出的结论建模成一个因果性解释或者两个可能的因果性解释，是有意义的（图6.2）。

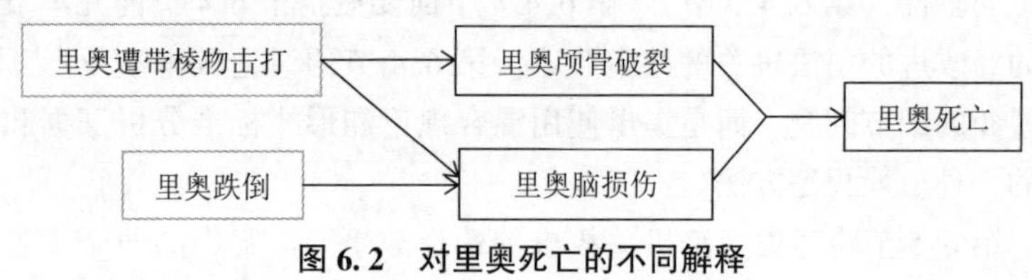

图6.2　对里奥死亡的不同解释

在图6.2中，除了里奥遭带棱物击打和里奥跌倒以外，所有事件和因果性概称陈述均得到尸检的直接支持。里奥死亡、他颅骨破裂以及他有脑损伤，这些事件直接由专家陈述，因此可以使用**专家**表面原因推导出来。脑损伤和颅骨破裂均是“强外部暴力”的结果，而导致这种力量的原因可能是头部遭击打（两种情况中）或者跌倒（脑损伤情况中）。需要注意的是，专家并没有陈述说里奥跌倒还是头部遭击打，其在证言中仅仅提供了可能原因。因此，里奥遭带棱物击打和里

奥跌倒这两个事件属于证据缺口，在图中这两个未得到支持的事件以较浅的颜色表示。现在，里奥脑损伤这一事件存在两种解释：他可能跌倒，或者他可能被击打头部。然而，里奥跌倒这一解释并不能解释待解释项，因为它并不能解释待解释项里奥死亡。这是因为要解释里奥死亡需要里奥颅骨破裂（相关概称陈述为：里奥颅骨破裂∧里奥脑损伤$\Rightarrow_C$里奥死亡）。由于头颅骨破裂不能被里奥跌倒所解释，因此我们可以安全地假定里奥遭带棱物击打。

6.3.1 谋杀凶器

本案中，存在两种可能的带棱物：石匠锤（石匠锤）和石块（石块）。里奥有可能被其中任何一种击打头部。对物体身份的推理是通过使用抽象概称陈述完成的（参见第5.3.3节）。本案中，击打里奥的物体可能有两种，这一事实被建模成里奥遭带棱物击打这一事件存在两种不同的解释。这些解释涉及抽象关系而非因果关系，即图6.3。 180

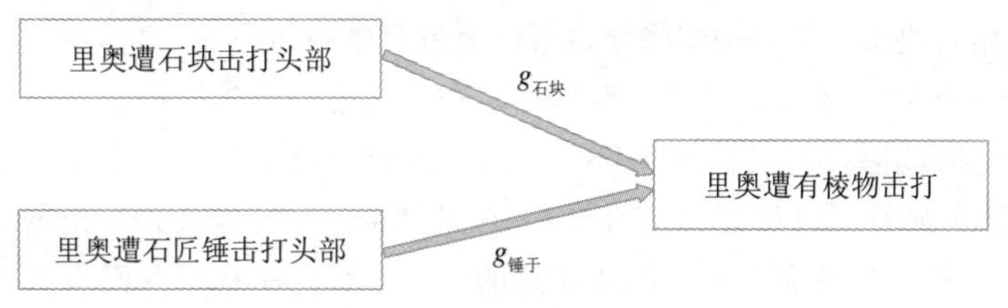

图6.3 两种可能的凶器

概称陈述$g_{石块}$和$g_{锤子}$实质表达的内容是，石匠锤和石块属于有棱物。基于这些概称陈述，对于里奥遭有棱物击打现在存在两种解释：$S_{石块}=\{$里奥遭石块击打头部，$g_{石块}\}$以及$S_{锤子}=\{$里奥遭石匠锤击打头部，$g_{锤子}\}$。[5] 与图6.2中的解释结合，$S_{石块}$和$S_{锤子}$均能够解释待解

[5] 解释通常被命名为$S_{名称}$，其中**名称**是用以指称该解释的具体名称。

释项里奥死亡。[6] 现在需要启动一个有两名博弈者的对话博弈——其中一名防卫 $S_{石块}$、另一名防卫 $S_{锤子}$——以此确定里奥遭有棱物击打的两种解释中哪一种最为可能。为简化行文，我们并没有确切写出具体的分步骤对话博弈，但是我将首先使用可能的对话步骤来分析 $S_{石块}$，然后扩充和分析 $S_{锤子}$。此后，将对两种解释进行比较。

石块可能被用于杀害里奥，这一观点实际出自奎尔斯特拉（参见证据奎尔斯特拉）。比克曼说马利安扔掉了一块石头，但并没有提到任何有关血液的情况。而奎尔斯特拉说他从比克曼那里听说石头上有血迹和毛发（图 6.4）。

论证 $A_{奎尔斯特拉}$[7]是一个传闻证据的例子：连续两次运用了证人证言理由。因此不仅可以质疑奎尔斯特拉的诚实性、客观性和观察敏感性，也可以质疑比克曼的这三性。为了以此论证支持解释 $S_{石块}$，应该对该解释进行扩充，使其整合石块上带有血迹和毛发这一事件，该事件得到奎尔斯特拉证言的支持。现在，$S_{石块}$ 中里奥遭石块击打这一事件，结合因果性概称陈述 x 遭石块击打 $\Rightarrow_C$ 石块上带有血迹和毛发（“用石块击打某人头部将导致石块上带有血迹和毛发”），可用于**预**
181 **测**石块上带有血迹。[8]这一新解释现在直接得到奎尔斯特拉证言的支持（参见定义 5.4.2），即图 6.5。这一解释解释了里奥遭有棱物击打（并因此解释了里奥死亡，图 6.2）以及从奎尔斯特拉证言得出的结论石块上带有血迹和毛发。需要注意的是，尽管这一观察并没有直接解释里奥遭有棱物击打，但它提升了 $S_{石块}$ 的质量，因为升级版 $S_{石块}$ 现在

---

〔6〕 本节以下部分将默示地假定图 6.2 中的如下解释［里奥遭有棱物击打，里奥遭棱物击打 $\Rightarrow_C$ 里奥颅骨破裂∧里奥脑损伤，里奥颅骨破裂∧里奥脑损伤 $\Rightarrow_C$ 里奥死亡］。因此待解释项里奥死亡从能够解释里奥遭有棱物击打的任何解释得出。

〔7〕 论证通常被命名为 $A_{名称}$，其中**名称**是用以指称该论证的名称。

〔8〕 第 5.6 节结尾处指出，预测可以通过**解释**言语行为得以实现：**解释**（{里奥遭有棱物击打}［里奥遭石块击打，里奥遭石块击打 $\Rightarrow_A$ 里奥遭有棱物击打，里奥遭石块击打 $\Rightarrow_C$ 石头上带有血迹和毛发］）。

得到奎尔斯特拉的支持。[9] 这表明了如何从故事中的事件出发预测新事件（故事-后果），以及如果这些新事件得到证据支持，该等预测如何改进故事质量（因为其证据支持得到改进）。

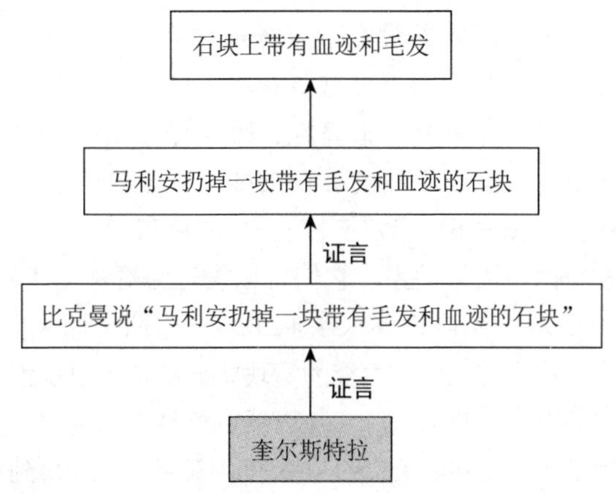

图 6.4　关于石块上带有血迹和毛发的论证 $A_{\text{奎尔斯特拉}}$

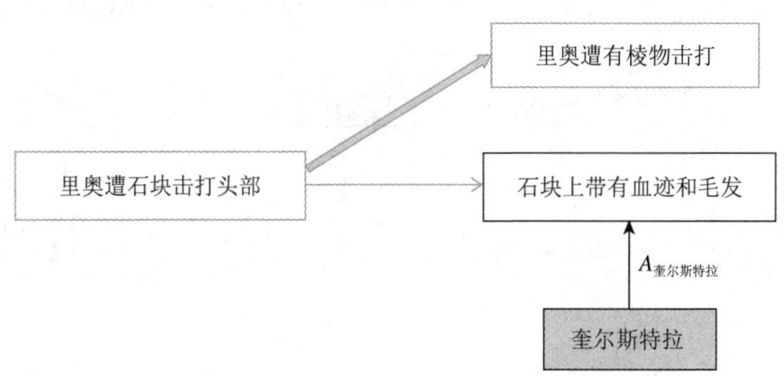

图 6.5　$S_{\text{石块}}$得到奎尔斯特拉证言的支持

[9] 以形式化的语言表达，不受支持的 $S_{\text{石块}}$ = ｛里奥遭石块击打，$g_{\text{石块}}$｝仍然位于解释集合 *Expl* 之内，并且现在有两个版本的 $S_{\text{石块}}$。然而，为清晰起见，我们仅仅展示了最新的版本（其受到奎尔斯特拉的支持）。

182 有关石头上带有血迹和毛发的这一预测还会对 $S_{石块}$ 产生负面影响。警方在案发现场找到一块跟比克曼和奎尔斯特拉描述的石头类似的干净石块，上面没有毛发和血迹（石块）。另外，警方没有发现带血的石头。因此可以争辩说，证据石块抵触石块上带有血迹和毛发：与描述的石块类似的唯一石块**并没有**带有血迹和毛发。然而，这一点可以通过如下假设得到解释，即里奥遭该石块击打之后某人已把它擦拭干净。这一假设并非完全不具有似真性，因为警方发现了一团带血和毛发的纸巾（纸团）。通过预测经某人擦拭石块必然干净，可以给出一个新版本的 $S_{石块}$（图 6.6），以使其与证据石块和纸团相一致。

这里存在着两个因果关系，它们可以表达为概称陈述的合取前件，即石块带有血迹和毛发**以及**某人擦拭石块。这两个因果关系分别是：$g_{擦拭1}$（“以纸巾擦拭带有毛发和血液的石块将导致从该石块消除所有可见的血液痕迹和毛发”），以及 $g_{擦拭2}$（“以纸巾擦拭带有毛发和血液的石块将导致该纸团带有毛发和血液”）。在这里，新版本 $S_{石块}$ 得到三份证据的支持：奎尔斯特拉、石块和纸团。其中，证据石块和纸团属于文书证据，而犯罪现场有一个石块和一个纸团这些事实是经由**文书**理由推论得出的。

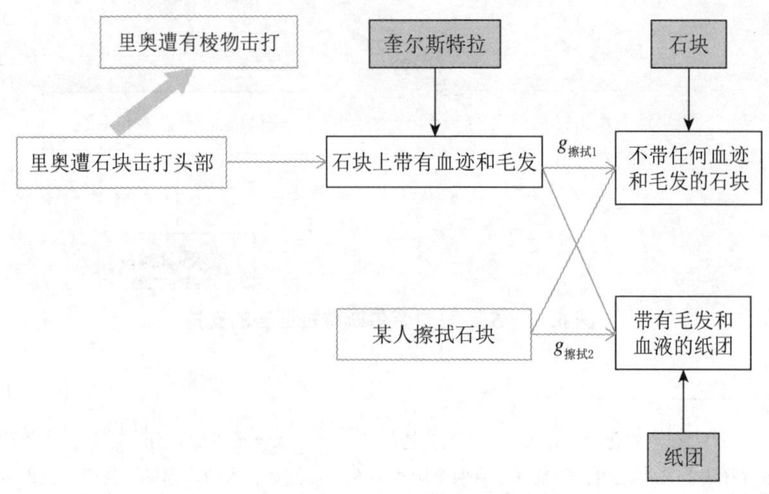

图 6.6　扩充的 $S_{石块}$

图 6.6 展示的解释 $S_{石块}$ 存在两项弱点。第一项弱点涉及该理论的证据部分，即传闻证据论证 $A_{奎尔斯特拉}$。比克曼从未声称石头上有毛发和血迹，因此似乎奎尔斯特拉就比克曼对其所讲内容有所撒谎或者发生错误，或者比克曼并没有向警方交代他曾告诉奎尔斯特拉的内容（即石头上有血）。比克曼并不拥有向警方隐瞒该信息的直接原因：如果马利安扔掉一块带血的石头，这根本不会以任何方式损害他的地位。因此，我们可以假定在 $A_{奎尔斯特拉}$ 中从奎尔斯特拉的证言进行的推论受到底切（图 6.7），因为要么奎尔斯特拉误听了比克曼对其所讲的内容（对于奎尔斯特拉观察敏感性的底切），要么奎尔斯特拉对于比克曼对其所讲的内容记忆错误（对奎尔斯特拉客观性的底切），要么奎尔斯特拉 183
故意撒谎以使马利安负罪从而保护其好友比克曼（对奎尔斯特拉诚实性的底切）。

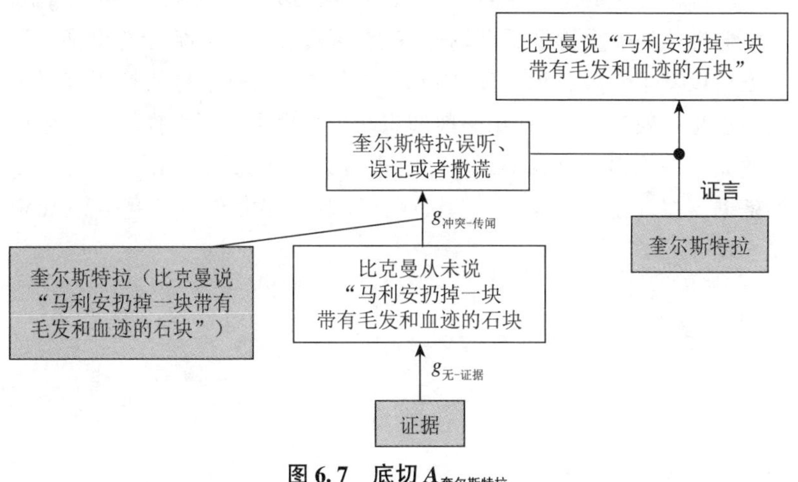

图 6.7　底切 $A_{奎尔斯特拉}$

概称陈述 $g_{冲突-传闻}$ 表达了如下内容，即如果一个证人（这里是奎尔斯特拉）作证另一个证人（比克曼）说过某种事情，并且该另一个证人从未说过它，那么第一位证人（奎尔斯特拉）必然存在错误或者撒谎。需要注意的是，这一推论也以奎尔斯特拉的证人证言作为前提。

另一项概称陈述 $g_{\text{无-证据}}$ 表达了如下内容，即如果就某个命题不存在证据，那么该证据很可能不为真。[10] 以此方式，对于不存在于证据总集合（**证据**）之中的命题，可以推导出其否命题。应该谨慎地使用这一概称陈述，因为它预设了以下各项，即比克曼曾被问及石块，或者他至少有机会谈及石块，并且比克曼本人没有撒谎或者误记。如果它们之中任何一个属实，我们将对 $g_{\text{无-证据}}$ 获得一项例外，事实上将恢复 $A_{\text{奎尔斯特拉}}$。然而，我们暂时假定 $A_{\text{奎尔斯特拉}}$ 被击败，因此证言奎尔斯特拉不再支持 $S_{\text{石块}}$。[11]

$S_{\text{石块}}$ 的另一项弱点在于，它包含一项不具有似真性的解释，即 $g_{\text{擦拭1}}$（“以纸巾擦拭带有毛发和血液的石块将导致从该石块消除所有可见的血液痕迹和毛发”）。前文指出，我们可以通过如下方式论证
184 一个故事中因果性概称陈述的非似真性，即使用一个基于一般知识的论证来抵触它（定义 5.4.8）。[12] 本案中，我们必须为概称陈述 $g_{\text{擦拭1}}$ 的无效性构建一个论证，即以¬(**有效**（$g_{\text{擦拭1}}$））为结论的论证。该论证可以基于一般知识，即“以纸巾擦拭石块通常将消除所有可见的血迹是一般知识”。利用**一般知识**初步性理由，可以推导出该概称陈述无效的原因。对故事 $S_{\text{石块}}$ 的攻击可以呈现为图 6.8。此时，$S_{\text{石块}}$ 的证据支持（定义 5.4.3）是纸团，而其因果非似真性是 $g_{\text{擦拭1}}$（定义 5.4.8）。

---

〔10〕 这一点类似于**失败性否定**（*negation as failure*）这一逻辑编程原则，根据这一原则，没有推导出 p 可用于推导¬ p。

〔11〕 根据定义 5.4.2，如果一项基于证据的论证被推翻（即决定性地被废止），则该证据不支持其结论。

〔12〕 如果我们以证据抵触该概称陈述，那么我们并不是在论证其不似真性（它以证据以外的方式得到独立的证明），而是在论证其证据抵触（定义 5.4.5）。

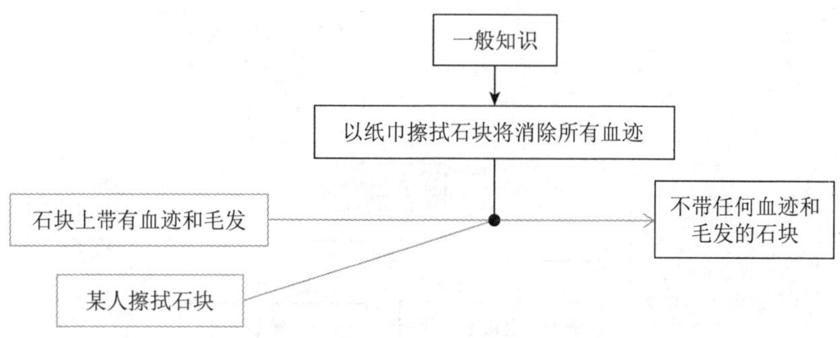

图 6.8　反对概称陈述似真性的论证

现在我们来考察 $S_{锤子}$。对锤子上带有里奥血液这一结论，可以构建一个论证（图 6.9）。这里面临的一个有趣问题是，如何确切计算锤子上血来自于里奥的概率。这不仅涉及简单的概率计算，还涉及两个理由的累积：我们赋予两种分析同等权重，还是更加相信其中一个专家？我们是否考虑两个预测明显不同这一事实？我们曾在第 3.1.2 节简要讨论过这些问题。目前而言，我们将简单地假定血液来自某个他人的概率实质性足够低。

存在一个带有里奥血液的石匠锤，这一事实可能意味着里奥遭到该锤子的击打。在这里，一个类似于对 $S_{石块}$ 所用因果性推理的推理模式可以适用于 $S_{锤子}$：有可能在里奥遭受锤子击打之后，某人擦去了上面的一些血液和毛发。通过这种方式，带有里奥血液的锤子以及带血纸团都可以得到里奥遭石匠锤击打头部的解释（图 6.10）。因果性概 185
称陈述 $g_{擦拭3}$（“以纸巾擦拭带有毛发和血液的锤子将导致消除该锤子上的所有毛发和一些血液”）以及 $g_{擦拭4}$（“以纸巾擦拭带有毛发和血液的锤子将导致该纸团带有毛发和血液”）分别类似于 $g_{擦拭1}$ 和 $g_{擦拭2}$；（除了被擦拭的客体不同以外，）一个重要的区别在于，与 $g_{擦拭1}$ 不同，$g_{擦拭3}$ 并 186
没有主张所有血迹均被清除。因为这一点，我们不能通过一个类似于图 6.8 论证的论证来抵触 $g_{擦拭3}$，$g_{擦拭3}$ 可以被视为比 $g_{擦拭1}$ 更具有实践性。

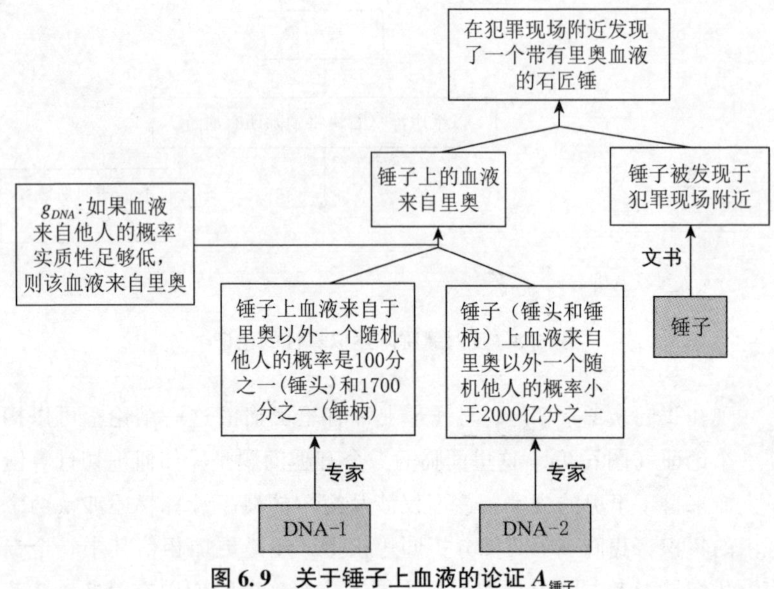

图 6.9　关于锤子上血液的论证 $A_{锤子}$

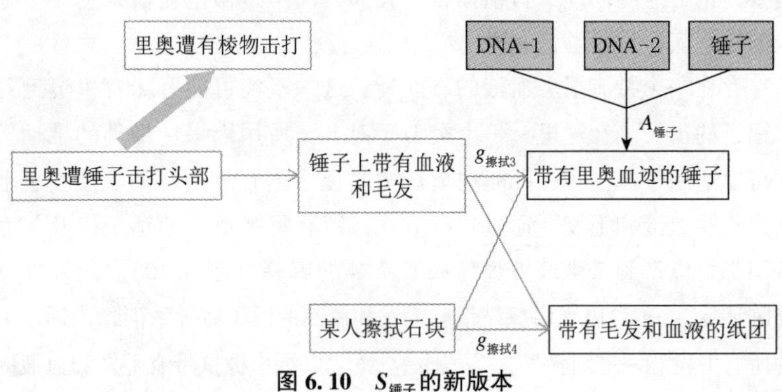

图 6.10　$S_{锤子}$ 的新版本

图 6.10 中解释 $S_{锤子}$ 和图 6.6 中解释 $S_{石块}$ 非常相似：二者均通过一个抽象链解释里奥遭有棱物击打，并且二者的解释对象均还包括从证据材料得出的其他观察。然而，$S_{锤子}$ 的证据支持（DNA-1、DNA-2、纸团、锤子）高于 $S_{石块}$ 的证据支持（纸团、石块）。也可以争论说

DNA-1 和 DNA-2 应该视为同一份证据材料，因为它们实质上代表同一个结论的两个佐证理由。然而，这时 $S_{锤子}$ 仍然具有较高的（得到证成的）证据支持。除此之外，$S_{石块}$ 的似真性差于 $S_{锤子}$ 的似真性。因此，无论从哪方面看，$S_{锤子}$ 都是更好的解释（根据定义 5.5.9）。这符合我对于两个故事的直观感觉：$S_{石块}$ 是一个基于有关某带血石块之传闻证据的故事，该石块从来没有实际被找到，而 $S_{锤子}$ 是一个关于某真实带棱物的故事，它不但被找到而且带有里奥的血液。

前述讨论涉及对里奥死亡原因和方式的详细解释。它展示了如何运用解释的各种标准（证据支持、因果性似真性）攻击和防卫解释。这里并没有展示第 5.5 节提出的那种确切的论辩对话。然而，我们从中已可以看到对话的基本原则如何指导前述推理过程。假设有两个对立的双方，一方认为里奥被石块杀害，另一方认为里奥被锤子杀害。第一方通过提出和支持 $S_{石块}$ 来启动对话。这一解释随后遭到另一方各种方式的攻击：一个因果链被视为缺乏似真性，一个支持性论证被底切。然而，这还不够：从定义 5.5.10（当前获胜者）可得，$S_{石块}$ 无论如何不具有似真性或者受到抵触，它仍然是最佳解释，仅仅因为它是唯一的解释。因此应该构建第二种解释 $S_{锤子}$，以提供一种选择解释。这种解释也应当得到证据材料的支持以使其排序高于 $S_{石块}$。请注意，在这里证据材料相对于故事似真性具有的更高价值发挥着作用：即便 $S_{石块}$ 的融贯性不及 $S_{锤子}$，只要 $S_{石块}$ 得到证据支持而 $S_{锤子}$ 没有得到证据支持，$S_{石块}$ 仍然是最佳解释。以 DNA 证据支持 $S_{锤子}$ 使其成为最佳的当前解释。如果讨论持续进行下去，支持 $S_{石块}$ 的一方当事人现在必须使自己的解释成为更好的解释或者以某种方式底切 $S_{锤子}$。然而，在现有证据状态下，他似乎并没有很多选择。因此，眼下可以安全地做出如下假定，即里奥因为遭锤子击打头部而死亡。

6.3.2　里奥的死亡地点

在开始讨论谁击打里奥以及为何如此之前，我们首先将对来自警
方搜查的一些其他发现以及 DNA 证据进行建模。通过明确谋杀地点并 187

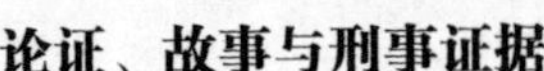

整合里奥遭击打之后发生的一些事件，可以进一步扩充 $S_{锤子}$。从证据可以得出，在走廊发现里奥的血溅和血迹（图 6.11）。这两个论证使用与论证 $A_{锤子}$ 相同的概称陈述 g_{DNA}（图 6.9），利用这两个论证我们不仅可以推论里奥遭到锤子击打，而且可以推论他在走廊遭到击打并且遭击打之后曾躺在走廊。

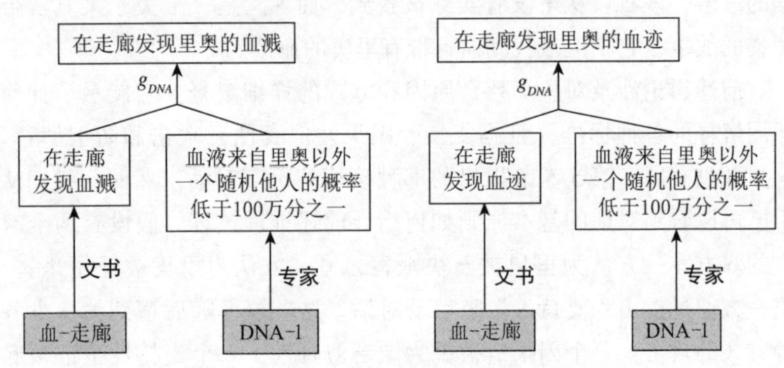

图 6.11　有关走廊中发现血液的论证 $A_{血溅}$ 和 $A_{血迹}$

里奥在走廊遭击打头部这一事件是里奥遭石匠锤击打头部的一个更加详细的版本，正如里奥遭锤子击打头部是里奥遭有棱物击打的一个更加详细的版本，即图 6.12。通过这一抽象概称陈述链条，包含里奥在走廊遭击打头部这一事件的任何解释都可以解释里奥遭有棱物击打（因此也可以解释里奥死亡）。现在，如果我们假定图 6.10 中的故事 $S_{锤子}$，则包含里奥在走廊遭击打头部的任何解释均可以解释带有毛发和血液的纸团以及带有里奥血液的锤子这些观察（因为里奥遭有棱物击打能够解释这些观察）。因此我们得出图 6.13 对支持如下观察的解释：在走廊发现里奥的血溅和在走廊发现里奥的血迹。如果我们现在接受 $S_{锤子}$ 的这一最新版本是图 6.10（有关带血锤子）、图 6.12（有关里奥遭击打的细节）以及图 6.13 三个解释的组合，那么这一新版本 $S_{锤子}$ 是有关如下事项的故事：里奥如何在走廊遭锤子击打以及这如何
188 导致了锤子上和纸团上的血液以及走廊中的血液。那么，这一解释是

目前最好版本的$S_{锤子}$，并得到（DNA-1、DNA-2、纸团、锤子、血-走廊）的支持。[13]

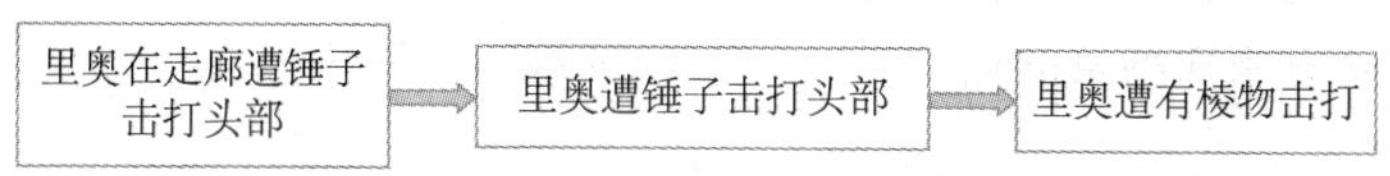

图 6.12 利用抽象概称陈述进行从具体事件到一般事件的推理

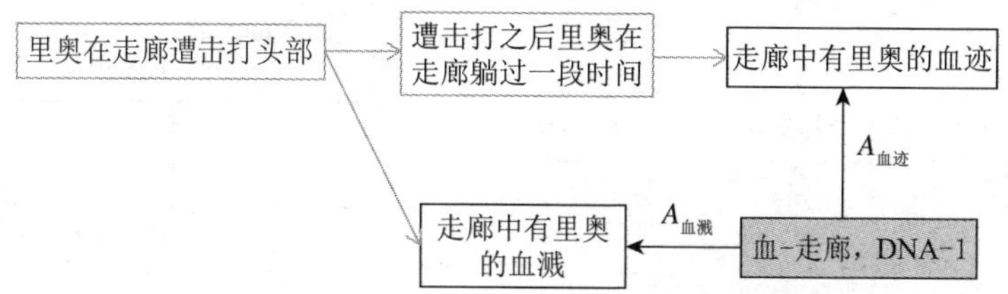

图 6.13 对于走廊中血液证据之相关结论的解释

6.3.3 里奥的麻醉状态

在开始讨论有关**谁**杀害里奥的故事之前，还需要讨论另一个重要事项，即里奥死前的麻醉状态。根据毒理学报告（毒理-报告），里奥血液中的羟基安定浓度远远高于正常使用该药情况下的浓度（图6.14）。

毒理学报告还记载“里奥血液中发现的羟基安定浓度将导致昏沉”，里奥血液中还含有微量比例的酒精，以及“羟基安定和酒精的组合相当可能导致了里奥的虚弱无力状态。”关于里奥的无力和昏沉状态，瓦德尔斯在证言中曾经多次提及（瓦德尔斯-主），里奥走路蹒跚，必须有人撑着，以及几乎不能对她或者马利安做出回应。从中可以多少直接推论出，里奥不但昏沉而且处于无力状态。瓦德尔斯还说她看到马利安给里奥喝一种琴酒和热水的混合物（“格洛格酒”），马利安证实了这一点。有关里奥状态的因果性推理及其支持证据可以按

---

[13] 需要注意的是，在形式对话博弈中，这一最新版本的$S_{锤子}$（即图6.10、图6.12和图6.13的组合）必须作为一个单个**解释**行动做出移动。

189 照图 6.15 进行建模。马利安给里奥喝格洛格酒，这非常可能导致了其血液中含有酒精，它与羟基安定一起导致了一种无力状态。羟基安定单独就可能已经导致了昏沉，而这种昏沉状态可以被视为一种无力状态（因此形成抽象链）。

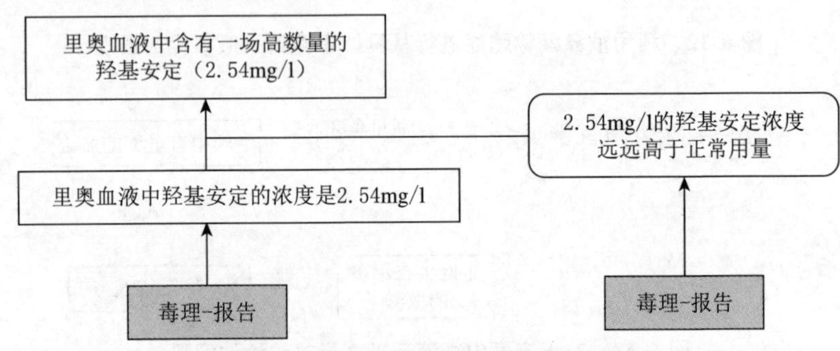

图 6.14　关于里奥血液中羟基安定含量的论证 $A_{羟基安定}$

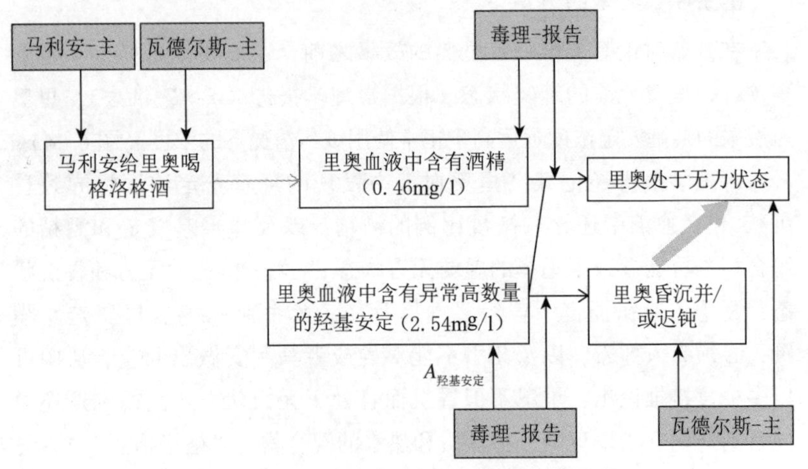

图 6.15　里奥受到酒精和羟基安定的影响

6.3.4　小　结

前文各节表明，里奥很有可能在走廊遭到锤子击打，并且死亡之前，他很有可能摄入了一些酒精和大量羟基安定。在本分析的余下部分，以下两个短故事将被视为已经得到证明：$S_{锤子}$（图6.10、图6.12或图6.13的组合），以及里奥受到酒精和羟基安定的影响（图6.15）。在这两个故事中，专家报告（尸检和毒理-报告）的可信性均不存在疑问。关于凶器，鉴于证据情况以及唯一合理的选择解释$S_{石块}$已经得到充分检验并与$S_{锤子}$进行了比较，$S_{锤子}$可以被视为最好的解释。关于酒精，马利安和瓦德尔斯均陈述了马利安曾给里奥喝格洛格酒，因此我们可以合理地假定这一情况属实；很难想象出马利安承认曾经这样做的其他理由。因此目前为止的整个故事可以用图6.16表示。为增强可读性，图6.16稍微“概括”了某些因果性推理。例如，从里奥遭击打头部到锤子带有里奥的血液的概称陈述链条被缩短，从里奥遭击打头部到里奥死亡之间的链条也被缩短。另外，它也没有明示呈现支持这一解释的证据（马利安-主、瓦德尔斯-主、毒理-报告、DNA-1、DNA-2、纸团、锤子、血液-走廊、尸检）（然而，得到直接支持的状态、事件和因果关系，其线条颜色重于未得到支持的状态、事件和因果关系）。在这一分析的其余部分，解释$S_{锤子}$的最佳版本以及有关里奥 190
状态的解释将被视为已经得到证明。

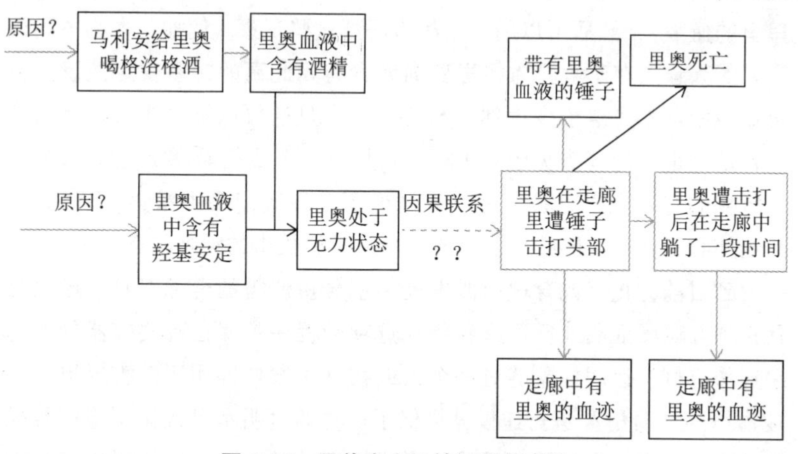

图6.16 目前为止已被证明的事件

6.3.5 初步评价

到目前为止，因果性推理和证据性推理在该案中都是必须的推理要素。例如，有关死亡原因、什么导致走廊中血溅以及什么导致里奥麻醉状态的推理都是使用因果关系进行分析的。虽然这些部分也许亦可以使用证据论证进行建模，但它将导致把所有因果关系转变成证据性概称陈述，这会导致问题。例如：“带有毛发和血液的纸团是如下事实的证据，即某人擦掉了石块上的毛发和血液”（参见第 2.3.2 节）。这是有问题的，因为只有当该原因通常导致该后果时，如此“掉换”推理方向才是允许的。本案中，我们并不能说带血纸团通常是由擦拭石块导致的。这种纯证据性方式的另一项不足在于，专家在报告中明确地提及了因果性概称陈述，把它们转换成证据性概称陈述需要加入一个解释性步骤，它将我们带离专家原本意图使用的概称陈述含义。

证据性推理允许个体证据（例如专家报告、证言及其他文书）直接支持故事中的事件。另外，论证 $A_{奎尔斯特拉}$ 似乎是一种直觉的谈论传闻证据的方式，它允许对其中一个证人的可信性做详细的攻击。本案（相对简单的）证据论证通过如下方式集中分析焦点，即首先允许我们推论出清晰和有意思的观察（即带血的石块、里奥的血溅、锤子上
191 里奥的血液），然后可以用一个故事解释这些观察。例如，本案中我们主要的兴趣点在于解释**为何里奥血液含有如此高的羟基安定浓度**。里奥血液中羟基安定浓度达到 2.54mg/l，并且这可以被视为高浓度，这些肯定是重要的（参见图 6.14），但并非一个我们希望为之提供替代性解释的有趣观察。易言之，证据论证允许我们集中精力解释证据，从而使我们获得能够符合一个或多个可理解故事的清晰状态和事件。

到目前为止，混合理论似乎提供了分析所需的全部工具。提供替代选项并试图证明或反证这些替代选项的程序步骤在有关凶器的讨论中运作良好。运用抽象链对一个人或物（本案中即用于杀害里奥的有棱物）的“身份”进行建模，提供了一种通过明示可视化实施该等推理的自然方式。衡量故事质量的形式标准通过展示解释的哪些部分能

够得以改进或削弱，为该分析提供了足够充分的指引。尤其是，似真性概念独立于证据，这有助于准确区分有关一个故事是否符合证据的讨论与一个故事的内在融贯性。最后，根据这些标准对解释 $S_{石块}$ 和 $S_{锤子}$ 所作的排序，符合我们有关 $S_{锤子}$ 为何是更好故事的直觉感受。

前述各节旨在为对话博弈和混合理论提供一个详细的实例。在本案的进一步分析中，我们将默示地假定该对话博弈以及用于比较不同解释的标准，并且将不再持续详细讨论这些解释的证据支持和似真性是什么。然而，本案例研究仍然旨在检验混合理论。我们将继续讨论对本案各解释的程序处理，即首先以一种基本形式提出一项解释，然后对其进行扩充、支持和改进。另外，对于解释的各种操作总是着眼于根据标准来提升或削弱该解释。第6.7节讨论本案例研究对于混合理论以及对话博弈具有的更广泛的意义。

图6.16引发了一系列有待解决的重要问题。第一，里奥为何以及被何人施用了异常高的羟基安定用量？第二，里奥为何以及被何人击打头部？第三，这两个事件（即羟基安定和里奥死亡）是否存在某种联系？里奥死亡**之后**的事情发展可能也是重要的，但仅对于确定罪犯的身份而言如此（还可能对决定是否存在其他犯罪行为是重要的，参见本章脚注3）。

由于在里奥胃中同时发现了羟基安定和酒精，可以安全地假定这些羟基安定和酒精是在里奥生前口服下去的。当然，问题在于里奥是否意识到这一点，是否有人偷偷地给他服用了羟基安定，或者他是否以某种方式被迫服用羟基安定。从三份主证言，即比克曼的证言（比克曼-主）、瓦德尔斯的主证言（瓦德尔斯-主）和马利安的主证言（马利安-主），可以推断马利安、瓦德尔斯和里奥本人是仅有的实际有机会给里奥服用羟基安定的人。在这一分析中，我们假定如下事实 192
消除了对瓦德尔斯的任何怀疑，即瓦德尔斯没有任何动机要麻醉或者杀害里奥。[14] 因此，对于里奥麻醉状态的可能解释可以表示为图

[14] 在混合理论中可以对瓦德尔斯可能的动机进行讨论，但本分析对此不再赘述。

6.17。请注意，我们因此能够使用抽象链讨论某人的身份：每个嫌疑人均有自己的解释，应该选择其中最佳的一个。

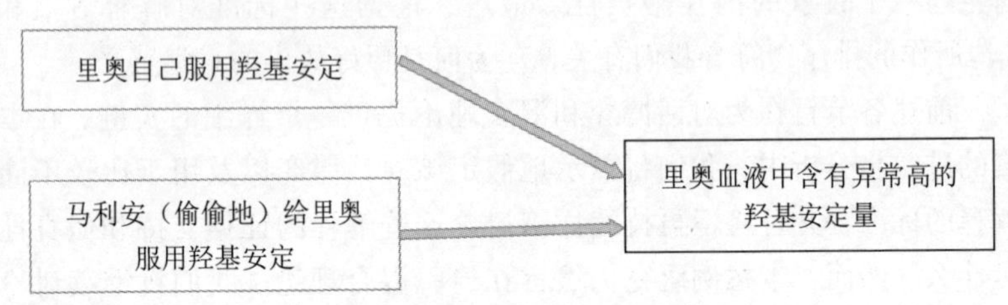

图 6.17　麻醉里奥之人的身份

我们知道里奥因头部遭锤子击打而亡。这并不是一个完整的故事，因为它仅仅提供了**行为**和**结果**。击打里奥者的身份以及该人的目的和动机尚未得到确定。证据指向四个拥有杀害里奥实际机会的可能人士：里奥自己、马利安、瓦德尔斯和比克曼。可能的自杀假设（即里奥杀害自己）可以被排除，因为如下想法相当不具有似真性，即里奥通过以锤子反复击打自己头部而实施自杀。马利安、瓦德尔斯和比克曼拥有击打里奥的实际机会，这一点可以从比克曼-主、瓦德尔斯-主和马利安-主之中直接推导出来。同样，我们将不再考虑瓦德尔斯，因为她没有动机。里奥遭击打头部的两种可能解释可以表示为图 6.18。

我们可以使用前几节描述的方式将图 6.18 中的两种解释与待解释项与里奥死亡相联系。接下来的几节将讨论里奥无力状态及其死亡的选择解释。第 6.4 节将讨论司法机关有关马利安麻醉和杀害里奥的观点；第 6.5.1 节讨论里奥自己服用羟基安定的可能性；第 6.5.2 节讨论比克曼是凶手的各种情节。

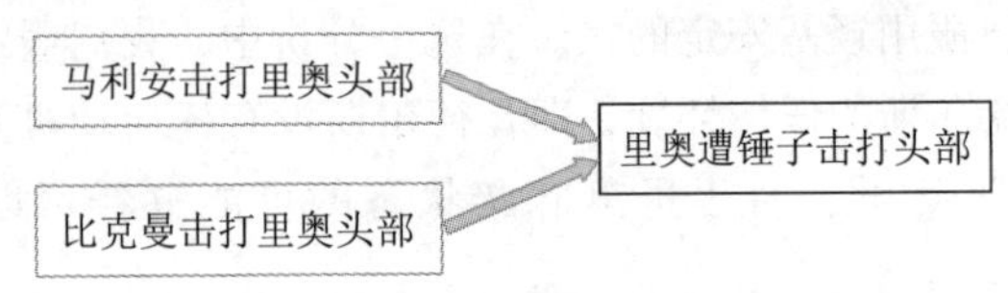

图 6.18　凶手身份

6.4　司法机关的观点：马利安麻醉并杀害里奥 193

我们首先分析法院接受的故事，即给里奥服用羟基安定的人是马利安，以便她能够在寄宿公寓走廊内用锤子击打他的头部。上诉法院的判决书并没有提供一个单一的解释或者清晰的故事。法院对其认为的 12 月 23 日发生的事情引用了各种证言作为形成这一信念的理由，我们必须通过法院引用的这些证言的内容推测出它采纳的故事。法院主要接受了瓦德尔斯在瓦德尔斯-主中以及比克曼在比克曼-主中作证的事件过程，二者的组合大致构成如下故事：

12 月 23 日

13：00 之前	里奥到达寄宿公寓（马利安-主）。
11：00~13：00	马利安（偷偷地）给里奥服用了大剂量的羟基安定（**证据缺口**）。
13：00~16：30	瓦德尔斯到达寄宿公寓（瓦德尔斯-主）。 羟基安定对里奥起效，导致其昏沉和呆滞（瓦德尔斯-主、毒理-报告）。 里奥签署无意义的表格（瓦德尔斯-主、马利安-主、表格）。
16：30~16：45	马利安进城购买酒精（瓦德尔斯-主、马利安-主）。 里奥无理由地位于谷仓中，瓦德尔斯把他带到公寓（瓦德尔斯-主）。
16：45~17：45	马利安给里奥喝了几杯格洛格酒（瓦德尔斯-主、马利安-主）。 马利安把里奥带到走廊，以“扶他上床”（瓦德尔斯-主）。 瓦德尔斯开始在厨房准备晚餐（瓦德尔斯-主）。

17：45~18：10　瓦德尔斯几次喊马利安用餐，马利安忙碌中（瓦德尔斯-主）。
瓦德尔斯看到马利安，以及里奥在走廊蓝色橱柜附近跪在地上（瓦德尔斯-主）。
瓦德尔斯开始在客厅吃晚餐（瓦德尔斯-主）。

18：10~18：30　马利安在走廊用锤子击打里奥头部（通过 $S_{锤子}$ 地点得到 DNA-1、血液-走廊间接支持，参见图 6.13；行为本身是一个**证据缺口**）。
里奥因头部遭到锤子击打死亡（通过 $S_{锤子}$ 得到 DNA-1、DNA-2、锤子、尸检间接支持，参见图 6.10）。
里奥遭到击打后躺在走廊地板上流血一阵子（通过 $S_{锤子}$ 得到 DNA-1、血液-走廊间接支持，参见图 6.13）。
马利安把里奥拖到屋外。

18：30　马利安到达比克曼的住处，对比克曼说她“干掉了里奥”并请求他前往寄宿公寓帮忙处理里奥（比克曼-主、阿特耶）。

194 18：45>　比克曼到达寄宿公寓，通过左门进入，被马利安带进客厅（瓦德尔斯-主、比克曼-主）。
比克曼和瓦德尔斯聊天，与此同时瓦德尔斯吃晚餐，马利安去了走廊（瓦德尔斯-主、比克曼-主）。
瓦德尔斯闻到呕吐气味；马利安用一桶水忙碌，因为“里奥呕吐”（瓦德尔斯-主、比克曼-主）。
瓦德尔斯走进走廊前往壁橱取湿毛巾（瓦德尔斯-主、比克曼-主）。

±19：00~19：30　比克曼走进走廊（瓦德尔斯-主、比克曼-主）。
马利安仍然在擦洗走廊地板（比克曼-主）。
走廊地面有血（比克曼-主、血-走廊）。

	通往前门有一道血痕（比克曼-主）。 比克曼和马利安走出公寓，里奥的死尸躺在右前门附近，盖着帐篷帆布（比克曼-主）。 比克曼和马利安在屋外靠近前门的地方把里奥的死尸裹进帐篷帆布（比克曼-主）。
±19：20	比克曼回家（比克曼-主、阿特耶）。
19：20-20：00	瓦德尔斯回到自己房间刷牙。
1：30-2：00	比克曼返回寄宿公寓（比克曼下-主）。 比克曼和马利安把里奥的尸体拖到屋前花园（比克曼-主、尸体、-里奥）

这个故事被命名为 $S_{马利安-判决}$。请注意，每个事件后面都标注了支持它的证据材料。大多数事件都通过其配套的表面理由得到证据材料的直接支持（例如通过**证言**理由可以从比克曼-主得出“比克曼回家”的结论，参见定义5.2.1列载的各种表面原因）。其他事件得到间接支持，即它们支持（例如有关凶器的）最佳解释（即 $S_{锤子}$）。多数此类事件已经在第6.31、6.32和6.33节讨论过了，其时是作为 $S_{锤子}$ 或者有关里奥无力状态的因果性推理的一部分。请读者阅读前述几节有关这些事件的讨论。另外，正如脚注13指出的那样，在形式上，任何新解释都必须作为一个整体提出行动（参见定义5.5.6和定义5.5.13条件6）。然而，为提升可读性，我将放大案件的某些方面，并默示地假定前述几节已经给定的解释。

法院在判决书中仅提及了证据材料而没有提供上述故事。值得注意的是，这里存在三项重要的证据缺口，它们以假定的事件填充，即“马利安给里奥服用羟基安定”“马利安杀害里奥”，以及可能重要性稍低的是，“马利安把里奥拖到屋外”。这些证据缺口涉及行为实施者的身份。例如，里奥死于锤子击打头部的效果，这一事实存在证据。

195 然而，这并不支持击打里奥头部者是**马利安**这一事实。当某些事实缺乏证据时，这些事实必须通过存在证据支持的其他情境推导出来。为一个事件创造似真情境的一种方式是，把该事件“填进”得到证据材料支持的一个似真故事。以此方式，该故事或该形势使得相关事件发生的似真度提高。〔15〕本案中最为重要的事件（即麻醉并杀害里奥的人是马利安）并没有得到证据的直接支持，因而判决书的读者不得不自行猜测实际发生了什么以及为何如此。上述故事是将未得到直接支持的事件填进一个融贯故事的初步尝试。以下几节将通过假定一些新事件和关系来分析和提升这种融贯性。

6.4.1 马利安麻醉里奥的动机

司法机关故事中存在的一个重要证据缺口是给里奥服用羟基安定之人的身份。我们这时是要对如下待解释项寻找一个融贯的解释：里奥血液中羟基安定浓度异常高、里奥血液中含有酒精和里奥处于无力状态。在图 6.15 中，我们假定马利安给里奥喝格洛格酒，以此对里奥血液中含有酒精进行解释。这一解释显然是不完整的，因为它仅包括行为（马利安给里奥喝格洛格酒）和结果（里奥血液中含有酒精），但没有给出马利安的目的或者动机。里奥血液中含有羟基安定根本没有得到进一步的解释。法院似乎认为马利安给里奥服用了羟基安定，为使这一点具有似真性，必须给出一个完整的解释，它能够解释为何马利安给里奥服用酒精和羟基安定。在判决书中，法院论证说“马利安给里奥服用羟基安定，以使其处于一种便于她杀害他的状态”。易言之，马利安想要导致里奥处于一种无力状态，以便能够杀害他（图 6.19）。

〔15〕这正是第 4.2 节提及的故事的“缺口填补”功能，即证据中的缺口（**证据缺口**）以契合该故事的事件得到填补。

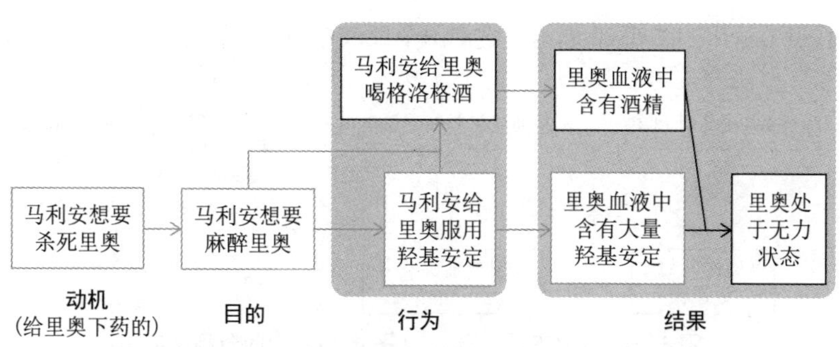

图 6.19　马利安麻醉里奥的原因（$S_{马利安\text{-}羟基安定}$）

前文指出，灰色圆角框意味着方框中的所有事件均对应故事图式的相应成分（参见第 5.3.4 节）。在上述解释中，马利安的直接目的是要导致里奥处于无力状态，这一目的背后的驱动因素是其想要杀害里奥。为达到这一目的，她首先给他服用羟基安定，之后又以格洛格酒的形式给他服用酒精。根据毒理学报告，这导致里奥处于无力状态（图 6.15）。这一件事填满了故意行为图式：被观察到的结果明显由行为导致，实施行为是为了促进一个目的，该目的受动机的驱动。至于图 6.19 中的事件获得证据材料支持的方式，前文已经做了讨论（参见图 6.15）。 196

上述解释会受到几项似真性方面的攻击。首先，可以争辩说，作为第一个因果链条之基础的概称陈述——人 x 想要杀害另一个人 $y \Rightarrow_C x$ 想要导致 y 处于无力状态——是不完整的，除非不首先导致 y 处于无力状态 x 就无法杀害 y，x 才想要导致 y 处于无力状态。通过假定因为马利安想要杀害里奥**并且**因为里奥比马利安强壮，所以马利安麻醉里奥，可以改进该概称陈述。可进一步得到改进的第二个概称陈述是，马利安想要导致里奥处于无力状态 $\Rightarrow_C$ 马利安给里奥服用羟基安定。[16] 它默示地假定马利安手头上有羟基安定，如果无法获得羟基安定，马利安将无法给里奥服用羟基安定。因此，我们应该将这一默示

〔16〕 这里使用的概称陈述采用一种个案的形式（参见第 2.1.3 节）。

假定明示化。图 6.20 展示了这个两个经改进的概称陈述。[17]

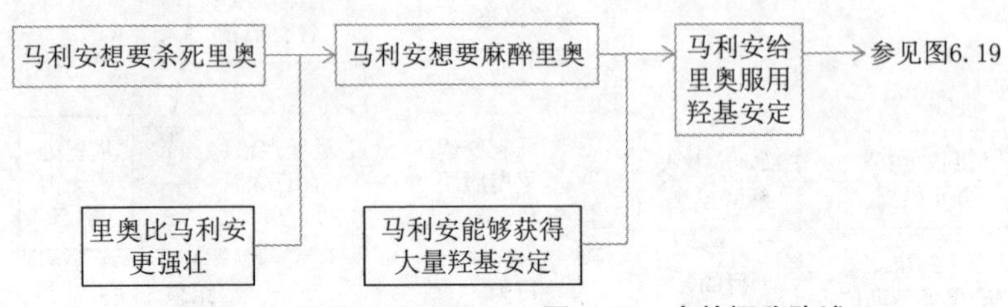

图 6.20 改进 $S_{\text{马利安-羟基安定}}$（图 6.19）中的概称陈述

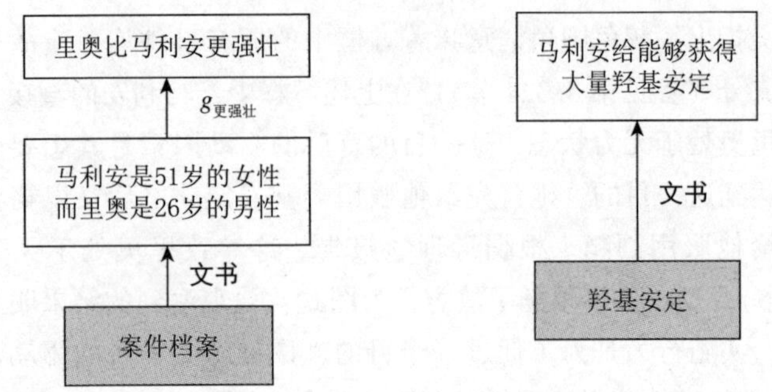

图 6.21 支持 $S_{\text{马利安-羟基安定}}$ 的论证

完整的解释 $S_{\text{马利安-羟基安定}}$ 包含图 6.19 和图 6.20 两个解释的组合。$S_{\text{马利安-羟基安定}}$ 相当融贯，因为它似乎填满了故意行为图式，并且其中的因果性概称陈述也可以得到合理的接受。请注意，通过像图 6.20 那样改进因果性概称陈述，证据缺口的数量增加了，以此方式改进概称陈述可能为我们指明了能够发现新证据的方向。图 6.20 中的解释得到图 6.21 中论证的支持。该图中，$g_{\text{更强壮}}$ 代表“26 岁的男人通常比 51 岁的女人更强壮”，$g_{\text{秘密}}$ 代表如下概称陈述：“已被取出药粉并隐藏起来的
197 羟基安定胶囊可能指向某人秘密地施用了羟基安定”。请注意，基于-

〔17〕 请注意，本对话博弈并没有包含一个名为“改进”的言语动作，因此必须给出一个整合了改进的概称陈述的新解释。

羟基安定的论证提升了 $S_{马利安-羟基安定}$ 的证据支持，但并不直接支持马利安秘密地给里奥服用羟基安定。现在，解释 $S_{马利安-羟基安定}$ 得到了合理良好的支持。然而，由于主行为马利安给里奥服用羟基安定未得到直接支持，我们还需要考虑如下事实的替代性解释，即马利安血液中含有如此高浓度的羟基安定。请注意，$S_{马利安-羟基安定}$ 是更大解释马利安杀害里奥的一个子片段，因为马利安想要导致里奥处于无力状态是更高目的马利安想要杀害里奥的一个子目的。因此我们还必需证明目的马利安想要杀害里奥能够填满一个有关故意行为的似真的故事；这一点将在下一节进行讨论。

一种选择解释假定马利安给里奥服用羟基安定，但出于一种不同的动机。第 6.1.1 节曾经讨论到马利安在有关大麻业务的案件中是一个嫌疑犯，并且马利安对于被发现大麻植株的谷仓需要一份租赁合同。另外，比克曼陈述说，马利安曾对他说她打算以里奥作为挡箭牌。这可能意味着她需要里奥在虚假合同上签名。图 6.22 展示了有关马利安为何想要里奥签名的一个小故事；该故事得到大麻案证据材料的支持。

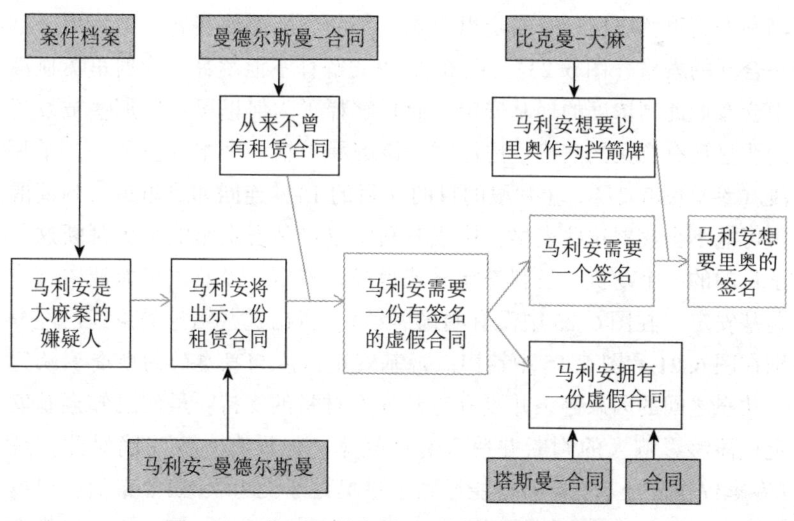

图 6.22　关于马利安需要一份虚假合同的故事

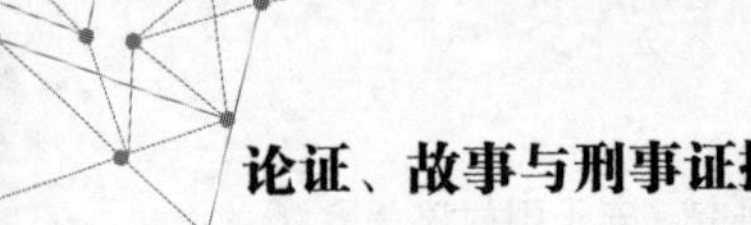

198

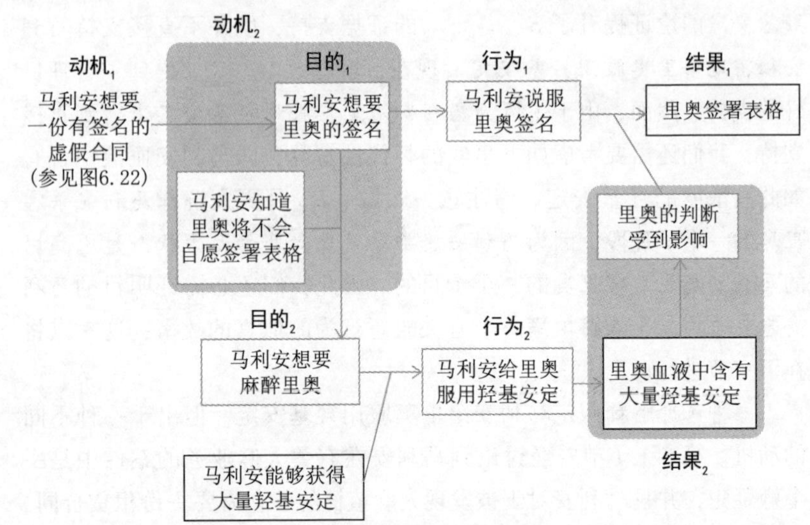

图 6.23　马利安想要里奥签署表格（$S_{马利安-表格}$）

对于马利安为何想要里奥签署表格而言，图 6.22 中的故事构成一种动机：她需要虚假合同上有他的签名。现在，存在一种可能性，即马利安给里奥服用羟基安定以影响其判断，因而他签署了她将用于这一合同的表格（图 6.23）。图 6.23 中的解释不但解释了为何里奥血液中含有如此高浓度的羟基安定，而且解释了为何里奥签署那些被发现的明显没有意义的表格。请注意，该解释包括一个主片段和一个子片段（参见图 3.21）。主片段的目的（**目的** 1），连同如果里奥头脑清醒很可能不会签署这些表格，构成马利安以羟基安定影响里奥判断这一子目的的一个动机。马利安能够获得羟基安定，以及里奥血液中含有羟基安定（在图 6.23 中没有明确展示）：得出这些结论的论证已经分别在图 6.21 和图 6.15 中给出。羟基安定浓度与里奥的判断受影响这一状态之间的因果链条并没有得到证据材料的支持：虽然已知羟基安定也能够影响人的判断并使人有些轻率，但没有专家明确对此作证（专家仅作证羟基安定有可能导致了里奥处于无力状态）。最后，里奥签署表格这一事件得到如下支持：瓦德尔斯-主、马利安-主，以及发现带有里奥签名的表格（表格）。

马利安麻醉里奥还存在另一种替代的或者额外的动机，它与银行诈骗有关。前文述及，某人成功地将一大笔钱从弗尔曼的账户转到了 199
里奥的账户。相当可能的是，正是马利安以其 OLO 授权进行了这次转账，并且马利安最有可能涉及银行诈骗（图 6.24）。因此，马利安需要里奥的银行卡和密码，从而能够从里奥的账户取出这笔钱。第二天在马利安的钱包中发现了里奥的银行卡，并且马利安明确向布莱克叶索要里奥的密码。这可能指向如下事实，即马利安拥有图 6.25 展示的麻醉里奥的动机。这种解释类似于 $S_{\text{马利安-表格}}$：马利安想要从里奥那里得到某种东西，并且（非常正确地）怀疑里奥不会在清醒状态下把这个东西给她，于是她用羟基安定麻醉他。现在，我们对于里奥的麻醉状态实际上有了三种解释：马利安麻醉他，因为她想要杀害他（$S_{\text{马利安-羟基安定}}$，图 6.19 和图 6.20），马利安麻醉他，因为她想要他的签名（$S_{\text{马利安-表格}}$，图 6.23），以及马利安麻醉他，因为她想要他的密码和银行卡（$S_{\text{马利安-财务}}$，图 6.25）。

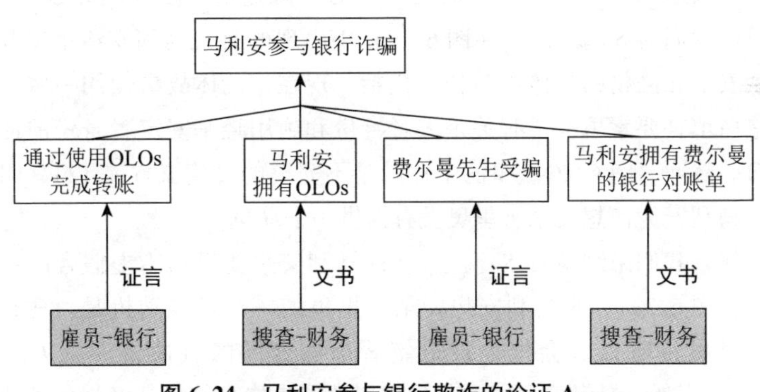

图 6.24　马利安参与银行欺诈的论证 $A_{\text{欺诈}}$

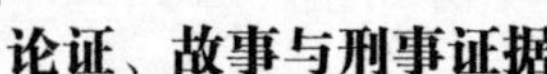

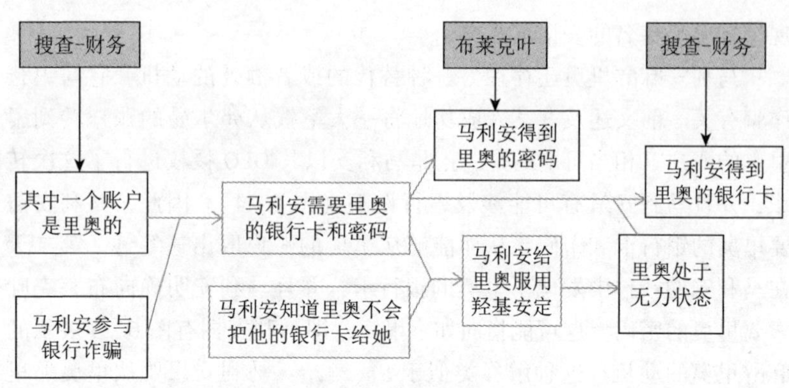

图 6.25　马利安麻醉里奥的财务动机 $S_{\text{马利安-财务}}$

200 ### 6.4.2　马利安杀害里奥的动机

前一节指出，$S_{\text{马利安-羟基安定}}$是更大解释马利安杀害里奥的一个子片段，因为马利安想要导致里奥处于无力状态是更高目的马利安想要杀害里奥的一个子目的。因此，马利安麻醉里奥这一片段可以像图 6.23 那样被表示为一个子片段，两处唯一的不同是主片段（图 6.26）。在这里，我们对 $S_{\text{马利安-羟基安定}}$（图 6.19）中出现的有关马利安给里奥服用羟基安定和酒精的具体细节作了概括。现在，总体故事使用一些假设性空白填补要素填补了有关杀人者身份和施用羟基安定者身份的证据缺口。然而，图 6.26 故事的主片段是不完整的（定义 5.4.12），因为它对马利安为何想要杀害里奥没有提供一个动机。

如果我们采纳解释 $S_{\text{马利安-表格}}$（即马利安想要里奥为虚假合同签署表格，图 6.23），则马利安想要杀害里奥的一个可能动机是，马利安担心里奥清醒以后会把他被迫签署虚假合同的事情告诉别人（图 6.27）。当然，马利安可能在促使里奥签署表格之前就已经想到了他可能会告诉警察。另外，$S_{\text{马利安-财务}}$（即马利安为实施财务诈骗需要里奥的签名和银行卡，图 6.25）表明，马利安对于麻醉里奥可能还有一个原因。因此，$S_{\text{马利安-表格}}$、$S_{\text{马利安-财务}}$ 和 $S_{\text{马利安-杀害}}$（图 6.23、图 6.25 和图 6.26）揭示的麻醉里奥的动机，在这里可以组合成一个解释，即马利安因为三个主要原因想要麻醉里奥：首先，她想要影响其判断，以使他为虚假合同签署表格；其次，她想要麻醉他以得到他的银行卡；最 201
后，里奥被麻醉的状态有助于马利安杀害他，从而阻止他向警察报案。于是，有关动机的三种解释的成分可以按照图 6.28 进行整合。

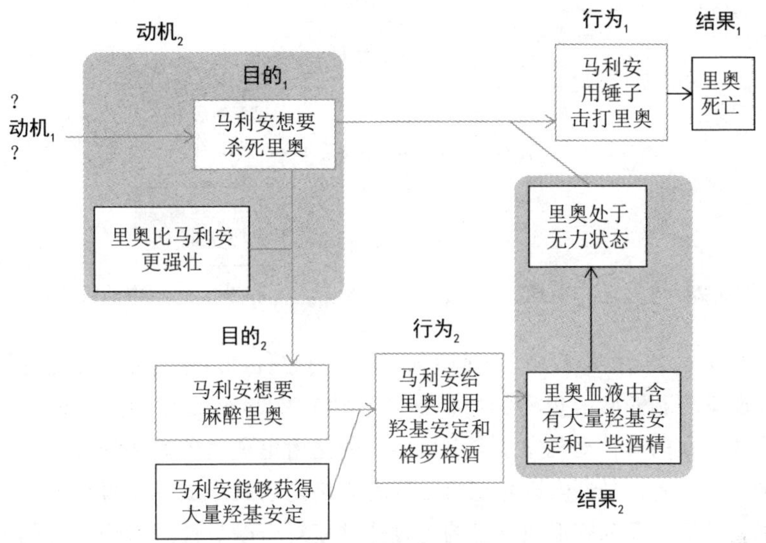

图 6.26　马利安麻醉里奥因为她想要杀害他（$S_{马利安-杀害}$）

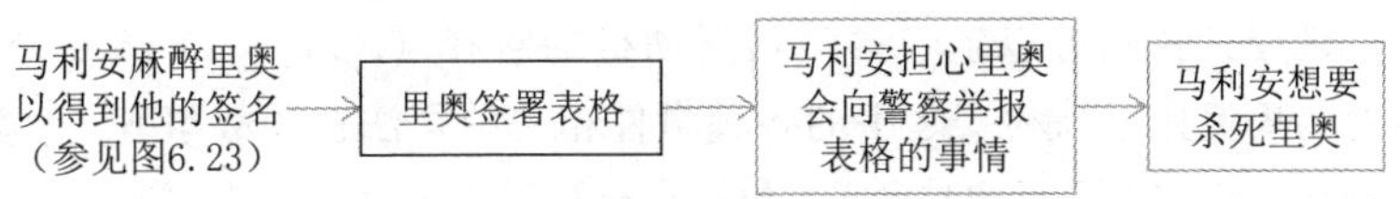

图 6.27　马利安害怕里奥向警察报案

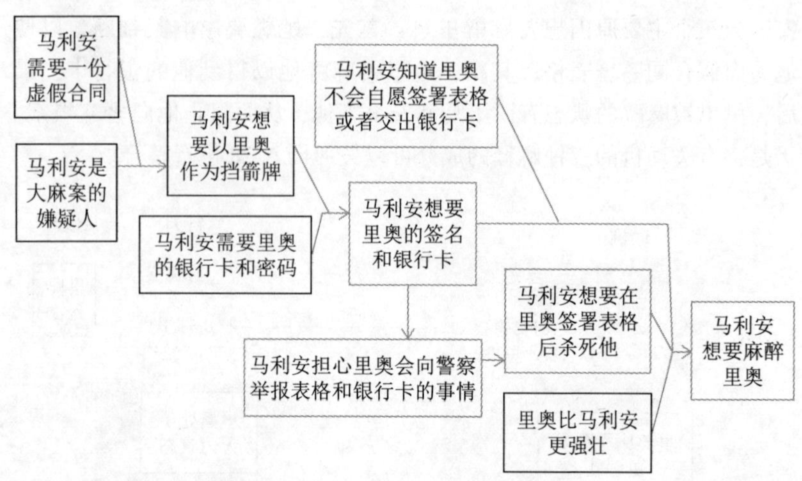

图 6.28　$S_{马利安-动机}$概览，即$S_{马利安-财务}$、$S_{马利安-表格}$和$S_{马利安-杀害}$中动机的组合

图 6.28 并没有呈现三种解释中的所有事件和因果联系，而是专注于驱动马利安麻醉里奥的那些事件。图 6.27 和 6.28 解释之间的区别在于，在前者，马利安杀害里奥的目的是由里奥签署表格的行为导致的，在后者，马利安则是在实际签署表格之前就形成了杀害里奥的目的。然而，马利安形成其目的的具体顺序对于融贯性或者经组合的解释符合证据的程度并没有重大影响（支持该解释的证据材料是支持$S_{马利安-杀害}$、$S_{马利安-表格}$和$S_{马利安-财务}$的证据材料的组合）。

现在，我们可以把包含马利安动机的解释（$S_{马利安-动机}$，图 6.28）以及与里奥死于马利安之手的各种事件相关的司法机关故事$S_{马利安-判决}$组合在一起（页码第 247 页）。包含直至马利安击打里奥头部这一刻所发生事件的完整故事（$S_{马利安1}$）可以表述如下：

12 月 23 日之前 202

—马利安需要里奥的银行卡和密码（雇员–银行、搜查–财务）。

—大麻业务被警察关闭，马利安是嫌疑人（各种警察报告）。

—马利安说她把发现大麻的谷仓出租给了一个第三方，她将向警方出示一份租赁合同（警察报告）。

—马利安请塔斯曼起草一份合同（塔斯曼–合同、合同）。

—马利安想要用里奥作为大麻经营的挡箭牌，因此她需要他的签名（证据缺口）。

—马利安决定麻醉里奥，以便她能够得到他的银行卡和签名（证据缺口）。

—马利安害怕里奥会把大麻经营和银行卡欺诈的事情告诉他人（证据缺口）。

—马利安决定在里奥被麻醉之后杀害他（证据缺口）。

12 月 23 日

13：00	之前里奥到达寄宿公寓（马利安–主）。
11：00~13：00	马利安（偷偷地）给里奥服用了大剂量的羟基安定（**证据缺口**）。
13：00~16：30	瓦德尔斯到达寄宿公寓（瓦德尔斯–主）。 羟基安定对里奥起效，导致其昏沉和呆滞（瓦德尔斯–主、毒理–报告）。 里奥签署无意义的表格（瓦德尔斯–主、马利安–主、表格）。

16：30~16：45	马利安进城购买酒精（瓦德尔斯-主、马利安-主）。 里奥无理由地位于谷仓中，瓦德尔斯把他带到公寓（瓦德尔斯-主）。
16：45~17：45	马利安给里奥喝了几杯格洛格酒（瓦德尔斯-主、马利安-主）。 马利安把里奥带到走廊，以“扶他上床”（瓦德尔斯-主）。 瓦德尔斯开始在厨房准备晚餐（瓦德尔斯-主）。
17：45~18：10	瓦德尔斯几次喊马利安用餐，马利安忙碌中（瓦德尔斯-主）。 瓦德尔斯看到马利安，以及里奥在走廊蓝色橱柜附近跪在地上。 瓦德尔斯开始在客厅吃晚餐（瓦德尔斯-主）。
18：10~18：30	马利安在走廊用锤子击打里奥头部（通过 $S_{锤子}$ 地点得到 DNA-1、血液-走廊间接支持；行为本身是一个**证据缺口**）。 203 里奥因头部遭到锤子击打死亡（通过 $S_{锤子}$ 得到 DNA-1、DNA-2、锤子、尸检间接支持）。 里奥遭击打后躺在走廊地板上流血一阵子（通过 $S_{锤子}$ 得到 DNA-1、血液-走廊间接支持）。

这一故事代表了对于马利安麻醉并杀害里奥的一个得到相对较好支持并具有融惯性的解释。相对第 6.4 节开头所述司法机关故事增加的事件此处以黑体字表示。

上述故事 $S_{马利安1}$ 得到涉及里奥死前事件的几乎所有证据材料的支持。该故事受到如下事实的抵触：马利安否认自己参与大麻案（马利安-否认-大麻），马利安否认给里奥服用羟基安定（马利安-否认-羟基安定），马利安否认杀害里奥（马利安-否认-杀害）。但这些并不能提出一个反对故事 $S_{马利安1}$ 的强有力的主张，因为并不存在为马利安开脱的其他证据。

页码第 247 页司法机关故事在融贯性方面存在的主要问题是，它**缺乏完备性**。新故事 $S_{马利安1}$ 增加了一个清晰的动机和一些目的（$S_{马利安-动机}$，图 6.28），这一故事可以被视为填满了故意行为故事图式。然而，对于一个故事，我们不仅希望动机本身符合证据或一般知识，而且希望动机和行为之间的联系得到证据的支持，或者至少根据我们对人类的一般了解具有似真性。在这方面，图 6.29 展示了 $S_{马利安1}$ 中需要讨论的一个重要因果链条。

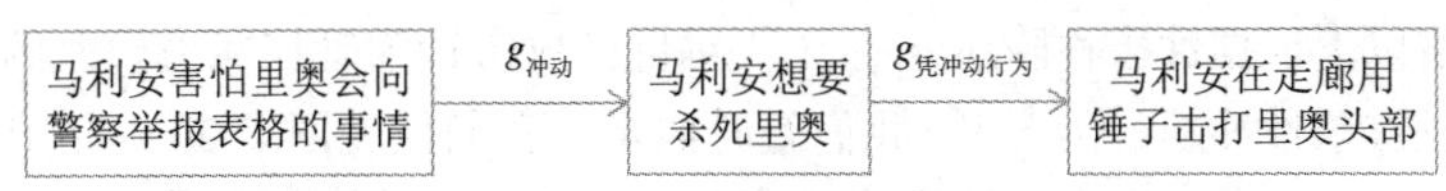

图 6.29　马利安根据其动机和目的行事

图 6.29 的链条包含两个因果关系，分别表述为概称陈述 $g_{冲动}$ 和 $g_{凭冲动行为}$。第一个概称陈述 $g_{冲动}$ 可以被表述为“马利安是那种会拥有杀害里奥之冲动或目的的人，因为她害怕他会向警察举报”，第二个概称陈述 $g_{凭冲动行为}$ 的含义是“马利安是那种会凭谋杀性冲动或目的行事的人”。现在，如果图 6.29 中表述的马利安的动机、目的和行为之间的联系能够得到证据支持（提升证据支持）或者得到基于一般知识之论证的支持［提升（因果）似真性］，则故事 $S_{马利安1}$ 将更完善。

首先，我们来考察对上述概称陈述的似真性，存在的可能论证。该等论证基于一般知识或者推理者的经验知识。以图 6.30 中的论证为

204 例。左边是基于一般知识的论证，它对**有效**（$g_{\text{冲动}}$）[18]提供一种理由，因此提升 $S_{\text{马利安}1}$ 的似真性。该图右边的论证是基于法官个人经验的论证；他或她可能观察马利安并她交谈，发现她具有攻击性并属于能够杀害他人的那种人。这一论证的结论可以被视为**有效**（$g_{\text{凭冲动行为}}$）的一个理由（为简便起见图中没有展示这一点），因此该论证提升了 $S_{\text{马利安}1}$ 的似真性（定义 5.4.7）。图 6.30 中的两个论证对于故事 $S_{\text{马利安}1}$ 提供了一定的基础似真性，但它们可能并不足以为马利安定罪。如果我们想要获得对马利安品格的更强支持，可能需要运用有关马利安是何种人的**品格证据**进行推理（第 2.3.3 节）。法院判决书中有一段文字详细记载了精神科医生的认定，图 6.31 中的论证使用了其中两项认定。同样，左边的论证可以被视为对于**有效**（$g_{\text{冲动}}$）的论证，右边的论证可以被视为对**有效**（$g_{\text{凭冲动行为}}$）的论证。左边的论证进一步要求我们相信一项
205 证据性概称陈述 $g_{\text{心理}1}$（“对男人怀有愤怒的人，如果这些男人拥有可使其入罪的信息，可能想要杀害这些男人”），右边的论证要求我们相信以下证据性概称陈述 $g_{\text{心理}2}$（“对自己攻击行为管控能力较差的人会凭谋杀性冲动行为”）。我们暂时假定，我们接受图 6.30 左边对于 $g_{\text{冲动}}$ 的论证有效（该一般知识似乎具有似真性，精神科医生报告中的概称陈述 $g_{\text{心理}1}$ 有些牵强）。这提升了故事 $S_{\text{马利安}1}$ 的似真性。另外，假定图 6.31 中右边对于 $g_{\text{凭冲动行为}}$ 的论证得到接受（对于这一概称陈述的真实性，合格精神科医生的证言较法官的观察具有更大的权重）。这提升了 $S_{\text{马利安}1}$ 的证据支持。

---

〔18〕以形式化的语言表示，该论证是**有效**（$g_{\text{冲动}}(x, y, c)$）的一个理由，其中 $g_{\text{冲动}}(x, y, c)$：x 担心 y 可能会向警察举报犯罪行为 $c \Rightarrow_C x$ 想要杀害 y。通过定义 5.1.3 中的理由，我们能够推论出因果性概称陈述马利安害怕里奥会向警察举报表格的事情 $\Rightarrow_C$ 马利安想要杀害里奥。

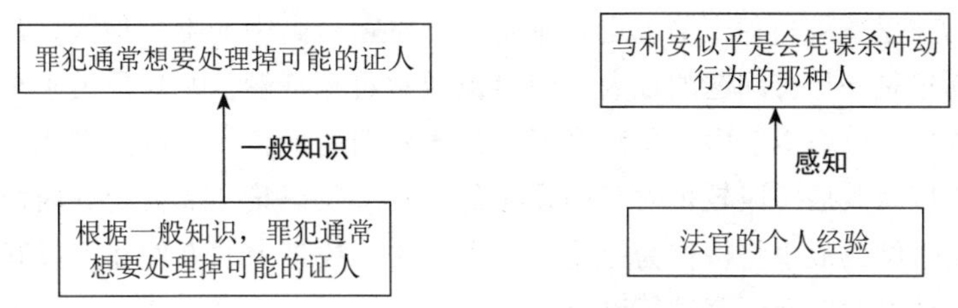

图 6.30　对于 $g_{冲动}$ 和 $g_{凭冲动行为}$ 似真性论证

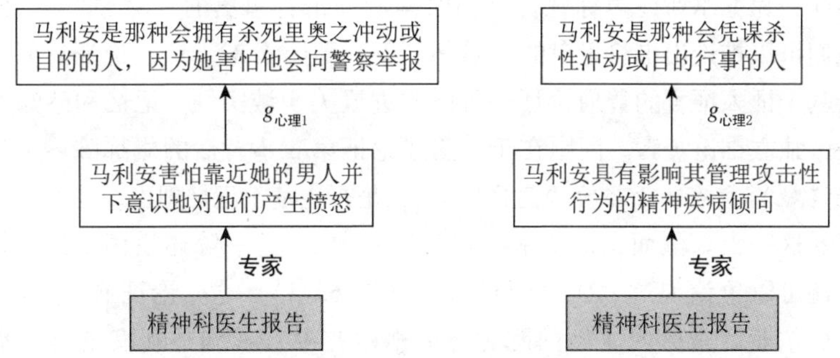

图 6.31　以有关马利安品格的证据支持 $g_{冲动}$ 和 $g_{凭冲动行为}$

6.4.3　里奥死亡及后续事件

既然已经给出马利安杀害里奥的动机，我们现在可以讨论其死亡过程和之后发生的事件了。这些事件虽然不能直接解释待解释项（因为它们发生于里奥死亡**之后**），但如果我们希望当下故事（即马利安麻醉并杀害里奥）具有似真性，对其加以考察仍然是有意义的。通过提供一个同时包括里奥死亡之后事件的更加详细的故事，可以提升故事 $S_{马利安1}$ 的证据支持和融贯性。

页码第 247 页的故事并没有给出马利安击打里奥之后的事件，因为对于这段时间存在着多个有时相互冲突的证言。司法机关似乎采纳了比克曼和瓦德尔斯的主证言。然而，警方的总结性报告对于比克曼在把尸体拖到户外过程中扮演的角色并不清晰，也没有明确澄清它具体相信了瓦德尔斯多个证言中的哪一个。瓦德尔斯是一位重要证人，因为在里奥被马利安杀害之时她是身处寄宿公寓中的唯一他人。瓦德尔斯还是一个有问题的证人，因为她经常自相抵触，尤其是关于至关重要的事件。本节中，我们将考察瓦德尔斯的证言，并讨论围绕里奥死亡以及其后一段较短时间内发生的事件。页码第 247 页记载的司法机关采纳的故事将被作为讨论的起点，这一故事中的事件和因果联系将大体按照时间顺序进行讨论。

虽然根据页码第 247 页的主故事，里奥被杀害之时瓦德尔斯位于客厅，瓦德尔斯还声称她拥有当时马利安击打里奥的“意象”。因此我们可以推论出击打里奥的人是马利安，即图 6.32。这一论证看似一个基于证人证言的普通论证，可以改进成关于诚实性、记忆和感知的三个独立推论步骤。问题在于，前述论证第二步背后的概称陈述 x 说他（她）拥有关于 p 的“意象” $\Rightarrow_E p$ 是否立基于记忆理由。我们暂时接受这一点。然而，瓦德尔斯拥有“意象”，这一陈述模糊不清，并且还可以争论说这表明她记忆有误（图 6.33）。这一论证底切 $A_{意象}$。瓦德尔斯后来撤回了她的陈述，声称她并没有看到马利安击打里奥
206 (图 6.34)。概称陈述 $g_{无看到}$ 是感知理由的某种“反面版本”：如果证人没有看到某事件，而该证人处于能够看到该事件的地位，那么该事件不曾发生。这一论证 $A_{无击打}$ 反驳 $A_{意象}$，反之亦然。

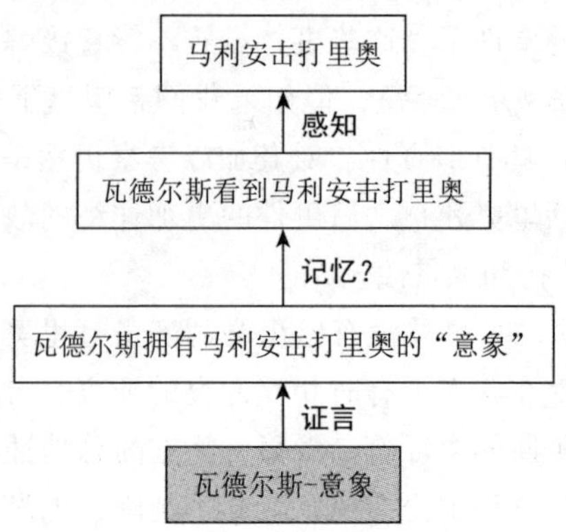

图 6.32　有关瓦德尔斯拥有马利安击打里奥之意象的论证 $A_{意象}$

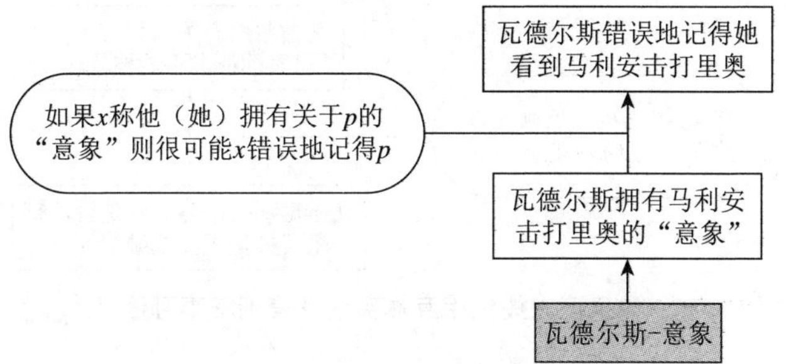

图 6.33　瓦德尔斯记忆错误（$A_{\text{误记}}$）

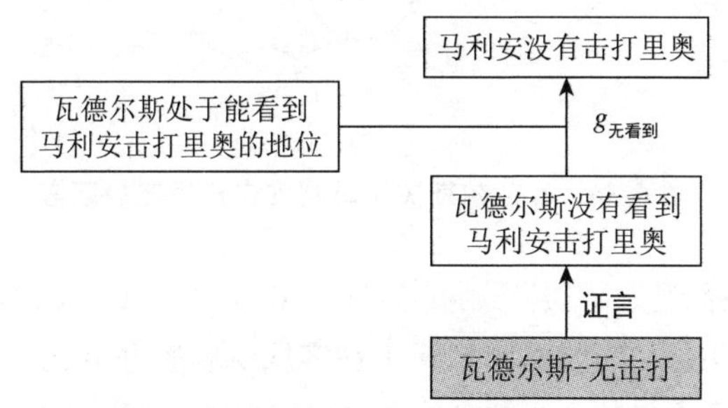

图 6.34　马利安没有击打里奥（$A_{\text{无击打}}$）

针对 $A_{\text{无击打}}$ 或者 $A_{\text{意象}}$ 中瓦德尔斯的诚实性，可以构建一个论证，因为提供冲突证言的人可能在撒谎，至少两个证言之中的一个在撒谎（图 6.35）。$A_{\text{冲突}}$ 这一论证可以有效地推翻瓦德尔斯对于马利安击打里奥这一事实所提供的所有证言（即 $A_{\text{无击打}}$ 或者 $A_{\text{意象}}$）。有关瓦德尔斯的论证及其攻击关系可以用图 6.36 表示。以形式化的语言表达，图 6.36 中的图形代表**证据论证理论**（定义 5.2.7）的一部分，而后者立基于董番明（1995）的观点。前文指出，给定论证之间的攻击关系，可以 207
确定它们的地位（定义 5.2.10）。如果 $A_{\text{冲突}}$ 被接受为已证成，我们对于 17：45 到 18：10 之间马利安是否击打里奥便不能得出任何结论。然而，如果 $A_{\text{冲突}}$ 没有击败其攻击的两个论证，则 $A_{\text{意象}}$ 被 $A_{\text{误记}}$ 底切，因此前者被推翻并因此导致 $A_{\text{无击打}}$ 得到证成。我们将暂时假定这一点属实，并且马利安没有击打里奥得到可证成的支持。

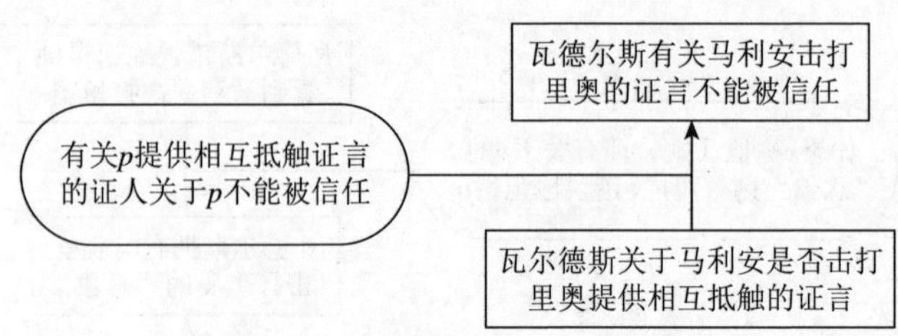

图 6.35　如果证人提供相互冲突的证言则其不可信（$A_{冲突}$）

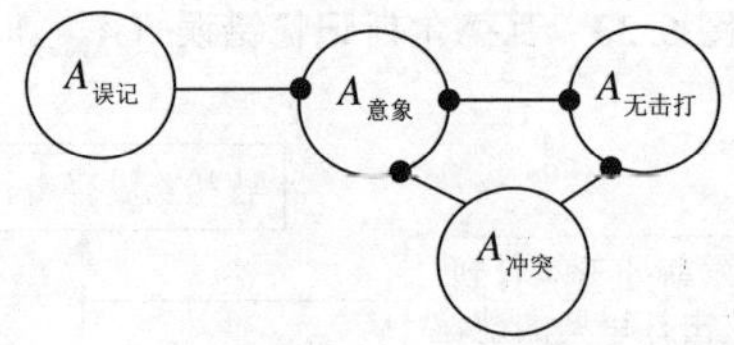

图 6.36　瓦德尔斯关于马利安击打里奥的证言

当前解释 $S_{马利安1}$ 假定马利安在 18：10 到 18：30 之间的某个时候击打了里奥的头部，当时瓦德尔斯正在客厅吃晚餐并且比克曼还在寄宿公寓。用锤子击打某人头部必然会造成很大的声音。这一故事-结果可以被预测到，随后可以对因此更新的解释加以审查：即便瓦德尔斯没有直接看到马利安击打里奥，里奥被杀害时她也可能听到某些动静。但事实上，在瓦德尔斯用晚餐时她并没有听到任何动静，尽管从解释 $S_{马利安1}$ 可以预测到她必然会注意到某些动静。图 6.37 展示了这一故事-结果是如何从主解释 $S_{马利安1}$ 中的两个事件得出的，以及这一故事-结果是如何被抵触的。解释 $S_{马利安1}$ 与图 6.37 的组合现在通过概称陈述 $g_{无证据}$ 被证据抵触。这一概称陈述主张，如果对于某一事件不存在证据则该事件不曾发生；我们已经在前文对它作了讨论，因为它在攻击 $A_{奎尔斯特拉}$ 的那个论证中曾扮演这一角色（图 6.7）。[19]

---

〔19〕 第 5.6 节对话博弈的例子曾指出，在形式对话博弈中，不可能采用这种呈现方式：首先预测某些可观察物，然后对其加以抵触。

208

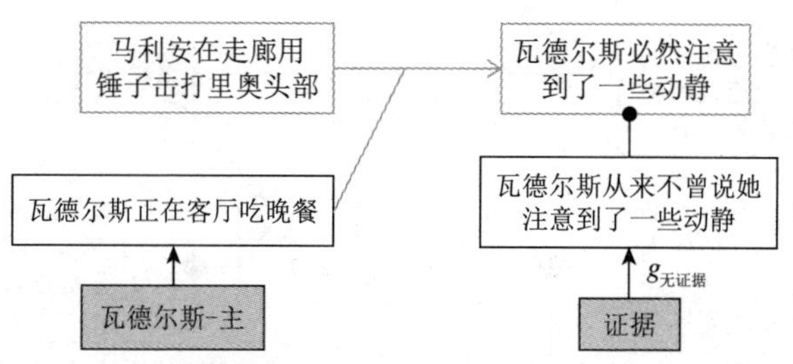

图 6.37　预测推理：瓦德尔斯一定注意到了一些动静

在涉嫌杀害里奥之后，马利安前往比克曼家中告诉他自己的所作所为。根据比克曼的首次证言，马利安因为比克曼曾向其出售某些木材而互相认识。比克曼说其格言是“眼见为实”，因此当马利安到其家中说她杀害了里奥时，他前去查看马利安是否真的在寄宿公寓杀害了某人。由于两方面的原因，这一点缺乏似真性：马利安和比克曼的行事方式均不同于我们预料中正常人的行事方式（参见图 6.38）。请注意，图 6.38 故事的一大部分仍是从比克曼的证言推论出来的。其中基于一般知识的两个论证均攻击如下概称陈述的有效，即表达该故事中因果关系的概称陈述；因此这两个论证增加了该故事的非似真性（定义 5.4.8）。后来比克曼提供了更多信息（比克曼-大麻）：他与马利安一起参与了大麻经营，马利安对他讲她准备以里奥作为挡箭牌，并且她杀害里奥之后来到他住处时明确提到需要他帮忙处理掉里奥（图 6.39）。这一简短故事的似真性强于图 6.38 中的故事：该因果性概称陈述较图 6.38 中的概称陈述更加接近于我们的预期，正如基于一般知识的明示论证所展示的那样；相对于帮助一般熟人而言，人们更愿意帮助与其共同经营大麻业务的人。另外，由于比克曼知道马利安准备以里奥作为挡箭牌，他可能已猜到了里奥必须被灭口。

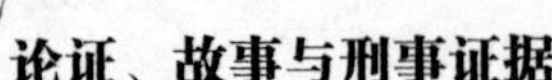

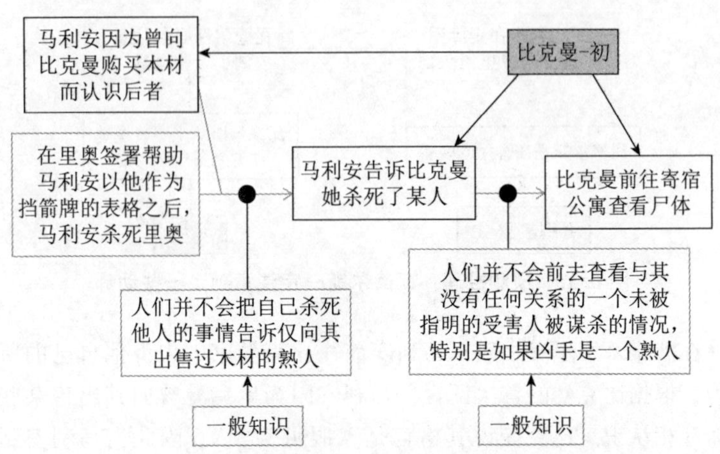

图 6.38　比克曼最初证言内容缺乏似真性

209

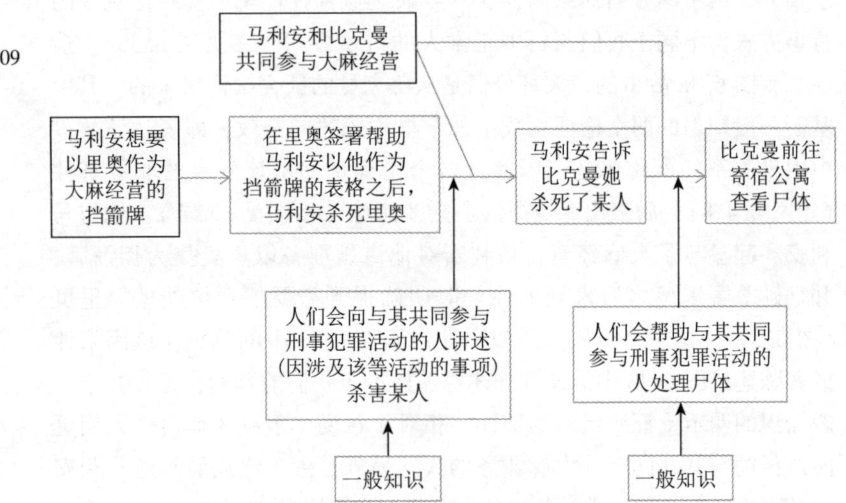

图 6.39　比克曼因为也参与大麻经营而帮助马利安

并没有一份证言确切地证实比克曼到达寄宿公寓之时起发生的事件。比克曼和瓦德尔斯的证言存在些许差别，瓦德尔斯还提供了多份不兼容的证言。瓦德尔斯做了一份有关比克曼还在寄宿公寓时她上厕所的重要陈述。从这一陈述可以推论出，里奥是在比克曼还在寄宿公寓时被拖出房屋的（图6.40）。

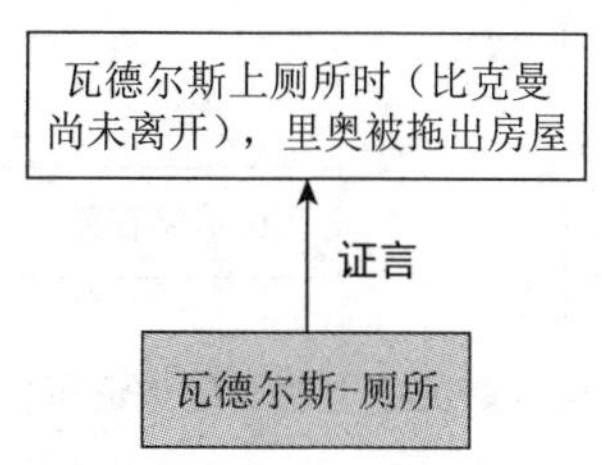

图6.40　关于里奥的尸体何时被拖出公寓的论证 $A_{拖出}$

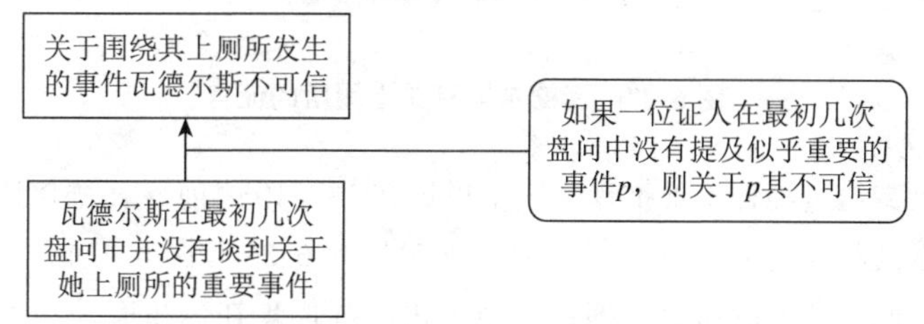

图6.41　瓦德尔斯关于上厕所的作证不可信（$A_{不可信}$）

瓦德尔斯在最初几次盘问中 完全没有提及她上厕所的事情。这可以指向一个论证，即她后来的作证不可信（图6.41）。该论证底切 $A_{拖出}$。我们也可以给出一个论证以支持瓦德尔斯有关上厕所的陈述可信：可以论证说该陈述可信，因为它非常详细（图6.42）。这是一个并非基于证据材料本身的关于证据可信性的论证，对于任何基于瓦德尔斯-厕所-1的论证而言，该论证均构成强化性附属证据，对于该论证的任何攻击都受到 $A_{可信}$ 的攻击。现在，这三个论证之间的攻击关系可以用图6.43表示，取决于我们接受 $A_{不可信}$ 还是 $A_{可信}$，可以确定里奥在瓦德尔斯上厕所时被拖出这一论证的地位。在眼下，$A_{可信}$ 将被视为得到证成的论证，因此我们有理由相信瓦德尔斯有关上厕所的陈述。 210

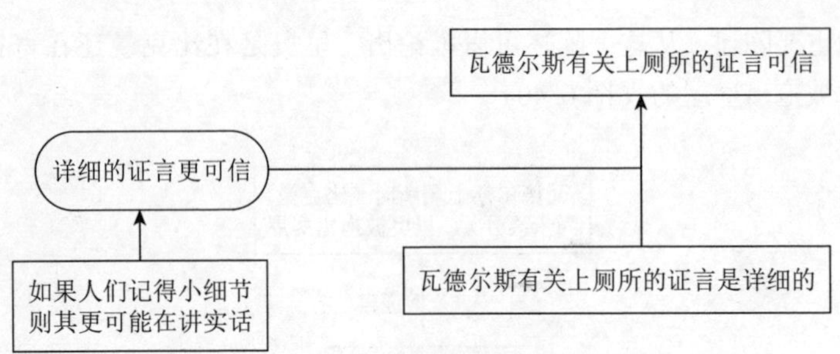

图 6.42　瓦德尔斯关于上厕所的作证可信性（$A_{可信}$）

图 6.43　瓦德尔斯有关上厕所的证言

211　上文通过纯粹论证推理证实了里奥在 18：10 之前（瓦德尔斯前往走廊喊马利安吃晚饭时）仍然活着（参见图 6.36 和图 6.43），并且里奥在瓦德尔斯上厕所时被拖出寄宿公寓。我们现在分析有关里奥死亡后事件的某些其他证言是否与这些结论兼容。这里要处理的一个重要问题是，瓦德尔斯具体什么时候看到里奥躺在走廊：她前往取毛巾时（瓦德尔斯-走廊-1），还是她晚饭后前去刷牙时（瓦德尔斯-走廊-2）。接受第二个时间点将导一个不一致的故事，即图 6.44。这一简短故事存在不一致，因为从里奥位于屋外可以结论性地得出¬(里奥位于走廊)。请注意，瓦德尔斯有关看到里奥躺在走廊的其他证言，即瓦德尔斯-走廊-1 到目前为止与该故事是兼容的。因此，可以接受里奥躺在走廊（图 6.13）得到瓦德尔斯-走廊-1 的支持。

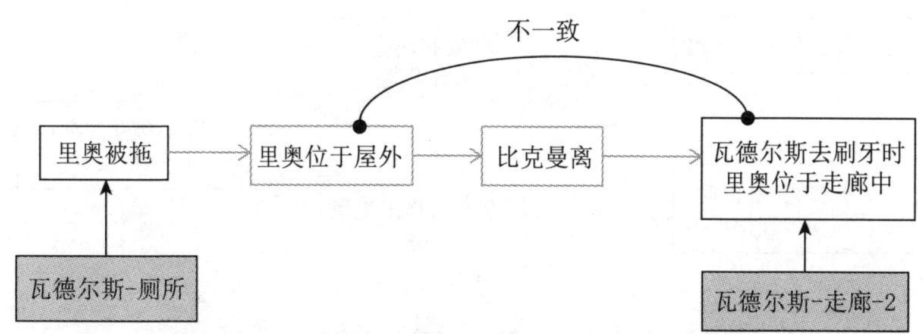

图 6.44　关于里奥位于走廊中的不一致故事

司法机关故事（页码第 247 页）最后一部分存在一项主要证据缺口，即具体何人将里奥拖出寄宿公寓前门（他被拖出这一事实从*血-走廊*和*碎石路-拖痕*得出）。警方的总结性报告主张将里奥拖出前门的人是马利安。然而，由于两方面的原因这一点缺乏似真性。首先，马利安可能单独拖拽不动里奥，尤其是考虑到在司法机关的故事中马利安必须在 18：10 到 18：30 之间（前往比克曼住处之前）迅速完成这一点。其次，无法讲通的是，马利安首先邀请比克曼参与其中因为她说需要其帮助，而随后在比克曼到达寄宿公寓之后她却单独把里奥拖出（图 6.45）。请注意，图 6.45 使用了两个概称陈述论证该故事缺乏似真性。一个是基于一般知识的概称陈述，另一个是基于个人经验的针对个案的概称陈述。

另一个必须要讨论的事项是瓦德尔斯作证她不曾看到任何血迹。瓦德尔斯明确陈述说她不曾在走廊看到任何血迹，无论在取毛巾时，上厕所时还是晚饭后刷牙时。从有关里奥死亡后事件的故事得出的故事-结果，与之相抵触（图 6.46）。可以争辩说，瓦德尔斯第一次前往 212
走廊取毛巾时，马利安已经清洗掉了最严重的血渍。上述因果链条的结尾处可以被重新表述为图 6.47。

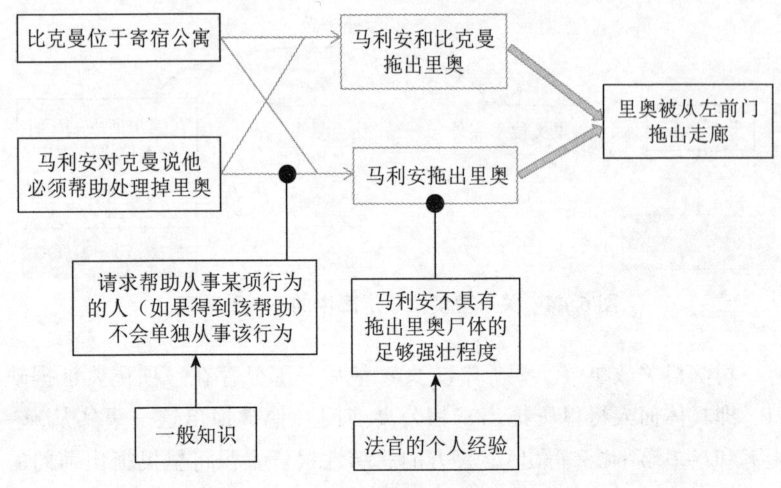

图 6.45 比克曼帮助拖出里奥的尸体

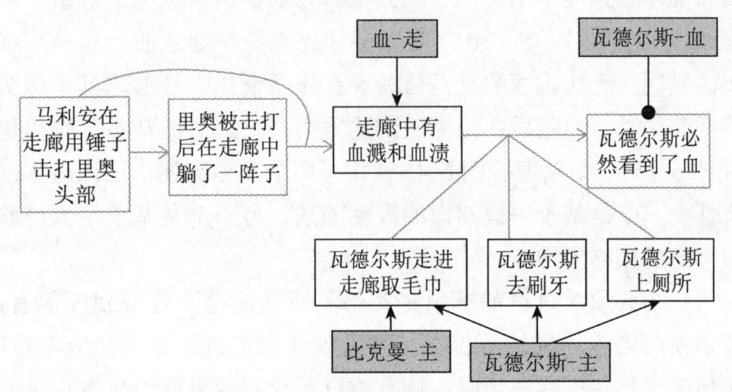

图 6.46 瓦德尔斯没有看到血迹

比克曼称他清晰地看到了血液痕迹，因此上述故事被其证言抵触。另外，该故事还可能受到如下事实的抵触，即警察可以用肉眼看到某些血迹。然而，也可以争辩说情境有所不同，因为警察特意寻找血迹

213 而瓦德尔斯并非如此（图 6.48）。使用了概称陈述 $g_{容易}$ 的主论证是：警察用肉眼可以看到血迹 $\Rightarrow_E$ 其他可能证人必然也看到了这些血迹。

底切性论证使用的概称陈述 $g_{情境}$ 是：证人可能曾看到血迹的情境与警察看到血迹的情境不同 $\Rightarrow_E$ **例外**（$g_{容易}$）。我们暂且假定比克曼的证言正当地抵触图 6.47 中的故事，而警察的论证（图 6.48）将被假定为不抵触该故事，因为它被底切者**例外**（$g_{容易}$）推翻。

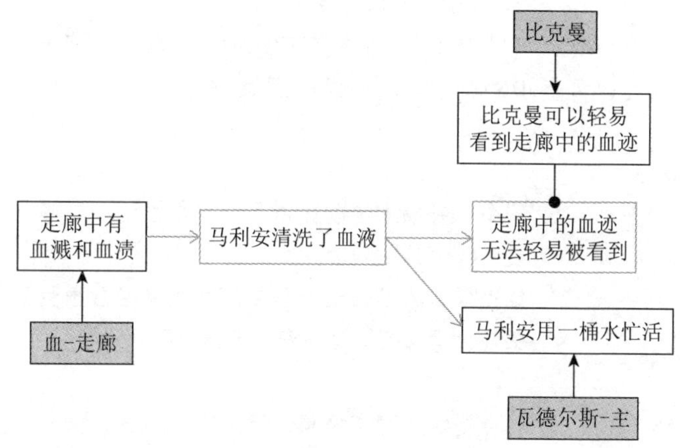

图 6.47　血液被马利安清除

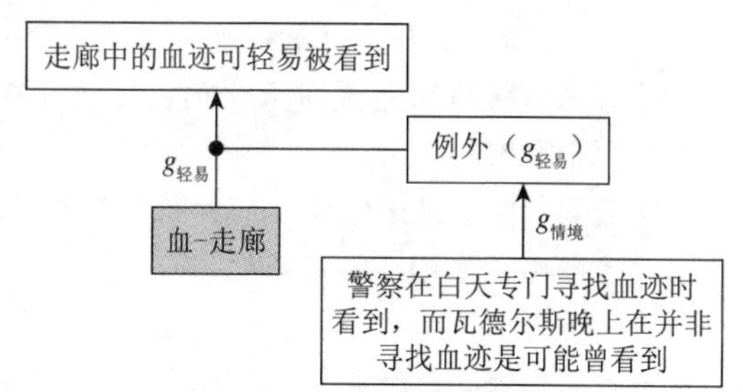

图 6.48　警察可以看到血迹

6.4.4　改进版司法机关故事的总结

既然已经证实了里奥死亡后的事件，以马利安作为主要罪犯的完整故事可以表达为 $S_{马利安1}$（第 6.4.2 节结尾）与如下事件序列的整合：

214 **12 月 23 日**

18：10~18：30	马利安在走廊用锤子击打里奥头部（地点得到 DNA-1、血液-走廊间接支持；行为本身是一个**证据缺口**）。 里奥因头部遭到锤子击打死亡（得到 DNA-1、DNA-2、锤子、尸检间接支持）。 里奥遭到击打后躺在走廊地板上流血一阵子（得到 DNA-1、血液-走廊间接支持）。
18：30	马利安到达比克曼的住处，对比克曼说她“干掉了里奥”并请求他前往寄宿公寓帮忙处理里奥（比克曼-主、阿特耶）。 **比克曼显然不希望寄宿公寓和大麻经营再受到任何关注，同意帮助马利安（证据缺口）**。
18：45>	比克曼到达寄宿公寓，通过左门进入，被马利安带进客厅（瓦德尔斯-主、比克曼-主）。 比克曼和瓦德尔斯聊天，与此同时瓦德尔斯吃晚餐，马利安去了走廊（瓦德尔斯-主、比克曼-主）。 **瓦德尔斯与比克曼聊天之时，马利安在清洗血液（证据缺口）**。 瓦德尔斯走进走廊前往壁橱取湿毛巾（瓦德尔斯-主、比克曼-主）。
±19：00~19：30	比克曼走进走廊（瓦德尔斯-主、比克曼-主）。 马利安仍然在擦洗走廊地板（比克曼-主）。 **瓦德尔斯上厕所并看到里奥被拖走**（瓦德尔斯-厕所-1）。 **比克曼和马利安把里奥的尸体拖出去**（**证据缺口**）。 比克曼和马利安在屋外靠近前门的地方把里奥的死尸裹进帐篷帆布（比克曼-主）。

±19：20　　比克曼回家（**比克曼-主、阿特耶**）。

19：20~20：00　　瓦德尔斯回到自己房间刷牙。

1：30~2：00　　比克曼返回寄宿公寓（**比克曼下-主**）。

比克曼和马利安把里奥的尸体拖到屋前花园（**比克曼-主、尸体-里奥**）。

同样，本故事与司法机关初始故事 $S_{马利安-判决}$（页码第 247 页）不同的地方以粗体字表示。整合版故事 $S_{马利安}$（由 $S_{马利安1}$ 和上述事件组成）是司法机关故事 $S_{马利安-判决}$ 的一个融贯版本。它得到本案大多数证据材料的支持，受到的唯一抵触是马利安声称她与所有这些完全无关。第 6.6 节简要比较本故事与替代故事时，我们将进一步讨论故事 $S_{马利安}$ 的质量。

6.5　司法机关故事的多个选择故事 215

在第 6.4 节，司法机关对于案件的观点得到阐述和改进。这提供了一个符合证据情况的融贯故事。然而，为了安全地得出一个关于本案的有意义的结论，应该将该故事与替代故事进行比较。本节讨论有关本案的几个有趣的替代故事，它们涉及给里奥服用羟基安定者的身份以及杀害里奥之人的身份。

6.5.1　里奥自己服用羟基安定

在故事 $S_{马利安}$ 中，出于各种原因（第 6.4.1 节），我们假定马利安是给里奥服用羟基安定的人。除了马尔加 · 瓦德尔斯以外，并不存在任何其他嫌疑人拥有通过给里奥服用羟基安定而对其秘密下药的物理机会，并且正如前文讨论指出，瓦德尔斯并不拥有从事任何犯罪行为的动机。然而，一个有效的替代故事是，给里奥服用药物的人并非马利安，而是里奥自己，即图 6.49。

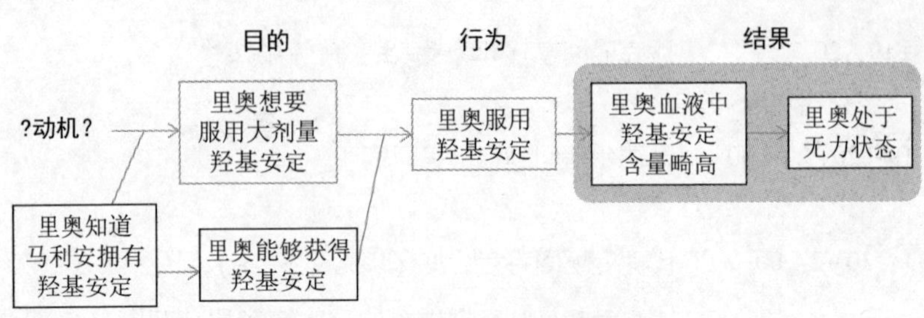

图 6.49 里奥自己服用羟基安定

从本案档案可以得出，里奥经常拜访马利安，因此他可能知道马利安拥有羟基安定，并且 23 日上午他可能前去翻找这些药物。因此，里奥知道马利安拥有羟基安定和里奥能够获得马利安的羟基安定，这些状态分别源自于证据材料案件档案、斯特曼斯-羟基安定、散装-羟基安定。这里的问题是，里奥**为何**服用羟基安定：图 6.49 中的解释并不完全，因为它没有为里奥的目的和行为提供一个恰当的动机。

克劳姆巴格和伊斯雷尔斯的著作记载了马利安的评论，她在其中提供了一种解释，即里奥对于羟基安定上瘾。该书及判决书均没有提及支持这一点的直接证据，但是也许可以构建图 6.50 中的论证。因果性概称陈述 $g_{剂量}$ 代表“对羟基安定上瘾的人想要服用大剂量”。证据性概称陈述“服用许多种处方药的人很可能上瘾”（$g_{药物}$）。里奥服用许多种药物，这一点从瓦德尔斯的证言、发现洛赛克的事实以及可能从案件档案得出。

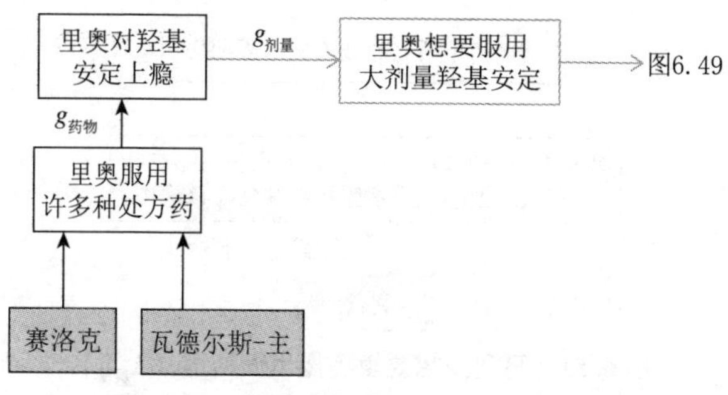

图 6.50　里奥对羟基安定上瘾（$S_{上瘾}$）

还有一种可能，即里奥试图自杀。从案件档案可以得出，里奥是 216 个性情不稳定的人，之前他曾服用安眠药自杀。证据指向如下事实，即马利安想要他搬出从她那里租用的假期房（图 6.51）。论证 $A_{房屋}$ 使用一个针对个案的证据性概称陈述："如果马利安锁上房屋并且不希望布莱克叶（里奥的女朋友）住在该房中，那么马利安很可能也希望里奥搬出"。现在，假设里奥必须搬离该房屋，他处于一种相当困难的处境：里奥失业，如果没有一个永久居住地址，他将无法享受福利。他通过某种方式得知寄宿公寓里有大量羟基安定，于是他服用了这些药物以此企图结束自己的生命（图 6.52）。在图 6.52 中，g 自杀代表"如果里奥处于一种困难的处境，他可能决定自杀"。这一概称陈述的有效得到如下事实的支持，即这并非里奥首次试图服用安眠药结束生命。〔20〕

〔20〕 在这里，该故事的**证据支持**得以改进，因为我们对于**有效**（$g_{自杀}$）提供了证据（来自案件档案）。因果性概称陈述 $g_{自杀}$ 通过里奥之前曾经试图服药自杀这一论证中的一个中间结论推论得出。

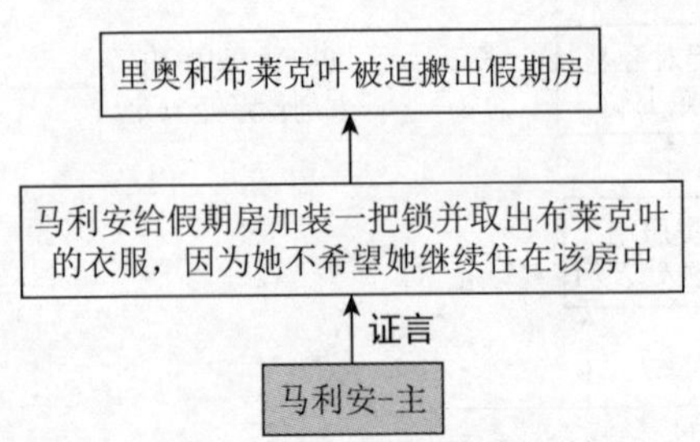

图 6.51　马利安想要里奥搬出假期房（$A_{房屋}$）

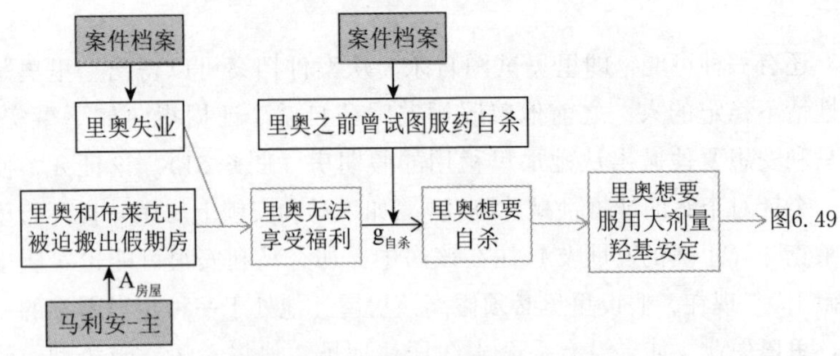

图 6.52　里奥试图自杀（$S_{自杀}$）

在认为里奥自己服用羟基安定的两种解释中，我们也许可以说，
217 $S_{上瘾}$具有相对较差的质量。首先，证据材料洛赛克和瓦德尔斯-主对该解释提供了一些证据支持。然而，用于联系这些证据材料与该故事的论证依赖于$g_{药物}$，可以争论说，后者并不是一个非常强有力的概称陈述。基于这一概称陈述的推论可受到底切。例如，我们可以论证$g_{药物}$存在一项例外［即**例外**（$g_{药物}$）］："大量服用处方药者通常上瘾，但里奥服用的药物（即洛赛克）不具有致瘾性"，或者我们可以论证$g_{药物}$无效［即¬ **有效**（$g_{药物}$）］："虽然某些人大量服用处方药可能上瘾，但这绝不是经常发生的情况"。

我们还可以论证因果性概称陈述$g_{剂量}$无效。例如，"即便上瘾者通常也不会服用里奥服用的那种荒谬的大剂量"是论证¬ **有效**（$g_{剂量}$）的一个理由。如果这一理由立基于一般知识（即"即便上瘾者通常也不会服用里奥服用的那种荒谬的大剂量是一般知识”），它可以指向 $S_{上瘾}$ 的非似真性。例如，如果一个致瘾方面的专家作证上瘾者并不会服用如此大剂量，$S_{上瘾}$ 面临的证据抵触增加。无论¬ **有效**（$g_{剂量}$）的理由来源是什么，通过提供“即便上瘾者通常也不会服用里奥服用的那种荒谬的大剂量”这一理由均可以削弱故事 $S_{上瘾}$ 的质量。

解释 $S_{自杀}$ 得到证据材料相当良好的支持。这一故事中的关键问题是，里奥失业、面临住房问题以及无法享受福利，这些事实是否足以导致其试图自杀；易言之，我们是否相信 $g_{自杀}$。因为本案中有证据表明里奥具有自杀倾向，[21] 故事 $S_{自杀}$ 具有合理的质量并且至少与 $S_{上瘾}$ 的质量一样好（如果不是更好的话）。[22]

现在面临的一个有趣问题是，我们是否相信马利安麻醉里奥或者 218
里奥自己服用羟基安定。我们在第6.4.1节论证说马利安麻醉里奥，因为她为制作虚伪合同需要他的签名（$S_{马利安-表格}$，图6.23），她想要他的银行卡（$S_{马利安-财务}$，图6.25）以及她想要杀害他（$S_{马利安-杀害}$，图6.26）。解释 $S_{马利安-动机}$（图6.28）整合了这些动机。即便我们选择不相信比克曼关于马利安涉及大麻经营业务的陈述，仍有各种独立的证人和文书支持这一点（如塔斯曼、曼德尔斯曼事件）。另外，马利安完全没有意识到她房屋旁边的谷仓中种植了大量大麻植株，这一点也不具有似真性。[23] 马利安参与银行诈骗的情况也得到清晰证据的支持。马利安想要麻醉里奥因为这样便于杀害他，这一点并没有得到直接支持，并取决于我们认为杀害里奥者是谁。毕竟，如果我们说比克曼独

---

〔21〕 克劳姆巴格和伊斯雷尔斯（2008）的书中曾提及这一点，但并没有提供更多细节，因此我并不知道里奥先前自杀企图的严重程度。

〔22〕 即便两个解释的证据支持大致相当，由于 $g_{剂量}$ 受到攻击，$S_{上瘾}$ 要么面临更多抵触要么似真性更低。

〔23〕 通过如下方式可以证明马利安对大麻事件毫不知情这一故事的不似真性：使用有关人们知悉其谷仓中内容的因果性概称陈述，以及有关大麻经营产生的气味和能源消耗的概称陈述，可以预测马利安必然曾经看到过一些情况，以此攻击这种解释（参见图6.37提供的另一个类似推理）。

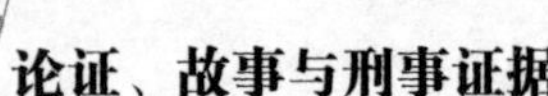

自动作并且马利安不知悉比克曼杀害里奥的意图，则她麻醉里奥以杀害他就无法讲得通。下文将进一步讨论这一点。

至于里奥自己服用羟基安定这种可能性，第 6.5.1 节结尾处曾论证说解释 $S_{\text{自杀}}$（即里奥想要通过服用羟基安定实施自杀）是涉及里奥的最为可能的选择解释。这一解释的最大强项在于它得到里奥自杀倾向的支持。目前自杀解释面临的最大问题在于，难以将其整合进有关里奥死亡的更大故事之中：我们可以相当确定里奥系被他人杀害，因为一个人通过服用羟基安定然后用锤子击打自己头部来实施自杀，这一点不具有似真性。因此，里奥服用羟基安定试图自杀这一片段，与里奥被马利安或比克曼以锤子杀害这一片段，无法进行**因果上的联系**。毕竟，我们在直觉上认为如下一点是不大可能发生的巧合：里奥服用羟基安定自杀未果，而与此同时另一个人因为里奥知道大麻经营的事情而决定杀害他。我们这里暂且接受最为可能的解释是，马利安给里奥服用羟基安定，因为她想要他签署表格（$S_{\text{马利安-表格}}$，图 6.23）并且因为她想要他的银行卡（$S_{\text{马利安-财务}}$，图 6.25）。我们将继续讨论动机 $S_{\text{马利安-杀害}}$（图 6.26），即马利安麻醉里奥因为她想要杀害他。

219 6.5.2 比克曼是凶手

在图 6.18（页码第 247 页）项下，我们曾经论证比克曼是杀害里奥的唯一其他似真的嫌疑人。有趣的是，司法机关似乎根本没有认真对待这一选择解释。虽然比克曼参与大麻经营并帮助马利安拖出里奥的尸体，这些均被视为得到了证明，但总结性警方报告和上诉法院判决书均没有提及这一替代情节。然而，克劳姆巴格和伊斯雷尔斯提议，存在比克曼是凶手的两种情节。实际上我在本节将提出比克曼是凶手的三种类似情节。在第一种情节中，比克曼和马利安共同认为他们需要杀害里奥，但在比克曼 19：00 左右到达寄宿公寓后，实际击打里奥头部的人是比克曼。第二种情节与此类似，但认为马利安和瓦德尔斯夜间出去遛狗时比克曼杀害里奥。第三种情节也假定比克曼在两个女人出去遛狗时杀害里奥，但认为马利安并不知道比克曼要杀害里奥。

6.5.2.1　比克曼在傍晚杀害里奥

杀害里奥的人并非马利安而是比克曼，根据事件描述，这一点非常有可能。在 19：00 到 19：30 之间，马利安和比克曼与里奥单独位于走廊中，没有直接证据表明里奥在此之前已被杀害。瓦德尔斯有关可能是马利安击打里奥的证言视为已被推翻（图 6.36）。新故事 $S_{比克曼1}$ 可以归纳如下：

12 月 23 日之前

马利安需要里奥的银行卡和密码。

—大麻业务被警察关闭，马利安是嫌疑人。

—马利安说她把发现大麻的谷仓出租给了一个第三方，她将向警方出示一份租赁合同。

—马利安和比克曼决定以里奥作为该经营的挡箭牌。

—马利安决定麻醉里奥，以便她能够得到他的银行卡和签名（**证据缺口**）。

—马利安和比克曼害怕里奥会把大麻经营和银行欺诈的事情告诉他人。

—比克曼决定在里奥被麻醉之后杀害他。

12 月 23 日

11：00~18：00	马利安给里奥服用羟基安定并促使他签署表格。她还给里奥喝了几杯格洛格酒。之后马利安把里奥带到走廊，以“扶他上床”，把丧失意识但仍然活着的里奥留在走廊。
18：30	**马利安到达比克曼家中，拜托他前往寄宿公寓帮助杀害里奥。**

220 18：45> 比克曼到达寄宿公寓并与瓦德尔斯聊了一阵子。
马利安用一桶水清洗里奥的呕吐物。
瓦德尔斯进入走廊从壁橱取湿毛巾。

±19：00~19：30 比克曼走进走廊。
比克曼在走廊用锤子击打里奥头部。
里奥遭击打后躺在走廊地板上流血一阵子。
马利安和比克曼把里奥拖出屋外。
马利安擦洗走廊地面。
比克曼和马利安在屋外靠近前门的地方把里奥的死尸裹进帐篷帆布。当夜晚些时候比克曼返回寄宿公寓，他们把里奥的尸体拖到草坪。

虽然这一故事与 $S_{马利安}$ 大体相同，但存在几处关键差异，以粗体字表示，这里稍做讨论。第一，新故事中马利安并没有杀害里奥，因此所有整合了这一事件的因果链条均必须改变。如果因果关系并不取决于杀害里奥者的身份，这一点无关紧要。例如，击打里奥总是会导致流血，不管凶手是谁。但如果因果链条与杀害里奥者的动机相关，应该对新的因果链条进行分析和评估。例如，在新故事中，马利安的动机和目的不再导致她杀害里奥，而必须澄清比克曼杀害里奥的目的和动机。第二，证据支持和抵触情况发生变化，因为新故事符合原故事所抵触的某些证据材料，或者相反。下文，将首先讨论因果链接及融贯性方面发生的重要改变，然后评估新故事的证据支持和抵触情况。

图 6.29 讨论的表达为马利安害怕里奥会向警察举报表格和银行卡的事情$\Rightarrow_C$马利安想要杀害里奥$\Rightarrow_C$马利安在走廊用锤子击打里奥头部的重要因果链条，不再构成解释 $S_{比克曼1}$ 的一部分。第一步也许仍然构成该解释的一部分，因为仍然有可能马利安因为所载的理由而希望里奥死亡。如果我们相信比克曼杀害了里奥，那么第二步明显不再是该

解释的一部分。相反，一个新的因果联系比克曼想要杀害里奥$\Rightarrow_c$比克曼在走廊用锤子击打里奥头部，现在是该故事的一部分。这一环节能够表明比克曼的品质，正如马利安想要杀害里奥$\Rightarrow_c$马利安在走廊用锤子击打里奥头部能够表明马利安的品格一样。我们能够以与图 6. 29 和图 6. 30 同样的方式提供一种基于一般知识或证据的论证。

接受比克曼是那种会凭其杀害他人之目的行事的人，并不能为他想要杀害里奥的目的提供一种动机。马利安的动机涉及银行诈骗和大麻经营。没有证据指向如下事实，即比克曼也参与了银行欺诈。然而， 221
比克曼参与了大麻种植业务。可能属实的情况是，马利安对比克曼说她需要处理掉里奥，比克曼接受了马利安提出的杀害里奥的请求，因为里奥不向警察举报也符合比克曼的利益。或者，马利安和比克曼共同认为他们需要杀害里奥（图 6. 53）。这时，马利安和比克曼决定杀害里奥与比克曼杀害里奥之间的因果联系很重要：只有我们相信比克曼不会让马利安去杀害里奥并且比克曼同意亲自杀害里奥时，这一环节才可以被视为具有似真性。只有我们同意比克曼是一个为保护自己的自由不择手段的冷酷之人，并且比克曼不希望依赖马利安做这份脏活时，这一点才具有似真性。虽然案件证据表明比克曼涉及所有类型的刑事犯罪活动，但并不清楚这一证据是否直接支持比克曼的冷酷。这一假定也可以立基于个人经验（图 6. 54）。

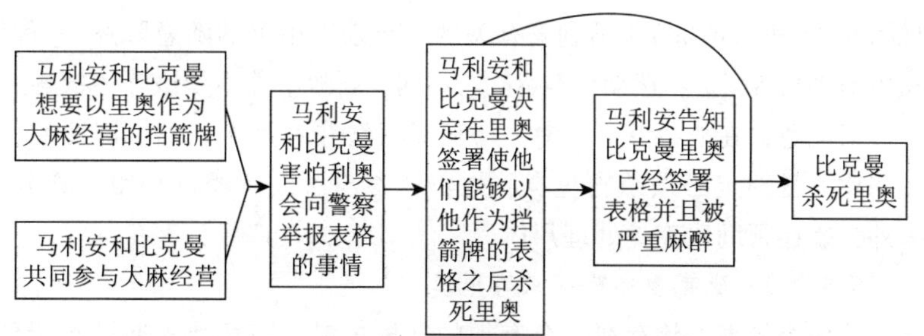

图 6. 53　以比克曼和马利安的计划作为比克曼的动机

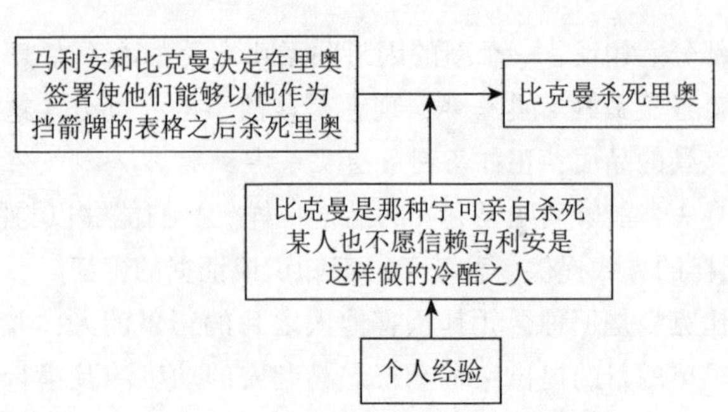

图 6.54　比克曼想要亲自杀害里奥

222　接受这一新故事将造成如下结果，即比克曼的证言比克曼-主现在不再完全支持该故事。虽然少数事件仍然得到证言的支持（例如瓦德尔斯前去取毛巾或者比克曼夜间返回把里奥拖到草坪），但比克曼提到的大多数事件都不再发生或者以不同的方式发生。例如，在 $S_{\text{比克曼1}}$ 中，马利安并没有说她杀害了里奥，而是说到安排了围绕签字的细节以及里奥在寄宿公寓被严重麻醉。比克曼作证在从马利安到其家中到他们将尸体裹进帐篷帆布这两个时点之间发生的事件，也不再受比克曼-主的支持。瓦德尔斯的证言瓦德尔斯-走廊-2 和瓦德尔斯-厕所-1 与这一新故事兼容，因为马利安还是比克曼杀害里奥对于瓦德尔斯观察到其作证的事情而言无关紧要。然而，这也意味着有关击打里奥必然造成声音以及走廊中必然有血液的故事-结果，仍然不能得到支持（参见图 6.37 和图 6.46）。马利安有关她并未杀害里奥的随意陈述并不能积极地支持 $S_{\text{比克曼1}}$；然而，与 $S_{\text{马利安1}}$ 不同，新故事并不受该陈述抵触。

请注意，在故事 $S_{\text{比克曼1}}$ 中，马利安当然并不是无辜的。即便她没有与比克曼约定必须杀害里奥，她仍然参与了大麻经营和银行诈骗。另外，她还帮助比克曼处理尸体。

6.5.2.2　比克曼在夜间杀害里奥

这两个故事，均存在一个有趣的证据抵触，即瓦德尔斯没有听到任何动静也没有看到任何血迹。虽然瓦德尔斯没看到任何血迹可能存在有效理由（图 6.47），但如果傍晚时分瓦德尔斯在寄宿公寓自由走动期间里奥被杀害，瓦德尔斯却没有注意到任何动静，这确实奇怪。当然，有可能瓦德尔斯确实注意到了一些东西，但出于某种原因她没有说出这一点：她可能想要保护她的朋友马利安，或者她可能因为过于害怕比克曼而不敢讲出。另一种可能是瓦德尔斯确实不曾听到任何动静或看到任何血迹，因为里奥在 18：00 和 20：00 之间并没有被杀害。瓦德尔斯和马利安午夜前后离开寄宿公寓去遛狗。这可能是马利安故意带瓦德尔斯去遛狗，以便比克曼能够杀害里奥并迅速清理走廊。这样我们拥有了一个类似于 $S_{\text{比克曼}1}$ 的故事 $S_{\text{比克曼}2}$，它仅在里奥死亡时间方面与前者存在差异：

12 月 23 日之前

马利安和比克曼需要为其大麻经营寻找一个挡箭牌，他们决定使用里奥。他们还决定在里奥签署表格之后杀害他。

12 月 23 日

11：00~18：00　　马利安给里奥服用羟基安定并促使他签署表格。她还给里奥喝了几杯格洛格酒。马利安把里奥带到走廊，以“扶他上床”，把丧失意识但仍然活着的里奥留在走廊。 223

18：30　　**马利安到达比克曼家中，告诉他里奥被严重麻醉并问他怎么办。**

18：45>　　比克曼到达寄宿公寓并与瓦德尔斯聊了一阵子。
马利安用一桶水清洗里奥的呕吐物。
瓦德尔斯进入走廊从壁橱取湿毛巾。

±19：00 ~19：30　比克曼走进走廊。
马利安和比克曼把里奥拖进他的房间。

0：00~1：00　**马利安和瓦德尔斯出去长时间遛狗。**
比克曼来到寄宿公寓并在走廊找到里奥。
比克曼在走廊用锤子击打里奥头部。
里奥遭击打后躺在走廊地板上流血一阵子。
比克曼把里奥拖出屋外。
比克曼擦洗走廊地面。
比克曼把里奥的死尸裹进帐篷帆布并拖到草坪。

在故事 $S_{比克曼2}$ 中，马利安和比克曼的动机和目的与 $S_{比克曼1}$ 基本相同。些微的区别在于 $S_{比克曼2}$ 中，并不完全清楚比克曼为何要在傍晚来到公寓。有可能马利安和比克曼一开始确实想要杀害里奥。在马利安设法让里奥签字以后，她并不知道如何处理他，于是前去找比克曼。比克曼和马利安随后商议如何处置，并决定最好在当夜晚些时候杀害里奥。当夜马利安故意把瓦德尔斯带出去遛狗，以便比克曼能够来到寄宿公寓杀害里奥。

证据支持和证据抵触也类似于 $S_{比克曼1}$：比克曼的证言不再支持该故事，马利安的陈述也不再抵触该故事。瓦德尔斯的证言仍然与故事 $S_{比克曼2}$ 相容，因为完全有可能，在瓦德尔斯看到里奥躺在走廊时，或者看到他被拖走时，他尚未死亡。这种解释的主要改进之处在于，我们无需像图 6.47 那样解释如下事实，即瓦德尔斯没有注意到任何情况。

6.5.2.3　比克曼独自行为

一种完全不同的可能是，比克曼未经马利安的同意决定杀害里奥。他必然是在当夜马利安和瓦德尔斯出去遛狗时实施的。现在这一新故事的很大部分与 $S_{比克曼2}$ 相同。主要的区别在于，现在马利安在 18：30 左右出于一个不同的原因前往比克曼的住处。她可能对他说里奥被严

重麻醉并且需要把他移走，或者她可能对他说有关谷仓虚假合同的事 224
情一切安排妥当。如果我们相信马利安并非想要里奥死亡的那种人但相信比克曼是那种人，最好的故事是，比克曼当晚在马利安和瓦德尔斯没有注意到的情况下返回，在走廊杀害里奥，把他拖出公寓并迅速擦洗了走廊。

然而，使用预测推理可以展示这一故事缺乏似真性。即便比克曼在马利安和瓦德尔斯不知情的情况下杀害了里奥，这两个女人遛狗回来时或者第二天也肯定会注意到走廊中的血迹。〔24〕因此，比克曼独自行为这一故事可被视为包含比克曼是凶手的三个选择解释中似真性最差的一个。为本章讨论之目的，我将假定 $S_{比克曼2}$ 是这些选择解释中最佳的一个。

6.6　比较选择故事

对于选择故事，可通过考察相关批判性问题以非形式方式进行比较（参见第 4.4 节），还可以根据第 5.5.5 节提出的排序方法对不同故事加以比较。然而，前文指出，这种严格排序方式主要用于指引形式的对话博弈，而非用于做出有关哪个故事最佳的重要最终决定。在之前的章节中，批判性问题及其配套的形式标准正是以这种方式被用于指引分析。每一个选择故事，均非常详细地讨论了该解释符合证据的程度及其融贯性。正如前文论证的那样，有关故事质量的最终决定往往包含实质论证，这种论证关涉证据及解释的内容。

最终存在两个可加以考察的主要的对立故事：要么马利安在比克曼的帮助下杀害里奥（$S_{马利安}$，第 6.4 节），要么比克曼在马利安的帮助下杀害里奥（$S_{比克曼1}$，$S_{比克曼2}$，第 6.5.2 节）。所有这些故事均包含某些变体（例如关于马利安的具体动机），但总体而言，它们是有关 1997 年 12 月 23 日发生了何事的得到最佳支持和融贯的故事。本案中

〔24〕　这种预测推理已在图 6.37 中作了展示，可以类似地适用于马利安和瓦德尔斯第二天必然注意到异常的情况。

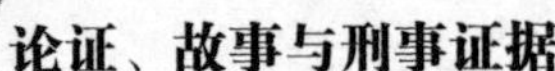

的证据并没有对“这些可能解释中哪一个最佳”提供确切的答案：马利安和比克曼互相抵触，而有可能就何人杀害里奥提供确切答案的唯一证人（马尔加·瓦德尔斯）提供了缺乏融贯性和清晰性的多个陈述。因此，本案的决定高度依赖故事 $S_{马利安}$ 和 $S_{比克曼2}$ 的融贯性。而融贯性取决于我们认为什么是“似真的”[这里使用该词的本意，而非其根
225 据形式标准（定义 5.4.7）具有的含义]。详言之，它取决于我们认为马利安和比克曼属于何种人。

我不打算详细阐述自己就谁杀害里奥所持有的观点，[25] 因此我不再进一步讨论 $S_{马利安}$ 和 $S_{比克曼2}$ 这两个解释的似真性，感兴趣的读者请参阅克劳姆巴格和伊斯雷尔斯的著作，不幸的是该书只有荷兰语版本。有关本案内容的最后一个有趣观察是，比克曼正确地避免了证明过程中理性推理具有的缺陷之一：它提供了一个关于发生何事的合理融贯的故事。相反，马利安的地位相对较弱，因为她并没有提供一个单一融贯的故事。

6.7 评 价

本章提供的案例研究主要旨在阐释混合理论是否能够处理复杂案件，并展示混合理论的强项和弱项。案件本身是一个有趣的案例，因为它同时要求使用故事的因果性推理和使用论证的证据性推理。不过，本案的主要关注重点在于各种选择故事的似真性，而非使用证据性论证的原子推理。由于本案只有少数几位证人，并且主要争议（即麻醉里奥之人的身份和杀害里奥之人的身份）均存在证据缺口，在对要么马利安要么比克曼杀害里奥这一假定提供似真情境的过程中，故事发挥了重要作用。具体证据的可信性和真实性（它们最好以证据性论证

[25] 理由之一在于，本案例研究是一个简化版本，它并没有考虑埃尔雷·斯特曼斯谋杀案。

加以检验）在本案中并不是重要的争点。[26] 混合理论在分析和建模案件过程中具有的一个重要优势在于，它允许自由选择以论证或故事作为分析工具。一个事项往往可以同时采用因果方式和证据方式进行建模（参见第 4 章开头有关论证和故事构成连通器的讨论），混合理论允许采用这两种方式。混合理论之中基于故事的部分提供了多种选择的概览。例如，想象一下如果本章仅仅讨论证据性论证，而没有载明关于发生了何事的各种选择，它将提供各种猜谜线索，但却没有就谜底最终形象是什么提供一个例子。故事允许我们就案件中的事件发展过程形成一种观点，证据缺口指出继续调查的方向。本章表明，在像安于姆村案这样的复杂案件中，使用（小）故事的解释和预测因果推理均具有重要意义；本案同时涉及关于物理因果关系的推理（参见第 6.3 节）以及关于动机因果关系的推理（参见第 6.4 节有关马利安动
机的讨论和第 6.5.2 节有关比克曼动机的讨论）。故意行为故事图式的 226
运用进一步便利了有关动机、目的和行为的推理，因为该图式能够揭示出一个假设故事的哪些部分仍然缺失。证据性论证也构成案例分析的一个不可或缺的部分，利用它我们可以以自然的方式支持和攻击故事。证据性论证可用于对（动机性）因果关系的似真性进行详细推理（参见图 6.29、图 6.30 和图 6.31），从而适合就案件中使用的一般常识知识达成一项清晰共识。另外，利用论证我们可以就诸如证人可信性等事项进行详细的推理（参见第 6.4.3 节有关瓦德尔斯证言的讨论），根据不同论证之间的互相攻击关系对它们进行比较，展示了它们是如何互相依赖的（参见图 6.36 和图 6.43）。

形式对话博弈中使用的程序性方式是一种自然的案件分析方法，各种可能的言语行为和协议规则正确地对探究过程进行建模，而在这一过程中我们对各种选择进行构建、支持和抵触分析。关于故事质量的形式标准对于如何改进或弱化故事提供了清晰的指引；对具体事项

---

〔26〕 感兴趣的读者请参阅卡登和舒姆（1996）对于 Sacco and Vanzetti 案所做的案例研究，其中对于证人和专家可信性等问题运用（威格摩尔）论证进行了广泛讨论。

进行因果性或证据性建模，似乎并不影响以这种方式使用这些标准。然而，根据这些标准对解释进行排序则会受到我们所做的建模选择的很大影响。例如，如果比克曼所做的每一项陈述都被建模成一项单独的证据材料，$S_{\text{马利安}}$的证据支持很高，而如果其主证言被建模成一项单一证据，$S_{\text{马利安}}$的证据支持则较低。然而，这一问题并非仅仅存在于当前混合理论，在允许比较位置的任何形式理论中均是如此。

本案例研究还揭示了形式对话博弈存在的不足。这方面的一个相关问题是，该博弈不允许面向抵触证据进行正确的预测推理（参见第5.6节和第5.7节）。由于此类推理在分析本案中某些主要选择故事具有决定意义，完整的形式对话博弈应该把它纳入其中。值得进一步研究的另一个有趣主题是轮流条件：在当前博弈者的解释较优时自动轮到，将导致对话过程呈现出一种不自然的走走停停的性质。正如案例研究表明，如果允许博弈者自由进行论证和解释并在其决定的时刻轮到改变，将会是一个更好的想法，它能够提供一种更自然的对话。

总之，“静态”混合理论具有强健性和灵活性，足以处理大型案件。有关证据或个体事件的详细讨论通常使用证据性论证和身份指定加以组织和分析，而借助故事图式以及对动机性因果关系进行攻防的可能性，我们可以详细考察动机和品格。组合使用故事和论证的做法向分析者提供了灵活性，他们据此可以对案件的众多主题进行更好的讨论，分析者可以自由选择使用故事或论证（前文指出故事和论证构成连通器，第4章）。在这里，分析者持有的立场可能扮演重要的角色。例如，如果分析者手头没有太多证据，通过假设一个或多个故事
227 来引导调查是明智的。而如果他的主要目的是组织各种理由，以支持和反对某单一（重要）证人的可信性，论证将更加合适。另外，分析者的角色和个人品位也可能影响分析：某些分析者（例如准备向陪审团发表总结陈词的律师）也许更加倾向于使用故事，而其他分析者（例如对某个历史上重要的案件组织证据的法学教授）可能更多使用证据性论证。

至于动态混合理论，对话博弈可以做进一步的发展，以允许关于案件进行更加自然的讨论。然而，对话博弈主要的基础原则，例如如何借助故事的形式标准引导推理，能够对适当的理性分析提供清晰的指引。

229 # 第 7 章 刑事证据推理的相关研究

本章主题是与本书提出的刑事证据推理之混合理论相关的研究。由于前述各章涉及众多主题,〔1〕本章进行了一定的筛选，只讨论提出某种刑事证据推理之完整模型的研究。仅仅与当前理论某些部分（例如形式论证模型）相关的研究，只在相关章节提及。本章分为三部分。第 7.1 节讨论有班尼特和费尔德曼、彭宁顿和黑斯蒂以及克劳姆巴格、范柯本和瓦格纳尔提出的运用故事和刑事证据进行推理的（非形式）理论。第 7.2 节讨论威格摩尔的图表法以及新证据理论家的修正版威格摩尔分析。这两节讨论的作者应该为读者所熟悉，因为他们的理论和观点构成本书的基础。从第 7.3 节起，将讨论证据推理的形式理论。第 7.3 节讨论两个有影响的关于最佳解释推论的形式理论，即撒加德的解释融贯性理论（第 7.3.1 节）与两位约瑟夫森的逻辑回溯模型(第 7.3.2 节)。第 7.4 节讨论一个警察调查原型支持系统及其基础理论，它们由凯彭斯（Keppens）以及众多合作者［沈、谢弗、艾特肯及李（Shen，Schafer，Aitken and Lee）］开发。该系统基础理论也如撒加德的理论和约瑟夫森的理论一样，是一种关于最佳解释推论的形式理论。然而，由于凯彭斯及其合作者提出其理论时追求的目的不同，我们将作为单独一节讨论该理论和系统。第 7.5 节讨论概率（贝叶斯）推理及贝叶斯网络。该节主要涉及舒姆和卡登为萨科和万泽蒂案

〔1〕 尤其是（可废止的）刑事证据、论证、故事、逻辑和对话模型。

（Sacco and Vanzetti case）进行概率建模的详细著述，并简略讨论赫普勒、戴维及勒凯瑞（Hepler，Dawid and Leucari）有关使用贝叶斯网络对证据进行可视化的思想。

7.1 运用故事推理 230

20世纪70年代，认知科学领域的研究者开始对故事发生兴趣，尤其是故事的理解和形式化。他们主要专注于研究用于描述和分析故事的形式语法以及故事理解。首先描述普遍故事语法的人之一是拉梅尔哈特（Rumelhart，1975），其研究在某种程度上借鉴了普洛普对于民间故事的分析（Propp，1968）。拉梅尔哈特揭示了一个故事包含的众多基本要素（例如事件、场景），并提出一系列改写规则来界定故事的结构。该著述背后的一般假设之一是，根据某种语法加以组织的信息更容易往记忆中存储以及从记忆中调取。易言之，根据某个特定语法结构化的故事，比没有结构化的故事更容易回忆。在检验结构化故事和非结构化故事之回忆状况的实验中，这一假设得到确认（例如Mandler and Johnson，1977；Thorndyke，1977）。然而，一些研究者主张（Black and Wilensky，1979），故事语法过于僵硬和简单。我们能否容易地解释某个事件（以及作为整体的故事）的要素，其背后的决定因素经常并非（仅仅）该事件在故事中所处的位置，而是我们掌握的有关类似事件或故事的知识，它影响我们对故事的理解和回忆。类似的思想也被尚克和埃布尔森（Schank and Abelson，1977）所使用，他们的研究集中于以脚本或故事图式形式存在的普遍世界知识。

部分归因于这些认知心理学方面的著述，法律心理学领域的研究者也开始对故事及故事讲述产生兴趣。在故事扮演重要角色的环境方面，法庭是一个良好例子。在这里，故事同时作为说服他人的工具和组织证据的方式发挥着作用。在第3.2节，我们已经在证据推理的一般基于故事的方法语境中讨论了法律心理学领域的研究（班尼特和费尔德曼，彭宁顿和黑斯蒂，克劳姆巴格、范柯本和瓦格纳尔）。本节将分别简要归纳和评价这些方法。本节将基本按照时间先后顺序进行介

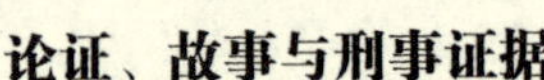

绍。首先，简要讨论班尼特和费尔德曼的作品以及彭宁顿和黑斯蒂的作品；然后讨论克劳姆巴格、范柯本和瓦格纳尔的锚定叙事理论。

7.1.1 班尼特和费尔德曼以及彭宁顿和黑斯蒂

班尼特和费尔德曼（1981）是首先在刑事案件语境中分析故事的研究者之一。他们感兴趣的是，什么类型的组织结构构成法律审判中的判决基础。由于这一结构适用于陪审团制度，它必须使案件的所有方面易于为如下人群理解，即没有在如何处理法律事项方面受过真实培训的人。通过分析刑事审判中决策者如何关于案件进行推理，班尼特和费尔德曼发现，司法决策取决于围绕可得证据构建各种故事。他
231 们还发现，故事的结构影响其可信性，并且为刑事案件中的不同参与者提供了基于故事的修辞策略。

在班尼特和费尔德曼的模型中，一个故事围绕一个中心行为进行组织，故事的其余部分作为这一中心行为的语境。利用有关周围世界的背景知识，我们可以在中心行为与故事其他成分之间建立联系。这些联系立基于我们拥有的关于周围世界的知识，事实上属于常识性概称陈述（尽管班尼特和费尔德曼没有使用这一术语）。例如，“夫妻同睡一张床”或者“如果一辆汽车正在行驶，那么其引擎很可能正在运行”。在这里，联系不仅仅包括因果关系，还包括通过经验得以证实的经验关系，或者围绕它可以将不同概念集合起来的类型关系。所有这些联系均被构建以后，我们将得到一个描述故事中各种联系的网络。在图 7.1 中，哈克纳特的故事便以这种方式进行呈现（班尼特和费尔德曼呈现了类似的图，参见其 1981 年著述，第 46、76、81 页）。该图中，事件“抢劫超市”属于中心行为，其他要素与这个中心行为相联系。这些联系可表达为概称陈述，例如“吸毒者需要钱”。

班尼特和费尔德曼认为，一个可信的故事应该具有一致性、完备性和结构清晰性。根据班尼特和费尔德曼，完备性是指一个可信的故事必须符合某个一般社会行为模型。场景、行为、行为人、载体和目的，这五个要素共同构成一个故事的框架：**行为人**置身**场景**之中，在

那里带有一个**目的**使用**载体**（可以是一个物体，也可以是某种行为）以完成某个**行为**。这些要素必须联系：行为人置身正确的场景以实施行为（行为人-场景-行为），行为人具有实施行为的目的（行为人-目的-行为），以及行为人确实实施了行为（行为人-载体-行为）。故事要素之间的这些联系（如图 7.1 中的联系）必须立基于“清晰的”周围世界知识（班尼特和费尔德曼并没有确切界定一个联系何时属于清晰）。

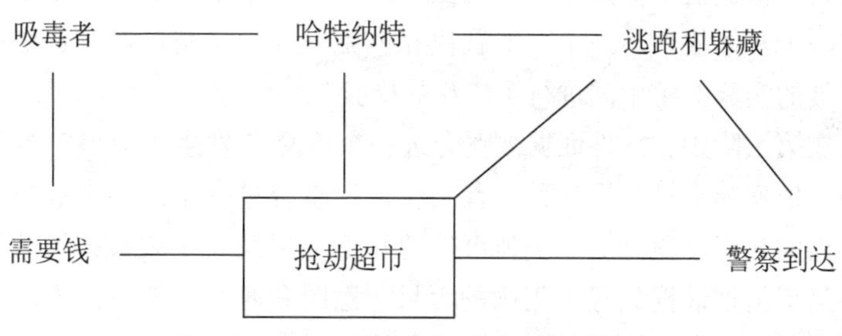

图 7.1　展示故事各成分之间联系的图

班尼特和费尔德曼对其关于故事可信性的理论进行了检验：邀请 85 名学生评估其他学生讲述的众多故事的真实性。这些故事有些是真实的（即所讲述的事件真实发生过），另外一些是编造的。一些故事（既包括真实故事也包括编造的故事）是完备的和清晰的，另一些故 232
事是不完备的或者具有一些模糊不清的联系。结果证明，故事的结构完备性和模糊性与其可信性之间存在重要的关系。也就是说，一个故事中存在的模糊联系越多，它被认定为具有的可信性越低，无论故事真实与否。因此，一些虚构故事被认定为比真实故事更可信，仅仅因为它们的模糊性较低。

基于他们的发现，班尼特和费尔德曼为控方和辩方提供了一些策略。例如，控方应当提供一个讲述嫌疑人从事了犯罪行为的完全和清晰的故事，社会行为模型为该等故事提供了一个检查表。辩方拥有更多的选择，因为他们只需构建某种合理怀疑。例如，可以通过表明行为人-目的-行为之间的联系立基于模糊不清的世界知识，便可做到这一点。

在班尼特和费尔德曼著述的基础上，彭宁顿和黑斯蒂（1986，1988，1992，1993a）进一步发展了刑事法律语境中的故事思想。他们提出一个基于故事的司法决策模型，将其称为证据评价的故事模型。该模型包括三个阶段，分别代表法律决策者在评价证据时所要经历的阶段：故事构建和评价、裁决类型构建，以及故事分类。他们的模型比班尼特和费尔德曼模型更加复杂，也更具表现力，还纳入了新的步骤，例如将一个具体故事与一个可能裁决相匹配。这一模型针对有资格担任陪审员的实验对象中间进行了广泛的检验。

在第一阶段，案件证据被整合进一个解释“发生了何事”的故事之中。根据彭宁顿和黑斯蒂，首先将证据整合进一个或多个故事。周围世界的知识（例如关于类似事件的知识）以及关于故事结构的知识协助陪审员把证据放置于正确的因果、意图和时间框架。需要注意的是，此处被整合进故事之中的是证据的内容（即状态或事件 E 而非证据材料 E^*）。彭宁顿和黑斯蒂关于世界知识的观点大致对应关于概称陈述和知识库的当前观点（第 2.1.3 节）；彭宁顿和黑斯蒂使用的故事结构是图 3.19 一般片段结构的一个变体。如果一个案件中构建了多个故事，将根据各种确定性原则对它们加以评价，该等原则决定了实验对象对故事的信心程度，包括覆盖率、一致性、似真性、完备性和独特性。〔2〕

彭宁顿和黑斯蒂所述决策过程的第二个阶段涉及考察适用于该决策的具体裁决类型。这些类型包含每一类具体裁决具有的各种特征。例如，一级谋杀类型和二级谋杀类型可以表 7.1 的方式呈现。

〔2〕 在第 3.2.4 节曾讨论过这些原则。简而言之，覆盖率是指故事整合证据的程度；一致性涉及故事的内部一致性以及与证据的一致性；似真性涉及故事符合决策者世界知识的程度；完备性涉及故事是否具备一个片段图式的所有要素。图 3.19 所有要素均出现于一个故事一部分时，该故事是完备的。

表7.1　彭宁顿和黑斯蒂的裁决类型例子 233

裁决类型	主　体	精神状态	情　境	行　为
一级谋杀	正确的人	—杀害意图 —形成目的 —决心实施杀害	—不充分的激怒 —决心实施与杀害之间的间隔	—非法杀害：没有穷尽逃跑，过度武力 —杀害以追求决心的实现
二级谋杀	正确的人	—意图造成相当可能导致死亡的伤害 —故意，残酷行为	—不充分的激怒	—非法杀害：没有穷尽逃跑，过度武力 —使用致命性武器

彭宁顿和黑斯蒂模型的最后一个阶段是，将选定的故事与一个裁决类型进行匹配。例如，如果有一人杀害另一人的故事，决策者可以在一级谋杀、二级谋杀、过失杀人以及正当防卫这些裁决类型中间进行选择。请注意裁决类型的不同属性与图3.19片段图式各要素之间的对应关系：精神状态对应心理状态和目的，情境对应发起状态和物理状态，行为对应片段图式中的行为。对于分类阶段，在选择故事时适用的其他确定性原则基础上，他们又增加了**拟合优度**（*goodness-of-fit*）的确定性原则：一个故事越是拟合某个裁决类型，人们对它的信心越高。

彭宁顿和黑斯蒂将其模型付诸广泛的检验。在其最初著述中（Pennington and Hastie，1986），他们从有资格担任陪审员的众多志愿者当中挑选，邀请他们观看一起再现的谋杀案审理。之后对实验对象进行采访，请他们尽可能确切地描述自己得出裁决的过程。实验发现，几乎所有实验对象都将证据组织成一个关于"发生了何事"的具有因果联系和片段结构的故事，并将裁决相关的信息组织成表7.1那样的一个特征列表。有趣的是，其中一个实验对象试图首先指出需要证明的命题，然后系统地为该命题寻找支持材料，类似于形成一个最终待证

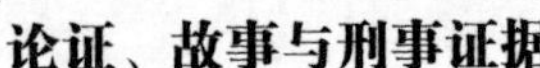

项并通过复杂论证对其提供证据支持。然而，这一策略很快变得过于混乱，最终这名实验对象还是通过将案件中的不同要素组织成一个故事得出判断。

在之后的著述中（Pennington and Hastie，1988）这一故事模型被付诸进一步检验，即要求实验对象认可案件中的证据。这些实验得出如下结论，即实验对象自发地将证据组织成故事，先前实验中使用的
234 访谈技术并不影响结果。实验表明，实验对象对于构成故事一部分内容的证据认可程度更高，即它们作为正确内容而被接受。另一项有趣的发现是，人们根据证据在因果故事结构中扮演的角色来评判证据的重要性：证据在故事中扮演的因果角色越大，被赋予的重要性越高。进一步的实验（Pennington and Hastie，1992）还表明，证据的呈现顺序会影响决定。实验中，对案件中两种不同立场（即控方和辩方）有利的证据分别以不同的顺序呈现。对一种立场有利的证据采用随机顺序呈现，对另一种立场有利的证据则大致对应一种时序和因果故事结构进行呈现。结果表明，如果一种立场按照时序故事顺序讲述，实验对象更容易接受该立场的裁决。另一项发现是，实验对象经常自动填补片段结构中的某些要素，以使故事完全。平均而言，实验对象构建的故事包括55%直接从证据推论出的事件，以及45%并非从证据推论出而是实验对象为了使故事更加完全增加的事件（Pennington and Hastie，1993b）。

班尼特和费尔德曼以及彭宁顿和黑斯蒂的研究成果表明，故事在证据推理中扮演重要角色，因为它们帮助人们组织证据和理清案件。这些实验还表明，故事内含着危险：良好结构的故事比无结构的故事更加可信，无论故事本身的真实情况如何。另外，彭宁顿和黑斯蒂发现，人们更容易记住构成故事一部分的证据，即它们作为正确内容而被接受。这一发现揭示了隧道视野的危险，即在决策者和调查人员的头脑中，被（暂时性）接受的故事最为重要。

7.1.2 锚定叙事理论

1993年，三位荷兰心理学家克劳姆巴格、范柯本和瓦格纳尔首次

出版了《疑案：刑事证据的心理学》(*Dubieuze Zaken*：*De Psychologie van Strafrechtelijk Bewijs*)。1993 年，他们随后出版了英文版本的改编版（Wagenaar et al., 1993）。在该书中，作者通过分析裁决存疑的 35 个刑事案件，从（法律）心理学的视角考察了警察和法官的各种实践做法。该部分受到一些（有意的）争议，因为作者对警察、检察官和律师在所分析案件中使用的一些做法提出批评。在《疑案》以及他们后来的著述中（例如 De Poot et al., 2004；Wagenaar and Crombag，2005；Crombag and Israëls，2008)，这些作者提出了一个刑事证据推理的一般规范理论，即锚定叙事理论（Anchored Narratives Theory）。这一理论正是我们当前要讨论的对象。

锚定叙事理论（ANT）以班尼特和费尔德曼以及彭宁顿和黑斯蒂的如下发现作为起点，即证据通过故事得到解释，以及案件中的不同立场可以用故事表示。一个良好和良态的故事拥有彭宁顿和黑斯蒂提 235
出的那种结构：**发起或触发状态**连同**心理和物理状态**导致**目的**，目的导致**行为**，行为产生某种结果。另外，故事具有分层结构，也就是说，它们可能包含众多子故事，这些子故事阐释分层中直接位居在其上的该故事的要素。根据班尼特和费尔德曼以及彭宁顿和黑斯蒂的实验结果，克劳姆巴格及其同事提出，好故事是一半证据。易言之，如果一个故事中的证据不能提供清晰的答案，一个令人信服的故事可以导致天平向案件中某一方的立场倾斜。然而，克劳姆巴格及其同事也清醒地意识到好故事排除真故事的危险，因此也主张故事应该适当地**锚定于**关于周围世界的常识知识之中。

我们最好通过举例来描述锚定的原理。再以哈克纳特的案子为例，该案中存在两个解释哈克纳特为何在水沟中的故事。克劳姆巴格及其同事认为，控方的故事（即哈克纳特抢劫超市）更加可信，因为哈克纳特的版本暗含着一种巧合，即某人恰好在警方搜查抢劫犯的时间和地点躲藏在水沟中。班尼特和费尔德曼或者彭宁顿和黑斯蒂也会得出这种直觉性的结论：哈克纳特的故事包含更多模糊不清的联系（班尼特和费尔德曼），或者似真性更低（彭宁顿和黑斯蒂）。在锚定叙事理论中，这种直觉被建模成如下形式，即一个故事被一个或更多概称陈述[3]所涵摄，这种涵摄被称为该故事的锚定（anchoring）。例如，唯有我们相信“发生争论的人通常躲开警察”，哈克纳特的故事版本才可信。根据锚定叙事理论，故事应该恰当锚定于**安全的概称陈述**，即不会受到合理怀疑的概称陈述。

克劳姆巴格及其同事提出一种分析过程，据此可以逐渐地改进一个故事的锚定。例如，假设本案中的决策者想要分析哈克纳特的故事版本（即他与本尼发生争论）。决策者首先分析哈克纳特故事的一个具体要素，即本尼。现在，该故事中有关本尼的部分被涵摄到“人们只会把钱借给其认识的人”这一概称陈述之下。[4] 如果哈克纳特认识本尼，他必然能够提供某些有关本尼的信息（例如，他的姓氏或者住址）。假设哈克纳特提供了这些信息，那么它将构成该主故事的一个具体子故事。现在，主故事中的“本尼”要素在分层中锚定于更深的一个层面。在分层的任何一个层面，决策者都可以决定是否继续向更深层面进行分析，或者接受当前的故事分层。决策者在分层中下沉的
236 层面越深，发挥锚定作用的概称陈述必然越具体，这些锚定概称陈述越具体，我们对于被锚定于该概称陈述的故事也可以更加信任，该决策也更加安全。

现在假定决策者决定继续深挖哈克纳特故事。第一个子故事，即哈克纳特提供本尼的详细信息，被涵摄于“人们通常不会编造出不存在之人的详细资料”这一概称陈述之下。要检验哈克纳特案中这一概称陈述，警方可以（例如）核对哈克纳特提供的地址。如果本尼居住在哈克纳特提供的地址，并且本尼确认了哈克纳特讲述的关于争论的故事，主故事被锚定于一个更深层面。如果本尼并不居住在该地址，或者如果他没有确认哈克纳特的故事，则明显存在某些问题，这时出

---

〔3〕 克劳姆巴格及其同事将这些概称陈述称为“常识性规则”。

〔4〕 请注意，它并非故事的这一部分可涵摄其下的唯一概称陈述。例如，故事该部分可涵摄其下的另一项概称陈述是“人们往往对钱发生争吵”。

现了克劳姆巴格及其同事所谓的“未锚定的证据”。总之，随着分析的每一步深入哈克纳特的故事变得更加可信。如果故事不能得到锚定，或者如果决策者认为故事已经锚定于足够安全的概称陈述因而停止这一过程，则锚定过程停止。锚定一个故事及其子故事的过程可以用图表示（图 7.2，改编自 Crombag et al.，1994，p. 72）。

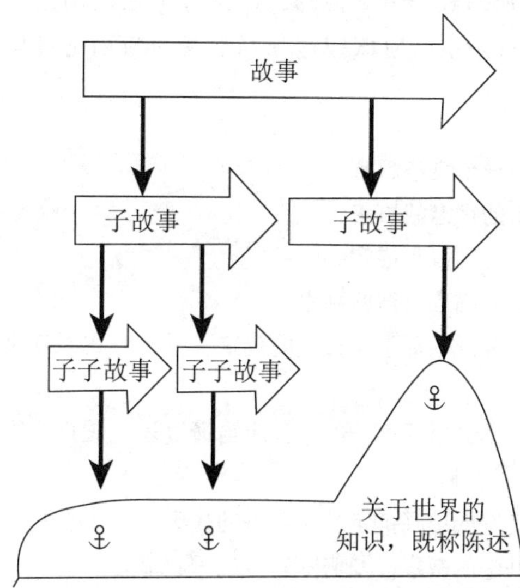

图 7.2　锚定哈克纳特的故事

每个子故事都是对主故事或其某个部分的详述，分层中层面最深的子故事锚定于常识规则“基础”上。正如我们可以从图 7.2 看到的
那样，主故事的某个部分也可以直接锚定于常识之中。例如，故事中 237
关于哈克纳特跳入水沟的部分可以直接锚定于“如果某人跳入充满水的沟中，他会弄湿”这一概称陈述之中。

克劳姆巴格及其同事发现，在他们分析的 35 个疑案中，很多案件中构成起诉书基础的故事关键部分并没有得到安全的锚定或者完全没有得到锚定，并且某些定罪基于未锚定的故事或者运用可疑规则或过于一般规则锚定的故事。对于人们应当如何运用故事就证据进行推理，锚定过程发挥了启发作用。克劳姆巴格及其同事主张，遵循这些启发可以避免疑案中的错误。然而，他们也认识到，复杂案件中更容易在锚定过程中发生错误，仅仅依靠启发可能是不够的。因此，他们提出十条“普遍证据规则”（Wagenaar et al., 1993, p. 231），以进一步保护被告人免受锚定过程中之缺陷危害。值得注意的是，锚定叙事理论的提出者并没有声称这些规则列表是穷尽性的，也没有主张使用这些规则不会再发生错误。他们只是主张应该把这一列表视为与锚定过程具有互补关系。

1. 控方必须提出至少**一个良态叙事**。
2. 控方必须提出**有限的良态叙事集**。
3. 该叙事的**基本要素**必须得到**锚定**。
4. 支持控方不同要素的**锚应当彼此独立**。
5. 事实审判者应该详细说明叙事及相应的锚定，以此方式**对其决策提供理由**。
6. 事实认定者关于证据**分析层面**的决策，**应当通过表述被用作锚的一般信念得到解释**。
7. **不应当存在**同等良好或更好锚定的**相竞争的故事**。
8. **不应当篡改**起诉书中的**叙事**以及嵌套其中的子叙事。
9. **不应当锚定于明显虚假的信念之上**。
10. **起诉书和裁决书应当包含相同的叙事**。

以上多数规则的含义都很明显，只有规则 3 和规则 4 需要作简要的解释。对于这些普遍证据规则的进一步解释，请参阅原著述。

规则 3 陈述该故事的基本要素必须得到锚定。更具体而言，至少需要解释三个事项。首先是**身份**问题，即被告人是犯罪的人（班尼特和费尔德曼的**行为人-场景-行为**）？其次是**犯罪行为**问题：被告人具体做了什么行为，以及这能否视为犯罪（班尼特和费尔德曼的**行为人-载体-行为**；彭宁顿和黑斯蒂的**行为**）？第三是**犯罪意图**问题：被告人是否故意或轻率行事（班尼特和费尔德曼的**行为人-目的-行为**；彭宁

顿和黑斯蒂所谓的**心理状态**和**目的**)？由此三项考察可以确保故事的完
备性。规则 4 陈述各个锚应当是独立的。克劳姆巴格及其同事对此规
则所指的是，构成定罪基础的故事不得立基于单个证人证言或单个自 238
认，理想状态下一个故事应该锚定于多项证据。

7.1.3　评　价

班尼特和费尔德曼是将关于故事结构和故事记忆的一般观点应用于法律语境的首批学者之一。他们提出的关于完备性及故事要素间关联性的概念，构成使用故事的其他著述（包括本书）之中类似概念的基础。他们的实验结果支持如下假设：即故事的结构对于判断其可信性具有重要意义。应当指出的是，班尼特和费尔德曼的理论主要是描述的，并没有提供关于理性证明过程的规范模型。虽然他们提出了一些修辞策略建议，但并没有主张利用其方法得出的结果具有理性。

彭宁顿和黑斯蒂的实验结果不仅表明故事是进行证据推理的自然方式，还表明这种推理方式存在内在危险。像班尼特和费尔德曼一样，彭宁顿和黑斯蒂提出的也是一种偏描述的模型：决定人们对一个故事信心程度的标准（即证据覆盖率、一致性和融贯性）可在规范理论中用作指引或启发，但是彭宁顿和黑斯蒂的主要关注点在于描述人们如何证据推理。然而，他们的理论对于任何自然的证据和证明理论都提供了详细的基础。

克劳姆巴格、范柯本和瓦格纳尔作品中提出的锚定叙事理论，本质上是首个关于证明和证据的以故事为基础的规范理论。〔5〕使用牢固植根于实证研究的观念，并将这些观念适用于大量案件，克劳姆巴格及其同事为一个自然的关于证据和证明的理论提供了坚实的基础。故事应该符合安全的世界知识，这一观点（班尼特和费尔德曼的**清晰联系**以及彭宁顿和黑斯蒂的**似真性**）得到进一步阐释：锚定叙事理论的

〔5〕在这方面，锚定叙事理论可被视为基于故事之模式的主要灵感来源，也是本书讨论的混合理论之故事成分的主要灵感来源。(Bex et al., 2006) 进一步讨论了锚定叙事理论与混合理论最初版本之间的联系。

锚定过程提供了一种核实故事符合世界知识程度的方法。十项普遍证据规则提供了安全和正确的证据决策所应满足的标准，并因此提供了在证明过程各个阶段都能得到协助的进一步启发。

有些情形下，锚定叙事理论的表述有些模糊不清，留下了澄清的空间（Twining，1995）和（Bex et al.，2006）已经提出了这样的主张。例如，虽然一个案件的主故事与彭宁顿和黑斯蒂的一般故事具有相同
239 形式，但子故事的形式并未详细说明。在我看来，它们可以是论证、情节、故事或概称陈述。[6] 锚定叙事理论的模糊表述会导致对该理论产生某些误解。例如，特文宁（1995，p. 110）指出，锚定叙事理论并未考虑具体证据或者针对个案的概称陈述。虽然我不提出这样的主张，但锚定叙事理论确实带有大多数故事方法面临的一般问题，即并没有真正澄清单项证据的确切位置和角色。锚定叙事理论似乎将证据视为最低层子故事，锚定于足够安全的常识概称陈述的基础之上。然而，如何确切地做到这一点并不清楚，某些情形下（尤其是 Wagenaar at al.，1993，figure on p. 39，参见图 7.2）克劳姆巴格及其同事主张故事锚定于常识知识之中，而在其他情形下他们又主张“故事应当锚定于证据”。

经过研究彭宁顿和黑斯蒂的故事模型和锚定叙事理论，我认为这两个模型均不纯基于故事的方法。在彭宁顿和黑斯蒂后期的著述中（尤其是其 1993a），他们提到如下可能性，即通过证据并组合世界知识推论故事中的事件，正如混合理论所做的那样。使用概称陈述将故事锚定于证据的方法，表达这些概称陈述之例外的方法，以及在案件中发展和改进证据分析的动态机制，这些都指向锚定叙事理论中存在的一个（默示的）论证成分。[7] 因此，故事模型和锚定叙事理论均

---

[6] 例如，瓦格纳尔和克劳姆巴格在后期的作品中（Wagenaar and Crombag，2005，p. 82）把“**丧失的记忆得以恢复以后，该恢复的记忆九年间保持完好无损**”这一概称陈述等同于一个子故事。

[7] 维赫雅和贝克斯在近期作品中（Verheij and Bex，2009）对于锚定叙事理论提出一种解释，该解释强调故事的这种论证方面。

可视为迈向一种整合论证和基于故事方法的第一步。

然而，本书提出的混合理论在多个方面对故事模型和锚定叙事理论进行了改进。也许最为重要的一点是，混合理论清晰规定并区分了论证和故事的概念，并且将二者均作为工具整合到证明过程。正如前文讨论的那样，故事和论证均是证明过程必要的，因此二者均应该整合进混合理论。例如，有时单个证人的可信性或者单个陈述的真实性发生争议，在这些情况下原子的论证更加自然。这种论证性推理只是默示地被整合进故事模型和锚定叙事理论。另外，案件证据材料并没有一个清晰的位置。在混合理论中，证据材料被明确提及并通过证据性论证与故事相联系。

在混合理论中，证据可视为故事被锚定的“基础”，证据与故事之间的联系（“锚链”）即证据性论证中的推论。在混合理论中，运用常识知识锚定故事的方法不同于锚定叙事理论的建模方式。它不是将概称陈述或者常识规则视为“基础”（参见图 7.2），而是区分两种 240
锚：内部锚（即代表故事**内部**之关系的因果性概称陈述）和外部锚（即论证中以证据为起点的证据性概称陈述，它们并非故事的一部分）。以这种方式，克劳姆巴格、范柯本和瓦格纳尔提出的锚定概念得以改进，并进一步澄清了在进行锚定过程时我们讨论的对象是关于因果故事（“发生了何事?”），还是一项个体证据（“我们如何知道发生了何事?”）。

混合理论包含的故事质量标准比任何基于故事的模型都更加广泛，并且界定更加的清晰。克劳姆巴格及其同事在其提出的证据规则中提供了判断故事的多重标准，但并没有对它们作进一步界定。班尼特和费尔德曼关于证据支持或覆盖率未作任何讨论，也没有进一步界定它们提出的“模糊联系”（即不似真故事）的概念。关于证据，彭宁顿和黑斯蒂提到了覆盖率（或者支持）、抵触和缺口的概念，但并没有对它们作充分的界定。同样，他们也没有界定似真性的概念，并且仅对完备性作了部分界定。相对于彭宁顿和黑斯蒂的故事模型，混合理论的另一个改进之处在于，它不仅将故事图式用于判断故事的质量或

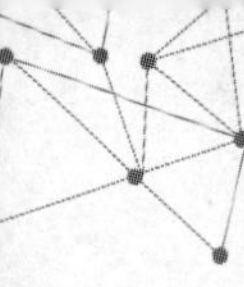

者匹配故事与裁决类型，还将其用作回溯推理中的一般故事模板。

7.2 威格摩尔与新证据理论家

本节将讨论约翰·亨利·威格摩尔（John Henry Wigmore）的作品，他被视为在法律语境中运用证据和证明作理性推理分析的“奠基者”之一。之后，我们将讨论新证据理论家安德森、特文宁、蒂勒斯和舒姆的作品，它们均立基于威格摩尔的著述。

7.2.1 威格摩尔与司法证明科学

威格摩尔撰写了迄今为止最为完整的一些证据和证明方面的著述。在法律界，他最为人所知的著述是其巨著《普通法审判中的英美证据制度专论》（*A Treatise on the Anglo-American System of Evidence in Trials at Common Law*, 1940）。这既是一部对于证据法的批判性研究，同时还旨在为执业律师和法学院学生提供一部手册。不管《专论》多么成功，它并没有包含对威格摩尔所称“证明科学”的完整阐述。威格摩尔认为，对于证据的研究可以分为两部分：对证明的研究和对证据法律规则的研究。在威格摩尔时期，对于证明的研究遭到大多数（如果不是全部的话）研究者的忽视。威格摩尔主张这是错误的，因为审判活动最重要的部分是证明过程。在《司法证明原则》（*The Principles of Judicial Proof*, 1931）一书中，威格摩尔着手发展一套关于证明过程的
241 主题广泛的逻辑学、心理学和常识理论：证明科学。这本书包含对众多证据类型（如笔迹、子弹痕迹、证言）的广泛讨论，以及关于如何能够和应当分析大量证据的一套规范、理性理论。这一理论正是本节感兴趣的对象。

根据威格摩尔，调查过程中以及在对事实和从中推断出的命题进行分析时面临的主要问题是，确定大量证据如何影响人们对某个待证项（即有待证明的一个命题）所持的信念。有经验的律师或法官利用少数几项证据可以轻易地通过推论得出结论，并找出该等推论中可能存在的弱点。然而，当处理大量证据时，这些操作将变得愈发困难。

威格摩尔认为，其原因之一是，人类无法同时处理所有这些事实：事实在一段时间内持续进入头脑，在一个事实最初进入我们的记忆这个时点与我们需要使用一个旧事实与一个新事实一起得出某个结论这个时点之间，会出现太多的干扰因素。为了正确使用大量证据进行推理，我们需要一种方式来结构化及可视化这大量的证据以及相应的推论和论证。威格摩尔提出两种方法，即图表法和叙事法。然而，其著述主要集中讨论图表法，因为这是“最为彻底和科学的方式”（Wigmore, 1931, p. 659）。这种方法包含绘制详细的由大量节点及其间的联系所构成的图表，其中节点表示命题（如证据材料、待证项），联系表示命题之间的推论。图表法的目的是帮助使用者有意识和理性地结构化案件中的事实和推论，以便清晰呈现它们对最终待证项产生的影响。

威格摩尔认为其图表的基础存在一套基本逻辑，他的观点可以被视为对于本书第 3.1 节所讨论的运用论证进行可废止推理的初步尝试。威格摩尔区分了**推论**和**证明**。推论是从一个命题得出另一个命题的过程。推论可能基于明示的概称陈述，也可能基于默示的概称陈述。全部证据对最终待证项提供的支持被称为证明（proof）。当正方和反方提出的所有推论都得到考虑以后，便可以确定证据对待证项产生的全部效果，即证明。为了将所有推论整合进对某个（中间）待证项的证明之中，可以适用证明过程。

根据威格摩尔的论述，存在四种证明过程（Wigmore, 1931, p. 30）：**断言**（*assertion*），即提出这样一个前提，即从该前提通过似真推论的方式推论出一个待证项；**解释**（*explanation*），即提出这样一种选择假设，即它通过解释消除某个前提对一个待证项的证明力；**否认**（*denial*），即否认可从中推论出待证项的某个前提；以及**对抗**（*rivalry*），即提出反驳系争待证项的新结论和推论。断言强化对某个命题的信念，其他三个过程则弱化对某个命题的信念。断言某个事实并不能使其变成真实，否认某个事实也不能使其变成虚假。根据威格摩尔，所有证据和推论链最终都必需借助经验和常识付诸权衡，以观察哪个待证项最具有似真性。

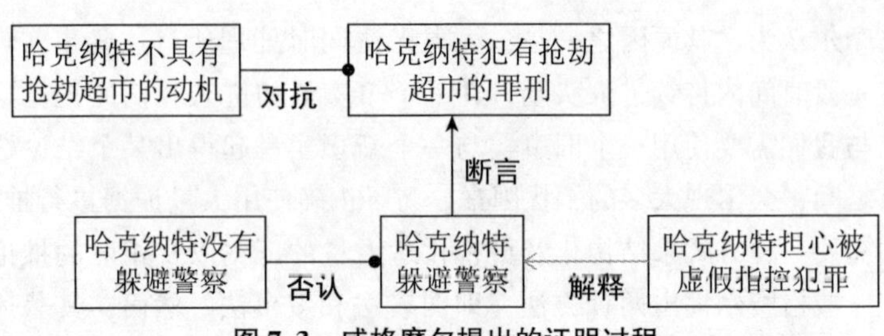

图 7.3　威格摩尔提出的证明过程

242 图 7.3 以可视化的方式表达了这些证明过程。实心箭头代表“倾向于证明”，开口箭头代表“解释消除”，末端带有圆点的直线代表“倾向于反驳”。该例子中，通过断言哈克纳特躲避警察，“哈克纳特犯有抢劫超市的罪行”这一待证项得到支持。哈克纳特躲避警察这一断言可以被否认，也可以通过陈述哈克纳特害怕遭到虚假指控被解释消除，从而弱化人们对支持初始待证项的前提的信念。还可以主张哈克纳特根本不具有抢劫超市的动机，以此来攻击该待证项。

作为初始的威格摩尔图表的一个例子，请参见图7.4，它直接拷贝自（Wigmore，1931，p. 56）。该图涉及州政府诉乌米利安案（the Commonwealth vs. Umilian）。[8] 该案中乌米利安（Umilian）被指控谋杀谢鲁斯克（Jedrusik）。乌米利安（U）和谢鲁斯克（J）均在一个农场工作。一天，U 想要结婚，于是去找牧师。牧师说他不能为 U 主持婚礼，因为他收到一封信举报 U 已经结婚生子。牧师调查了这封信，发现这封信的作者是 J 并且内容不实。牧师随后为 U 主持了婚礼，但据说 U 因为 J 写这封信而对其进行威胁。一个月后 J 消失，消失四个月以后 J 的无头尸体在农场附近的一口井中被发现。J 被谋杀。从图 7.4 可以看出，控方拥有一个主论证，它立基于四个匿名证人的证言。被告人试图通过指出某证人对 U 存在偏见来削弱其中一项证人证言。

〔8〕 1901 年，马萨诸塞州最高法院，177 Mass. 582。显然，由于最初威格摩尔图表中不存在有关哈克纳特的例子，本图是本书中不涉及哈克纳特的少数例子之一。

被告人还试图通过如下方式解释消除复仇情绪，即指出由于 U 最终得以结婚，复仇情绪已消失。控方对此反驳说，U 和 J 仍然存在日常接触，因此旧伤让他们彼此耿耿于怀。图中每个节点都编上的号码，而对应节点的事实被记载于一个单独的列表，威格摩尔称之为“关键列表”。

243

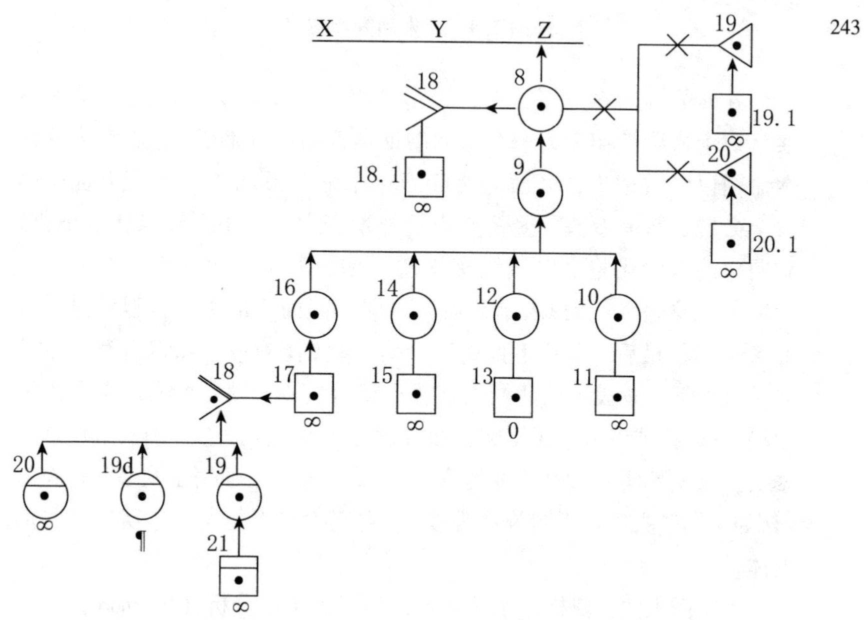

关键列表

Z：指控 U 杀害 J。

8：谋杀 J 的复仇情绪。

9：J 虚假指控 U 重婚罪，试图阻止结婚。

10：牧师收到一封信，其中指控 U 已经在旧村庄拥有家庭。

11：对 10 作证的匿名证人。

12：J 是这封信的作者(虽然采用虚假名字)。

18. 1：威格摩尔并没有告诉我们它指代什么。它也许是证人证言。

18（2）：证人存在偏见。

19：U 和 J 仍然存在日常接触，旧伤肯定使他们耿耿于怀。

19. 1：对日常接触作证的证人。

19（2）：该证人是被解雇的 U 的雇员。

13：对 12 作证的匿名证人。

14：牧师把这封信的内容转告 U。

15：对 14 作证的匿名证人。

16：信中内容不属实。

17：对 16 作证的匿名证人。

18：U 最终得以完婚，U 将不再拥有强烈的复仇情绪。

21：对 19（2）作证的匿名证人。

19d：被解雇的雇员倾向于具有敌对情绪。

20：妻子仍然在那里，U 和 J 之间的妒忌很可能持续存在。

20.1：对妻子仍在那里作证的证人。

20（2）：证人作证时存在偏见的强烈态度。

图 7.4　乌米利安案图表

方形节点代表言词证据，圆形节点代表中间待证项或者概称陈述。一个命题被作为另一个命题的证据提出时（**断言**），表示为这两个命题以竖线相连；竖箭头意味着一个命题倾向于以垂直力证明另一个命题；带有双头的竖箭头表示力量强大。三角形节点代表证据，它弱化或者强化与之以横线相连的命题，其中弱化（即“倾向于反驳”）以穿过横线的<表示，强化（即“倾向于证明”）以穿过横线的 X 表示。最后，节点下面的¶表示该事实作为一般知识得到司法认知，节点下的∞表示该证据被直接提交给法庭。图中所有底部节点下面均应该有¶或者∞，否则将存在既没有在承认又没有得到法庭作证的
244 事实，这些事实将没有证据支持。[9] 威格摩尔还使用了众多其他符号（例如不同箭头代表不同推论强度），它们大多都是本例中所用符号的变体。

除了图表法，威格摩尔还简要讨论了叙事法分析（Wigmore，1931，pp. 659-663）。其叙事法较为简单，也更加接近律师通常使用的描述证据的方法。根据威格摩尔，一个叙事应当以详细记载初始线索的引言性陈述作为出发点。然后证据被划分为各种类型，例如，首先列举涉及动机的证据，然后列举与机会相关的证据，等等。在对证据进行分类之后，应当陈述从证据中得出的结论。

〔9〕 ¶和∞分别类似于取自集合 GE 和 IE 的命题（第 5.2 节）。

7.2.2　修正版威格摩尔分析

威格摩尔之后，人们对于证明以及使用证据进行理性推理的理论逐渐丧失了兴趣。继续进行研究的法律理论家多数更加专注于证据法而非事实推论。然而，在过去 30 年间，一股后来被称为“新证据学派”的运动成为证据研究领域的一支重要力量。新证据学派由具有相同兴趣的研究和研究者组成，其共同研究兴趣即法律语境中的事实证据以及使用这些证据进行的推理。其研究主题包括事实推论的逻辑以及如何在评价证据时使用形式概率方法。[10] 代表新证据理论家的一部近期著述是《证据分析》(*Analysis of Evidence*, Anderson et al., 2005)。在该书中，安德森、特文宁和舒姆提出了他们的修正版威格摩尔分析（MWA）以及它与其他大量证据分析方法（如概要和故事）之间的联系。除了讨论以上各种分析方法，该书讨论的主题还包括证据类型，评价证据的概率方法和贝叶斯方法，以及“证明科学”与证据法之间的联系。为了不脱离本章仅对相关研究进行讨论的主旨，以下仅介绍修正版威格摩尔分析使用的各种工具和观点。

安德森、特文宁和舒姆主张，之所以研究威格摩尔提出的那种论证图表，存在两个重要原因：第一，它们使人们意识到关于证据的论证本质上是命题及其相互关系的组合，而日常话语中往往忽略掉了论证的很大部分。第二，图表法迫使使用者将所有这些不同命题以及它们之间的关系和组合明示化。这正是威格摩尔使用这种方法的主要原因。威格摩尔认为，将一个论证的所有不同步骤明示化有助于人们发现论证中存在的缺口及可能的抵触，还有助于人们发现所用不同论证 245
中存在的弱项和强项。根据安德森及其同事，图表法最适合于对事实和论证进行严格分析。安德森及其同事比威格摩尔更加关注概称陈述的使用及其带来的危险，他们在其著述中对此进行了广泛的讨论（例如 Anderson, 1999; Twining, 1999; Anderson et al., 2005, Chapter 10)。

---

〔10〕 本书先前章节已经提到了安德森、蒂勒斯、特文宁和舒姆等新证据学派学者的重要著述。

修正版威格摩尔分析还提出了使用概要、时序和故事的其他分析方法。他们主张，这些方法具有各自的功能，但总体而言它们不够确切，无法以组织良好的方式整合所有证据和论证。以下首先讨论修正版威格摩尔分析的图表法，然后简要讨论安德森及其同事提出的其他分析方法。

《证据分析》一书的作者同意，图表法会使刚刚接触的人感到不知所措。他们必须学习和使用众多其并不熟悉的符号和技术。为了便于使用图表，安德森及其同事提出一套协议（protocol），它与一套更简化的图表法相结合将有助于构建图表并提高其可读性。该协议的第一步是澄清分析者的立场。我是谁？我处于这一过程的哪一阶段？我在试图做什么？这一点很重要，因为一旦明晰了立场，分析者就将知道他应该关注什么领域。例如，如果是一名准备出庭的律师，他可能仍然需要寻找新证据。而分析一起审理借以了解修正版威格摩尔分析法的学生则不能寻找新证据，而应该关注其他情况。

第二步是构建最终待证项。它们取决于法律规则，并且往往由起诉书提供。最终待证项是系争案件所适用法律规则包含的条件，往往是不同命题的合取。这些命题是次终待证项，第三步的目标就是要构建这些必须分别加以证明的重要事实。

第四步是构建案件的暂时理论。一个理论是一个关于案件整体的策略性论证。该理论通常以涉及案件最终结果的命题作为其结论，这些命题通常是次终待证项。以下是关于两个不同理论的简单例子：

> 哈克纳特是一个需要钱的吸毒者，因此决定抢劫超市。他被发现藏身于水沟中，这一表明他在试图躲避警察。因此，抢劫超市的人是哈克纳特。
>
> 在与本尼争论期间，哈克纳特感觉受到本尼的威胁，因此想要尽可能远离本尼。他藏身于水沟中因为他害怕本尼，警察在搜查抢劫犯时发现了他，这属于巧合。

分析者借助构建理论表达出关于案件的初步想法，理论提供了前进的起点。在处理一个待决案件时，律师应该构建多个理论，从而穷尽所有可能性，而不至于在实际审理时遭到惊讶攻击。审理初期可以构建多个理论，一旦有新证据抵触某个理论，即可以将其放弃。

第五步构建关键列表，即分析者期待图表中包含的所有命题。本 246
步骤与第六步（构建图表）可被视为最耗时的环节。分析者从两个方向进行构建，即自下而上和自上而下。自下而上意味着从获得的证据出发指向次终待证项。自上而下意味着从不同理论中表达的次最终待证项出发，寻找哪些证据（如果有的话）支持这些待证项。最后，第七步评价图表。该图表是否具有可读性？论证中是否存在任何弱项？这一步当然贯穿于整个过程，但某些缺陷只有在构建好整个图表之后才能发现。

图 7.5 描绘了乌米利安图表（参见图 7.4）的一部分，我按照安德森及其同事提出的简化格式进行表达。他们对该图表并没有改变很多，但进行了清理使其更容易阅读。在该图表中，方框代表言词证据，圆圈代表其他证据或者从其他命题中推论出的命题。封闭三角形代表强化附属证据，开口三角形代表弱化附属证据。请注意，各种证明过程均已被抽取，这里仅考虑一个命题的强化效果和弱化效果。

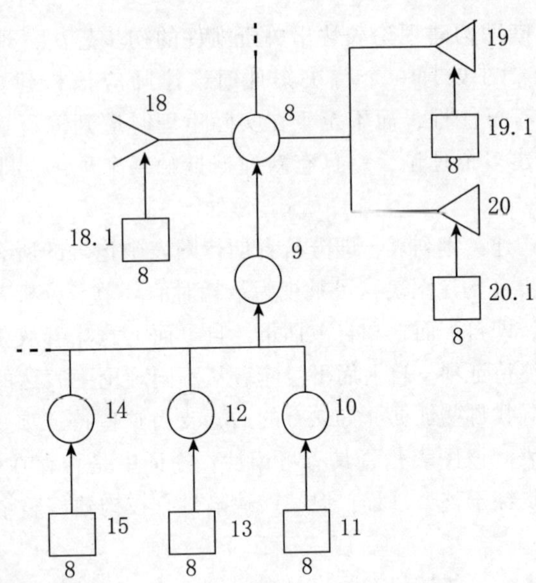

关键列表

Z：指控 U 杀害 J。

8：谋杀 J 的复仇情绪。

9：J 虚假指控 U 重婚罪，试图阻止婚姻。

10：牧师收到一封信，其中指控 U 已经在旧村庄拥有家庭。

11：对 10 作证的匿名证人。

12：J 是这封信的作者（虽然采用虚假名字）。

13：对 12 作证的匿名证人。

14：牧师把这封信的内容转告 U。

15：对 14 作证的匿名证人。

18：U 最终得以完婚，U 将不再拥有强烈的复仇情绪。

18.1：威格摩尔并没有告诉我们它指代什么，它也许是证人证言。

19：U 和 J 仍然存在日常接触，旧伤肯定使他们耿耿于怀

19.1：对日常接触作证的证人。

20：妻子仍然在那里，U 和 J 之间的嫉妒很可能持续存在。

20.1：对妻子仍在那里作证的证人。

图 7.5　乌米利安图表的一部分

除了如上所述使用七步协议及修正版威格摩尔图表进行证据分析 247
以外，安德森及其同事还提供了一种概要法分析，这种方法更接近于执业律师实际管理和分析案件的方法。概要法与前文所述威格摩尔叙事法存在许多相似之处。这种方法中首先列出待证项，并将支持待证项的可能证据作为一个子列表列出，例如：

(1) 哈克纳特抢劫超市。
  (a) 动机：哈克纳特具有抢劫动机。
    (i) 哈克纳特是一个需要钱的吸毒者。
  (b) 机会：哈克纳特具有抢劫超市的机会。
    (i) 在抢劫前一天，哈克纳特的一位朋友最后一次看到他出现于该超市所在的城市。
    (ii) 抢劫发生不久，有人在该超市附近看到某个貌似哈克纳特的人。

该概要进一步得到两种分析手段的支持，即时序和故事（或叙事）。时序按照时间先后顺序对某个特定类型的事件进行排列。例如，证人时序将能够由证人作证的事件按照时间顺序进行排列，主时序将所有存在证据支持的事件按照时间先后顺序进行排列。时序可用于发现缺口并能够提供案件概览，还可以构成故事的基础。

根据安德森及其同事，故事比时序更详细，并且借助其包含的因果联系形成一个有意义的整体。参照班尼特和费尔德曼以及彭宁顿和黑斯蒂的研究成果，安德森及其同事指出故事具有心理上的必要性：故事可用于组织证据，还可作为可能假设用于调查阶段。蒂勒斯（2005）主张，运用故事（其称之为情节）可以在有证据支持的事件之间插入假设的缺口填补物。然而，故事也是可用作"非理性说服方式"的危险工具（Anderson et al., 2005, p. 281）。它们可被用于偷偷塞入不相关事实、诉诸隐性原型、进行可疑类推，等等。安德森及其同事提出一套评估故事的协议（protocol），其内容是在刑事案件中提出故事时可询问的一系列批判性问题。利用这些问题可检验证据支持、

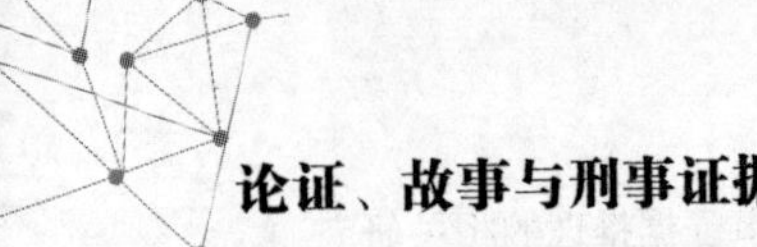

故事的似真性和融贯性。这些问题的例子包括“该故事是否内部一致?”“是否存在与该故事抵触的证据?”“该故事是否拟合某个熟悉的故事”以及“如果该故事不能得到证据材料的完全支持，它是否得到背景概称陈述的支持?”

248 7.2.3 评 价

威格摩尔关于证明的著述对于研究证据以及证据推理的当今学者产生了重大影响。其著述涉及的范围极其宽泛，本节仅概括他一小部分的思想，尤其是他图表化证据的思想。威格摩尔在本书讨论的众多主题方面都是开创者：关于证据的非法律推理、使用复杂论证的推理、可视化以及含义理清，这些主题均得到威格摩尔的深入研究。新证据理论家追随威格摩尔的开创性著述，对于刑事证据也提出了广泛和深入的观点。他们关于理性刑事证据推理的持续研究对本书产生了深远的影响，这些研究的主要成果之一包括（Anderson et al., 2005; Schum, 1994; Twining, 2006）。

威格摩尔以及新证据理论家的著述不仅旨在对证据科学或原则进行理论上的阐释，还旨在作为执业律师及法学院学生所使用的方法。然而，在这方面，安德森、特文宁和舒姆提出了一项重要的区分，即将图表法用作教学工具,〔11〕以及将其用作出庭律师的实践工具。作为教学和学习工具，这一方法必须具有坚实的理论基础，其可用性则并不是最重要的考虑，因为学术语境中最重要的因素是运用理论进行思维训练。在实践用途中，可用性及自然性等其他关切扮演则更大的角色。特文宁（2007）认为，在呈现和交流关于证据的论证时图表仅发挥有限功能，并认为图表法以及运用时序和故事的概要法应该被视为互补而非互斥的方法。〔12〕

---

〔11〕《证据分析》一书的各位作者均在各自大学开设的课程中将图表法用作教学工具。

〔12〕 舒姆（2005）同样主张将故事作为组织待证项的方法，蒂勒斯（2005）明确阐释了证据和故事之间的联系。

安德森及其同事在提出图表法及其七步协议时，正如锚定叙事理论的作者一样，明显拥有一种规范目的。安德森及其同事似乎遵循威格摩尔提出的如下主张，即图表法是最具理性的方法，并应该始终把关注点放在从证据材料推出待证项的推理。故事是危险的，理想状态下，刑事案件中的最终决策绝对不应当建立于一个故事之上；故事是用于进行组织和交流的心理学工具，永远不应当用于理性决策。虽然如此，在新版《证据分析》中，安德森及其同事认识到，组织证据以及调查阶段都需要使用故事。正因为如此，修正版威格摩尔分析加入了上述检验故事的协议，它类似于班尼特和费尔德曼、彭宁顿和黑斯 249
蒂以及克劳姆巴格及其同事（第7.1节）提出的某些标准。

正如故事模型和锚定叙事理论一样，最新版本的修订版威格摩尔分析也在朝着混合理论的方向迈进。然而，《证据分析》提出的理论并没有充分整合论证和故事。论证（或图表）与故事并没有被直接联系起来，并且在许多方面，故事和论证被视为呈现同一推理的不同方式：故事主要扮演心理角色，论证扮演理性角色。本书中，我主张故事在证明过程（即最佳解释推论）中可用作复杂的回溯假设。一旦证据具有了清晰的位置并且可以使用论证对故事进行批评和比较，运用故事的最佳解释推论将成为一种不仅自然而且理性上可接受的推理方法。

在任何刑事证据推理的理论中，故事均是必要的。例如，在调查的某些时刻，我们可使用故事填补证据缺口，并考察假定填补缺口的事件是否允许有一个似真的故事。另外，我们拥有的世界知识并不仅仅是概称陈述的集合，还包括故事以及更为重要的故事图式，故事图式实质上“概括了”因果或时间关系构成的一个复杂链条。安德森及其同事认识到故事对于调查可能具有价值，一个详细的概要类似于本书中所谓的故事。蒂勒斯（2005）也明确讨论了故事或情节的缺口填补功能，并运用与本书所用图形类似的图阐释了这一点。混合理论扩充了安德森及其同事提出的概要法以及蒂勒斯提出的基于情节的方法。论证可用于直接支持或抵触故事（即概要或情节），故事的质量取决

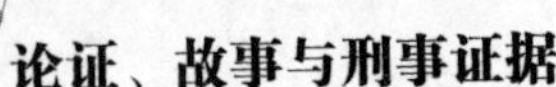

于证据性论证。论证与故事之间的这种直接互动是混合理论所独有的，运用直接互动可以构建起一个自然且具有理性良好基础的最佳解释推论理论。

在贝克斯等早期著述（2003）的基础上，本书对修正版威格摩尔分析进行了如下改进：明示地将论证和故事相联系，并对运用不同类型的证据推理提供了详细的形式分析。从而得出了针对具体证据类型的标准论证图式或者初步性理由，这些要素可方便地应用于论证的论辩过程之中。这一形式分析还系统描述了（条件和非条件的）概称陈述以及攻击这些概称陈述的各种方式。除了协助对证据推理进行详细和系统的分析，论证的形式化还对混合理论之中基于论证的部分提供了逻辑基础。例如，关于概称陈述有效的推理与关于概称陈述例外的推理，混合理论对于这二者的不同进行了逻辑建模，而确定论证状态的基于论证的语义学，对于论证间的比较提供了坚实的形式基础。

250 7.3 最佳解释推论的理论模型

本节简要讨论两个基于模型的最佳解释推论理论。首先讨论撒加德的解释融贯性理论，然后讨论两位约瑟夫森的回溯逻辑理论适用于一个简单刑事案件的情况。第 7.3.3 节对这两个理论加以评价，并将其与本书提出的混合理论进行比较。

7.3.1 撒加德的解释融贯性

撒加德提出解释融贯性理论的最初目的（Thagard，1989）是提出一种计算理论，用以检验（科学）假设的融贯性，并对最佳解释推论作出一种心理学上自然的描述。由于证明过程本质上也由最佳解释推论构成，撒加德将其模型适用于涉及刑事证据推理的各种案件。

解释融贯性以一个连接网络（connectionist network）为基础，该网络中的各个节点通过无向联系关联在一起。每个节点都具有一个（数值的）激活值，它能够在整个网络进行传播，与被激活节点通过兴奋联系相关联的相邻节点在激活中上升，而通过抑制联系相关联的相邻节点在激活中下降。在撒加德的模型中，节点代表证据材料和假设命题，联系代表由节点表示的各命题之间的融贯性。接受或拒绝一个命题以该节点的激活度表达，其中证据节点总是与具有最高激活度的特殊节点相连。在撒加德的 ECHO 程序中，一个网络中所有节点的激活持续传播，直至达到节点激活不再发生变化的状态。

撒加德使用的连接算法是较为标准的算法。因此，撒加德理论中最为重要的部分是他提出的七条融贯原则，即判断两个命题何时融贯的原则。下文中，**假设**（*hypothesis*）这一术语代表单个假设命题（而非多个命题的组合），**证据**代表单项证据：

原则 E1-对称：

与条件概率不同，解释融贯性是一种对称关系。易言之，两个命题 p 和 q 同等程度地彼此融贯。

原则 E2-解释：

（a）一个假设与其解释对象融贯，后者可能是证据也可能是另一个假设；

（b）共同解释某个其他命题的多个假设彼此融贯；并且

（c）解释某对象时需要的假设越多，这些假设之间的融贯度 251
越低。

原则 E3-类比：

解释相似证据项目的相似假设彼此融贯。

原则 E4-证据材料优先：

描述观察之结果的证据自身具有一个可接受度。

原则 E5-抵触：

抵触的命题彼此不融贯。

原则 E6-竞争：

如果 p 和 q 都能解释一个命题，并且如果 p 和 q 不存在解释联系，则 p 和 q 彼此不融贯（如果 p 和 q 中的一个能够解释另一个，或者如果它们能够共同解释某个对象，则 p 和 q 存在解释联系）。

原则 E7-接受：

命题网络中的一个命题的可接受性取决于它与该网络其他命题的融贯性。

请注意，融贯关系与**解释**关系存在紧密联系，并因此与**因果**关系存在紧密联系（参见第2.3.2节），解释融贯性基础原则非常类似于回溯最佳解释推论和基于因果模型推理基础的一般原则。例如，如果一个因果理论中a导致b，那么根据撒加德，a解释b，从而根据原则E2，a和b融贯。因此，对称的融贯关系实质上是两个命题之间因果和证据关系的组合。另一个例子是竞争原则（E6），类似于解释定义（定义5.3.4）的条件，即同一事件的两个不同原因应该被视为不同解释，因此应当彼此加以比较。撒加德主张，一个基于以上原则的连接网络可以被视为一个（有因果联系的）**故事**，其融贯性可通过如下方式加以确定：首先对某个假设和证据集适用上述原则，然后确定节点的激活值。

撒加德在其著述中（Thagard，1989，2004，2005）对一些真实案件进行了研究，把它们建模成融贯网络。在（Thagard，2004）中，他对著名的冯·比洛案（von Biilow case）进行建模，该案中克劳斯·冯·比洛（Claus von Biilow）被指控杀害其（富有的）社会名流妻子桑妮（Sunny）。程序ECHO得出的结果与初始案件中的假设相同。易言之，由所接受的假设构成的网络（或者说所接受的故事）与初始案件中陪审团所接受的故事相同。

7.3.2 约瑟夫森的逻辑回溯模型

在麦克里蒙和蒂勒斯编辑的短篇论文集（MacCrimmon and Tillers，2002）中，约翰·约瑟夫森将其关于逻辑回溯推理的一般性观点适用
252 于一个进行证据推理的法律案件。约瑟夫森的方法[13]与撒加德的方法

---

〔13〕 正如在（Josephson and Josephson，1994）中阐述的。关于约瑟夫森有关回溯推理的观点，参见第2.3.1节（回溯推理）、第3.2.3节（解释证据）和第4.4节（比较故事）。

存在很多共同之处：一个代表单个命题的假设可以**解释**某些证据材料或观察。多个假设还可以彼此蕴涵或解释，并能够组合起来解释证据材料。它们还可能不相容（撒加德的**抵触**），或者相互独立（撒加德的**竞争**），后者的含义是它们并不必然不兼容，但对某些证据材料提供选择解释。最后，每个假设都拥有一个信心值，取值从 1 到 9 不等，代表的含义从**排除**直到**中立**到**确认**。

约瑟夫森在文章中提供了一个更新策略的例子，它能够在一个基于知识的回溯推理系统中确定哪一个解释是最佳解释。该系统在许多方面类似于撒加德的 ECHO：〔14〕 一个案件可表示为一个带有积极链（**解释或蕴涵**）和消极链（**不相容**）的由假设和证据构成的网络。每一个假设和证据节点都拥有一个初始信心值，这些分值以如下方式通过一个不断重复的更新循环在整个网络范围内传播：

1. 找出全部关键假设，即没有它重要证据就无法得到解释的假设。
2. 与这些关键假设强不相容的假设应该被删除，而弱相容的假设应该降低其信心值。
3. 新的关键假设将会在竞争者被删除之后出现，新关键假设出现以后，将从第一步开始重复这一过程。
4. 不断重复，直至不能再发现新的关键假设。

理想状态下，这时所有证据材料均得到解释。如若不然，该系统将启动一个类似的循环，该循环中的这些关键假设不是能够解释所有证据材料的假设，而是尽可能解释更多证据材料的假设。

约瑟夫森提供了一个真实的法律案件作为例子，该案包括 17 项证据和 16 个可能假设。该系统提供的结果代表了在该案建模方式下的最佳解释。约瑟夫森主张证据以合理方式得到权衡，并主张前文阐述的

〔14〕 约瑟夫森的系统不是立基于连接网络算法，而是立基于与约瑟夫森自己的“关键品优先、撬动不相容（EFLI）策略”（参见 Josephson and Josephson，1994）。

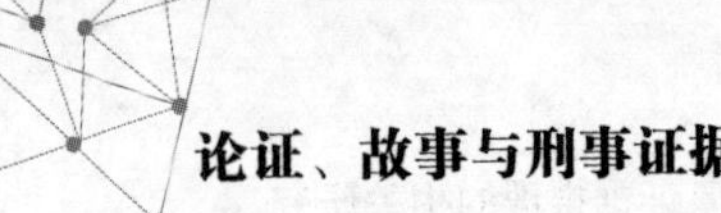

过程充分运用了不同假设进行互动的各种方式。

7.3.3 评 价

上一节讨论的撒加德和约瑟夫森的方法非常接近于第 3.2 节详细
253 讨论的抽象的基于故事方法，两个模型均立基于相同的因果-回溯最佳解释推论原则，该原则同样是本书混合理论因果部分的基础原则。

撒加德主张其解释融贯性理论具有心理学的似真性（在这方面他参考了彭宁顿和黑斯蒂的著述），具有计算的似真性，并且与科学哲学的某些理念（如整体论）高度相关（Quine and Ulian，1970）。以此方式，撒加德提供了一种能够满足本书第一章设定要求的理论，即同时满足认知、计算和概念标准。通过不仅在法律语境中而且关于科学理论或者常识假设进行大量的案例研究，撒加德主张他已经表明，其连接模型正确描述了人们如何进行最佳解释推论。撒加德还主张，其融贯原则不仅描述了人们的推理，而且可用作正确和理性最佳解释推论的规则。然而，他并没有在证明过程和证据推理的语境中进一步阐述自己的观点。

虽然其理论中必须将节点的初始激活设定为一个数值并且使用者必须代入兴奋链接和抑制链接的分量（weight），撒加德主张实际数值无关紧要，只要兴奋分量的数值大于抑制分量的数值。因此，其理论不存在“数字问题”，即为了使模型具有含义并得出适当的结果，必须猜测复杂的概率值或者激活值。然而，撒加德模型的一个重要缺陷是，它使用的复杂数值算法导致确定解释融贯性的过程一定程度上成为一个黑匣子：为何一个融贯的假设集比另一个得到了更强的激活（因此更加融贯），这一点并不总是清楚。

约瑟夫森的实验工作主要关注如何回答如下问题，在确定某项证据的最佳解释时可以以及应当使用何种推理。其模型应用于案例研究时关于最佳解释推论提供了有趣的洞见，并对进行该等推论提供了一些可能的启发规则（例如，以关键假设为出发点，在此基础上进行改进）。约瑟夫森的模型计算最佳解释时使用离散的信心水平而非撒加德连接模型那样使用实数。以此可以对选择最佳假设的实际过程获得更多认识。然而，并不清楚约瑟夫森方法中的信心水平是否影响最终结果；如果影响，猜测该等信心水平将构成案件建模的重要成分，建模者面临着前述“数字问题”。

由于撒加德和约瑟夫森的理论本质上都是对纯基于故事方法的建模，这两种模型均拥有该方法的优势和缺点。例如，其优势在于，撒加德和约瑟夫森的理论均接近于人们实际上如何证据推理，并且据此可以对案件中的证据和假设提供相对简单的概览。其缺点在于，证据材料的位置及其与事件（即假设）的关系并不总是清晰的，并且关于单项证据材料及其结论的原子推理是不可能的。另外，也不能**关于**解释模型以及该模型的结果（即最佳解释）进行推理。混合理论采用一
种程序理性方法，允许在一种论辩语境中质疑因果联系以及证据与解 254
释之间的联系。撒加德和约瑟夫森的理论不允许进行这种操作，因此无法核实故事的解释模型。

7.4　凯彭斯及其同事开发的用于警察调查的决策支持系统

凯彭斯和谢弗（2006）开发了一个专门面向刑事调查决策支持系统的基于逻辑模型的推理技术。其研究动机本质上与本书相同：正如凯彭斯和谢弗提供的司法不公的例子表明，刑事调查过程中真实存在着隧道视野的风险。他们提出的系统（已经为此系统实施了一个原型）以通过如下方式协助调查人员为目的：给定某些证据之后，自动构建能够解释该证据的可能情节，并且给定这些假设情节以后，提示可能被发现的额外证据。

该系统立基于模型诊断的基本原则：给定具有“**原因→结果**”形式的一个因果规则集 T 以及某些观察 O 之后，可以回溯推导出假设字符 H，后者与这些规则相结合蕴涵这些观察：$H \cup T \vdash O$。在（Keppens and Schafer，2006）中，由字符和因果规则组成的假设情节构成**情节空间**（*scenanio space*）的一部分。由于在刑事调查中，给定某些证据往往存在大量可能情节，知识库并不包含完整的情节，而只包含从中能

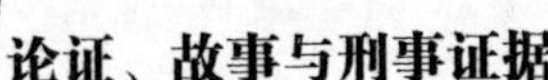

够构建案件最终情节空间的情节碎片。例如一个因果规则悬吊（受害人）→遭受（受害人，窒息）代表用绳子吊着脖子的人会窒息。这一规则不仅出现于**自杀**情节，也出现于其他情节，例如**意外**情节（受害人打算切断绳子但没有成功），或者**谋杀**情节（某人以悬吊受害人的方式将其杀害，或者将其布置得看似受害人自己上吊）。以此方式，知识库并没有必要包括完整的情节，而只需包括能够结合成多个可能情节的一个因果规则集。请注意，这些情节不仅涉及犯罪活动（或者意外事件）中发生了何事，而且涉及调查人员的任何可能行为。例如，一个情节可能包含如下因果规则：遭受（受害人，窒息）∧正确诊断［病理学家，死因（受害人）］→医学报告［病理学家，死因（受害人），窒息］。

在以回溯方式推导出初始情节之后，该系统运用演绎推理预测当前假设情节会导致什么其他可能状态。以此方式可以预测新的可观察物，并清晰呈现为了证明或反驳这些新的可观察物尚需收集哪些证据。这些预测的可观察物可用于区分各种假设情节。后期著述（Shen et al., 2007）在这一预测阶段之后又增加了一个额外的解释阶段。在此阶段，以回溯方式推导这些支持未收集证据的新原因，以便系统对新
255 证据的所有可能原因加以考虑。自动推理的最后阶段对情节空间增加了约束，以确定哪些情节碎片能够一同出现。这些约束是从知识库中演绎推导出来的。例如，规则自杀∧意外→⊥确保自杀和意外这两个命题不能出现于同一个解释中，以使该系统“保持为真”。

伴随着每一项新证据的出现，系统将对情节空间进行更新。用户可在两次更新之间查询系统，而系统将向用户发出一份报告。可以向其提出的查询问题是“哪个假设得到了可得证据的支持?”“如果某个情节为真，可能发现哪些额外证据项目?”以及“哪些额外证据项目或集合能够区分情节?”对最后两个问题的回答可以有效地为调查行为提供建议。例如，一个心理学家作证受害人具有强烈的自杀倾向，该证言将有助于区分**自杀**假设和**谋杀**假设，因此可能的调查行为将致力于查明受害人是否当时正在看心理医生。

7.4.1　评　价

凯彭斯及其同事清晰地讨论了他们设计模型的动机和目的，即以此作为一个自动决策支持系统的基础，该系统用于协助警察调查。该系统背后的模型立基于因果-回溯最佳解释推论原则，这些原则也是基于故事的方法以及混合理论因果部分的基础原则。然而，凯彭斯及其同事并没有对何为最佳解释提出主张，而仅仅把他们的因果情节用于决定调查过程中可能采取的下一步。易言之，该模型返回的结果并非从一个可能情节集中选出的最佳情节，而是可能对不同假设情节进行区分的证据。该系统采用的这种建议可能调查方向的方式对于实践调查目的而言是有用的，如果使用适当，这样的系统将是一个功能强大的工具。

然而，基于知识系统的性能不可能超越其知识库，要想使凯彭斯及其同事的方法真正具有价值，必须构建一个包含大量情节碎片的复杂知识库。这可能是一个费时的过程，并面临着所谓的“知识获取瓶颈”：专家（即调查人员或警察分析员）可能提供不完整甚至错误的知识，并且他们不可能总是能够正确表述自己的知识。自动专家系统面临的第二个问题可能是，一旦知识库变得足够复杂，该系统的使用者将无法完整掌握知识库包含的信息。因此，使用者一定完全信任模型得出的结果，即便并不拥有对于所有证据和所有情节的完整看法。

凯彭斯及其同事初始似乎通过保持情节和情节碎片的数量和可理
解性来避免这些一般问题。另外，原型系统查询功能返回的情节表现 256
为简单的概要或事件列表，并避免以明示因果信息加重使用者的负担。然而，这样做也存在危险，因为错误的因果规则会影响系统的结果从而影响调查结果。在凯彭斯及其同事采用的方法中，因果模型的理性基础建立在“由专家构建”这一事实之上，当前的混合方法则采用程序理性的方法，允许在论辩语境中对模型提出质疑。

7.5　概率推理与贝叶斯信念网络

法庭使用概率和统计如今已成为一个热门话题。法庭科学家经常谈及使用数值概率的DNA证据（例如安于姆村案中的血液证据，页码第224页表6.1和页码第238页图6.9），统计方面的专家受邀就给定案件情况发生某种犯罪的概率进行作证。这种使用统计的方式有时存在争议。概率还具有另外一种功能，即为描述和量化证据与假设之间关系的形式框架提供基础。正如戴维（2005）指出：“概率理论完全是在不确定状态下进行推论的逻辑”。本书感兴趣的正是概率理论的这第二种用法，本节将简要讨论使用（贝叶斯）概率理论的某些证据推理之形式理论。首先，我们将非常简要地介绍贝叶斯概率理论的一些概念。第7.5.1节将讨论卡登和舒姆利用贝叶斯概率理论构建威格摩尔图中证据的力量。第7.5.2节将简要介绍贝叶斯网络以及敏感性分析的运用。第7.5.2节将讨论普勒赫等人使用贝叶斯信念网络实现证据可视化的研究工作，第7.5.3节对这些贝叶斯方法加以评价。

本节讨论的理论全都是主观的概率理论。该等理论允许人们关于某个事件的发生作主观概率评价，而无需诉诸相似事件的重复发生。这种评价表达为$P(A)$（即命题A的概率），取值在0和1之间，其中P（真）=1，P（假）=0。在对概率、证据和信念修正这几个概念的主观描述中，著名的贝叶斯定理扮演着重要角色。这一定理发表于贝叶斯去世后（Bayes，1763），在运用**条件概率**进行计算时非常重要。涉及证据的条件概率被写作$P(H|E)$，它表示给定某个证据E时某个假设H发生的概率。通常情况下我们感兴趣的正是这个概率。易言之，我们希望确定某项证据对于某个假设具有何种影响，以及给定证据时哪个假设最有可能发生。

贝叶斯定理即如下等式：

$$P(H|E)=P(H)\times P(E|H)/P(E)$$

利用这一等式可以在给定如下几项时推导出**后验概率**$P(H|E)$：假设H的**先验概率**$P(H)$，以及给定H和$\neg H$时E的**似然度**$P(E|$
257 $H)$和$P(E|\neg H)$。其中$P(E)$这一术语可通过如下公式确定：

$$P(E) = P(E \mid H) \times P(H) + P(E \mid \neg H) \times P(\neg H)$$

例如，假设我们想确定 P（H-车 | w_1），即给定证人 w_1 看到某个貌似哈克纳特的人进入此车时，哈克纳特进入此车的概率。根据贝叶斯定理，P（H-车 | w_1）= P（H-车）×P（w_1 | H-车）/P（w_1）。现在，我们需要确定以下概率：P（w_1 | H-车），即如果哈克纳特进入此车，证人 w_1 看到某个貌似哈克纳特的人进入此车的概率；P（w_1 | ¬(H-车)），即如果哈克纳特没有进入此车，证人 w_1 看到某个貌似哈克纳特的人进入此车的概率；以及 P（H-车），即哈克纳特在该特定地点、特定时间进入此车的先验概率。假设 P（w_1 | H-车）= 1（如果哈克纳特确实进入此车，证人有完全的可能看到哈克纳特），P［w_1 | ¬(H-车)］=0.4（证人看到某个仅仅貌似哈克纳特的其他人，存在此种合理可能），P（H-车）= 0.3（哈克纳特住在附近以及涉案汽车属于他，这些事实使得哈克纳特进入此车具备一定的可能性），以及 P［¬(H-车)］=1-0.3=0.7，则 P（w_1）= 1×0.3+0.4×0.7=0.58。因此，后验概率 P（H-车 | w_1）= 0.3×1/0.58≈0.517。因此这份证人证据对于进入此车者确实是哈克纳特的概率具有一定的影响，在引入该证据之前，上车者是哈克纳特的概率是 0.3，而引入该证据之后变为 0.517。

7.5.1　卡登和舒姆对于萨科-万泽蒂案的分析

在他们对萨科-万泽蒂案（Kadane and Schum，1996）的概率分析中，卡登和舒姆将修正版威格摩尔分析与他们关于贝叶斯概率和似然度的观点相结合。他们对著名的萨科-万泽蒂案进行了详细的分析，提供了详细记载该案证据和推理的各种威格摩尔图表。与此同时，他们运用贝叶斯方法就该案中单个和组合证据的证明力表达了观点。

卡登和舒姆的主要关注点在于，在将关于某假设之概率的先验信念改变为关于该假设之概率的后验信念过程中，证据所具有的证明力，同时他们对于事件的先验概率并不太感兴趣。因此，他们避开了统计学界存在的一个主要争议点，即在案件中考虑任何证据**之前**，是否以及如何确定先验概率 $P(H)$。例如，如何正确地确定先验概率 P（H 抢劫 SM），即哈克纳特抢劫超市的先验概率？是否哈克纳特跟附近800名其他人一样可能从事该犯罪行为，即 P（H 抢劫 SM）$= 0.00125$？我们是否应该考虑他是一个吸毒者的背景信息？如果这样做，我们是否仍然能够说我们在讨论先验概率，因为该背景也可以被视为证据？这些都是难以回答的问题，但卡登和舒姆在其分析中仅关注条件概率而非先验概率。

258 卡登和舒姆尤其关注他们所称的**概率-似然率**。一个假设 H 对 $\neg H$ 的概率（odds，即比率 $H/\neg H$）表示为（$H:\neg H$），给定证据 E 时 H 对 $\neg H$ 的后验概率表示为（$H:\neg H \mid E$）。此时，概率-似然率 Le 表示为（$H:\neg H \mid E$）/（$H:\neg H$）。这一比率代表着考虑证据以后导致的概率变化。如果 Le 大于1，则证据对于命题 H 具有积极影响，即给定该证据，假设 H 比 $\neg H$ 更有利。如果 Le 小于1，则该证据对命题 $\neg H$ 具有积极影响，即该证据更有利于 $\neg H$ 而非 H。

他们对萨科-万泽蒂案的案例研究主要集中在构建各种威格摩尔图表。之后，凯泽（Kaiser，对该案有丰富了解的一位历史学家）、卡登和舒姆对于对应某些具体威格摩尔图表的证据集分别提供了似然率评价。他们希望以此方式分析这三位了解案件的人士所认为的证据对两个最终假设产生的实际影响，这两个最终假设是“萨科有罪但万泽蒂无罪”，“萨科和万泽蒂均无罪”。易言之，他们的评价涉及证据对萨科有罪或无罪概率产生的影响。例如，图表4关于证人是否看到萨科在犯罪现场。[15] 该图表包括控方证人佩尔泽（Pelser）、韦德（Wade）和弗兰特洛（Frantello）的陈述，以及被告证人的陈述；前者主张就在犯罪之前或者期间看到或听到了萨科；而后者主张控方证人的诚实性、客观性或观察敏感性存在问题，从而提供了附属证据弱化从控方证人

---

〔15〕 限于篇幅，本书未复制这一图表，参见（Kadane and Schum，1996，p. 290）或者（Bex et al.，2003，Fig. 4）。

证言得出“萨科位于犯罪现场”这一状态的推论。根据舒姆，图表4中的证据以2:1的比率有利于萨科无罪。这一比率表达的含义是，弱化控方证人陈述的被告证人比直接支持萨科在场的控方证人更加可信，因此控方的证据对于萨科有罪这一假设不具有积极影响。对于萨科无罪的积极影响来自于如下论证，即34名其他证人未能指认出下颏。然而，卡登和凯泽有不同的观点：凯泽认为证据仅仅以1:1.1的比率有利于萨科无罪，而卡登认为该图表中的证据对于萨科无罪或有罪均没有偏向性。

卡登和舒姆对于萨科-万泽蒂案的分析包含着作者及凯泽关于证据证明力所作的主观概率猜测。该等评价立基于各评价人（对于该案）掌握的背景知识，而且两位作者也没有声称他们的评价是确定的。这些评价人之间存在两大争议点，每个争议点都涉及对证据的证明力评价，而这些证据充斥于有关萨科-万泽蒂案中复杂枪械证据的四个复杂的威格摩尔图表。这表明，在复杂案件中正确判断证据的总体力量是
困难的；证据以及证据的组合越复杂，第7.3.3节讨论的“数字问题” 259
（即正确判断概率以及对“正确”概率进行某种测度）愈发严重。下一节提出一种分析证据力量的方法，它不涉及进行主观的概率评价。

7.5.2　贝叶斯信念网络和敏感性分析

在运用贝叶斯概率进行推理方面，一个有用的工具是贝叶斯网络或者信念网络。该等贝叶斯网络[16]以图形方式表示命题之间的条件依赖和条件独立，可用以计算复杂的（条件）概率。贝叶斯网络可以对证据和推论进行可视化处理，并提供一种进行复杂概率计算的工具。运用贝叶斯网络关于证据推理的例子，参见（Kadane and Schum，1996；Levitt and Laskey，2000；Thagard，2004）。本节简要讨论贝叶斯网络及其主要用途。

一个贝叶斯网络包含两部分，即定性部分和定量部分。定性部分是一个有向非循环图，其中每个节点代表一个命题（即一个假设或者

---

〔16〕有关贝叶斯网络的开创性作品出自珀尔（Pearl）。参见，例如（Pearl，1988b，2000）。

一项证据）。这个图是对各个节点之间条件依赖和条件独立的图形表示。例如，图 7.6 中的图。

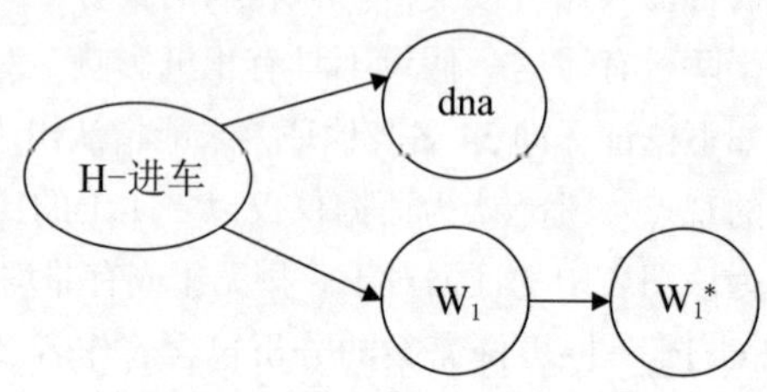

图 7.6　一个简单的贝叶斯网络

该图表示 w_1^*（证据，即证人 w_1 看到某个貌似哈克纳特的人这个陈述）、w_1（w_1 看到某个貌似哈克纳特的人这个事件）、DNA（车中毛发的 DNA 与哈克纳特的 DNA 匹配这一事实）以及 H-进车（哈克纳特进入此车这一事件）之间的依赖关系。请注意，该图表面上类似于图 3.4（页码第 49 页）中的论证，但是二者的箭头方向相反。然而，这并不意味着此处箭头如图 3.24（页码第 89 页）中那样表示因果关系；本图中的箭头表示变项之间的条件依赖（和条件独立）。[17] 对于图中每一个节点，给定其母节点（parents）时均可界定该节点的条件概率。例如，条件概率 P（w_1 | H-车）、P（¬ w_1 | H-车）、P［w_1 | ¬(H-
260 车）］和 P［¬ w_1 | ¬(H-车）］均与节点 w_1 相联系。这些概率构成该网络的定量部分，可以运用一个算法使用这些条件概率计算该网络中每个节点的概率，这一算法利用贝叶斯网络内在的某些独立关系。

正如前节讨论的，运用概率推理时将面临“数字问题”：以有意义的方式使用条件概率且无需诉诸具体概率的一种方法，是进行**敏感性分析**。运用敏感性分析可以确定一个概率模型输入改变对于输出产生的影响。我们仍然需要猜测概率，但敏感性分析的目的并不是要计

---

〔17〕如果增加某些真假判定原则，则可能构建因果贝叶斯网络，其中的箭头代表因果关系。

算某个假设属实的（正确）条件概率。相反，进行敏感性分析时，我们只是要分析当改变可能影响该假设的其他概率时，会对该假设（的概率）产生何种影响。易言之，我们想要知道该网络对于概率改变的敏感性。进行该等分析的最简单方法是系统性地改变一个概率，同时保持所有其他概率固定不变，从而可以确定该数值对其他概率产生的影响。以此方式可以确定具体一项证据对某个假设是何种证明力。

作为例子，请考虑上述的小型网络。该网络中一个至关重要的概率是 P [$w_1 \mid \neg$(H－车)]，即证人看到某个仅仅貌似哈克纳特的人，这有多大可能性？这是一个很难判断的概率，因为它涉及对如下事项的量化，即在任何时刻可以期望有多少貌似哈克纳特的其他人出现在该超市附近。如果假定该证人讲真话［即 P（$w_1^* \mid w_1$）和 P（$\neg w_1^* \mid \neg w_1$）均取高值］，该判断对于如下结论的概率具有较大影响，即进入此车的人是否是哈克纳特。然而，如果我们假定 w_1^* 对于 w_1 的影响微弱（即该证人无法或者不愿适当地说出哈克纳特与貌似哈克纳特的某人之间的区别），则概率 P [$w_1 \mid \neg$(H－车)] 的取值对于H－进车这一结论的影响很小。正如卡登和舒姆所说，[18] 如果 w_1 无法说出哈克纳特与另外一个人之间的区别，则仅仅貌似哈克纳特的某人进入此车有多么不可能，这一点并不具有意义。

上述敏感性分析的例子并不要求在贝叶斯网络中进行计算：我们运用常识就能够看到改变关于 w_1^* 和 w_1 之间联系的条件概率会对H－进车产生影响。然而，复杂案件中存在相互影响的大量命题，较为复杂的敏感性分析需要同时改变多个概率。在这种情况下，实施贝叶斯网络的软件程序[19]将是极具价值的工具，因为它能够追踪所有命题之 261
间的概率依赖，并能够通过多种算法自动进行复杂的敏感性分析。运

〔18〕卡登和舒姆使用了一个类似的例子，即某个证人作证说看到某个貌似萨科的人。

〔19〕该等软件的例子包括（http://www.hugin.com; accessed on 29th April 2009）以及可自由下载的（http://genie.sis.pitt.edu/; accessed on 29th April 2009）。

用这些程序可以确定多项证据对一个假设产生的影响，并能够评价错误猜测的概率对系统输出的可能影响。卡登和舒姆将涉及枪械证据的四个威格摩尔图表组合（凯泽、卡登和舒姆对此存在分歧）建模成一个贝叶斯网络（Kadane and Schum，1996，p. 217）。他们还表明，对某些概率的微小改变会导致某些最终待证项的似然率发生重大改变，而其他概率的更大幅改变并不会对最终待证项的产生重大影响。

贝叶斯网络的定性部分（即依赖图）可用于以类似于威格摩尔图及本书提倡的方法（尤其是第3章）可视化证据及从证据得出的推论。前文已经介绍了卡登和舒姆这方面的著述；其他著述还包括（Levitt and Laskey，2000；Thagard，2004）。赫普勒等（Hepler et al.，2007）认识到贝叶斯网络的这种用途，并提出一种方法运用其所谓**目的导向的贝叶斯网络**对复杂案件进行建模。这些网络能够便利地构建大型网络，因为它们并不是作为一个整体进行构建，而是首先构建一系列小型网络（或者模块），然后在其得到认可后植入一个较高层面的网络。[20]以图7.7中的顶层网络为例。网络顶端的命题哈克纳特有罪受两个节点影响。其中每个节点代表一个单独的和更加详细的网络。例如，哈克纳特在超市附近这一节点可以扩充成图7.8中的网络。如果哈克纳特进入此车，则抢劫发生时他就位于超市附近，还可能有其他可能证人在抢劫之前或之后不久看到哈克纳特。赫普勒及其同事讨论了更多该等例子，并将萨科–万泽蒂案的一部分建模成一个目的导向的网络。他们还讨论了可以重复使用的一般模块，例如有关证人可信性的模块。事件和证言之间的每个联系都包含一个表示可信性模块的注释，参见图7.9。

这个可信性模块是一个具有图7.10所述形式的一般模块。该等一般模块可用于构建复杂贝叶斯网络。在上例中，w_1 的可信性可代之以关于 w_1 事例化的可信性模块。因此，赫普勒及其同事提出的目的导向的贝叶斯网络建模了分层网络的推理和可视化，如需要可对该等网络加以改进。

---

〔20〕 这种方法类似于（Keppens and Schafer，2006）提出的**情节碎片**理念。

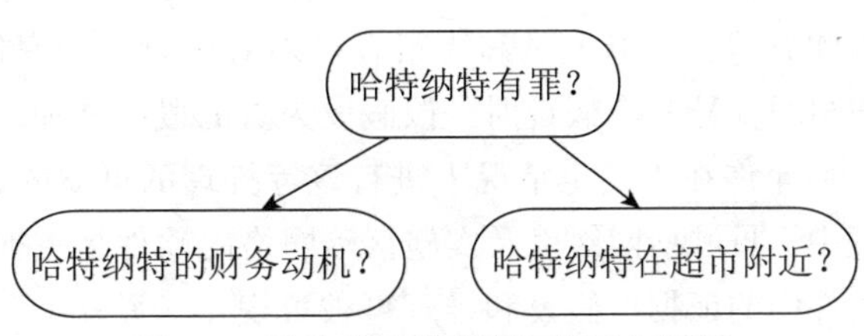

图 7.7　哈克纳特案的顶层贝叶斯网络

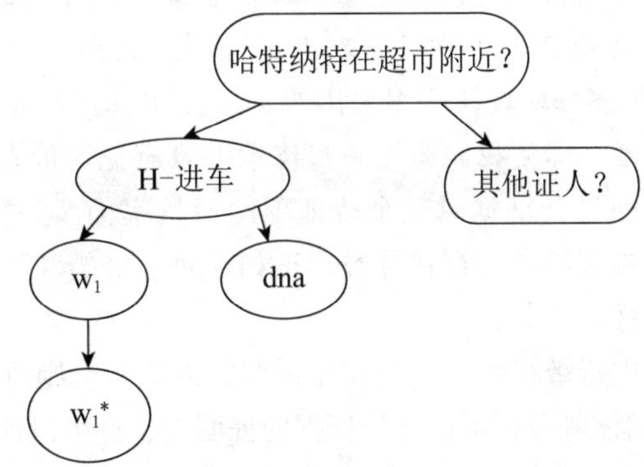

图 7.8　对图 7.7 中哈克纳特在超市附近模块的扩充

图 7.9　贝叶斯网络中的可信性属性

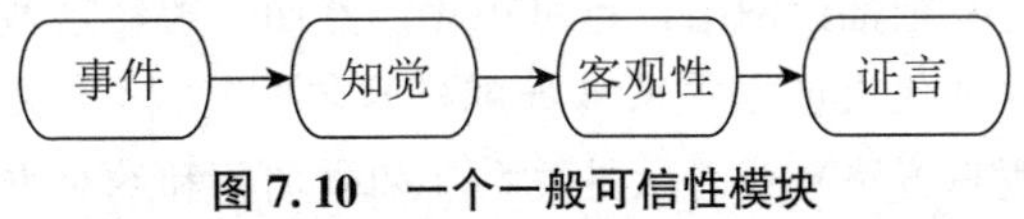

图 7.10　一个一般可信性模块

7.5.3　对各种贝叶斯方法的评价 262

在证明过程中运用刑事证据进行推理时，我们并不能完全确定某个假设为真。调查人员必须追问他们认为**最为可能**的假设，在普通法体系中，嫌疑人从事犯罪行为得到**排除合理怀疑**证明时陪审团方能进行定罪。以此方式，调查人员和决策者必须对假设的概率作出决策，当给定证据材料支持某个假设时，该假设为真的概率增加。贝叶斯概率理论是一种允许在不确定情况下进行该等推理的可靠的数学理论。在证据推理中，贝叶斯网络以及实施该等网络的软件是一种有用的工
263 具。一个案件中的证据、假设和推理可被可视化。另外，运用贝叶斯网络可以相对容易的方式对证据进行有用的分析，例如敏感性分析。

然而，贝叶斯方法存在一个重大缺陷，即“数字问题”：我们如何确定概率？在第 3.1.2 节讨论攻击论证时，我们已经提出为某个（条件）概称陈述分配具体概率是困难的，使用（可废止）优先的方法也许更加自然。即便我们运用一些技术手段避免评价先验概率，要评价给定一系列复杂证据时某个待证项的似然率仍然是完全主观的，并且评价愈困难人们愈发存在分歧，正如卡登、舒姆和凯泽之间的分歧所表明的那样。

如果我们进行敏感性分析时仅使用假定的概率，则可以避免“数字问题”。运用该等分析可以评价证据的证明力，亦可以评价联系假设的各种关系与证据之间的互动。然而，如果贝叶斯网络自动化软件被用于进行敏感性分析，贝叶斯方法将与撒加德的连接模型一样面临“黑匣子”问题。由于算法和贝叶斯概率理论总体上的复杂性，多值敏感性分析的结果将难以解释。贝叶斯方法的这种复杂性导致它对于未受过正式训练的人而言不够自然，因此在含义理清语境中用途不大。赫普勒及其同事主张，贝叶斯网络的定性部分具有含义理清的用途，因为它允许对复杂推论网络进行可视化。然而，解释这些网络时必须谨慎。它们并不代表证据关系（如威格摩尔图）、因果关系（如基于模型推理的逻辑方法）或者融贯关系（如撒加德和约瑟夫森的方法）。贝叶斯网络中的关系代表的是依赖和独立关系。该等依赖关系并不像本书所用方法中使用的证据、因果或解释关系那样可进行自然的解读。另外，给定一个贝叶斯网络存在着默示的独立假定，通过该网络的结构并不能明显地看出这些假定。

总之，贝叶斯（网络）方法提供了一种理性和计算可靠的证据推

理理论。然而，该理论在自然性方面较差，因此不太适合用于含义理清。纯贝叶斯理论存在的一个问题是，正如前文讨论的其他形式方法一样，不能**关于**网络推理。然而，尼尔森和帕森斯（Nielsen and Parsons, 2006）提出一种新颖的方法，通过自主主体之间的商谈型对话博弈来组合各种贝叶斯网络。赫普勒、戴维和勒凯瑞提供了一些运用图进行推理的有趣方法，他们提出的分层模块与混合理论的一些方面相似。例如，其一般模块类似于故事图式或者概称陈述。以更复杂的网络替代单个节点，这种做法类似于证据性概称陈述和因果性概称陈述的改进（参见图 3.13 和图 3.18）。虽然这些理念不能使得贝叶斯方法更加自然，但可运用于任何可视化导向的含义理清工具。

265 # 第 8 章 结 论

本书的主要目的是发展一种在刑事案件语境中利用证据和事实进行推理、自然且理性良好基础的理论。为此需要回答的三个重要问题是：论证和故事在该等理论中扮演什么角色，该等理论的必要要素是什么，以及如何设定一种理性标准或者至少提供一些理性指引？本书对这些研究问题给出了答案。它发展了设定一种程序理性标准的故事和论证混合理论，并以一种可视化和半形式的方式加以表现。该混合理论还被形式化，论证和故事的组合被建模成一个形式理论，在发展该理论时特别考虑了含义理清的概念、认知和计算目的。另外，本书还提出了一种形式的探究型对话博弈，旨在具体化程序理性的标准。最后，本书借助一个案例研究表明该混合理论具有足够的灵活性，能够处理真实的大型刑事案件。以下概括本书的主要内容，并讨论其结果。

8.1 总 结

第 1 章引出刑事法律语境中理性的运用证据进行常识推理的问题。威格摩尔及其他人倡导的理性“真追求”是一个涉及大量证据和复杂推理的过程。因此，在此过程中很容易犯下所有复杂推理类型共同的错误，例如仅仅搜寻支持一种假设的证据而无视选择假设。一个证明理论能够协助调查人员和决策者收集、组织和评价证据以及相应的假设，还能够为 AVERS 这样的含义理清系统提供坚实的基础。它还能鼓励推理者遵守一般的理性推理标准。该理论应当自然，以确保很少或者没有受过正式训练的人员能够使用它；该理论应当具有理性良好基础，以确保它与理性证据推理的盛行理论相符；它还应当具有形式特性，以促进含义理清软件的设计。

第2章对刑事证据推理进行一般介绍，从而为后续研究提供必要 266
的背景信息。它把**证明过程**视作一种关于构建、检验和证成复杂假设的一般和抽象的描述。这一证明过程构成警察调查和司法决策的基础，无论在纠问还是对抗语境中均是如此。证明过程中的推理是一种最佳解释推论，即首先以回溯推论出可能假设，然后将其付诸旨在发现最佳假设的一系列检验。在这一试图推论出最佳解释的过程中，基本的因果知识以及关于动机、行为和犯罪的更加复杂的知识被用于解释和预测事件。证明过程中的推理是**可废止**推理。例如，一项证人陈述最初被相信但之后可能被证明是虚假的，初始似真的一个假设可能被另一个能够更好解释证据的假设所推翻。

证明过程中使用两种重要类型的知识，即**证据**和**一般常识知识**。证据材料是最基本形式的证据。它提供作为构建假设之基础的初始线索，以此启动证明过程；允许抛弃受到抵触的假设，以此引导着证明过程的检验阶段；并且提供真实情况，其构成支持某个具体假设的决策已被证成的基础。一般世界知识以概称陈述和故事图式（即一般、抽象的情节）的形式可被用作初始假设的基础，并可用于支持缺乏直接证据的假设部分。在任何复杂的刑事案件中都会有假设的某些部分无法找到直接支持证据的情况，因此该等部分必须基于一般世界知识，它是我们（共享的）知识库的一部分。然而，我们必须保持谨慎，以免接受仅仅立基于少量证据的假设，或者立基于关于周围世界的虚假常识知识的假设。

第3章讨论了刑事证据推理理论中呈现的两股主要趋势：基于论证推理和基于故事推理。论证以实施连续性推理步骤的方法进行构建，始于一项证据材料，朝着得出某个结论进行推理。每一个该等推理步骤背后都拥有一个具有“e是p的证据”形式的**证据性概称陈述**，以证成从前提到结论的步骤，因此使用论证进行的推理可以刻画为**证据性推理**。运用论证进行推理是**论辩的**，即不仅考虑支持某一结论的论证，而且考虑反对该结论的论证以及反对其他论证的论证。最后，论证性推理还被称为**原子推理**，因为一个案件的各种成分（即假设、证据材料）均被单独考察，案件本身则不被“作为一个整体”进行考察。基于论证方法提供了一种理性可靠的分析和评价证据推理的方法，其背后的依据是对于非形式和形式论证进行研究的重要学术传统。基于论证方法可对某案件中的单项证据材料进行彻底分析，推理中使用的概称陈述可以多种方法加以支持和攻击，论证的原子性质意味着它
267 们非常适合暴露推理链中出现的怀疑源。然而，这种原子性质使得基于论证方法不适合对关于本案发生了何事的各种假设提供明晰的概览。另外，在纯证据性的基于论证方法中，并非因果性推理的所有方面都可以得到呈现，例如预测未曾预料到的结果。最后，虽然证据性论证和概称陈述的观点立基于一些直觉的和自然的概念，但构建论证是否在组织证据方面真实有用尚未得到经验研究的证明。

基于故事方法是以证据为基础构建有关案件中发生了（可能曾经发生了）何事的假设故事。我们在这种方法下进行**因果性推理**，因为故事中各事件之间的关系可以表达为具有“c是e的原因”形式的**因果性概称陈述**。这种方法也具有论辩成分，因为关于犯罪行为发生前、发生过程中和发生后发生了何事的选择故事，可根据其内部融贯性及其覆盖的证据材料数量加以比较。基于故事方法还被称为**整体方法**（而非原子方法），因为故事中的各种要素（即假设、证据材料）被作为一个整体加以考察，个体要素则受到较少关注。

另外，可以在各种不同抽象层面上考虑故事。基于故事方法已经得到经验性调查，并因其能够对刑事案件中的证据和情节作自然的描述而受到赞赏。故事允许我们对案件事实进行方便的概览，并且整体结构（如故事图式）允许我们迅速构建假设犯罪情节。故事的因果性质则可以被用于通过解释和预测事件来进一步发展故事。然而，在基于故事的方法中，证据材料并不像在基于论证的方法中那样具有清晰

的位置，因此，案件假设各种要素具有的可信性和相关性并不能像在论证方法中那样容易得到核实。另外，纯基于故事方法并不允许关于故事推理，易言之，不允许关于故事的似真性或其符合证据的程度进行推理。

关于证据推理的两种独立方法我们已有上述发现，从中可以得出如下结论，即运用刑事证据和犯罪情节进行推理的最佳方法是，把故事和论证组合成一个**混合理论**。对于刑事证据推理的一个自然且理性良好基础的理论而言，故事和论证都是必须的。故事和论证在某种意义上构成连通器，因为在某些情况下故事是一种自然的推理方法，在其他情况下则可以更为容易地运用论证。这一混合理论在第 4 章以非形式的方式表现，在第 5 章以形式的方式表现。该理论具有两种独立方法的完整表达性，同时又增加了仅能存在于组合理论中的特征。该混合理论的基本理念是，假设犯罪故事可用于从因果上解释待解释项(即待解释的事实)，并且可以使用基于证据或一般世界知识的证据性论证对这些故事加以支持和抵触。以此方式，混合理论中不但可以**运用**故事推理，而且可以**关于**故事推理。表达故事中因果联系的概称陈述可以受到质疑，对故事提供似真性的故事图式也可以受到基于论证的讨论。因此这种方式下可就故事基础的共享世界知识达成共识。 268

运用论证还可对用于比较解释故事的各种标准作更确切的界定。一个故事的**证据支持**和**证据抵触**分别指该故事得到基于证据的论证支持和抵触的程度。故事中没有证据的事件，即**证据缺口**，将削弱该故事，但也能指向可能的未来调查方向。**似真性**涉及故事中未得到证据支持之要素的似真性：基于一般世界知识的论证可用于讨论故事中的(默示的）因果性概称陈述。值得注意的是，这种似真性可独立于证据之外得到确立。毕竟，一个具有高度不似真的故事也可能为真（即得到证据支持)，而一个具有高度似真的故事也可能为假（即证据不支持或者证据抵触)。故事的**完备性**涉及它符合一个似真故事图式的程度，即它符合我们对于一个该等具体情形所抱期望的程度。最后，故事应该具有一致性，即不包含内部抵触。

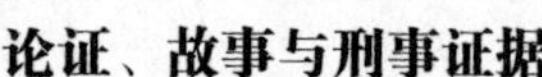

有关故事质量的各种标准，在第5章中做了明示的界定。利用它们可以对证明过程中的复杂假设（即故事及其相应证据）进行详细和具体的比较。这些标准可以被表述成可在证明过程中针对具体假设故事提出的**批判性问题**（例如，“有多少以及哪些可得证据支持当前假设?”）。鉴于我们当前使用一种程序理性的概念，在一个适当界定的关于证明的对话中提出这些问题能够确保证明过程是一个理性过程，我们能够期望在此过程中避免一些陷阱，例如确认偏见或者不清晰的假设证成。

第5章提供了确保适当的关于证明对话的一个协议。首先，形式的混合理论被表现为形式的可废止论证与基于回溯模型推理的组合。该章随后界定了一个形式的对话博弈，它建模了一个刑事法律证据语境中的探究型对话。该对话博弈采取对抗的探究模式，并受到一个确保相关性的协议约束。对抗方法被建模为，假定几位博弈者各自想要提出、支持和防卫自己的解释故事，同时攻击和批评其他博弈者的解释。以此方式，该对话博弈本质上是一个有关在调查人员或法官之间进行批判性讨论的模型。该协议确保所有行动都与当前的讨论相关。例如，只有在一个论证有助于改进某个博弈者自己的解释或者削弱反方的解释时，才可以被移动，并且只可以讲述与待解释项有某种联系的故事。

第6章运用混合理论分析一个真实的案例。这一程序和论辩分析展示了如何运用证据性论证构建、批判和比较关于复杂案件中发生了何事的各种选择故事。它讨论了如何运用决定故事质量的各种标准指
269 引该等分析并揭示故事中的怀疑源。另外，还详细讨论了关于单个证人不同陈述论证推理（第6.4.3节）。

8.2 结　果

本节讨论当前研究的结果。第8.2.1节一般性讨论对于刑事证据推理而言具有重要意义的结果，第8.2.2节讨论该形式模型的具体结果。

8.2.1 刑事证据推理

本书混合理论的贡献尤其在于，它将论证和故事完整整合成一个关于刑事证据推理的理论。虽然修正版威格摩尔分析和锚定叙事理论均允许同时使用故事和论证（或者至少某种类型的论证性推论），但在我看来这两种理论均没有将二者进行完整的整合。混合理论填补了修正版威格摩尔分析和锚定叙事理论之间的缺口。第一种方法的倡导者主张，运用（论证）图表进行推理是最佳的理性证据推理方法。他们认为故事主要用于组织和表现证据，并认为故事在证据评价中主要扮演心理（而非批判性的理性）角色。我在本书中表明，当与论证相组合并接受批判时，最佳解释推论中的因果故事不仅是一种自然的推理方式，而且是一种理性的推理方式。更加以故事为中心的方法倡导者主张，人们进行证据推理的唯一自然的方式是通过故事，并主张案件中的所有推理都采用故事的形式。然而，从证据材料得出某种结论的推理往往采用三段论论证的形式，混合理论表明了如何通过该等论证将故事植根于证据。

对于基于论证方法和基于故事方法所做的单独讨论还表明，对于一种自然且理性良好基础的刑事证据推理理论而言，故事和论证均是必须的。混合理论在保留两种方法各自的优势和灵活性的同时，通过整合两种方法解决了它的某些问题，它以此方式承认了证据、论证和故事之间的这种互动。整体故事对于案件中的各种可能情节提供概览，并能用于理清大量复杂的证据。在证明过程的发现阶段，它们还可以以相对简单的方式构建复杂的新假设。另外，当与论证组合时，故事在证成复杂案件中的决策方面也很有用，因为它们有助于理清证据以及能够从中推论出的事件。如此可以确保决策能够更方便地得到第三方的核实。论证提供了证据材料和案件事实之间的自然联系。批判性 270
问题和攻击者这样的概念可用于关于论证的相关性及推论力推理，运用论证推理的专注和原子的方法允许对推理中运用的单项证据、假设故事以及常识世界知识进行详细的分析。论证和故事之间的直接互动，即论证如何直接支持和抵触故事，以及评判故事质量的标准如何依赖证据性论证，是混合理论独有的成分，它们允许一种自然且理性良好基础的最佳解释推论理论。

在某种意义上，混合理论的故事和论证扮演着连通器的角色。在一个案件的某些点上，只有某个个体事态或事件发生争议，这时最为自然的做法是运用证据性论证推理。例如，我们可能想要知道某个嫌疑人是否在某个具体时间位于某个具体地点，因而考虑所有支持和反对这一事实的证据。然而，在调查的其他点上，我们可以使用故事填补证据缺口，以此查看假定该等填补缺口的事件是否仍然允许一个似真的故事。例如，如果嫌疑人在某个重要时间的位置没有可得证据，我们可以假定嫌疑人事实上位于该位置，并在给定嫌疑人在其他时间行踪相关的其他证据时，考察该故事的因果和时间结构是否仍然具有似真性。

除了通过组合故事和论证实现的改进，本书还改进了当前著述对于运用故事或论证进行推理单独所做的基于论证和基于故事描述。本书[1]在多个方面改进了证据理论中基于论证的著述，最为明显的是修正版威格摩尔分析的图表法。对于运用不同类型的证据推理所做的详细形式分析，产生了标准论证图式或者关于具体证据类型的初步性理由，这些可以很方便地应用于论辩过程论证。这种形式分析还对（条件和非条件）概称陈述以及攻击这些概称陈述的各种方法提供了系统的描述。除了协助对证据推理做详细和系统的分析以外，论证的形式化还对混合理论之中基于论证的成分提供了坚实的逻辑基础。例如，它对关于概称陈述有效的推理与关于概称陈述例外的推理之间的区分进行了逻辑建模，而且控制论证状态的基于论证的语义学为比较论证提供了坚实的数学基础。

本书还进一步阐述了运用故事推理。它澄清了故事在证据推理中扮演的理性（而非心理）角色，即它们在最佳解释推论过程中扮演着

---

〔1〕 它立基于贝克斯等的先前研究成果（Bex et al.，2003）。

支持待解释项的解释角色。另外，它扩充了如何能够和应当确定和检 271
验故事质量的方式，因为在决定故事质量过程中发挥作用的各种标准也得到了深入的讨论和准确的界定。尤其是，故事融贯性的定义是对现有法律心理学著述的改进：班尼特和费尔德曼并没有对其提出的“含糊联系”（ambiguous connections）概念进一步作出界定，彭宁顿和黑斯蒂没有界定似真性的概念，并且仅仅部分界定了完备性的概念。这两个概念（即似真性和完备性）在本书中均得到详细界定，而如下两个概念的区分也被证明是有用的：故事的似真性（即表达因果关系的概称陈述的似真性），以及证据性概称陈述的似真性，这些概称陈述为从证据到事件的论证性推论提供保证。运用这一区分允许独立于证据材料之外讨论一个故事的似真性，它还改进了克劳姆巴格、范柯本及瓦格纳尔提出的锚定概念。对故事图式的讨论进一步阐述了彭宁顿和黑斯蒂以及班尼特和费尔德曼的基本理念。关于故事的完备性，本书提出填满故事图式（图式的每个要素在故事中均有某个对应的事件）与拟合故事图式（故事中的每个事件在图式中都有某个对应的事件）之间的新区分，它确保故事不仅成分俱全，而且不存在多余成分。另外，本书还简要提到了故事图式的其他用途（如在回溯推理中作为模板），它们在混合理论和对话博弈中也可以适用。以此方式，在运用故事和刑事证据进行推理的混合理论中，人工智能和认知心理学领域有影响的著述（如 Rumelhart，1975，Schank and Abelson，1977）被赋予了明显的一席之地。

在本书方法基础的程序理性观之中，论证与反论证、解释与选择解释之间的论辩过程很重要。这种程序理性观明示存在于论辩论证以及最佳解释推论的理论之中。攻击论证及概称陈述的各种方法以及与论证图式配套的批判性问题（以及与初步性理由配套的底切者），对于使用论证的论辩过程提供了指引。同样，以论证攻击故事的各种方式以及故事的批判性问题，对于最佳解释推论的论辩过程提供了指引。批判性问题的否定回答可视为陷阱，在刑事案件中运用证据和故事推理时必须避免这些陷阱。形式协议为证据和事实的理性讨论提供了进一步的规则。鉴于当前的程序理性概念，在适当界定的关于证明的对话中提出批判性问题能够确保证明过程是一个理性过程，我们能够据此期望避免一些陷阱，例如确认偏见或者假设的不清晰证成。

本节讨论的这些结论基本上得到安于姆村案研究的支持。在这一案例研究中，关于何人杀害里奥的不同故事代表了对其死亡所做的各种自然的解释。这些故事植根于证据，并能够运用基于证据和一般知识的论证对它们进行理性的批判。因果性推理和证据性推理之间的持
272 续互动得到明晰的表现，因为在该案中证据信息和因果信息均扮演着重要角色。该分析的程序性质允许我们运用一种渐进的方式分析案件，它有助于提升该分析的可理解性和可读性。这种可读性经由各种选择故事得到进一步改进，这些选择故事事实上概括了该案中的各种观点。使用形式标准（即证据支持、似真性、完备性）这些故事可以得到批判，并把证据缺口揭示出来，从而避免好故事排除坏故事的危险。

8.2.2 可废止推理的形式理论

除了为证据理论学家和法律心理学家提供答案，本书还致力于推动人工智能与法这一多学科领域的发展，尤其是人工智能与法领域涉及法律语境中可废止推理的部分。

本书发展的理论明确致力于为含义理清工具提供基础。因此，它是少数同时具有概念、认知和计算目的的逻辑理论之一。另外，虽然其他含义理清工具［例如维赫雅（1999）的 ArguMed］也具有逻辑基础，但它们在发展逻辑时并不带有为证明过程含义理清的专门目的。其他一些项目（例如 Araucaria、AIF）首先开发一种更加非形式的含义理清工具，之后才探索该工具与更加形式的逻辑之间的联系。在本项目中，逻辑与原型系统 AVERS 的工作同时进行。与证据性论证相组合的因果性故事逻辑模型在该系统中被直接付诸实施。利用该系统进行检验所得出的结果以及开发者与各种荷兰警察和荷兰警察学院团队之间的非正式接触影响了该理论，并增强了如下主张，即混合理论接近于调查语境中证据推理的实际运作。另外，第 6 章的案例研究支持

这些结论，并且同时对论证可废止逻辑和基于因果模型的诸技术进行了研究，是少数全面的和大规模的案例研究之一。

混合理论的设计——前文指出它具有概念、认知和计算目的——为我们提供了新的洞见，它们对于一般情形的形式可废止推理，尤其是对于逻辑的最佳解释推论都是有趣的洞见。在刑事调查等现实领域中，对最佳解释推论进行逻辑或数学建模是一件困难的事情。原因之一在于，用于建模实践领域中解释的逻辑或数学理论本身是复杂的。因此，对于（逻辑或数学）门外汉而言，要构建和理解逻辑理论中实践领域的模型均过于复杂。例如，如果对贝叶斯网络背后数学模型所表达的概率和依赖没有深入的知识，将无法构建或完全理解一个适当贝叶斯网络。在这种情况下，人们在运用基于一个逻辑模型的模型或 273
系统时，将无法知道自己有关案件的信念是否得到了正确的表达。

混合理论基于一个把解释建模成故事的逻辑模型，所谓故事即因果网络，其中的事件与简单的针对个案的概称陈述相联系。该理论基于关于我们如何理解周围世界以及关于人类记忆如何得以组织的研究。故事和故事图式均是我们关于一个复杂世界进行日常推理时使用的自然工具。因此，无需任何正式数学训练的门外汉也可以关于相对复杂的案件（例如安于姆村谋杀案）构建和理解模型。论证的形式模型可以用于关于形式因果模型（即一个假设故事）推理，这一论证的形式模型基于关于论证和反论证的直觉概念。故事与批判性论证的这种组合使得混合理论成为含义理清工具的理想：该系统中代表的知识（即知识库和假设故事）可以进行渐进式的构建，并且具有可废止性，即随着获得抵触某一知识的新证据出现，在某个时点被接受的该知识可在随后某个时点遭到拒斥。因此，该系统的用户可以试图以一种自然和理性的方式关于一个与证据相容的案件模型达成认知共识。

对于一个进行或协助最佳解释推论的（含义理清或自动推理）系统而言，以复杂逻辑理论作为基础会面临另一个问题，即该系统产生的任何输出（即哪种解释是最佳）都难以解释或核实，因为系统得出这一输入的过程不透明。然而，评判故事质量的当前标准，均是立基

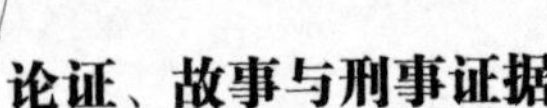

于由故事理解理论提出并得到检验的故事特征，例如因果联系以及符合某个一般故事图式。直觉的基于论证的语义学与解释排序相组合产生的输出易于理解，并且可以很方便地核实一个具体案件各成分之间的互动关系以及可通过何种方法改变解释排序。对抗的对话博弈总是允许博弈者改进他自己的解释，并确保不止一种解释被提出，从而提供一种程序理性标准。

本书的形式混合理论是首个允许运用形式论证构建和讨论某个（因果）模型的理论。以此方式，通过允许明确讨论因果模型的似真性，它改进了基于传统模型的建模技术。另外，虽然其他著述也提出了因果性解释的分层，但本理论提出将该等分层（即对应某个抽象故事图式的故事）应用于确定最佳解释是新颖的。对话博弈是建模探究型对话的首批形式对话博弈之一。另外，据我所知，其确切的形式也是新颖的：尼尔森和帕森的对话博弈允许构建贝叶斯网络，据我所知，它是允许推理者构建非论证模型的少数其他博弈之一。

274 对混合理论和探究型对话博弈进行形式化，由此提供的洞见不仅对于犯罪调查的逻辑理论有用，而且有益于涉及证据或某种基于模型之推理的任何复杂领域。形式标准还可以适用于其他模型，即使用常识推理的（因果）模型。混合理论允许在一个形式对话博弈中使用论证构建和讨论模型，这种可能性能够确保该模型达到一定的理性标准。

8.3 建议进一步研究主题

我在本书中致力于提出一个完整的使用刑事证据理性推理的理论。然而，非形式和形式混合理论在很多研究方面均存在进一步的改进空间。

正如本书开篇提到的那样，证明过程并非仅仅适用于刑事调查或者刑事审判语境。然而，这并不意味着证明过程不存在适用于刑事法律语境的某些特征。虽然第 2.2.1 节非常简要地讨论了一般证明过程与调查和审判过程的关系，还需要进一步研究来表明当前理论对于刑事法律领域所具有的意义。我在当前研究中试图（默示地）保留它与法律实践及调查实践之间的联系，但我们还可以向法理学以及证据法和智能分析方面的著述学习更多，后一类著述代表了与日常证明过程积极打交道的人员取得的实践知识。

在当前研究与调查实践的联系方面，苏珊·范·登·布拉克及其同事（2007, 2008, 2010）关于含义理清的（经验）研究能够扮演一个重要角色。它是基于乌得勒支市的当前项目的一部分，把形式逻辑理论版本应用于 AVERS,[2] 并能在警察情报分析师及荷兰警察学院学生中间进行检验。这能够对混合理论的自然性提供有趣的结果，并能指向混合理论需要改进之处。AVERS 需要进一步开发和测试，例如以某种方法实施对话博弈，因此它提供了有趣的未来研究话题。

第 5 章提出的形式理论为论证和故事的概念（非形式）混合理论提供了坚实的基础。然而，就其本身而言该理论并非完整或者没有缺点。该理论可通过各种方法得以丰富。例如，可为其增加时间和时间性推理要素，对话博弈中可进一步扩充各种方式的预测推理。一个相关的事项是对该理论形式属性的讨论（和证明），可以回答有关混合
理论的理性和正确性的某些重要问题。[3] 关于形式对话博弈的另一个 275
有趣问题是，改变博弈者策略、获胜条件及轮流如何影响对话的结果。以此方式，可以针对各种目的（例如指引警察调查，或者帮助公诉人或辩护律师准备案件）开发出表现为对话博弈形式的各种启发。

[2] AVERS 的最后一个版本使用了"静态"混合理论的一个稍加修改的版本。对话博弈尚没有明确应用于该系统。

[3] 此类问题的例子包括"我们能否确保对话博弈总能带来一个正确的形式理论 AET?"以及"填满一个图式的故事是否总是具备其全部部分?"

参考文献

Allen, J. F. and Ferguson, G. (1994) Actions and events in interval temporal logic. *Journal of Logic and Computation* 4: 5, 531–579.

Amgoud, L. and Cayrol, C. (2002) A reasoning model based on the production of acceptable arguments. *Annals of Mathematics and Artificial Intelligence* 34: 1, 97–215.

Anderson, T. J. (1999) On generalizations I: A preliminary exploration. *South Texas Law Review* 40, p. 455.

Anderson, T. J., Schum, D. A. and Twining, W. L. (2005) *Analysis of Evidence*, 2nd edition, Cambridge University Press, Cambridge.

Aristotle. (2005) Poetics. In Butcher, S. H. (eds.), *Wordplay Archives*, http://wordplayer. com/ archives/poetics. txt

Ashley, K. D. (1991) *Modeling Legal Arguments: Reasoning with Cases and Hypotheticals*, MIT Press, Cambridge (Massachusetts).

Atkinson, K., Bench-Capon, T. andMcBurney, P. (2006) Computational representation of practical argument. *Synthese* 152: 2, 157–206.

Bal, M. (1985) *Narratology: Introduction to the Theory of Narrative*, University of Toronto Press, Toronto.

Bayes, R. T. (1763) An essay toward solving a problem in the doctrine of chances. *Philosophical Transactions of the Royal Society London* 53, 370–418.

Bench-Capon, T. J. M. (2003) Persuasion in practical argument using value-based argumentation frameworks. *Journal of Logic and Computation* 13: 3, 429–448.

Bennett, W. L. and Feldman, M. S. (1981) *Reconstructing Reality in the Courtroom*:

Justice and Judgment in American Culture, Methuen-Tavistock, London.

Bex, F. J., van Koppen, P. J., Prakken, H. and Verheij, B. (2010) Evidence for a good story-a hybrid theory of arguments, stories and criminal evidence. *Artificial Intelligence and Law* 18, 2.

Bex, F. J. (2009) Analysing stories using schemes. In Kaptein, H., Prakken, H. and Verheij B. (eds.), *Legal Evidence and Proof: Statistics, Stories, Logic*, 93-116, Ashgate Publishing, Aldershot.

Bex, F. J., Bench-Capon, T. and Atkinson, K. (2009) Did he jump or was he pushed? abductive practical reasoning. *Artificial Intelligence and Law* 17: 2, 79-99.

Bex, F. J., Braak, S. W. van den, Oostendorp, H. van, Prakken, H., Verheij, B. andVreeswijk, G. (2007b) Sense-making software for crime investigation: how to combine stories and arguments? *Law, Probability, and Risk* 6, 145-168.

Bex, F. J. and Prakken, H. (2004) Reinterpreting arguments in dialogue: an application to evidential reasoning. *JURIX* 2004: *The* 17*th Annual Conference*, 119-129, IOS Press, Amsterdam.

Bex, F. J. and Prakken, H. (2008) Investigating stories in a formal dialogue Game. *Computational Models of Argument. Proceedings of COMMA* 2008, 73-84, IOS Press, Amsterdam.

Bex, F. J., Prakken, H., Reed, C. and Walton, D. N. (2003) Towards a formal account of reasoning about evidence: argumentation schemes and generalisations. *Artificial Intelligence and Law* 11, 125-165.

Bex, F. J., Prakken, H. and Verheij, B. (2006) Anchored narratives in reasoning about evidence. *JURIX 2006*: *The* 19*th Annual Conference*, 11-20, IOS Press, Amsterdam.

Bex, F. J., Prakken, H. and Verheij, B. (2007a) Formalising argumentative story-based analysis of evidence. *Proceedings of the* 11*th International Conference on Artificial Intelligence and Law*, 1-10, ACM Press, New York, (New York).

Bex, F. J. and Verheij, B. (2009) Het onderbouwen van een feitelijk oordeel in een strafzaak: methode, casus, aanbevelingen (Grounding a judgement about the facts in a criminal case: method, case, recommendations). In Van Koppen, P. J., Merkelbach, H., Jelicic, M., and de Keijser, J. W. (eds.), *Reizen Met Mijn Rechter*:

Psychologie Van Het Recht, *Kluwer*, *Deventer*.

Black, J. B. and Wilensky, R. (1979) An evaluation of story grammars. *Cognitive Science* 3, 213–230.

Bondarenko, A., Dung, P. M., Kowalski, R. A. and Toni, F. (1997) An abstract, argumentation–theoretic approach to default reasoning. *Artificial Intelligence* 93: 1–2, 63–101.

Braak, S. W. van den (2010) *Sensemaking Software for Crime Analysis*. Doctoral dissertation, Intelligent Systems Group, Utrecht University (SIKS Dissertation Series No. 2010–2012).

Braak, S. W. van den, Oostendorp, H. van, Vreeswijk, G. and Prakken, H. (2008) Representing Narrative and Testimonial Knowledge in Sense–making Software for Crime Analysis. *JURIX* 2008: *The* 21*st Annual Conference*, 160–169, IOS Press, Amsterdam.

Braak, S. W. van den, Vreeswijk, G. and Prakken, H. (2007) AVERs: An argument visualization tool for representing stories about evidence. *Proceedings of the* 11*th International Conference on Artificial Intelligence and Law*, ACM, New York, NY (New York).

Braak, S. W. van den, Oostendorp, H. van, Prakken, H. and Vreeswijk, G. A. W. (2006) A critical review of argument visualization tools: do users become better reasoners. *ECAI–06*: *Workshop on Computational Models of Natural Argument*. Trento.

Burch, R. (2008) Charles sanders peirce, In Zalta, E. N. (eds.), *Stanford Encyclopedia of Philosophy*, Fall 2008 edition, http://plato. stanford. edu/archives/fall2008/entries/peirce/

Bylander, T., Allemang, D., Tanner, M. C. and Josephson, J. R. (1991) The computational complexity of abduction. *Artificial Intelligence* 49: 1–3, 25–60.

Chesñevar, C. I., Maguitman, A. G. and Loui, R. P. (2000) Logical models of argument. *ACM Computing Surveys* (*CSUR*) 32: 4, 337–383.

Cohen, L. J. (1977) *The Probable and The Provable*, Oxford University Press, Oxford.

Console, L. and Dupré, D. T. (1994) Abductive reasoning with abstraction axioms. *Lecture Notes in Computer Science*, Vol. 810, 98–112, Springer, Berlin.

Console, L., Dupré, D. T. and Torasso, P. (1991) On the relationship between abduction and deduction. *Journal of Logic and Computation* 1, 661–690.

Console, L. and Torasso, P. (1991) A spectrum of logical definitions of model-based diagnosis. *Computational Intelligence* 7: 3, 133–141.

Crombag, H. F. M. and Israëls, H. (2008) *Moord in Anjum–Te veel niet gestelde vragen*, Boom Juridische Uitgevers, Den Haag.

Crombag, H. F. M., Wagenaar, W. A. and Koppen, P. J. van. (1994) *Dubieuze Zaken: De Psychologie van Strafrechtelijk Bewijs*, 2nd edition, Contact, Amsterdam.

Dawid, P. (2005) *Probability and Proof–Appendix to "Analysis of Evidence"*. http://www. cambridge. org/catalogue/catalogue. asp? isbn = 0521 67316X&ss = res Last accessed 30-1-2006.

De Poot, C. J., Bokhorst, R. J., Koppen, P. J. van and Muller, E. R. (2004) *Rechercheportret–Over Dillemma's in de Opsporing*, Kluwer, Alphen a. d. Rijn.

Dennett, D. C. (1978) *Brainstorms: Philosophical Essays on Mind and Psychology*, MIT press, Cambridge (Massachusetts).

Dingley, A. M. (1999) The ballpoint case: a wigmorean analysis. In Nijboer, J. F. and Malsch, M. (eds.), *Complex Cases: Perspectives on the Netherlands Criminal Justice System*, 179–188, Theta Thesis, Amsterdam.

Dung, P. M. (1995) On the acceptability of arguments and its fundamental role in nonmonotonic reasoning, logic programming and n-person games. *Artificial Intelligence* 77: 2, 321–357.

Eco, U. and Sebeok, T. A. (1983) *The Sign of Three: Dupin, Holmes, Pierce*, Indiana University Press, Bloomington (Indiana).

Eemeren, F. H. van and Grootendorst, R. (2004) *A Systematic Theory of Argumentation: The Pragma-Dialectical Approach*, Cambridge University Press, Cambridge.

Eemeren, F. H. van, Grootendorst, R., Henkemans, F. S., Blair, J. A., Johnson, R. H., Krabbe, E. C. W., Plantin, C., Walton, D. N., Willard, C. A. and Woods, J. (1996) *Fundamentals of Argumentation Theory*, Lawrence Erlbaum, Hillsdale (New Jersey).

Einhorn, H. J. and Hogarth, R. M. (1986) Judging probable cause. *Psychological Bulletin*. 99: 1, 3–19.

Feteris, E. T. (1999) What went wrong in the ballpoint case? In Malsch, M. and Nijboer, J. F. (eds.), *Complex Cases: Perspectives on the Netherlands Criminal Justice System*, 159–179, Thela Thesis, Amsterdam.

Freeman, J. B. (1991) *Dialectics and the Macrostructure of Arguments: A Theory of Argument Structure*, Foris Publications, Berlin.

Gabbay, D. M. and Woods, J. (2006) *Advice on Abductive logic*, 14th edition, Oxford University Press, Oxford.

Gabbay, D. M., Hogger, C. J. and Robinson, J. A. (1993) *Handbook of logic in Artificial Intelligence and logic Programming*, Volume 1, *logical Foundations*, Oxford University Press, Oxford.

Gordon, T. F., Prakken, H. and Walton, D. (2007) The Carneades model of argument and burden of proof. *Artificial Intelligence* 171: 10–15, 875–896.

Hage, J. C. (1996) A theory of legal reasoning and a logic to match. *Artificial Intelligence and Law* 4: 3, 199–273.

Hage, J. C. and Verheij, B. (1999) The law as a dynamic interconnected system of states of affair: a legal top ontology. *International Journal of Human–Computer Studies* 51, 1043–1077.

Hanson, N. R. (1962) *Patterns of Discovery: An Inquiry into the Conceptual Foundation of Science*, The Scientific Book Guild, London.

Hepler, A. B., Dawid, A. P. and Leucari, V. (2007) Object-oriented graphical representations of complex patterns of evidence. *Law, Probability and Risk* 6, 275–293.

Heuer, R. J. (1999) *Psychology of Intelligence Analysis*, Center for the Study of Intelligence, Central Intelligence Agency.

Hielkema, J. (1999) Experts in dutch criminal procedure. In Malsch, M. and Nijboer, J. F. (eds.), *Complex Cases: Perspectives on the Netherlands Criminal Justice System*, 27–46, Thela Thesis, Amsterdam.

Hume, D. (1888) A treatise of human nature. In Selby-Bigge, L. A. (eds.), *Hume's Treatise of Human Nature*, Clarendon Press, Oxford.

Johnson, N. S. and Mandler, J. M. (1980) A tale of two structures: Underlying and surface forms in stories. *Poetics* 9, 51–86.

Josephson, J. R. (2002) On the proof dynamics of inference to the best explanation. In

MacCrimmon, M. and Tillers, P. (eds.), *The Dynamics of Judicial Proof-Computation, logic and Common. Sense*, 287-306, Physica Verlag, Berlin.

Josephson, J. R. and Josephson, S. G. (1994) *Abductive Inference: Computiation, Philosophy, Technology*, Cambridge University Press, Cambridge.

Kadane, J. B. and Schum, D. A. (1996) *A Probabilistic Analysis of the Sacco and Vanzetti Evidence*, Wiley, New York (New York).

Kautz, H. A. (1991) A formal theory of plan recognition and its implementation. In Allen, J. F., Kautz, H. A., Pelavin, R. N., and Tenenberg, J. D. (eds.), *Reasoning About Plans*, 69-124, Morgan Kaufmann, San Mateo (California).

Keppens, J. and Schafer, B. (2005) Assumption-based peg unification for crime scenario modelling. *JURIX* 2005: *The* 18*th Annual Conference*, 49-58, IOS Press, Amsterdam.

Keppens, J. and Schafer, B. (2006) Knowledge based crime scenario modelling. *Expert Systems with Applications* 30, 203-222.

Kerstholt, J. H. and Eikelboom, A. R. (2007) Effects of prior interpretation on situation assessment in crime analysis. *Journal of Behavioral Decision Making* 20: 5, 455-465.

Knigge, G. (2001) *Leerstukken Van Het Strafprocesrecht*, 5th edition, Kluwer, Deventer.

Konolige, K. (1994) Using default and causal reasoning in diagnosis. *Annals of Mathematics and Artificial Intelligence* 11: 1, 97-135.

Kowalski, R. and Sergot, M. (1986) A logic - based calculus of events. *New Generation Computing* 4: 5, 67-94.

Lempert, R. (1986) The new evidence scholarship: analyzing the process of proof. *Boston University Law Review* 66, 439.

Lent, L. van. (2008) *Externe Openbaarheid in Het Strqfproces.*, Dissertation Utrecht University, Utrecht.

Levitt, T. S. and Laskey, K. B. (2000) Computational inference for evidential reasoning in support of judicial proof. *Cardozo Law Review* 22, 1691.

Loftus, E. F. (1996) *Eyewitness Testimony*, 2nd edition, Harvard University Press, Cambridge (Massachusetts).

Loui, R. P. (1987) Defeat among arguments: a system of defeasible inference. *Computational Intelligence* 3: 1, 100–106.

Loui, R. P. (1995) Hart's critics on defeasible concepts and ascriptivism. *Proceedings of the 4th International Conference on Artificial Intelligence and Law*, 21–30, ACM Press, New York (New York).

Loui, R. P. (1998) Process and policy: resource-bounded nondemonstrative reasoning. *Computational Intelligence* 14: 1, 1–38.

Loui, R. P. and Norman, J. (1995) Rationales and argument moves. *Artificial Intelligence and Law* 3: 3, 159–189.

Lucas, P. (1997) Symbolic diagnosis and its formalisation. *The Knowledge Engineering Review* 12, 109–146.

MacCrimmon, M., and Tillers, P. (eds.) (2002) *The Dynamics of Judicial Proof: Computation, Logic, and Common Sense*, Physica-Verlag, Berlin.

Malsch, M. and Freckelton, I. (2009) The evaluation of evidence: differences between legal systems. In Kaptein, H., Prakken, H., and Verheij, B. (eds.), *Legal Evidence and Proof: Statistics, Stories, Logic*, 117–134, Ashgate, Aldershot.

Mandler, J. M. and Johnson, N. S. (1977) Remembrance of things parsed: Story structure and recall. *Cognitive Psychology* 9, 111–151.

Modgil, S. (2007) An abstract theory of argumentation that accommodates defeasible reasoning about preferences. *Lecture Notes in Computer Science* 4724: 648–659, Springer, Berlin.

Nielsen, S. H. and Parsons, S. (2006) An application of formal argumentation: Fusing Bayes nets in MAS. *Computational Models of Argument: Proceedings of COMMA* 2006, IOS Press, Amsterdam.

Nijboer, J. F. (1993) Common law tradition in evidence scholarship observed from a continental perspective. *The American Journal of Comparative Law* 51: 2, 299–338.

Nijboer, J. F. (2000) *Strafrechtelijk Bewijsrecht*, 4th edition, Ars Aequi Libri, Nijmegen.

Nijboer, J. F. and Sennef, A. (1999) Justification. In Nijboer, J. F. and Malsch, M. (eds.), *Complex Cases: Perspectives on the Netherlands Criminal Justice System*, 11–26, Thela Thesis, Amsterdam.

Pardo, M. S. and Allen, R. J. (2007) Juridical proof and the best explanation. *Law and Philosophy* 27, 223–268. Springer.

Pearl, J. (1988a) Embracing causality in default reasoning. *Artificial Intelligence* 35, 259–271.

Pearl, J. (1988b) *Probabilistic Reasoning in Intelligent Systems*, Morgan Kaufmann, San Mateo (California).

Pearl, J. (2000) *Causality: Models, Reasoning, and Inference*, Cambridge University Press, Cambridge.

Peirce, C. S. (1931) Hartshorne, C., Weiss, P., and Burks, A. (eds.), *Collected Papers of Charles Sanders Peirce*, Harvard University Press, Cambridge (Massachusetts).

Pennington, N. and Hastie, R. (1986) Evidence evaluation in complex decision making. *Journal of Personality and Social Psychology* 51, 242–258.

Pennington, N. and Hastie, R. (1988) Explanation–based decision making: effects of memory structure on judgment. *Journal of Experimental Psychology: Learning, Memory, and Cognition*14: 3, 521–533.

Pennington, N. and Hastie, R. (1992) Explaining the evidence: tests of the story model for juror decision making. *Journal of Personality and Social Psychology* 62: 2, 189–206.

Pennington, N. and Hastie, R. (1993a) Reasoning in explanation–based decision making. *Cognition* 49: 1–2, 123–163.

Pennington, N. and Hastie, R. (1993b) The story model for juror decision making. In Hastie, R. (eds.), *Inside the Juror: The Psychology of Juror Decision Making*, Cambridge University Press, Cambridge.

Pollock, J. L. (1987) Defeasible reasoning. *Cognitive Science* 11: 4, 481–518.

Pollock, J. L. (1995) *Cognitive Carpentry: A Blueprint for How to Build a Person*, MIT Press, Cambridge (Massachusetts).

Poole, D. (1988) A logical framework for default reasoning. *Artificial Intelligence* 36: 1, 27–47.

Poole, D. (1994) Representing diagnosis knowledge. *Annals of Mathematics and Artificial Intelligence* 11: 1, 33–50.

Poole, D., Mackworth, A. and Goebel, R. (1997) *Computational Intelligence: A*

Logical Approach, Oxford University Press, Oxford.

Prakken, H. (1997) *Logical Tools for Modelling Legal Argument*, Kluwer Academic Publishers, Dordrecht.

Prakken, H. (2005a) A study of accrual of arguments, with applications to evidential reasoning. *Proceedings of the 10th International Conference on Artificial Intelligence and Law*, 85-94, ACM, New York (New York).

Prakken, H. (2005b) Coherence and flexibility in dialogue games for argumentation. *Journal of Logic and Computation* 15, 1009-1040.

Prakken, H. (2006) Formal systems for persuasion dialogue. *The Knowledge Engineering Review* 21: 02, 163-188.

Prakken, H. and Sartor, G. (1996) A dialectical model of assessing conflicting arguments in legal reasoning. *Artificial Intelligence and Law* 4: 3, 331-368.

Prakken, H. and Sartor, G. (1997) Argument-based extended logic programming with defeasible priorities. *Journal of Applied Non-classical Logics* 7, 25-75.

Prakken, H. and Vreeswijk, G. (2002) Logics for defeasible argumentation. In Goebel, R and Guenthner, F. (eds.), *Handbook of Philosophical Logic*, 219-318, Kluwer Academic Publishers, Dordrecht.

Propp, V. (1968) *The Morphology of the Folktale*, University of Texas Press, Austin (Texas).

Quine, W. V. O. and Ulian, J. (1970) *The Web of Belief*, Random House, New York (New York).

Rahwan, I., Ramchurn, S. D., Jennings, N. R., McBurney, P., Parsons, S. and Sonenberg, L. (2004) Argumentation-based negotiation. *The Knowledge Engineering Review* 18: 04, 343-375.

Rahwan, I. and Reed, C. (2009) The argument interchange format. In Rahwan, I. and Simari, G. (eds.), *Argumentation in Artificial Intelligence*, Springer.

Reed, C. and Rowe, G. (2004) Araucaria: software for argument diagramming, analysis and representation. *International Journal of AI Tools* 13, 961-980.

Reed, C., Walton, D. and Macagno, F. (2007) Argument diagramming in logic, law and artificial intelligence. *Knowledge Engineering Review* 22: 1, pp 87-109.

Reichenbach, H. F. G. (1978) Reichenbach, M. and Cohen, R. S. (eds.), *Selected*

Writings: 1909–1953, Springer. Berlin.

Reiter, R. (1980) A logic for default reasoning. *Artificial Intelligence* 13, 81–132.

Rescher, N. (1977) *Dialectics: A Controversy–Oriented Approach to the Theory of Knowledge*, State University of New York Press, Albany (New York).

Rider, Y. and Thomason, N. (2008) Cognitive and pedagogical benefits of argument mapping: L. A. M. P. guides the way to better thinking. In Okada, A., Buckingham Shum, S. and Sherborne, T. (eds.), *Knowledge Cartography: Software Tools and Mapping Techniques*, Springer, London.

Rumelhart, D. E. (1975) Notes on a schema for stories. In Bobrow, D. G. and Collins, A. (eds.), *Representation and Understanding: Studies in Cognitive Science*, Academic Press, New York (New York).

Sartor, G. (2008) Legality Policies and Theories of Legality: From 'Bananas' to Radbruch's Formula. *EUI Working Papers LAW* 27.

Schank, R. C. (1975) The structure of episodes in memory. In D. Bobrow and A. Collins (eds.), *Representation and Understanding: Studies in Cognitive Science*, 235–259, Academic Press, New York.

Schank, R. C. (1986) *Explanations Patterns: Understanding Mechanically and Creatively*, Lawrence Erlbaum, Hillsdale (New Jersey).

Schank, R. C. and Abelson, R. P. (1977) *Scripts, Plans, Goals and Understanding: an Inquiry into Human Knowledge Structures*, Lawrence Erlbaum, Hillsdale (New Jersey).

Schum, D. A. (1994) *The Evidential Foundations of Probabilistic Reasoning*, Northwestern University Press. Evanston (Illinois).

Schum, D. A. (2001) Species of abductive reasoning in fact investigation in law. *Cardozo Law Review* 22, 1645–1681.

Schum, D. A. (2005) *Narratives in Intelligence Analysis: Necessary but Often Dangerous*, Evidence Research, London.

Shanahan, M. (1989) Prediction is deduction but explanation is abduction. *Proceedings of International Joint Conference on Artificial Intelligence* 89. 1055–1060.

Shen, Q., Keppens. J., Aitken, C., Schafer, B. and Lee, M. (2007) A scenario–driven decision support system for serious crime investigation. *Law, Probability and*

Risk 5：2，87-117.

Simon，H. A.（1982）*Models of Bounded Rationality*，MIT Press，Cambridge（Massachusetts）.

Simon，D.（2001）A third view of the black box：cognitive coherence in legal decision making. *University of Chicago Law Review* 71，511-586.

Stein，N. L. and Glenn，C. G.（1979）An analysis of story comprehension in elemen tary school children. *New directions in discourse processing* 2，53-120.

Thagard. P.（1988）*Computational Philosophy of Science*，MIT Press，Cambridge（Massachusetts）.

Thagard，P.（1989）Explanatory coherence. *Behavioral and Brain Sciences* 12：3，435-502.

Thagard，P.（2004）Causal inference in legal decision making：explanatory coherence vs. bayesian networks. *Applied Artificial Intelligence* 18：3，231-249.

Thagard，P.（2005）Testimony，credibility，and explanatory coherence. *Erkenntnis* 63：3，295-316.

Thagard，P. and Shelley，C. P.（1997）Abductive reasoning：logic，visual thinking，and coherence. In Dalla Chiara，M. L.（eds.），*Logic and Scientific methods*，Kluwer Academic Publishers，Dordrecht.

Thorndyke，P. W.（1977）Cognitive structures in comprehension and memory of narrative discours. *Cognitive Psychology* 9，77-110.

Tillers，P.（2005）*Picturing Inference. Gerechtigkeitswissenschaft*，Berliner Wissenschafts-Verlag，Berlin.

Tillers，P.（2006）*The Dynamic Evidence Page*，Accessed 14-5-2009. http://www. tillers. net/Last.

Toolan，M.（2001）*Narrative：A Critical Linguistic Introduction*，2nd edition，Routledge，London. New York（New York）.

Toulmin，S. E.（1958）*The Uses of Argument*，Cambridge University Press，Cambridge.

Toulmin，S. E.（2003）*The Uses of Argument*，Updated edition，（originally published in 1958），Cambridge University Press，Cambridge.

Trabasso，T. and Sperry，L. L.（1985）Causal relatedness and importance of story events. *Journal of Memory and Language* 24: 5, 595–611.

Trabasso, T. and Broek, P. van den. (1985) Causal thinking and the representation of narrative events. *Journal of Memory and Language* 24: 5, 612–630.

Twardy, C. (2004) Argument maps improve critical thinking. *Teaching Philosophy* 27: 2, 95–116.

Twining, W. L. (2007) Argumentation, stories and generalizations: a comment. *Law, Probabili1y & Risk* 6, 169–185.

Twining, W. L. (1994) *Rethinking Evidence: Exploratory Essays*, Northwestern University Press, Evanston (1Illinios).

Twining, W. L. (1995) Anchored narratives, a comment. *European Journal of Crime, Criminal Law and Criminal Justice* 3, 106–114.

Twining, W. L. (1999) Necessary but dangerous? generalizations and narrative in argumentation about "facts" in criminal process. In Nijboer, J. F. and Malsch, M. (eds.), *Complex Cases: Perspectives on the Netherlands Criminal Justice System*, 69–98, Thela Thesis, Amsterdam.

Twining. W. L. (2006) *Rethinking Evidence: Exploratory Essays*, Cambridge University Press, Cambridge.

Van Gelder, T. (2007) The rationale for rationale. *Law, Probability and Risk* 6, 23–42.

Verheij, B. (1996) *Rules, Reasons, Arguments: Formal Studies of Argumentation and Defeat*, Doctoral dissertation, University of Maastricht.

Verheij, B. (1999) Automated argument assistance for lawyers. *Proceedings of the 7th International Conference on Artificial Intelligence and Law*, 43–52, ACM New York (New York).

Verheij, B. (2000) Anchored narratives and dialectical argumentation. In Van Koppen, P. J. and Roos, N. (eds.), *Rationality, Information and Progress in Law and Psychology: Liber Amicorum Hans F. Crombag*, 203–226, Metajuridica Publications, Maastricht.

Verheij, B. (2003a) DetLog: On the logical interpretation of prima facie justified assumptions. *Journal of Logic and Computation* 13: 3, 319–346.

Verheij, B. (2003b) Dialectical argumentation with argumentation schemes: an approach to legal logic. *Artificial Intelligence and Law* 11：2, 167–195.

Verheij, B. (2005a) Evaluating arguments based on Toulmin's scheme. *Argumentation* 19：3, 347–371.

Verheij, B. (2005b) *Virtual Arguments: On the Design of Argument Assistants for Lawyers and Other Arguers*, T. M. C. Asser Press, Den Haag.

Verheij, B. and Bex, F. J. (2009) Accepting the truth of a story about the facts of a criminal case. In Kaptein, H., Prakken, H., and Verheij, B. (eds.), *Legal Evidence and Proof: Statistics, Stories, Logic*, 161–193, Ashgate, Aldershot.

Verheij, B., Hage, J. C. and Herik, H. J. van den. (1998) An integrated view on rules and principles. *Artificial Intelligence and Law* 6：1, 3–26.

Vreeswijk, G. (1993) Defeasible dialectics: A controversy – oriented approach towards defeasible argumentation. *Journal of Logic and Computation* 3：3, 317–334.

Wagenaar, W. A. and Crombag, H. F. M. (2005) *The Popular Policeman and Other Cases: Psychological Perspectives on Legal Evidence*, Amsterdam University Press, Amsterdam.

Wagenaar, W. A., Koppen, P. J. van and Crombag, H. F. M. (1993) *Anchored Narratives: The Psychology of Criminal Evidence*, St. Martin's Press, New York (New York).

Walton, D. N. (1998) *The New Dialectic: Conversational Context of Argument*, University of Toronto Press, Toronto.

Walton, D. N. (2001) Abductive, presumptive and plausible arguments. *Informal Logic* 21：2, 141–172.

Walton, D. N. and Schafer, B. (2006) Arthur, George and the mystery of the missing motive: towards a theory of evidentiary reasoning about motives. *International Commentary on Evidence* 4：2, 1–47.

Walton, D. N. (1996) *Argumentation Schemes for Presumptive Reasoning*, Lawrence Erlbaum Associates, Mahwah (New Jersey).

Walton, D. N. (2002) *Legal Argumentation and Evidence*, Penn, State University Press, University Park (Pennsylvania).

Walton, D. N. and Krabbe, E. C. W. (1995) *Commitment in Dialogue*, State University of New York Press, Albany (New York).

Walton, D. N. and Reed, C. A. (2002) Argumentation schemes and defeasible inferences. *Proceedings of the ECAI 2002 Workshop on Computational Model of Natural Argument*, 45–55.

Walton, D., Reed, C. and Macagno, F. (2008) *Argumentation Schemes*, Cambridge University Press, Cambridge.

Warren, W. H., Nicholas, D. W. and Trabasso, T. (1979) Event chains and inferences in understanding narratives. *New directions in discourse processing* 2, 23–52.

Wigmore, J. H. (1931) *The Principles of Judicial Proof or the Process of Proof as Given by Logic, Psychology, and General Experience, and Illustrated in Judicial Trials*, 2nd edition, Little, Brown and Company, Boston (Massachusetts).

Wigmore, J. H. (1940) A *Treatise on the Anglo–American System of Evidence in Trials at Common Law*, 3rd edition, Little, Brown and Company, Boston (Massachusetts).

Wyner, A., Bench–Capon, T. J. M. and Atkinson, K. (2008) Three senses of argument. In Sartor, G. (eds.), *Computable Models of the Law: Languages, Dialogues, Games, Ontologies*, Springer, Berlin.

人名索引

L

M

N

P

Q

R

S

T

U

V

W

主题索引

B

C

D

I

L

M

N

O

P

R

S